道路工程

制图与识图

张世海　主编

西南交通大学出版社
·成　都·

内容简介

本教材是根据高等职业院校"道路工程制图与识图"课程教学的基本要求和现行国家标准《道路工程制图标准》(GB 50162—1992)编写的。本教材改变了原有的课程体系,采用以项目为导向,任务为驱动的形式编写,体现了高等职业教育教学特点。其主要内容包括:制图基本知识与技能、投影基本知识、形体表达方法、专业工程图识读等 4 个模块。全书共 31 个项目,每个项目按照项目任务、能力训练任务、任务目的、任务知识、任务分析、任务实施等编写,从提出问题到解决问题,由浅入深,循序渐进。

在实际教学过程中,教师可根据授课对象的专业、层次以及课时的多少,对本教材项目内容进行合理的调整或取舍,以便更好地实现专业人才培养目标。

本教材可作为高等职业院校道路桥梁工程技术、道路工程造价、工程测量技术、道路工程检测技术和道路养护与管理等专业和相近专业的教学用书,也可作为相关专业工程技术人员的参考书。

图书在版编目(CIP)数据

道路工程制图与识图 / 张世海主编. -- 成都 : 西南交通大学出版社, 2024. 7. -- ISBN 978-7-5643-9932-0

Ⅰ. U412.5

中国国家版本馆 CIP 数据核字第 20242PE641 号

Daolu Gongcheng Zhitu yu Shitu
道路工程制图与识图

张世海 / 主编   责任编辑 / 韩洪黎
　　　　　　　　封面设计 / 曹天擎

西南交通大学出版社出版发行
(四川省成都市金牛区二环路北一段 111 号西南交通大学创新大厦 21 楼　610031)
营销部电话:028-87600564   028-87600533
网址:http://www.xnjdcbs.com
印刷:四川森林印务有限责任公司

成品尺寸　185 mm × 260 mm
印张　15.75　字数　393 千
版次　2024 年 7 月第 1 版　印次　2024 年 7 月第 1 次

书号　ISBN 978-7-5643-9932-0
定价　39.00 元

课件咨询电话:028-81435775
图书如有印装质量问题　本社负责退换
版权所有　盗版必究　举报电话:028-87600562

PREFACE 前言

"道路工程制图与识图"是高等职业院校交通土建类专业的一门专业基础课程，重点培养学生的空间想象能力、构思能力和识读、绘制道路工程图样的能力，是学生学习后续专业课程的基础，也是工程技术人员必须具备的岗位技能。

为了更好地体现因材施教，实现本课程的教学目标，本教材是根据高等职业教育教学改革要求和发展趋势，遵循以职业活动为导向，以项目任务为载体，以学生为主体，以能力培养为主线，突出"教、学、做"一体化的教学原则编写的。

在编写过程中，根据课程的能力目标和知识目标，结合学生的认知特点和岗位能力要求，遵循理论知识必需够用、由简单到复杂和循序渐进的原则，对课程体系进行解构与重构，淡化学科体系，突出理论知识的应用和实践能力培养，力求贴近实践要求和岗位需要，选取道路工程中经常遇到的工程构造物、构件和平面图形作为每一个模块中的项目任务，将其子项目或与其相关的简单项目作为能力训练任务，将知识融入任务之中，使学生在完成具体任务的过程中学习知识、提高技能，充分体现教师在做中教，学生在做中学、学中做。由此激发学生的学习兴趣，提高学生的职业素养和自主学习能力。同时，本教材在编写过程中，全面贯彻了《道路工程制图标准》（GB 50162—1992）的规定，不仅维护了国家标准的严肃性，而且有助于培养学生自觉遵守国家标准的良好习惯。

本教材模块一、模块二由甘肃交通职业技术学院张世海编写，模块三、模块四由甘肃省交通规划勘察设计院股份有限公司张丹阳编写。在编写过程中，许多同行和企业技术人员提出了宝贵意见，并提供了大量的支持和帮助，在此表示衷心感谢。

另外，为配合教学，较好地实现"教、学、做、练"一体化，本教材配有《道路工程制图与识图习题册》，供学生练习使用。

由于编者的理论水平和实践经验有限，教材中难免存在不足之处，敬请广大师生和其他读者批评指正。

编 者
2023 年 6 月

CONTENTS 目 录

绪 论 ·· 001

模块一 制图基本知识与技能 ·· 006
    项目一 绘制给定的平面图形 ·· 006
    项目二 绘制立体交叉平面图 ·· 026
    项目三 绘制拱门图 ··· 035

模块二 投影基本知识 ·· 040
    项目一 根据已知的立体图找出与其对应的三面投影图 ··· 040
    项目二 根据已知的三面投影图找出与其对应的立体图 ··· 051
    项目三 根据三面投影图绘制挡土墙的轴测投影图 ·· 053
    项目四 完成桥墩模型的侧面投影图 ·· 065
    项目五 完成桥墩的正立面投影图 ··· 077
    项目六 完成涵洞口模型的侧面投影图 ·· 083
    项目七 完成边沟模型的水平面投影图 ·· 089
    项目八 完成隧道洞门墙的水平面投影图 ··· 099

模块三 形体表达方法 ·· 107
    项目一 绘制桥台和榫头的三面投影图 ·· 107
    项目二 对U形桥台的投影图进行尺寸标注 ·· 115
    项目三 阅读拱涵洞口两面投影图完成第三面投影图 ·· 121
    项目四 将窨井的投影图改画成适当的剖面图 ·· 128
    项目五 将行车道板的三面投影图改画成适当的剖面图并进行尺寸标注 ················· 135
    项目六 绘制变截面梁各指定位置的移出断面图 ··· 141
    项目七 绘制坝面、河岸、河底间的坡面交线及坡脚线 ··· 149
    项目八 绘制沿道路中心线剖切的路线纵断面图和指定位置的横断面图 ················· 159
    项目九 绘制水平广场的填挖边界线 ·· 166

模块四　专业工程图识读 172

项目一　识读路线平面图 172
项目二　识读路线纵断面图 181
项目三　识读路基横断面图 187
项目四　识读钢筋混凝土矩形梁钢筋结构图 192
项目五　识读钢筋混凝土 T 形梁桥总体布置图 202
项目六　识读钢筋混凝土 T 形梁桥主梁骨架结构图 209
项目七　识读钢筋混凝土桥墩构造图 214
项目八　识读钢筋混凝土 T 梁翼板钢筋布置图 219
项目九　识读隧道洞门图 227
项目十　识读钢筋混凝土圆管涵构造图 234
项目十一　识读钢筋混凝土盖板涵构造图 239

参考文献 246

绪 论

能力目标
1. 能够对本门课程形成比较完整的认识,并产生学习兴趣;
2. 能够正确使用常用绘图工具;
3. 通过入门训练,能够正确表述工程图样及其作用。

知识目标
1. 明确本门课程的性质、作用、要达到的能力目标和必须掌握的基本知识;
2. 掌握本门课程的特点和学习方法;
3. 了解本门课程的主要内容、考核方式;
4. 掌握常用的制图工具及其使用方法。

一、课程定位

1. 课程性质

工程图样是工程信息的载体,能够完整、准确、唯一地表达出工程结构物的形状、大小及其技术要求,是进行公路工程造价、放样、施工、监理和检测的重要技术资料,也是工程技术人员用于表达设计构思和交流的技术语言。"道路工程制图与识图"是培养学生用正投影的方法绘制和阅读道路工程图样能力的一门专业核心技能课程,是高等职业院校交通土建类专业学生的一门必修课,是学生学习后续专业课程的基础和今后从事工程技术工作必须具备的职业岗位技能。

2. 课程作用

"道路工程制图与识图"课程在适度培养学生空间想象能力和空间构思能力的基础上,主要训练学生运用正投影法来表达工程结构物的能力和阅读道路工程图样的能力、徒手作图能力;培养学生正确运用和执行《道路工程制图标准》(GB 50162—1992)的能力。在本课程的实施过程中,培养学生一丝不苟的工作作风和认真负责的工作态度,使学生具有良好的职业道德和较强自主学习能力。因此,本课程对于学生职业能力的培养和职业素质的养成都具有重要的支撑作用。

二、课程目标

1. 能力目标

（1）能够应用正投影、轴测投影、标高投影、剖断面图等表达方法，正确、合理地图示工程结构物；

（2）能够使用绘图工具绘制符合《道路工程制图标准》（GB 50162—1992）要求的工程图样；

（3）能够应用形体分析和线面分析等方法，识读道路工程中常见结构物的构造图和钢筋布置图；

（4）能够应用组合体尺寸标注的方法，完整、正确、清晰、合理地标注出工程结构物的尺寸；

（5）能够正确识读公路路线平面图、路线纵断面图和路基横断面图。

2. 知识目标

（1）掌握绘图工具及仪器的使用方法；

（2）掌握国家标准关于图幅、比例、字体、线型、坐标、尺寸标注等的相关规定；

（3）掌握正投影的方法及其投影特性；

（4）掌握正等轴测图和正面斜二测图的绘制方法；

（5）掌握组合体投影图的画法、尺寸标注及识读方法；

（6）掌握剖面图、断面图的表达方法；

（7）掌握标高投影法；

（8）掌握路桥工程图样的图示特点、内容和识读方法。

3. 素质目标

（1）培养学生认真负责的工作态度和严谨细致的工作作风；

（2）培养学生的自主学习意识，提高自主学习能力；

（3）培养学生的创新意识与审美情趣；

（4）培养学生的团结协作意识和可持续发展能力；

（5）培养学生良好的职业道德，增强责任意识和遵纪守法意识。

4. 情感目标

（1）关心、爱护学生，主动与学生交流，了解学生的思想状况，及时耐心解决学生学习中遇到的问题，平等对待学生，构建和谐、互动的师生关系；

（2）注重改进教学方法和手段，增强直观性、实践性和操作性，让学生体会到识图与绘图的快乐，提高教学效果；

（3）通过教师启发、引导，学生动手操作完成项目任务，激发学生的学习兴趣，培养学生善于观察、乐于思考、勤于动手、大胆创新的习惯，教育学生树立终身学习理念。

三、课程内容

根据课程的能力目标和知识目标以及学生的认知特点，结合岗位能力需求，遵循能力本位和由简单到复杂的循序渐进原则，将课程内容设计为 4 个模块，见表 0-0-1。

表 0-0-1　课程内容及参考学时

序号	模块名称	参考学时
1	制图基本知识与技能	8
2	投影基本知识与空间想象能力	12
3	形体表达方法	20
4	专业工程图	20
合计		60

四、课程特点

《道路工程制图与识图》是一门既具有理论知识，又集抽象性、逻辑性和实践性于一体的专业基础课，其内容由浅入深，环环相扣，互为基础，专业制图部分与专业知识联系紧密，要求学生具有较强的空间想象能力和构思能力。

五、学习方法

在学习过程中，首先必须树立端正的学习态度，明确学习目的，认真听好每一节课，及时理解和消化所学内容，稳扎稳打，步步为营，切忌好高骛远；其次要多借助模型，将空间几何元素、几何形体与投影图结合起来思考，也就是空间想象与投影分析紧密结合，并善于应用所学理论进行物画图、图想物的对照、理解和练习，不断培养和提高自身的空间想象与构思能力，切忌只听不做；同时必须重视实践环节，无论是画法几何还是专业工程图，都必须完成相当数量的项目和能力训练任务，要善于在学中做、做中学，切忌动脑不动手。只有强化实训环节，才能更深刻地理解和掌握所学内容，才能熟能生巧，达到提高绘图与识图能力的目的。

一张符合要求的工程图样包含了各个方面的知识和要求，因此在学习过程中要认真理解、贯彻和执行《道路工程制图标准》（GB 50162—1992）中的相关规定，只有掌握了绘图的基本知识、基本要求和基本技能，才能绘制出符合要求的工程图样。

另外，工程图样是重要的技术资料，也是施工的依据。图样中很小的疏漏，也可能造成很大的经济损失或引发工程事故，给国家、集体带来损失，甚至给个人留下终身遗憾。因此，从学习本课程的第一天起，就要逐步培养严肃认真、一丝不苟的学习精神和敬业精神，为学好本门课程奠定坚实基础。

在学习过程中，应及时总结经验，不断改进学习方法，提高自主学习能力、独立工作能力和处理问题的能力，增强创新意识。

六、考核方式

遵照既有过程性评价，又有终结性评价的指导思想，充分体现全面考核、综合评价的原则，对学生的学习态度、自主学习能力和职业能力等进行综合考核。对于要求达到的单项能力目标和综合能力目标，均采用项目进行考核；对于要求掌握的知识目标，重点考核学生对知识的应用能力，如表 0-0-2 所示。

表 0-0-2　考核形式

考核形式	过程考核				期末考试
	出勤	提问	课外训练	课内训练	
权　重	10%	10%	20%	20%	40%

注：① 出勤以平时课堂考勤为依据，每缺课 1 学时扣 1 分，出勤考核成绩达不到 75 分者，取消该门课程的考核资格，直接参加重修。
② 由教师根据单元训练项目、知识目标等进行随堂提问，学生以小组或个人进行回答，教师根据学生的语言表达和回答的正确性进行综合评价。
③ 课外训练根据学生完成作业的数量、质量和及时性进行评价。
④ 课内训练主要依据学生完成项目内容的质量及小组的团队协作意识等进行评价。

七、入门示例

图 0-0-1 是我们在日常生活中常见的两坡屋面房屋的直观图，试想象从三个不同的方向对房屋进行观察（投影），能得到什么样的形状（投影图），为什么？

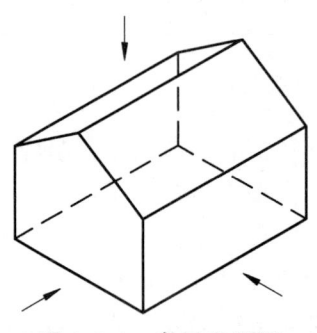

图 0-0-1　房屋直观图

图 0-0-2 就是我们从三个不同方向观察得到的图形——投影图，该图能不能叫作工程图样？

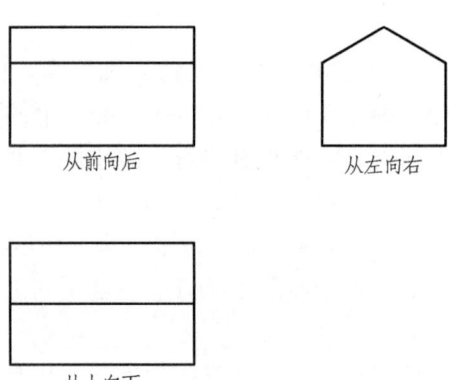

图 0-0-2　房屋三面投影图

由于图 0-0-2 只反映了房屋的形状，不反映房屋的大小、建筑材料和施工技术要求等。因此，还不能作为工程图样。图 0-0-3 能够完整、准确、唯一地反映房屋的形状、大小和技术要求等，可称为工程图样。

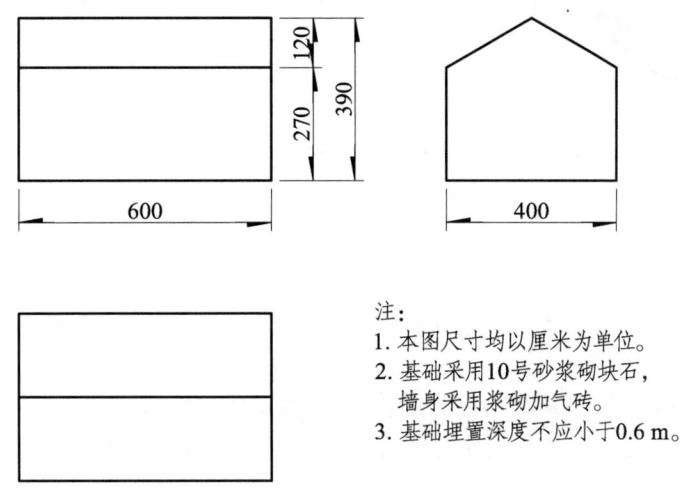

注：
1. 本图尺寸均以厘米为单位。
2. 基础采用10号砂浆砌块石，墙身采用浆砌加气砖。
3. 基础埋置深度不应小于0.6 m。

图 0-0-3　工程图样

模块一　制图基本知识与技能

项目一　绘制给定的平面图形

 能力目标

1. 能够使用常用的绘图工具和仪器，准确抄绘包含字体、线型、各类图线相交和尺寸标注的平面图形；
2. 能够正确应用《道路工程制图标准》（GB 50162—1992）；
3. 能够根据平面图形的大小和复杂程度，合理地确定绘图比例。

 知识目标

1. 熟悉常用制图工具及其使用方法；
2. 掌握图幅组成、要求和画法；
3. 掌握比例的概念和含义、字体的书写要领、线宽的选择和各类线型的相交、尺寸的组成和尺寸标注的一般规定等。

一、项目任务

按 1∶1 的比例绘制《道路工程制图与识图习题册》第 3 页的图形，注意各类图线的画法与相交。

二、能力训练任务

任务 1：说明图 1-1-1 中包含了几种图线、线宽和图线相交，并指出各类图线相交中错误的地方。

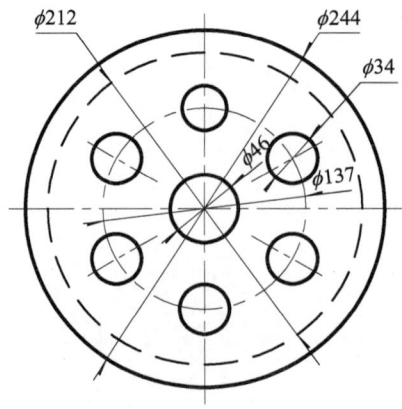

图 1-1-1　图线相交错误示例

任务 2：指出图 1-1-2 中图线相交和尺寸标注的错误，并进行更正。

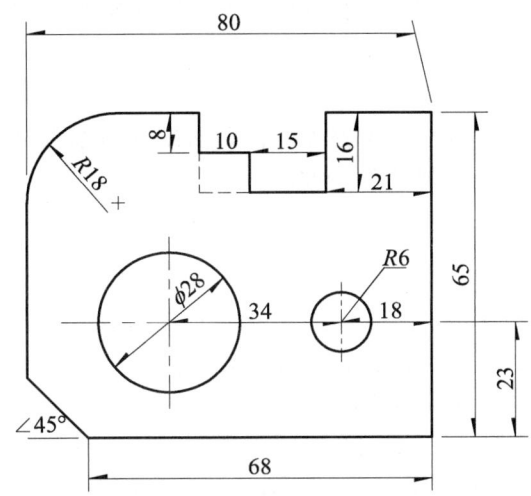

图 1-1-2　图线相交和尺寸标注错误示例

三、任务目的

1. 通过绘制具体图样，进一步熟悉制图工具的使用方法；
2. 掌握《道路工程制图标准》（GB 50162—1992）中关于图幅、比例、字体、图线和尺寸标注等的基本规定，并能够正确地进行应用。

四、任务知识

1. 常用的制图工具及其使用方法

手工绘制工程图样是借助绘图工具来进行的。为保证工程图样的质量、加快绘图速度，就必须熟悉常用绘图工具的性能和使用方法，并能对绘图工具进行挑选和妥善保管。

常用的绘图工具有图板、丁字尺、三角板、铅笔、比例尺等，绘图仪器有圆规、分规、墨线笔等，如图 1-1-3 所示。

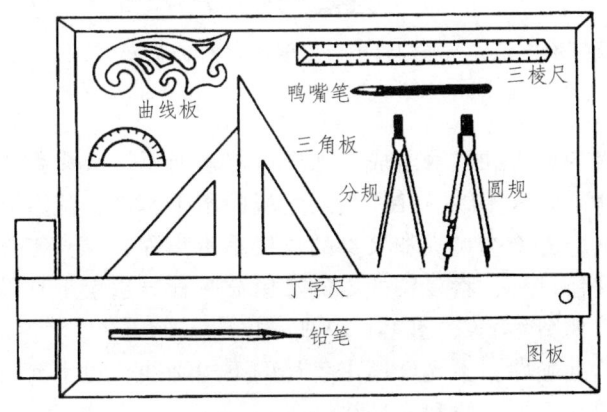

图 1-1-3　常用绘图工具

（1）图　板

图板是作图时的垫板，通常用胶合板制成，为了防止翘曲，四周镶以硬木条。板面应平整光滑、软硬适中、两端平整、边角垂直。图板的大小有 0 号、1 号和 2 号三种规格，可根据所画图样大小选定。使用时横放，左边为丁字尺的导边，必须平直光滑。平时应避免图板受潮或暴晒，以防变形，为保证板面平整光滑，贴图纸宜用透明胶带，不宜使用图钉。不用时，应将图板竖立保管，避免碰撞或刻损板面。

（2）铅　笔

绘图铅笔的铅芯用 B 和 H 表示其软硬程度。B 表示软，前面的数字越大表示铅芯越软，画出的图线颜色越浓；H 表示硬，前面的数字越大则表示铅芯越硬，画出的图线颜色越淡；HB 表示铅芯软硬适中。画底稿时常用 H 或 2H 的铅笔，书写汉字、数字和字母时常用 HB 或 H 的铅笔，加深时常用 B 或 2B 的铅笔。

铅笔应从没有商标的一端削开，削好的铅笔应在 0 号砂纸上将铅芯磨成圆锥形，以保证所画图线粗细均匀，如图 1-1-4、图 1-1-5 所示。

画图时握笔要稳，从侧面看笔身要直，如图 1-1-6 所示；从正面看笔身倾斜约 60°，如图 1-1-7 所示。画线时用力的大小要一致，速度要均匀，画长线时可适当转动铅笔。

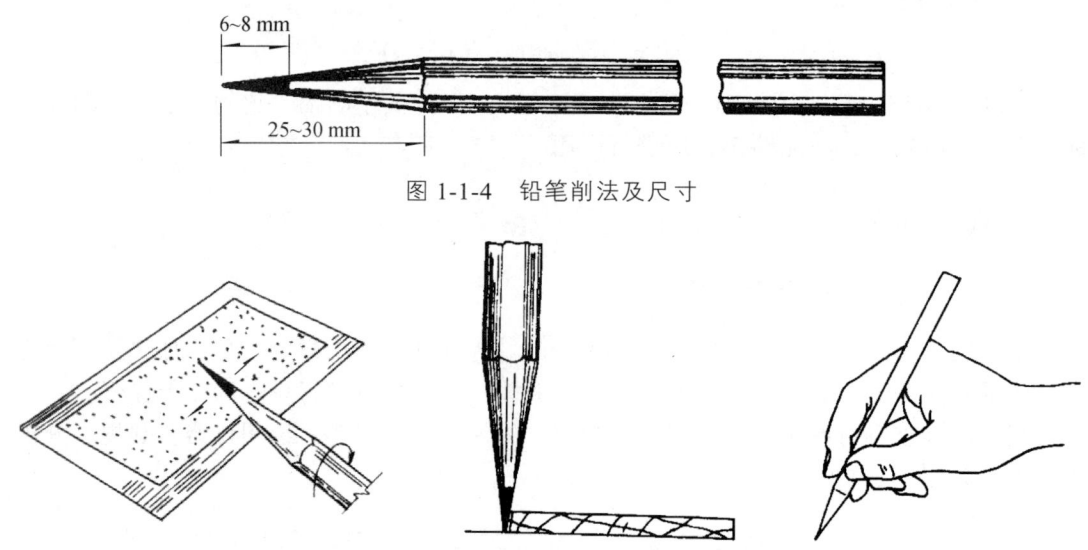

图 1-1-4　铅笔削法及尺寸

图 1-1-5　铅芯形状及打磨方法　　图 1-1-6　铅笔与尺身的相对位置　　图 1-1-7　握笔方法

（3）丁字尺

丁字尺由相互垂直的尺头和尺身组成，如图 1-1-8 所示。大多数丁字尺是用有机玻璃制成的，主要与图板配合来画水平线，并作为三角板的水平基准，配合三角板画铅垂线及各种特殊角度的斜线，使用前应先检查尺头和尺身的连接是否牢固，尺身工作边和尺头内侧是否平直光滑。使用时左手扶住尺头，将尺头的内侧边紧靠图板导边上下移动，画水平线的方法是自上而下，从左到右，如图 1-1-9、图 1-1-10 所示。

为保证所画图线的准确性，不允许用丁字尺的下边画线，也不允许将丁字尺的尺头靠在图板的上边、下边和右边来画铅垂线和水平线。

 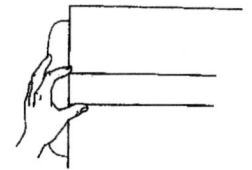 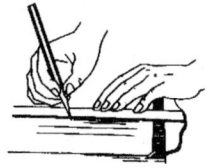

图 1-1-8　丁字尺的组成及形状　　图 1-1-9　丁字尺与图板的配合关系　　图 1-1-10　丁字尺配合图板绘制水平线

（4）三角板

三角板一般用有机玻璃制成，一副三角板由 45°、90°角和 30°、60°、90°角各一块组成。三角板与丁字尺配合主要用来画垂直线和各类斜线。

使用三角板画铅垂线时，应使丁字尺尺头紧靠图板左边硬木条，先推丁字尺到线的下方将三角板放在线的右侧，并使三角板的一直角边紧靠在丁字尺的工作边上，然后移动三角板，直至另一直角边紧靠铅垂线，再用手轻轻按住丁字尺和三角板右手持铅笔，从左到右，自下而上画出铅垂线，如图 1-1-11 所示。

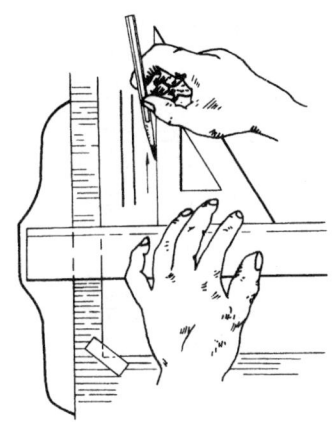

图 1-1-11　用三角板画铅垂线

用一副三角板与丁字尺配合，可画出与水平线成 15°及其倍数的角度，如图 1-1-12 所示。

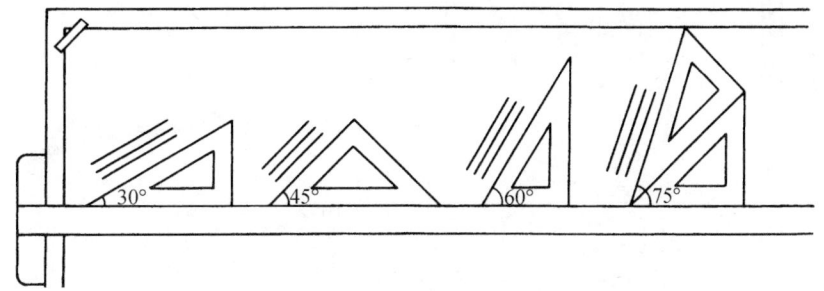

图 1-1-12　30°、45°、60°、75°角斜线的画法

（5）比例尺

在图样中图形与实物相应的线性尺寸之比，称为比例。刻有不同比例的直尺称为比例尺。比例尺的式样很多，常用的为三棱尺，如图 1-1-13 所示。在它的三个棱面上刻有六种不同的

比例，其比例有百分比例尺和千分比例尺两种。百分比例尺如1∶100、1∶200，千分比例尺如1∶1 000、1∶2 000。比例尺上刻度所注数字的单位为米（m）。值得注意的是，图形上所注的尺寸是指物体实际的大小，它与图形的比例无关。绘图时不必通过计算，可直接将物体的实际长度，按所选用的比例缩小或放大画在图纸上，如图 1-1-14 所示。

比例尺一般用木料或塑料制成，因此不能将比例尺作直尺使用，也不能将棱线碰缺而损坏尺面上的刻度。

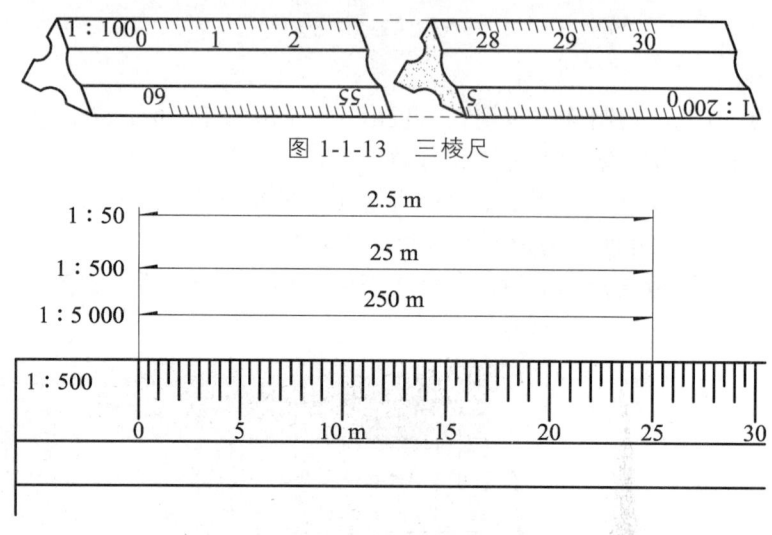

图 1-1-13　三棱尺

图 1-1-14　比例尺

（6）分　规

分规的形状和圆规相似，但两脚都装有钢针，主要用来等分曲线、直线或量取线段长度，使用时应使两针尖对齐，如图 1-1-15 所示。

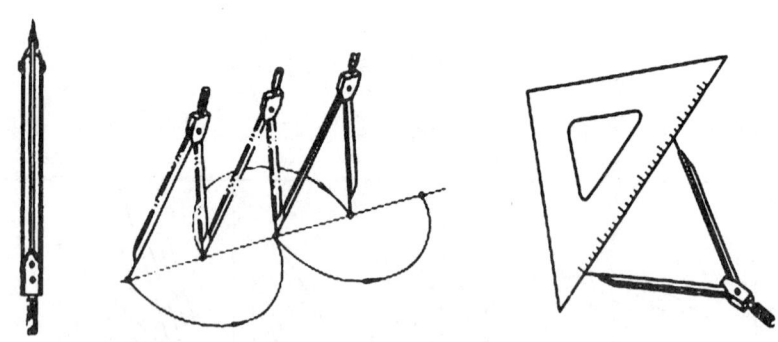

图 1-1-15　分规用法

（7）圆　规

圆规是用来画圆或圆弧的工具，它与分规形状相似；在一腿上附有插脚，换上不同的插脚，可作不同的用途，如图 1-1-16 所示。其插脚有三种：钢针插脚、铅笔插脚和墨水笔插脚。使用圆规时，先调整针脚，使针尖略长于铅芯，圆规铅芯宜磨成楔形，并使斜面向外；其硬度应比所画同种直线的铅笔小一号，以保证图线颜色深浅一致。画圆时，先把圆规两脚分开，使铅心与针尖的距离等于所画圆或圆弧的半径；再用左手食指来帮助针尖扎准圆心，从圆的中心线开始，顺时针方向转动圆规。转动时圆规可往前进方向稍微倾斜，整个圆或圆弧应一次画完，如图 1-1-17 所示。画较大的圆弧时，应使圆规两脚与纸面垂直。画更大的圆弧时要接上延长杆，如图 1-1-18 所示。

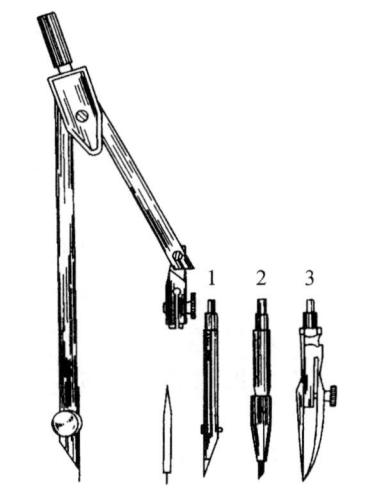

1—钢针插脚；2—铅笔插脚；3—墨水笔插脚。

图 1-1-16 圆规及其附件

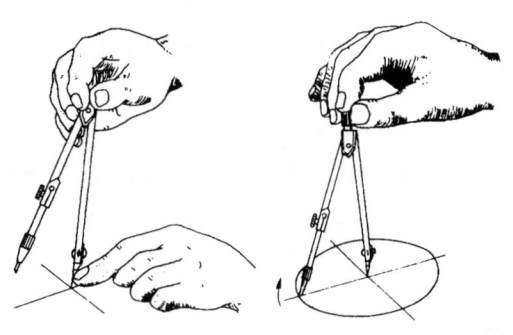

图 1-1-17 圆规用法

（8）擦线板

擦线板是用透明胶片或金属片制成的，如图 1-1-19 所示。是用来擦去画错图线的工具。使用时选择适当形状的挖孔框住图上需擦去的线条，左手压住擦线板，再用橡皮擦去框住的线条，这样可提高准确性，避免将有用的图线擦掉。

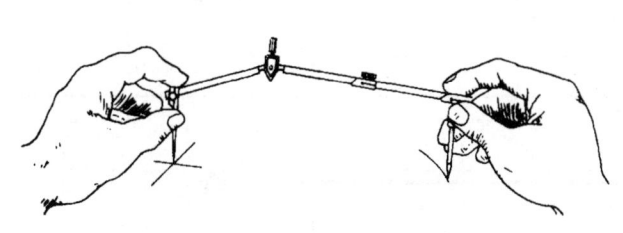

图 1-1-18 接上延长杆画大圆

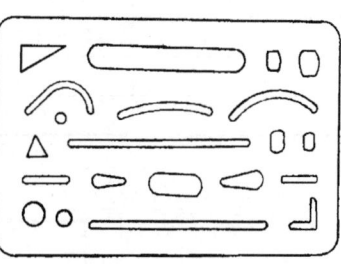

图 1-1-19 擦线板

（9）曲线板

曲线板是绘制非圆曲线的常用工具。画线时，先徒手将需要连接的各点轻轻地连成曲线，然后在曲线板上选取曲率相当的部分，分几段逐次将各点连成曲线，每段至少应有三个点与曲线板吻合，但每段都不要全部描完，至少留出后两点间的一小段，使之与下段吻合，以保证曲线的光滑连接，如图 1-1-20 所示。

（10）其他用品

除以上常用绘图工具外，绘图时还经常需要橡皮擦、单面刀片、胶带纸和修磨铅芯的细砂纸等。

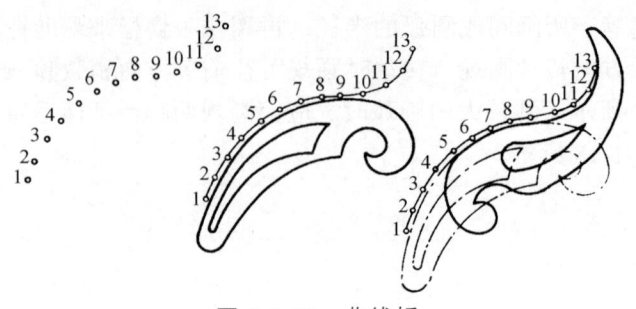

图 1-1-20 曲线板

2. 制图基本规格

工程图样是现代工业生产和基础设施建设中最基本的技术文件，是制造和施工的依据。因此，为使工程图样图面清晰、符合生产要求、便于技术交流和装订管理，对于图幅大小、图线的线型和粗细、尺寸标注、图例、字体等都必须要有统一的规定，做到工程图样基本统一，而且每个工程技术人员都必须掌握并严格遵守这些规定。目前我国采用的是《道路工程制图标准》（GB 50162—1992）（以下简称国标）。

下面就国标对图幅、比例、字体、图线、坐标、尺寸标注等基本规定予以介绍。

（1）图　幅

为合理利用图纸和便于阅读和装订管理，图幅的大小均应按国标规定执行，如表 1-1-1 所示。表中尺寸单位为毫米，尺寸代号的含义如图 1-1-21 所示。在选用图幅时，应以一种规格为主，尽量避免大小幅面掺杂使用。

表 1-1-1　幅面及图框尺寸　　　　　　单位：mm

尺寸代号	图幅代号				
	A0	A1	A2	A3	A4
$b \times l$	841×1 189	594×841	420×594	297×420	210×297
a	35	35	35	30	25
c	10	10	10	10	10

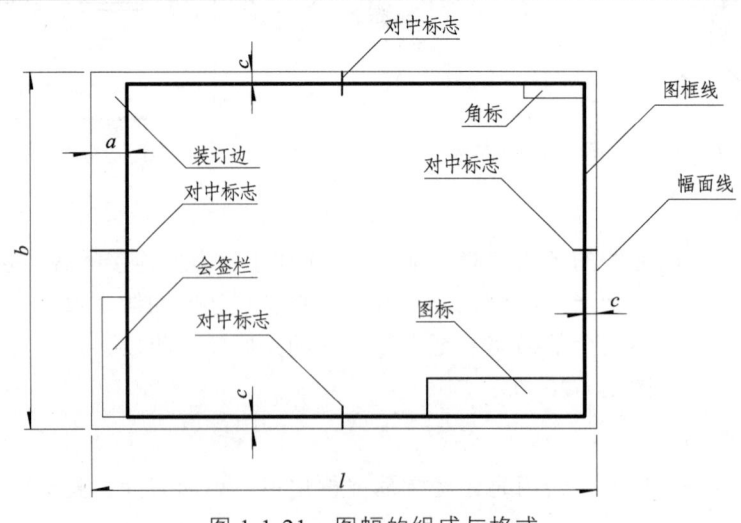

图 1-1-21　图幅的组成与格式

从表 1-1-1 可知，图纸幅面边长尺寸相当于 $\sqrt{2}$ 系列，即 $l = \sqrt{2}\,b$。A0 号图纸幅面的面积为 $1\,\mathrm{m}^2$，A1 号图纸幅面是 A0 号幅面长边的对裁，其他幅面依次类推。A0 号幅面经反复对裁长边，可得 8 张 A3 幅面。

在土建工程中，有时会遇到三个方向尺寸相差较大的构造物。根据需要，图纸幅面的长边可以加长，但短边不能加宽，长边加长的尺寸应符合有关规定。即长边加长时，A0、A2、A4 图幅应为 150 mm 的整倍数，A1、A3 图幅应为 210 mm 的整倍数。

对中标志应画在幅面线中点处，线宽应为 0.5 mm，伸入图框内 5 mm。

在图框的下边或右下角应绘制标题栏，简称图标，国标规定的图标格式有三种，如图 1-1-22 所示。

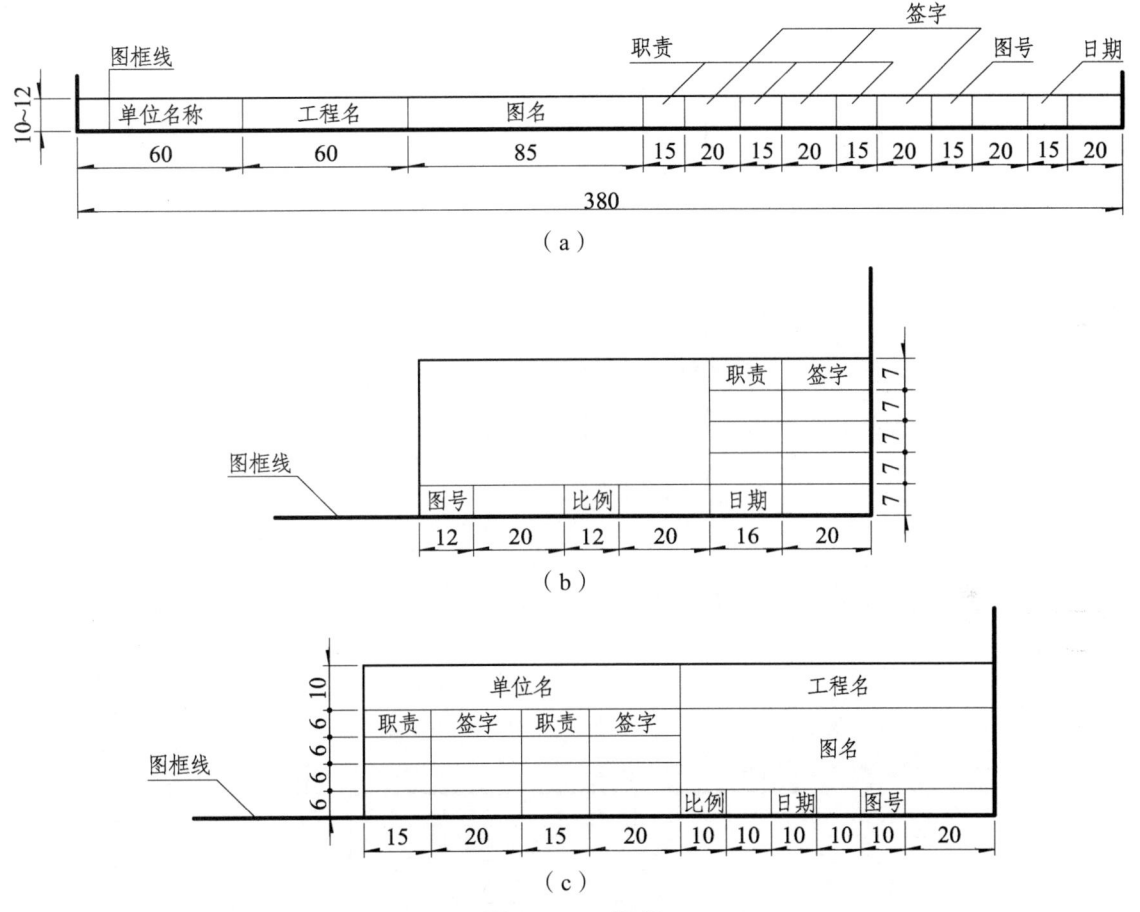

图 1-1-22 图标

学生在校学习期间，标题栏可采用如图 1-1-23 所示的格式，会签栏和角标可不设。

图 1-1-23 制图作业的标题栏格式

图标外框线线宽宜为 0.7 mm，图标内分格线线宽宜为 0.35 mm。

会签栏绘制在图框外左下角，如图 1-1-24 所示。会签栏外框线线宽宜为 0.5 mm，内分格线线宽宜为 0.25 mm。

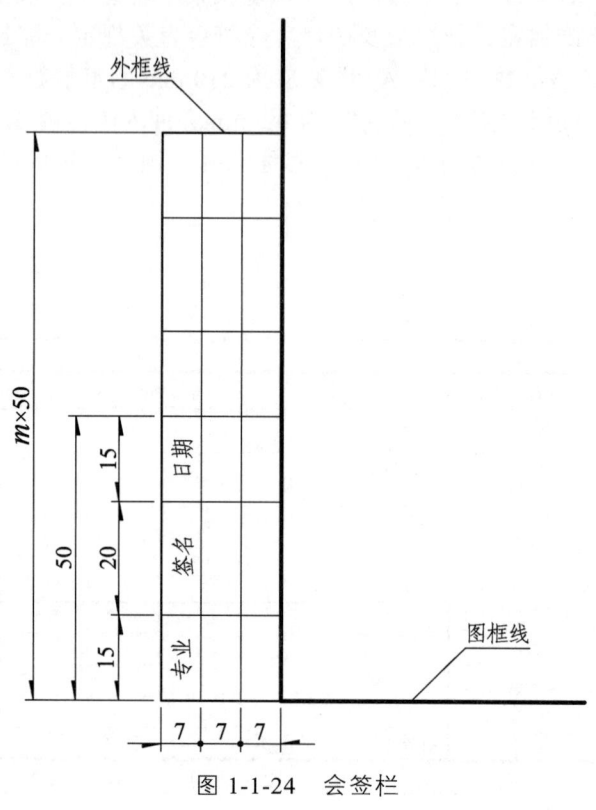

图 1-1-24　会签栏

当图纸要绘制角标时，应布置在图框内的右上角，如图 1-1-25 所示。角标线线宽宜为 0.25 mm。

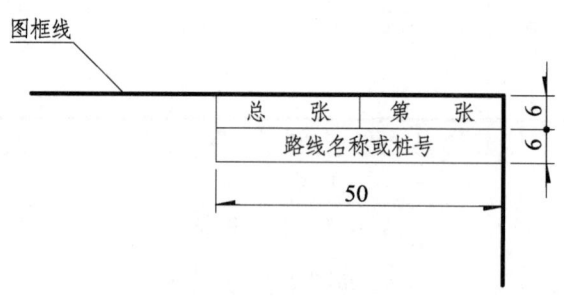

图 1-1-25　角标

（2）比　例

图样中图形与实物相应的线性尺寸之比，称为比例。通常用阿拉伯数字表示，如 1∶50、1∶100 等，其含义分别为图样中的 1 个单位长度相当于实际的 50、100 个单位长度；比例的大小通常用其比值的大小来衡量，比值大比例就大、比值小比例就小。

绘图比例的选择，应根据图面布置合理、匀称、美观的原则，按图形大小及图面复杂程度确定，一般优先选用表 1-1-2 中所列的常用比例。

表 1-1-2　绘图所用比例

常用比例	1∶1 1∶50 1∶2 000 1∶100 000	1∶2 1∶100 1∶5 000 1∶200 000	1∶5 1∶200 1∶10 000	1∶10 1∶500 1∶20 000	1∶20 1∶1 000 1∶50 000
可用比例	1∶3 1∶60 1∶600 1∶6 000	1∶15 1∶150 1∶1 500 1∶15 000	1∶25 1∶250 1∶2 500 1∶30 000	1∶30 1∶300 1∶3 000	1∶40 1∶400 1∶4 000

比例通常标注在图名的下方或右侧，其字体高度为图名字高的 0.7 倍，图名一般放置在图形的上面，并在图名的下边绘制一粗一细的双线，以示明显，如图 1-1-26 所示。当同一张图纸中的比例完全相同时，可在图样的"注"中注明，也可在标题栏中注明。当竖直方向与水平方向的比例不同时，可以用 V 表示竖直方向比例，用 H 表示水平方向的比例。

图 1-1-26　比例的标注

（3）字　体

在工程图样中，除了要用各类图线绘出物体的形状之外，还需要用数字标明其大小，用文字说明其施工的技术要求等。因此，文字和数字是工程图样的重要组成部分，若字体潦草，各写一套，不仅会影响图面的整洁和美观，而且难以辨认，并由此可能引发工程事故，给国家、集体和个人带来损失。因此，要求工程图样中的字体必须做到书写端正、笔画清晰、排列整齐、标点符号清楚正确，而且要采用规定的字体和大小。

汉字应采用国家公布的简化字，从左向右，横向书写，并应采用挺秀端正、笔画粗细均匀的长仿宋体。长仿宋体的字高和字宽之比为 3∶2，如图 1-1-27 所示。国标规定汉字的高度不应小于 3.5 mm，其字高系列及字高与字宽的关系如表 1-1-3 所示。

图 1-1-27　长仿宋体字的高宽比

表 1-1-3　长仿宋体的字高系列及高宽关系

字高（即字号）	20	14	10	7	5	3.5
字宽	14	10	7	5	3.5	2.5

长仿宋体字和其他汉字一样，都是由八种基本笔画组成，如图 1-1-28 所示。书写时必须掌握基本笔画的特点。

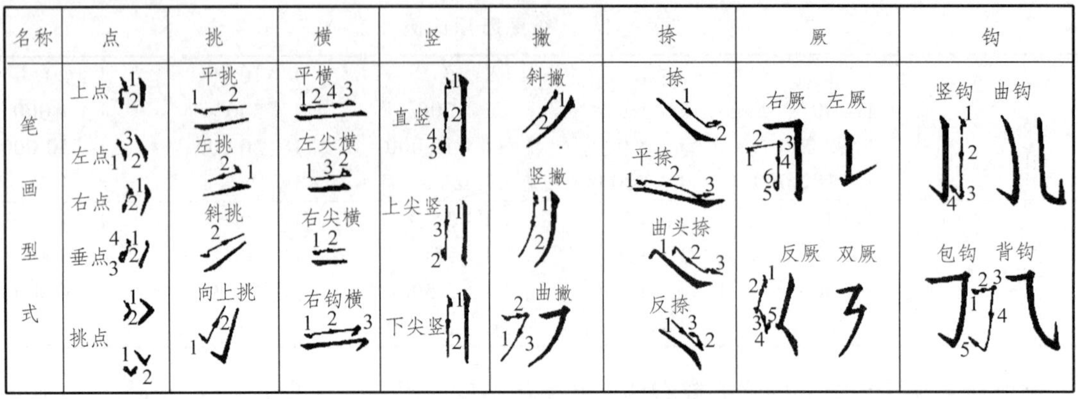

图 1-1-28　长仿宋体字基本笔画及运笔

书写长仿宋体字的要领是：横平竖直、起落分明、排列均匀、填满方格。字体的结构布局，笔画之间的间隔均匀相称，偏旁、部首的比例适当，如图 1-1-29 所示。

图 1-1-29　字体示例

数字和字母的笔画宽度宜为字高的 1/10。大写字母的字宽宜为字高的 2/3，小写字母的高度应以 b、f、g、h、p 为准，字宽宜为字高的 1/2。a、m、n、o、e 的字宽宜为上述小写字母高度的 2/3。

数字和字母的字体可采用直体或斜体，直体笔划的横与竖应成 90°；斜体字字头向右倾斜，与水平线成 75°，但在同一册图纸中应统一。数字和字母若与汉字同行书写，其字高应比汉字的小一号。图 1-1-30 所示为国标所规定的数字和字母示例。

当图纸中有需要说明的事项时，宜在每张图的右下角、图标上方加以叙述。该部分文字应采用"注"标明，字样"注"应写在叙述事项的左上角，每条注的结尾应标以句号"。"；说明事项需要划分层次时，第一、二、三层次的编号应分别用阿拉伯数字、带括号的阿拉伯数字及带圆圈的阿拉伯数字标注；图纸中文字说明不宜用符号代替名称，当表示数量时，应采用阿拉伯数字书写，例如三千零五十毫米应写成 3 050 mm，三十二小时应写成 32 h；分数不得用数字与汉字混合表示，例如五分之一应写成 1/5，不得写成 5 分之 1，不够整数位的小数数字，小数点前应加 0 定位。

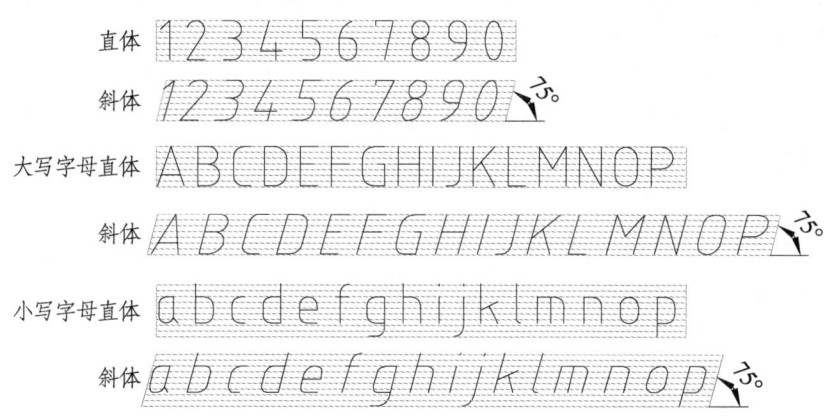

图 1-1-30 数字和字母示例

（4）图　线

① 线型与线宽

工程图样是由不同线型、不同粗细的图线所构成，这些图线可表达不同的含义、分清图样的主次。根据国标规定，工程图中常用图线的种类与用途如表 1-1-4 所示。

表 1-1-4　图线的线型、线宽及用途

名称		线型	线宽	一般用途
实线	加粗	——————	$1.4b$~$2.0b$	图框线、道路中心线、地平线
	粗	——————	b	可见轮廓线、钢筋线
	中	——————	$0.5b$	箍筋线、尺寸起止符号
	细	——————	$0.25b$	尺寸线、尺寸界线、剖面线、引出线等
虚线	粗	— — — — —	b	地下管线或建筑物、比较线
	中	— — — — —	$0.5b$	不可见的轮廓线
	细	— — — — —	$0.25b$	图例线
点划线	粗	—·—·—·—	b	见有关专业制图标准
	中	—·—·—·—	$0.5b$	见有关专业制图标准
	细	—·—·—·—	$0.25b$	中心线、对称线、轴线等
双点划线		—··—··—	$0.25b$	假想轮廓线
折断线		——/\——	$0.25b$	断开界线
波浪线		～～～～	$0.25b$	断开界线

表中图线的宽度 b，应根据图形的复杂程度和比例大小从下列规定的线宽系列中选取：2.0、1.4、1.0、0.7、0.5、0.35、0.25、0.18、0.13 mm。

工程图样一般使用三种线宽，且互成一定的比例，即粗线、中粗线、细线的比例规定为 $b:0.5b:0.25b$。因此，先确定基本图线粗实线的宽度 b，再确定其他各类图线的宽度，即符合表 1-1-5 的规定。

表 1-1-5　线宽组合

线宽类别	线宽系列/mm				
b	1.4	1.0	0.7	0.5	0.35
$0.5b$	0.7	0.5	0.35	0.25	0.25
$0.25b$	0.35	0.25	0.18（0.2）	0.13（0.15）	0.13（0.15）

注：表中括号内的数字为代用的线宽。

图框线和标题栏线的宽度，随图纸幅面的大小而不同，见表 1-1-6。

表 1-1-6　图框线和标题栏的线宽　　　　　　　　　单位：mm

图纸幅面	图框线	标题栏外框线	标题栏分格线
A0、A1	1.4	0.7	0.35
A2、A3、A4	1.0	0.7	0.35

② 各类图线的画法

虚线、点划线、双点划线和折断线应按图 1-1-31 绘制。

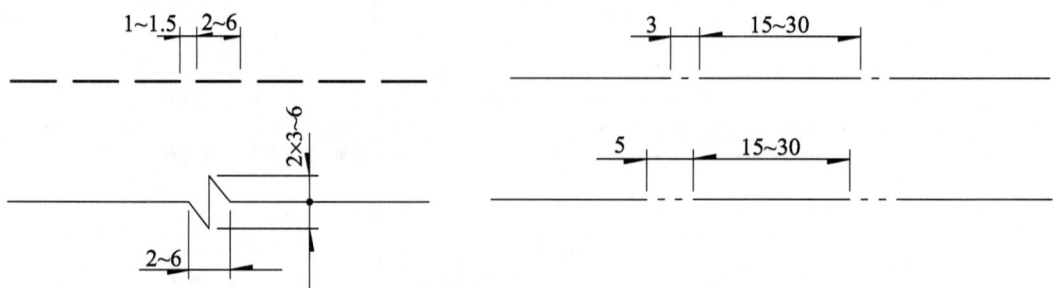

图 1-1-31　各类图线的画法

③ 各类图线的相交

要正确地画好一张图，除考虑线型和线宽的选用外，还应注意各类图线的相交。表 1-1-7 是各类图线相交的正误对比。

（5）坐　标

为了表示路线经过地区的方位和路线走向，在路线平面图中需画出指北针或坐标网格。图纸上指北针标志的绘制如图 1-1-32（a）所示，圆的直径应为 24 mm，指针尾部的宽度为 3 mm，当需要用较大的直径绘制指北针时，指针尾部宽度应为直径的 1/8。

表 1-1-7　图线相交的正误对比

名称	举例		相交要点
	正确	错误	
两实线相交	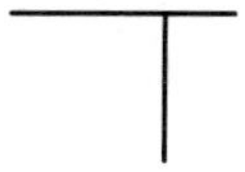		相交处要整齐，不留空隙
实线与虚线相交	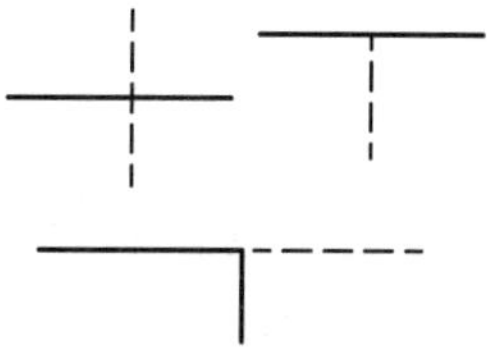	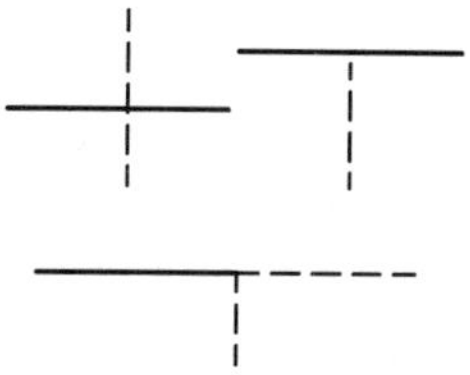	相交处在虚线的短划处，若虚线在实线的延长线上，则延长处要留有空隙
实线与点划线相交	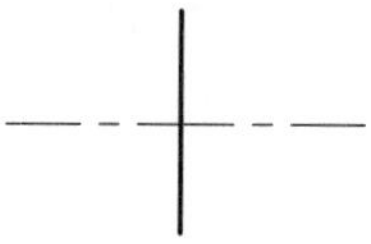	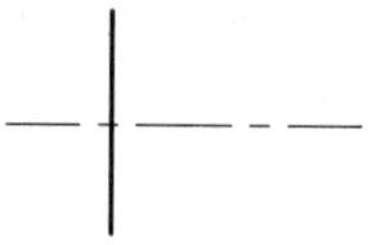	相交处在点划线的线段处
两虚线相交	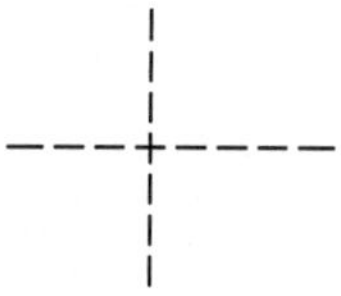	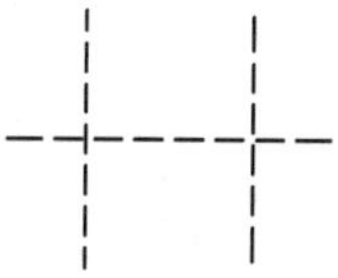	相交处在两条虚线的短划处
虚线与点划线相交	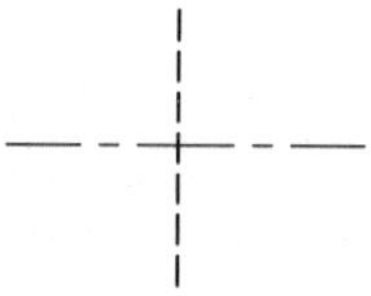	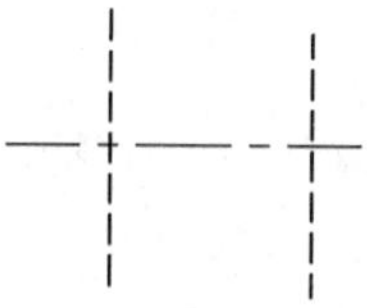	相交处在虚线的短划处和点划线的线段处
两点划线相交		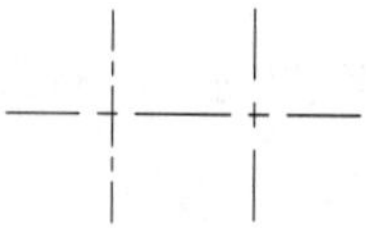	相交处在两条点划线的线段处
实线圆与点划线相交	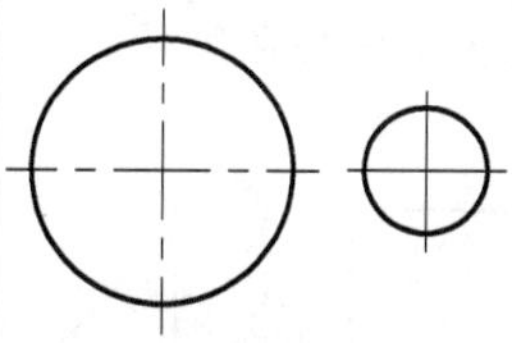	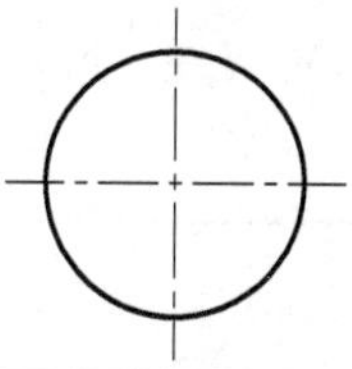	两点划线相交在线段处，点划线与实线圆相交在点划线的线段处

为确定图样中各控制点的平面位置，需要用网格表示坐标，坐标网格应用细实线绘制。南北方向轴线代号为 X，向北为坐标值增大方向；东西方向轴线代号为 Y，向东为坐标值增大方向。坐标网格也可采用十字代替，如图 1-1-32（b）所示。坐标值的标注应靠近被标注点，书写方向应平行于对应的网格线，或在其延长线上。坐标值前应标注坐标轴代号，当无坐标轴代号时，图纸上应绘制指北针标志。

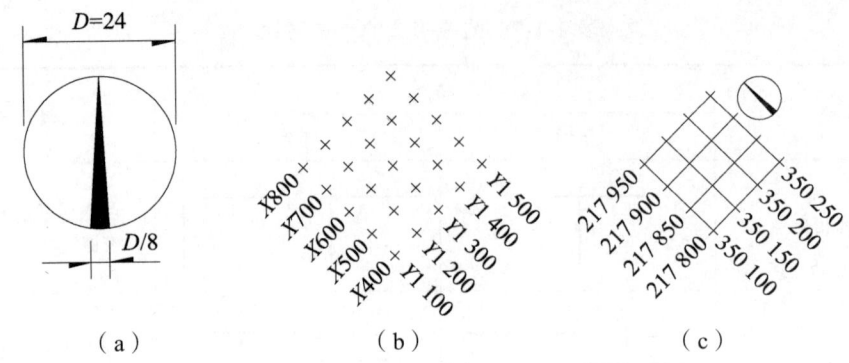

图 1-1-32 坐标网格及指北针的绘制

当图样中需要标注的控制坐标点不多时,宜采用引出线的形式标注,如图 1-1-33 所示。水平线上、下分别标注 X 轴、Y 轴的代号及数值,例如:$\frac{X460.405}{Y310.750}$ 表示该点距坐标原点向北 460.405 m,向东 310.750 m。当需要标注的控制坐标点较多时,图纸上可仅标注点代号,坐标数值可在适当位置列表示出。

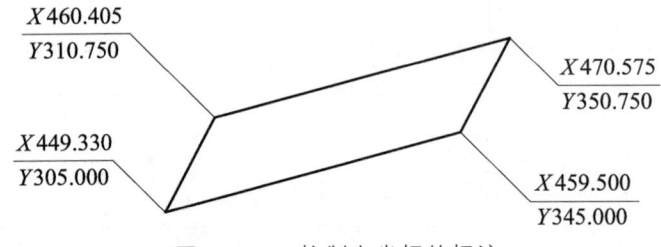

图 1-1-33 控制点坐标的标注

坐标数值的计量单位应采用 m,并精确到小数点后三位。当坐标数值位数较多时,也可将前面相同数字省略,但应在图纸中说明,坐标数值也可采用间隔标注。

(6)尺寸标注

在工程图样中,除表达构造物的形状外,还必须完整、准确和清晰地标注出构造物的实际尺寸,以作为施工的依据。

① 尺寸的组成

图样上标注的尺寸,由尺寸界线、尺寸线、尺寸起止符和尺寸数字四部分组成,如图 1-1-34 所示。

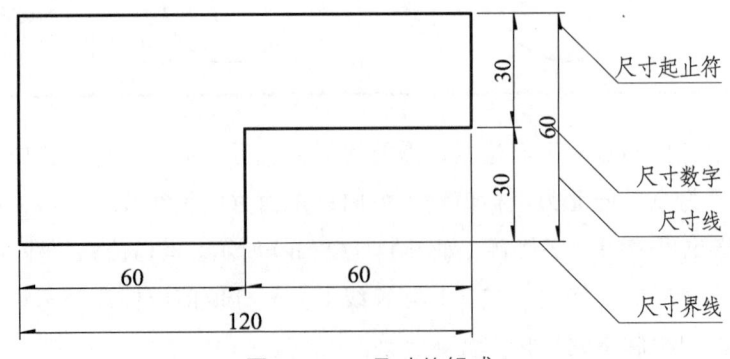

图 1-1-34 尺寸的组成

尺寸界线：从图形的轮廓线引出与被标注线段垂直的细实线。

尺寸线：与所注线段平行，与尺寸界线垂直的细实线。

尺寸起止符：表示尺寸开始和结束的符号。

尺寸数字：表示尺寸大小的数字。

② 尺寸标注的一般规则

a. 图上所有尺寸数字是物体的实际大小数值，与图的比例无关。

b. 在道路工程图中，线路的里程桩号以 km 为单位；标高、坡长和曲线要素均以 m 为单位；一般砖、石、混凝土等工程结构物以 cm 为单位；钢筋和钢材的长度以 cm 为单位；而钢筋和钢材的断面尺寸以 mm 为单位。图上尺寸数字之后不必注写单位，但应在附注或说明中注明尺寸单位。

c. 尺寸界线应用细实线绘制，由一对垂直于被标注长度的平行线组成，其间距等于被标注的长度；当标注有困难时，尺寸界线也可不垂直于被标注长度，但尺寸界线应互相平行，如图 1-1-35 所示。尺寸界线一端应靠近所标注的图形轮廓线，但不得相连，另一端宜超出尺寸线 1～3 mm。图形轮廓线、中心线也可作为尺寸界线。

d. 尺寸线用细实线绘制，应与被注长度平行，且不宜超出尺寸界线，如图 1-1-36 所示。尺寸线与被标注尺寸的轮廓线的间距以及互相平行的两尺寸线的间距一般在 5～15 mm 之间；同一图纸或同一图形上的这种间距大小应当保持一致；互相平行的尺寸线应从被标注的图形轮廓线由近向远排列，分尺寸线应离轮廓线近，总尺寸线应离轮廓线远，即大尺寸线包小尺寸线，如图 1-1-37 所示。其他任何图线均不得用作尺寸线。

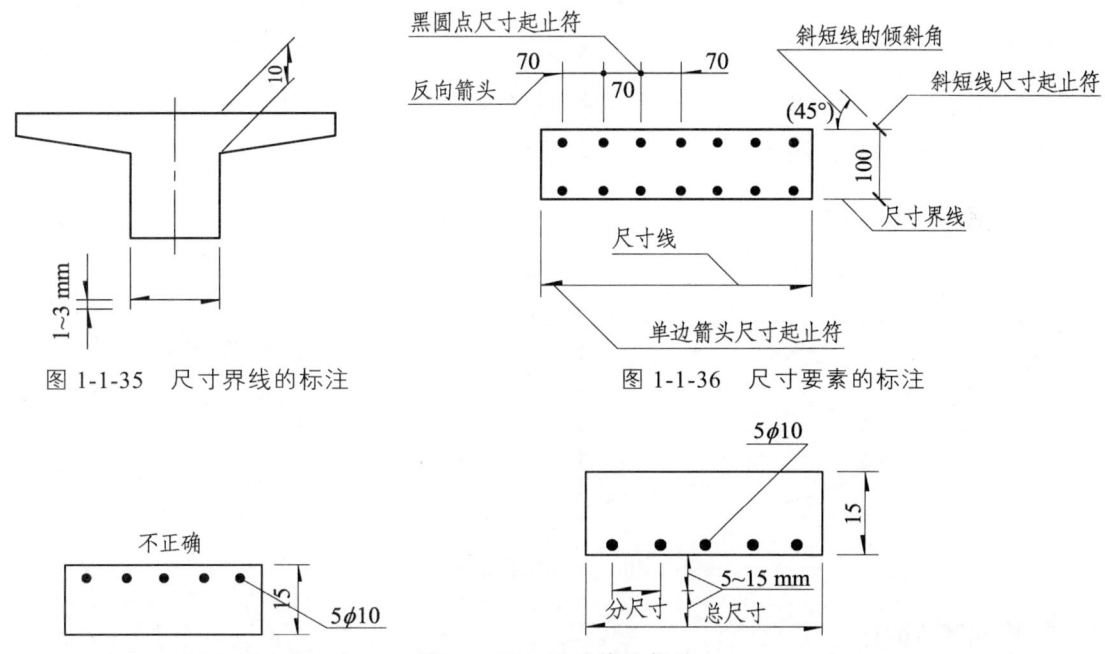

图 1-1-35　尺寸界线的标注　　　　图 1-1-36　尺寸要素的标注

图 1-1-37　尺寸线的标注

e. 尺寸线与尺寸界线相交的点为尺寸的起止点，在起止点上应画尺寸起止符，如图 1-1-36 所示。尺寸起止符宜采用单边箭头表示，箭头在尺寸界线的右边时，应标注在尺寸线之上；反之，应标注在尺寸线之下，箭头大小可按绘图比例确定。尺寸起止符也可采用斜短线表示，斜短线采用中粗线，长度为 2～3 mm，把尺寸界线按顺时针转 45°，作为斜短线的倾斜方向。但全图必须采用统一的尺寸起止符。在连续表示的小尺寸中，也可在尺寸界线同一水平的位置，用黑圆点表示中间部分的尺寸起止符，如图 1-1-36 所示。

　　f. 尺寸数字应按规定的字体书写，字高一般是 3.5 mm 或 2.5 mm。尺寸数字一般标注在尺寸线中间的上方和左侧，字头向上和向左。离尺寸线应不大于 1 mm，如没有足够的注写位置，最外边的尺寸数字可标注在尺寸界线外侧箭头的上方，中间相邻的尺寸数字可错开注写，也可引出注写，尺寸均应标注在图样轮廓线以外，任何图线不得穿过尺寸数字，当不可避免时，应将尺寸数字处的图线断开。同一张图纸上，尺寸数字的大小应相同，尺寸数字及文字书写方向如图 1-1-38 所示。

　　g. 引出线的斜线与水平线应采用细实线绘制，其交角 α 可按 90°、120°、135°、150°绘制。当斜线在一条以上时，各斜线宜平行或交于一点，如图 1-1-39 所示。当图形需要用文字说明时，可将文字说明标注在引出线的水平线上。

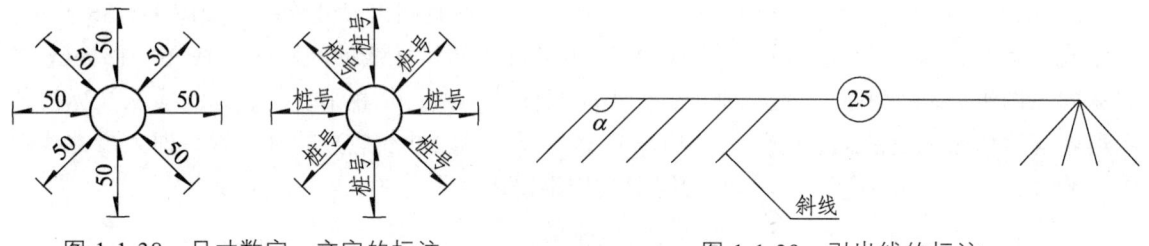

图 1-1-38　尺寸数字、文字的标注　　　　　图 1-1-39　引出线的标注

　　h. 当用大样图表示较小且复杂的图形时，其放大范围应采用细实线的圆或其他图形在原图中圈出，并用引出线标注名称，如图 1-1-40 所示。

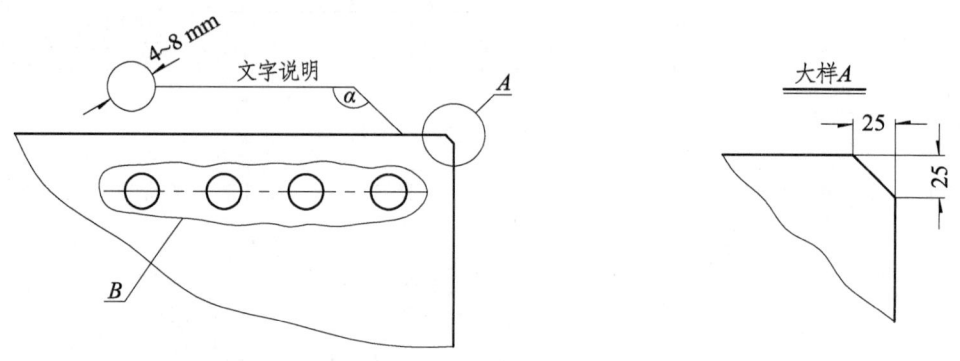

图 1-1-40　大样图范围的标注

　　③ 圆和圆弧的标注

　　在标注圆的直径的尺寸数字前面，加注符号"ϕ"或"d、D"，在半径尺寸数字前面，加注符号"r、R"。当圆的直径较小时，半径与直径可按图 1-1-41 所示的方法标注；当圆的直径较大时，半径尺寸的起点可不从圆心开始，如图 1-1-41 所示。

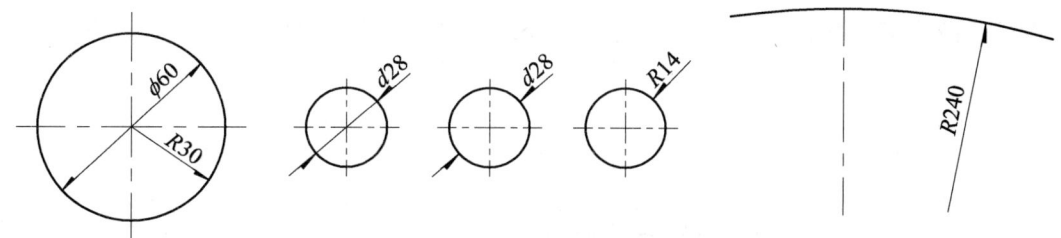

图 1-1-41　半径和直径的标注

圆弧的弧长尺寸标注如图 1-1-42 所示。当弧长分为数段标注时,尺寸界线可沿径向引出,弦长的尺寸界线应垂直于该圆弧的弦,如图 1-1-42 所示。

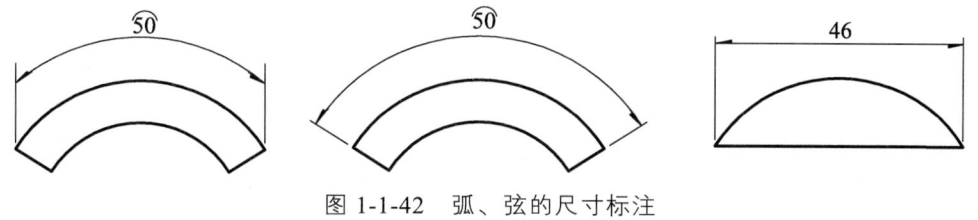

图 1-1-42　弧、弦的尺寸标注

④ 球的标注

标注球体的尺寸时,应在直径和半径符号前加 S,如 "$S\phi$"、"SR"。

⑤ 角度的标注

角度的尺寸线应以圆弧表示,角的两边作为尺寸界线,角度数值应写在尺寸线上方中部。当角度太小时,可将尺寸线标注在角的两条边的外侧,角度数字按图 1-1-43 标注。

⑥ 标高的标注

标高符号应采用细实线绘制的等腰直角三角形表示,高为 2~3 mm,底角为 45°。顶角应指至被注的位置,顶角向上、向下均可。标高数字宜标注在三角形的右侧,负标高应冠以 "－" 号,正标高(包括零标高)数字前可不冠以 "＋" 号。当图形复杂时,也可采用引出线形式标注,如图 1-1-44(a)所示。水位标注如图 1-1-44(b)所示。

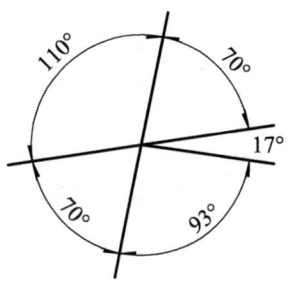

图 1-1-43　角度的标注

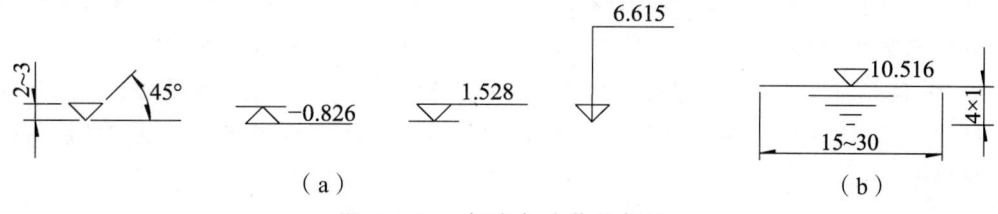

图 1-1-44　标高与水位的标注

⑦ 坡度的标注

在道路工程中,坡度采用以下两种方法来标注。当坡度值较小时,坡度的标注宜用百分率表示,并应标注坡度符号。坡度符号应由细实线、单边箭头以及在线上标注的百分数组成,坡度符号的箭头指向下坡。当坡度值较大时，坡度的标注宜用比例的形式表示，例如 $1:m$，如图 1-1-45 所示。

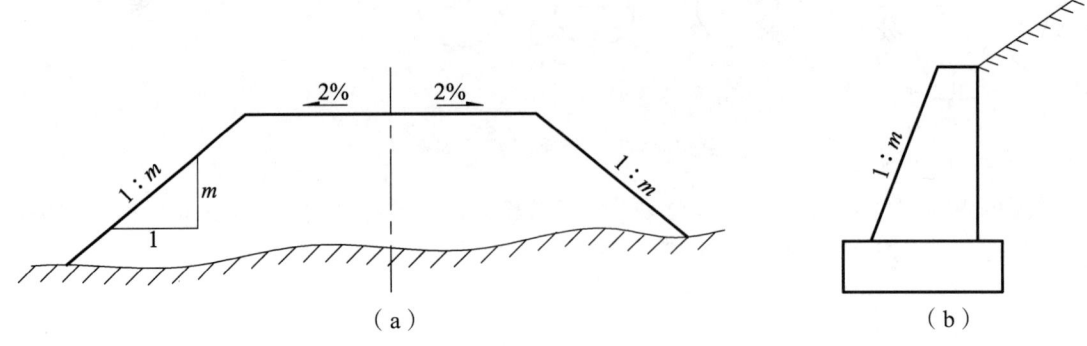

图 1-1-45 坡度的标注

⑧ 尺寸的简化标注

a. 连续排列的等长尺寸可采用"间距数乘间距尺寸"的形式标注，如图 1-1-46 所示。

b. 两个相似图形可以只绘制一个，未画出图形的尺寸数字放在括号内表示。如有数个相似图形，当尺寸数值不相同时，可用字母表示，其尺寸数值应在图幅中适当位置列表示出，如图 1-1-46 所示。

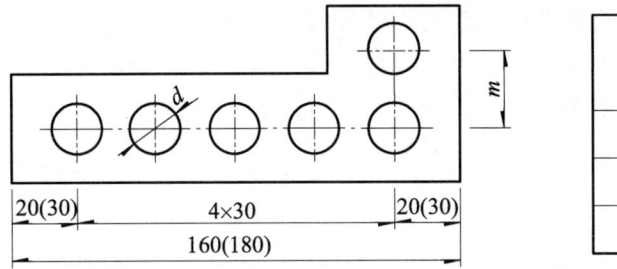

编号	尺寸	
	m	d
1	25	10
2	40	20
3	60	30

图 1-1-46 相似图形的标注

五、任务分析

任务 1：对照图 1-1-1 回忆图线的线型有哪些，看在该图中出现了哪些？线宽如何？再看这些图线中两两相交的有哪些，都在什么位置相交，相交处是否符合国标要求？

任务 2：首先看图 1-1-2 中出现的尺寸有哪些？有线性尺寸、直径的尺寸、半径的尺寸和角度的尺寸；然后将图形中的尺寸标注与国标中尺寸标注的基本规定相对照，只要不符合规定的就是错误的标注。

六、任务实施

任务 1：在分组讨论的基础上，由学生进行回答、教师补充完善。

任务 2：先由学生自主分析和更正，再由教师讲解。

七、思考与练习

1. 国标对图幅、字体、比例、线型和尺寸标注有哪些要求？
2. 比例的含义是什么？如何选择和注写比例？
3. 尺寸由哪些基本要素组成？标注时应注意哪些问题？
4. 实线与虚线、实线与点划线、虚线与虚线、虚线与点划线、点划线与点划线应怎样相交？
5. 在道路工程图样中，坡度的标注通常有哪几种形式？

项目二　绘制立体交叉平面图

 能力目标

1. 能够根据图形的大小和复杂程度，合理地选择绘图比例和线型；
2. 能够正确分析平面图形，合理确定绘图步骤，利用几何作图的方法完成指定平面图形的绘制。

 知识目标

1. 掌握常用的几何作图方法；
2. 掌握平面图形尺寸和线段的分析方法。

一、项目任务

合理确定比例，绘制《道路工程制图与识图习题册》第 5 页的立体交叉平面图。

二、能力训练任务

任务 1：用 1∶500 的比例，绘制图 1-2-1 所示的道路交叉口平面图。

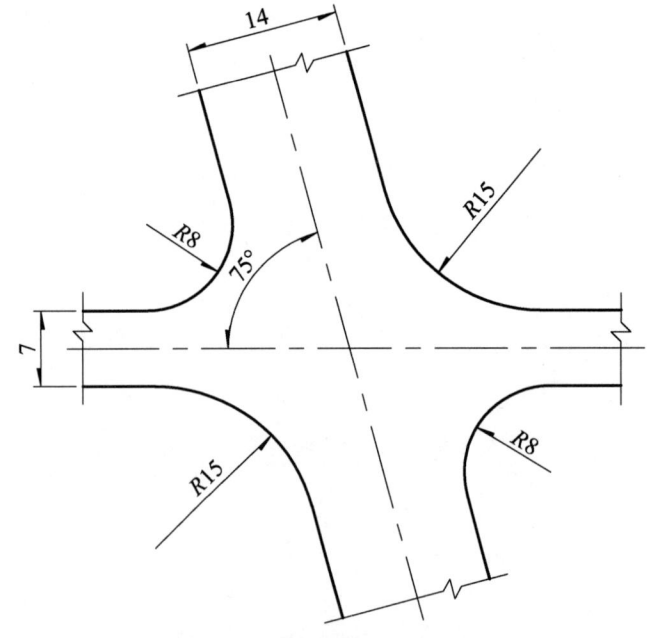

图 1-2-1　道路交叉口平面图

任务 2：用 1∶100 的比例，绘制图 1-2-2 所示的卵形涵立面图。

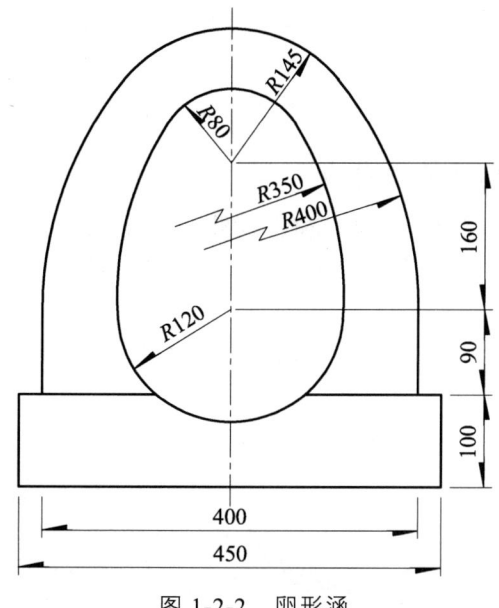

图 1-2-2　卵形涵

三、任务目的

1. 进一步熟悉制图工具的使用方法；
2. 了解几何作图的意义，掌握常用的几何作图方法；
3. 学会对平面图形进行分析，合理确定绘图步骤。

四、任务知识

图样是由直线、曲线构成的几何图形。为了准确、迅速地绘制图样，并提高绘图质量，必须掌握常用的几何图形的作图方法。下面介绍几种常用的作图方法。

1. 过已知点作已知直线的平行线

如图 1-2-3（a）所示，已知直线 BC 和直线外一点 A，过 A 点作直线 BC 的平行线。

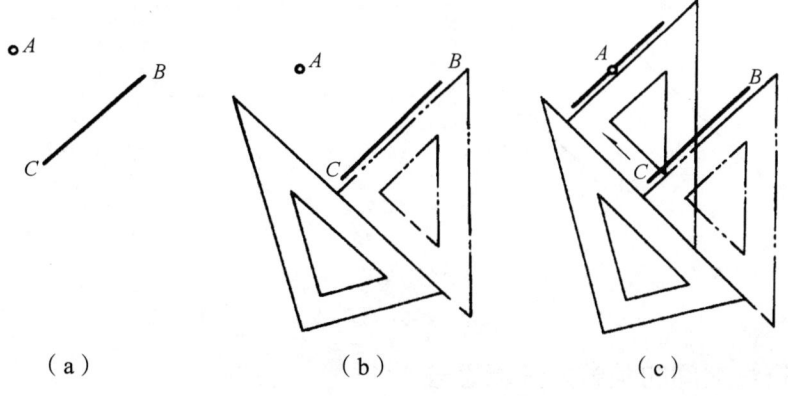

图 1-2-3　过已知点作已知直线的平行线

（1）用第一块三角板的一边与 BC 重合，第二块三角板与它的另一边紧靠，如图 1-2-3（b）所示。

（2）推动第一块三角板至 A 点，画一直线即为所求，如图 1-2-3（c）所示。

2. 过已知点作已知直线的垂直线

如图 1-2-4（a）所示，已知直线 BC 和直线外一点 A，试过 A 点作直线 BC 的垂线。

（1）先使 45°三角板的一直角边与 BC 重合，再使它的斜边紧靠另一块三角板，如图 1-2-4（b）所示。

（2）推动 45°三角板使另一条直角边紧靠 A 点，过 A 点画一直线即为所求，如图 1-2-4（c）所示。

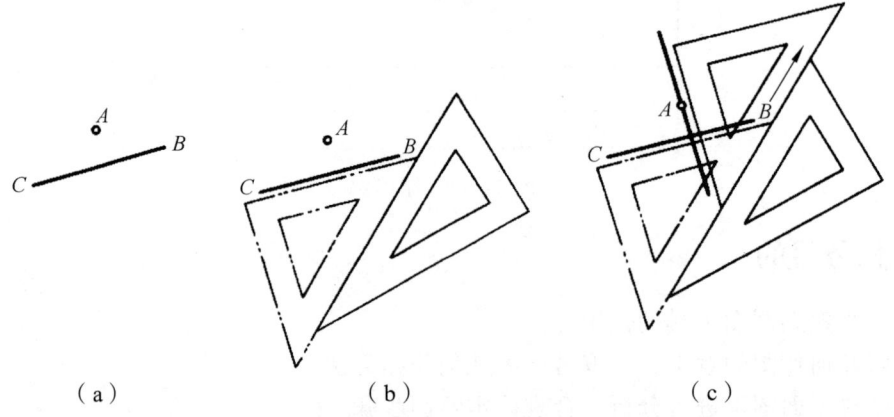

图 1-2-4　过已知点作已知直线的垂直线

3. 分已知线段为任意等分

如图 1-2-5（a）所示，已知直线 AB，试将直线 AB 分为 6 等分。

（1）过 B 点作任意直线 AC，并在 AC 上截取任意长度的 6 等分，得分点 1、2、3、4、5、6。

（2）将最后一个分点 6 与 A 点相连接，即连接 A6，如图 1-2-5（b）所示。

（3）过其余各等分点作 A6 的平行线交 AB 于 1′、2′、3′、4′、5′等 5 个点，该 5 点即分 AB 为 6 等分，如图 1-2-5（c）所示。

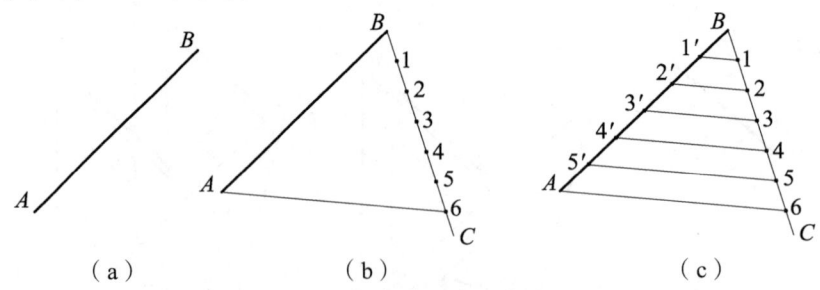

图 1-2-5　等分已知线段

4. 分两平行线之间的距离为任意等分

如图 1-2-6（a）所示，已知两平行直线 AB 和 CD，试将其距离分为 5 等分。

（1）在直线 AB、CD 上各取一点 p 和 s，连接 ps，并按上述方法将其分为 5 等分，得分点 1′、2′、3′、4′，如图 1-2-6（b）所示。

（2）过 1′、2′、3′、4′分别作 AB 或 CD 的平行线即将两平行线间的距离 5 等分，如图 1-2-6（c）所示。

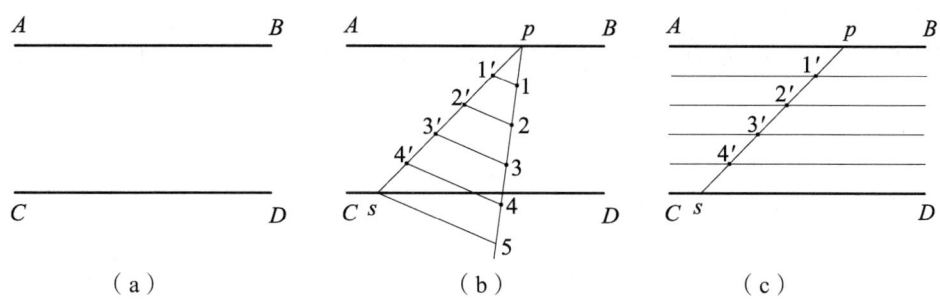

图 1-2-6　分两平行线间的距离为任意等分

5. 圆弧连接

在道路工程中，经常会遇到圆弧与直线、圆弧与圆弧连接的情况，如道路的中心线、涵洞的洞口、隧道的洞门等。圆弧连接的形式很多，其关键是根据已知条件，准确地求出连接圆弧的圆心和切点即连接点。

（1）圆弧连接两直线

如图 1-2-7（a）所示，已知直线 AB、CD 和连接圆弧的半径 R，求作半径为 R 的圆弧，光滑连接两直线 AB 和 CD。

① 在直线 AB、CD 上各取任意点 p 和 s，过 p、s 分别作 AB、CD 的垂线，并在垂线上截取 $pm = sn = R$，如图 1-2-7（b）所示。

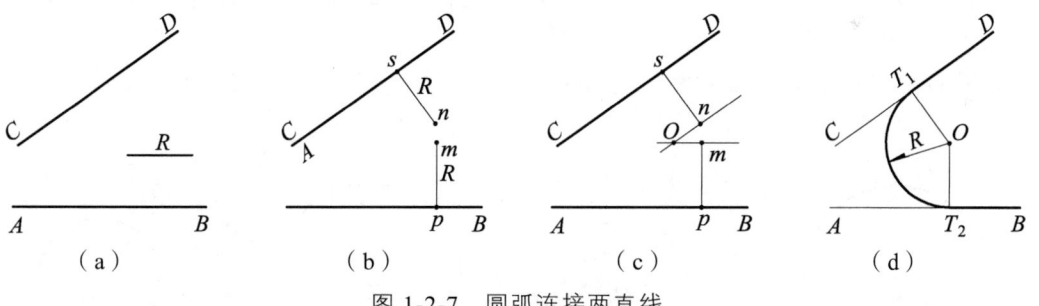

图 1-2-7　圆弧连接两直线

② 过 m、n 分别作直线 AB、CD 的平行线，两平行线相交于 O 点，O 点即为所求连接圆弧的圆心，如图 1-2-7（c）所示。

③ 过 O 点分别作直线 AB、CD 的垂线，得垂足 T_2、T_1，即为所求连接点，以 O 点为圆心，R 为半径，作圆弧 T_1T_2，即为所求，如图 1-2-7（d）所示。

（2）圆弧连接直线和圆弧

如图 1-2-8（a）所示，已知直线 AB 及以 O_1 为圆心、R_1 为半径的圆弧和连接圆弧的半径 R，求作半径为 R 的圆弧，光滑连接直线 AB 和已知圆弧。

① 在直线 AB 任取一点 p，过 p 作 $pm \perp AB$，并截取 $pm = R$，过 m 作直线 AB 的平行线；再以 O_1 为圆心、$R_1 + R$ 为半径作圆弧，该圆弧与平行线相交于 O 点，O 点即为所求连接圆弧的圆心，如图 1-2-8（b）所示。

② 连接 OO_1 与已知圆弧相交于 T_1，过 O 点作直线 AB 的垂线，得垂足 T_2，T_1、T_2 即为连接点，如图 1-2-8（c）所示。

③ 以 O 点为圆心，R 为半径，作圆弧 T_1T_2，即为所求，如图 1-2-8（d）所示。

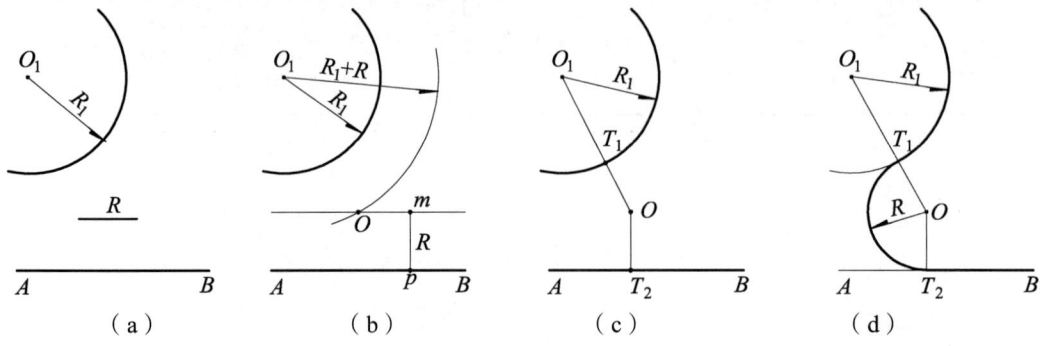

图 1-2-8　圆弧连接一直线和一圆弧

（3）圆弧连接两圆弧

圆弧连接两圆弧通常有外连接、内连接和混合连接三种情况。

外连接：所谓外连接就是指已知两圆心与连接圆弧的圆心位于连接圆弧的两侧。

如图 1-2-9（a）所示，已知半径为 R_1、R_2 的两段圆弧和连接圆弧的半径 R，求作半径为 R 的圆弧与已知两圆弧光滑外连接。

① 以 O_1 为圆心、$R + R_1$ 为半径作圆弧，再以 O_2 为圆心、$R + R_2$ 为半径作圆弧，两圆弧相交于 O 点，即为连接圆弧的圆心，如图 1-2-9（b）所示。

② 连接 OO_1 与半径为 R_1 的已知圆弧相交于 T_1，连接 OO_2 与半径为 R_2 的已知圆弧相交于 T_2，T_1、T_2 即为连接圆弧的连接点，如图 1-2-9（c）所示。

③ 以 O 点为圆心，R 为半径，作圆弧 T_1T_2，即为所求，如图 1-2-9（d）所示。

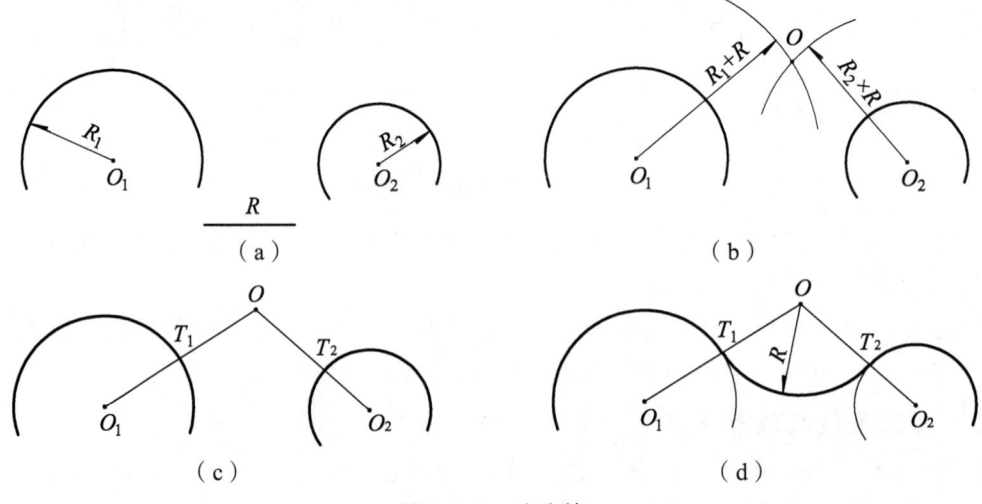

图 1-2-9　外连接

内连接：指已知两圆心中的其中一个与连接圆弧的圆心，位于连接圆弧的同一侧。如图 1-2-10（a）所示，已知半径为 R_1、R_2 的两段圆弧和连接圆弧的半径 R，求作半径为 R 的圆弧与已知两圆弧光滑内连接。

① 以 O_1 为圆心、$R-R_1$ 为半径作圆弧，再以 O_2 为圆心，$R-R_2$ 为半径作圆弧，两圆弧相交于 O 点，即为连接圆弧的圆心，如图 1-2-10（b）所示。

② 连接 OO_1 并延长与半径为 R_1 的已知圆弧相交于 T_1，连接 OO_2 也延长与半径为 R_2 的已知圆弧相交于 T_2，T_1、T_2 即为连接圆弧的连接点，如图 1-2-10（c）所示。

③ 以 O 点为圆心，R 为半径，作圆弧 T_1T_2，即为所求，如图 1-2-10（d）所示。

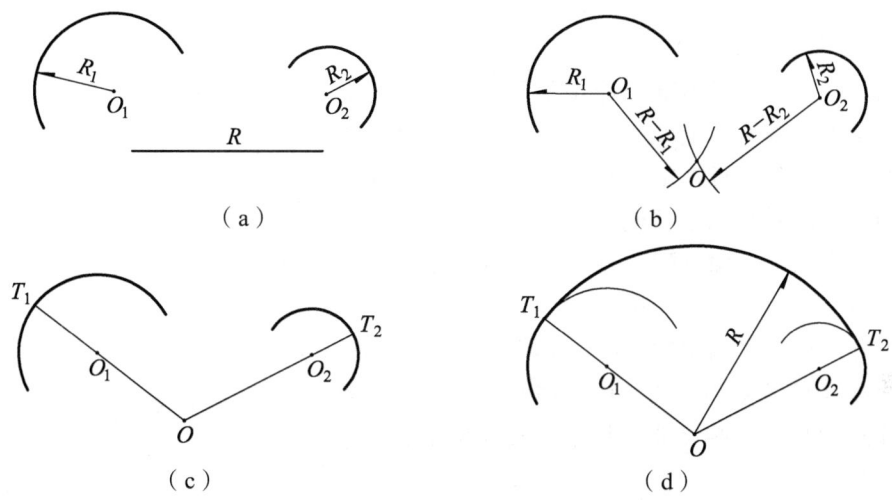

图 1-2-10　内连接

混合连接：指已知两圆心与连接圆弧的圆心，位于连接圆弧的两侧。如图 1-2-11（a）所示，已知半径为 R_1、R_2 的两段圆弧和连接圆弧的半径 R，求作半径为 R 的圆弧与半径为 R_1 圆弧光滑外连接、与半径为 R_2 的圆弧光滑内连接。

① 以 O_1 为圆心，$R+R_1$ 为半径作圆弧；再以 O_2 为圆心，$R-R_2$ 为半径作圆弧，两圆弧相交于 O 点，即为连接圆弧的圆心，如图 1-2-11（b）所示。

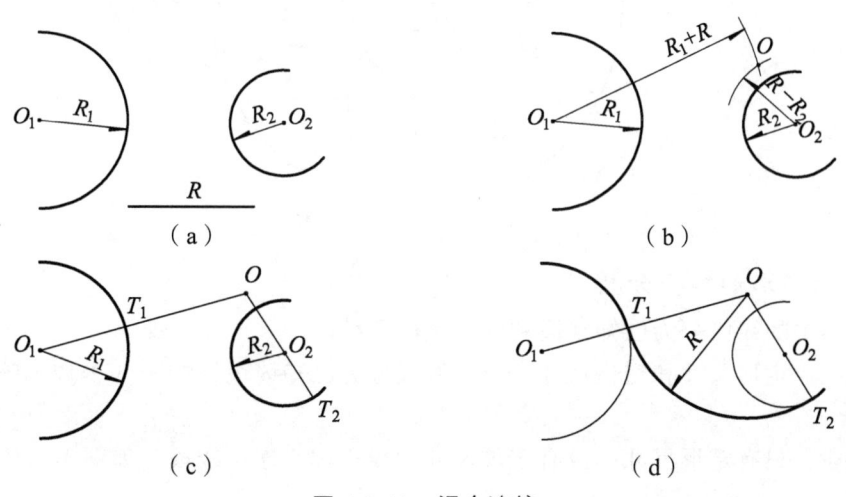

图 1-2-11　混合连接

② 连接 OO_1 与半径为 R_1 的已知圆弧相交于 T_1，连接 OO_2 并延长与半径为 R_2 的已知圆弧相交于 T_2，T_1、T_2 即为连接圆弧的连接点，如图 1-2-11（c）所示。

③ 以 O 点为圆心，R 为半径，作圆弧 T_1T_2，即为所求，如图 1-2-11（d）所示。

6. 平面图形的绘制

平面图形是由若干直线、曲线或直线与曲线连接而成的，这些图线必须根据给定的尺寸进行绘制。所以，要想正确、快速地绘制平面图形，首先必须对图中的尺寸进行分析，从而确定正确的绘图方法与步骤。

（1）平面图形的尺寸分析

平面图形的尺寸按其所起的作用不同，可分为定形尺寸和定位尺寸两类，要想确定平面图形中线段的上下、左右的相对位置，必须引入尺寸基准的概念。

尺寸基准：是尺寸标注的起点，对于平面图形而言，常用的基准是对称图形的对称线，较大圆的中心线或图形的主要轮廓线。

定形尺寸：确定平面图形上各线段形状大小的尺寸称为定形尺寸。如图 1-2-12 中，直线的长度 12、圆弧的半径 15、10、30、6 等。

定位尺寸：确定平面图形上的各线段或线框间相对位置的尺寸称为定位尺寸。如图 1-2-12 中，确定 $R10$ 小圆位置的尺寸 14、35 以及角度大小 60°等。

需要注意的是，有些尺寸既是定形尺寸又是定位尺寸。

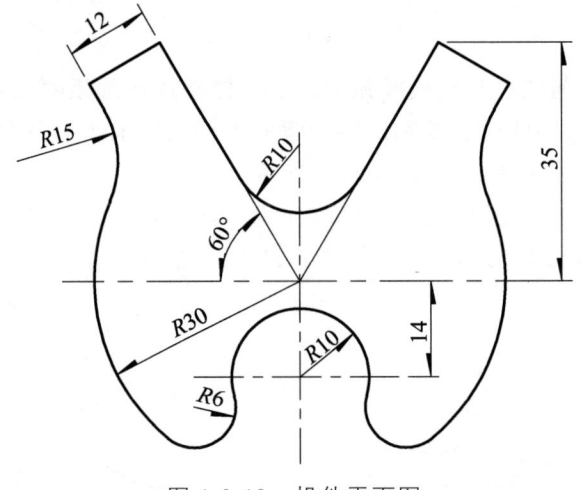

图 1-2-12 机件平面图

（2）平面图形的线段分析

平面图形中的线段分为已知线段和连接线段两种。

已知线段：定形尺寸和定位尺寸齐全的线段称为已知线段，如图 1-2-12 中的 $R30$、$R10$ 的圆弧等。

连接线段：只有定形尺寸而没有定位尺寸的线段称为连接线段，如图 1-2-12 中的 $R15$、$R6$ 的圆弧等。

（3）平面图形的绘图步骤

① 画出基准线，并根据各个图形的定位尺寸画出定位轴线，如图 1-2-13（a）所示；

② 画出已知线段，如图 1-2-13（b）所示；

③ 画出连接线段，如图 1-2-13（c）所示。

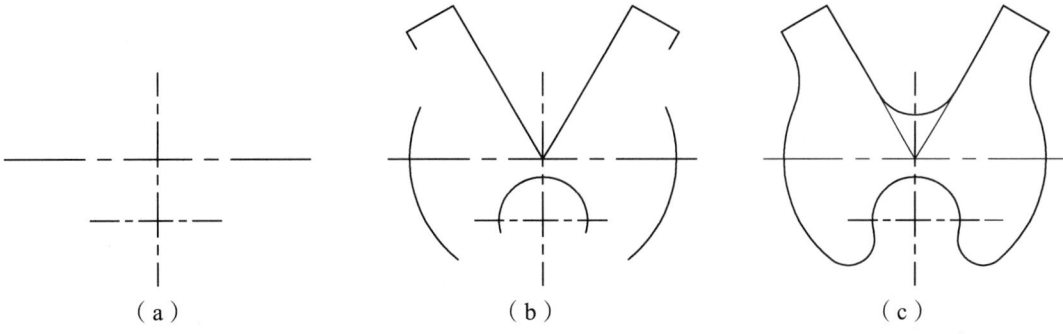

图 1-2-13　机件绘图步骤

五、任务分析

任务 1：图 1-2-1 中，两条道路相交成 75°角，宽度分别为 7 m 和 14 m，所以道路的四条边线属已知线段，$R8$ 和 $R15$ 的圆弧属连接线段，连接类型属圆弧连接两已知直线。

任务 2：图 1-2-2 中，已知线段有基础的各条线段、洞身两侧的直线段和 $R145$、$R80$、$R120$ 的三段圆弧；$R350$ 和 $R400$ 属连接线段，$R400$ 和 $R145$、洞身两侧的直线段属圆弧连接一直线和一圆弧中的内连接，$R350$ 和 $R80$、$R120$ 属圆弧连接两圆弧中的内连接。

六、任务实施

在教师指导下，学生在图 1-2-14 和图 1-2-15 中完成任务 1 和任务 2。

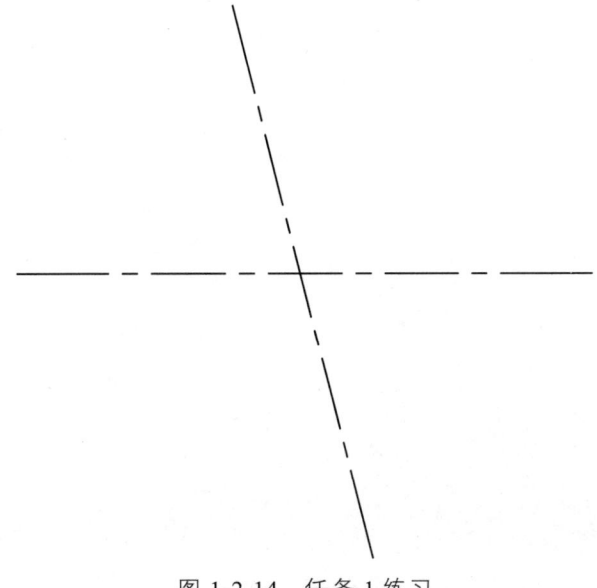

图 1-2-14　任务 1 练习

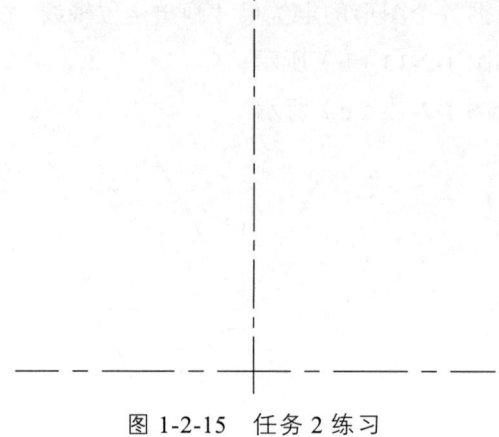

图 1-2-15 任务 2 练习

七、思考与练习

1. 几何作图的优点是什么？
2. 直线与圆弧、圆弧与圆弧连接的关键是什么？
3. 如何正确区分外连接、内连接和混合连接？
4. 如何对平面图形进行尺寸和线段分析，确定绘图步骤？

项目三　绘制拱门图

能力目标

1. 能够正确分析平面图形，确定绘图步骤，完成平面图形的绘制；
2. 能利用同心圆法和四心法绘制椭圆。

知识目标

1. 掌握平面图形的分析方法；
2. 掌握圆内接正多边形的作图方法；
3. 掌握同心圆法和四心法绘制椭圆的方法和步骤。

一、项目任务

自定比例绘制《道路工程制图与识图习题册》第 7 页的拱门图。

二、能力训练任务

任务 1：用 1∶100 的比例，绘制图 1-3-1 所示正八边形桥墩基础平面图。

任务 2：用 1∶100 的比例，用同心圆法绘制图 1-3-2 所示桥台锥坡平面图。

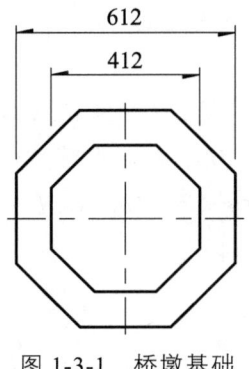　　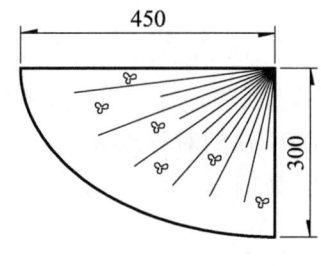

图 1-3-1　桥墩基础　　　　图 1-3-2　桥台锥坡

三、任务目的

1. 进一步理解和巩固平面图形的分析方法，提高分析图形的能力；
2. 通过学习圆内接、圆外切正多边形的画法和椭圆的画法，达到能够绘制道路工程中常见平面图形的目的。

四、任务知识

1. 已知外接圆求作正五边形

如图 1-3-3（a）所示，已知外接圆 O，求作内接正五边形。

（1）先平分半径 OA，得平分点 B；

（2）以 B 为圆心、$B1$ 为半径作弧交 AO 的延长线于 C 点，$C1$ 即为五边形的边长，如图 1-3-3（b）所示；

（3）以 1 为圆心、$C1$ 为半径作圆弧，与已知的圆 O 相交于 2、5 两点，如图 1-3-3（c）所示；

（4）分别以 2、5 为圆心，以 $C1$ 为半径，在圆 O 上截取 3、4 两点，顺次连接各点，即得圆内接正五边形，如图 1-3-3（d）所示。

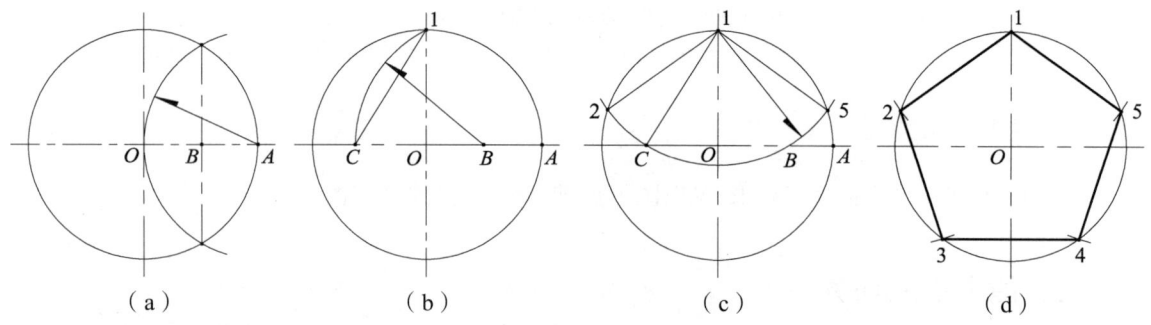

图 1-3-3　已知外接圆求作圆内接正五边形

2. 作圆内接任意正多边形

如图 1-3-4（a）所示，已知外接圆 O，求作圆内接正七边形。

（1）先将直径 AB 分成为 7 等分。

（2）以 B 为圆心，AB 为半径，画圆弧与 DC 延长线相交于 E，自 E 点引直线与 AB 上的每一分点（如 2、4、6）连接，并延长与圆周交于 F、G、H 三点，如图 1-3-4（b）所示。

（3）求出 F、G 和 H 的对称点 K、J 和 I，并顺次连接 F、G、H、I、J、K、A 等点，即得圆内接正七边形，如图 1-3-4（c）所示。

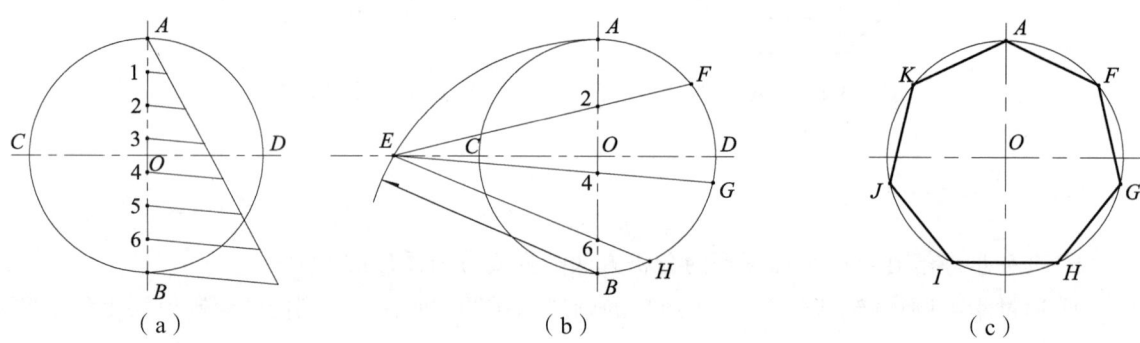

图 1-3-4　已知外接圆求作圆内接正七边形

3. 椭圆画法

（1）用同心圆法画椭圆

如图 1-3-5 所示，已知椭圆的长轴 AB 和短轴 CD，用同心圆法求作椭圆。

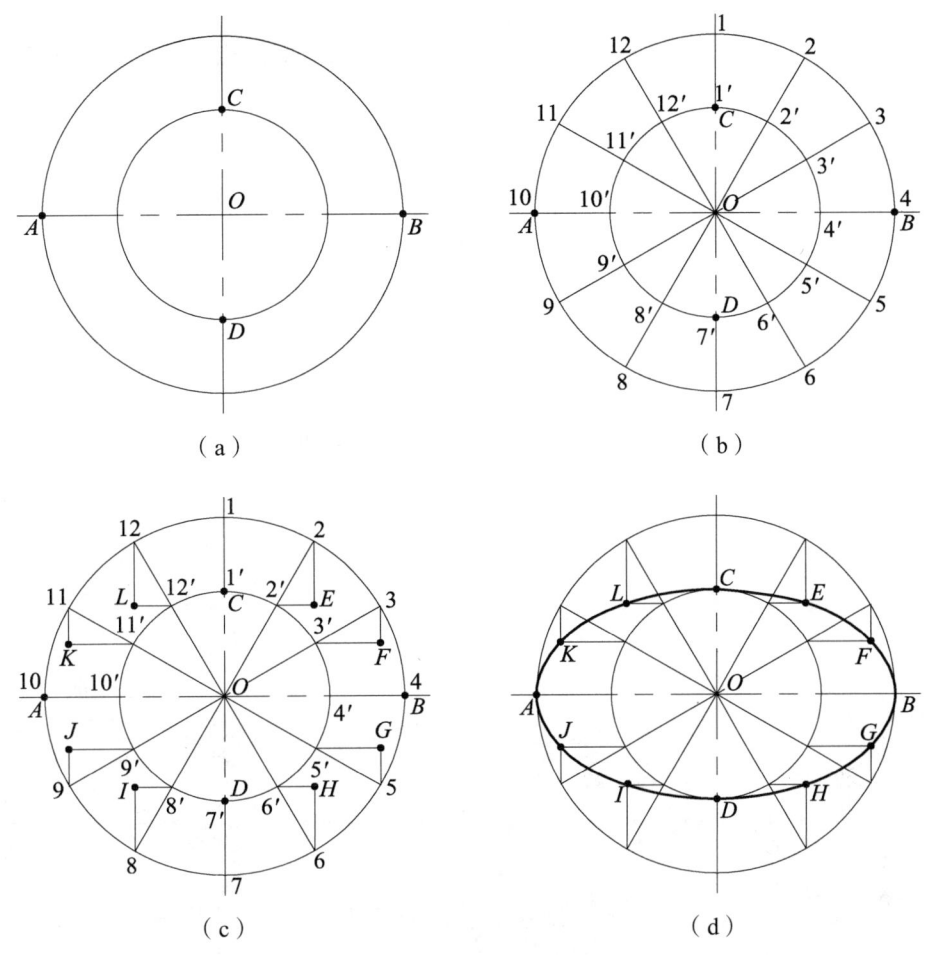

图 1-3-5　用同心圆法作椭圆

① 以 O 为圆心，分别以 AB 和 CD 为直径画同心圆，如图 1-3-5（a）所示；

② 分圆周为若干等分（如 12 等分），得 1、2、…、12 和 1′、2′、…、12′等点，如图 1-3-5（b）所示；

③ 过大圆上各点引 CD 的平行线，过小圆上各点引 AB 的平行线，各对应直线交于 E、F、G、H、I、J、K、L 等点，如图 1-3-5（c）所示；

④ 用平滑的曲线连接 C、E、F、B、G、H、D、I、J、A、K、L 等点，即为所求椭圆，如图 1-3-5（d）所示。

（2）用四心法画椭圆

如图 1-3-6（a）所示，已知椭圆长轴 AB、短轴 CD，用四心法求作椭圆。

① 以 O 为圆心、OA（或 OB）为半径作圆弧，交 DC 延长线于 E 点；又以 C 为圆心、CE 为半径作圆弧，交 AC 于 F 点，如图 1-3-6（b）所示；

② 作 AF 的垂直平分线，交长轴 AB 于 O_1，交短轴 CD 于 O_2 点，如图 1-3-6（c）所示；

③ 量出 O_1 和 O_2 的对称点 O_3 和 O_4，并将 O_1、O_2、O_3 和 O_4 两两连接，如图 1-3-6（d）所示；

④ 分别以 O_2、O_4 为圆心，O_2C（或 O_4D）为半径，作圆弧 T_1T_2 和 T_3T_4，如图 1-3-6（e）所示；

⑤ 再分别以 O_1、O_3 为圆心，O_1A（或 O_3B）为半径，作圆弧 T_3T_1 和 T_2T_4，即得所求的近似椭圆，如图 1-3-6（f）所示。

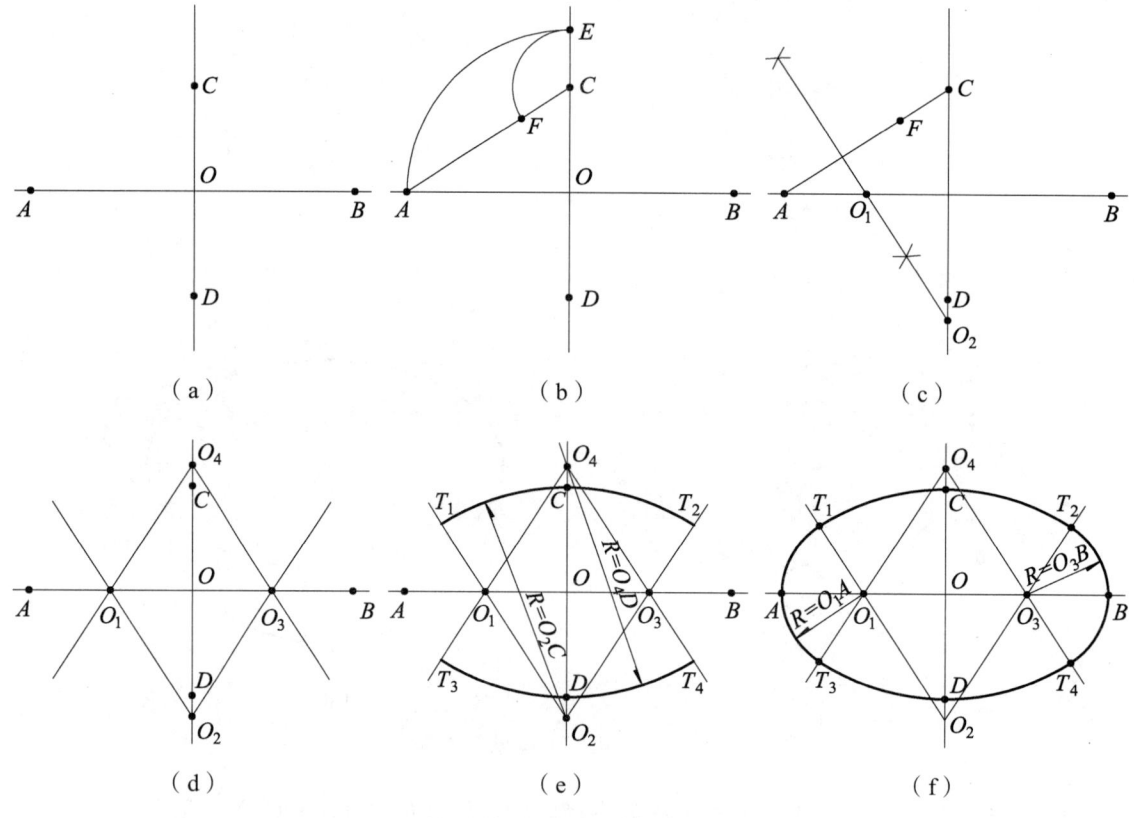

图 1-3-6 用四心法作椭圆

五、任务分析

任务 1：图 1-3-1 中 612 和 412 分别是两个正八边形内切圆的直径，正八边形的内角为 135°，因此可借助三角板、圆规等绘图工具来完成此图。

任务 2：图 1-3-2 中 450 和 300 分别为椭圆的长半轴和短半轴。

六、任务实施

在图 1-3-7 和图 1-3-8 中分别完成任务 1 和任务 2。

图 1-3-7　任务 1 练习　　　　　　　　图 1-3-8　任务 2 练习

七、思考与练习

1. 如何作圆内接正八边形？
2. 简述同心圆法和四心法作椭圆的方法和步骤。
3. 简述平面图形的分析方法和绘图的步骤。

模块二　投影基本知识

项目一　根据已知的立体图找出与其对应的三面投影图

 能力目标

能够根据物体的直观图和指定的投影方向，利用三面投影图的形成方法、三等关系和正投影特性等，绘制形体的三面投影图。

 知识目标

1. 了解投影的分类和工程中常用的图示方法，掌握正投影的特性；
2. 掌握物体三面投影图的形成过程、三面投影图之间的三等关系和方位关系。

一、项目任务

根据已知的立体图完成挡土墙的三面投影图（《道路工程制图与识图习题册》第 12 页）。

二、能力训练任务

任务 1：根据所给投影方向，绘制图 2-1-1 所示挡土墙基础的三面投影图。

任务 2：根据所给投影方向，绘制图 2-1-2 所示挡土墙墙身的三面投影图。

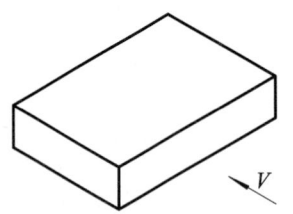

图 2-1-1　挡土墙基础直观图

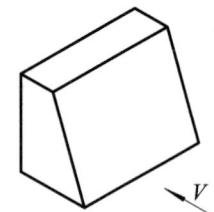

图 2-1-2　挡土墙墙身直观图

三、任务目的

1. 在掌握正投影特性和物体三面投影图的形成方法、三等关系、方位关系的基础上，能够准确绘制物体的三面投影图；

2. 通过由物到图的对照练习，逐步建立空间概念，培养学生的空间想象能力。

四、任务知识

1. 投影的基本知识

如何将空间的形体（如道路、桥梁、房屋等）画在图纸上，又如何识读画在图纸上的工程图样，是本课程重点研究和解决的问题。而问题的解决，是以投影理论为基础来实现的。因此，首先学习有关投影的基本知识。

（1）影子和投影

我们在日常生活中都有这样的体会，物体在灯光或阳光的照射下，会在地面或墙面上产生影子，这种常见的自然现象，我们把它称为投影现象。另外，人们还发现当光线照射的角度或距离改变时，影子的位置、形状和大小也随之改变。也就是说，光线、物体和影子三者之间存在着紧密的联系。

如图 2-1-3（a）所示，桥台模型在正上方的灯光照射下产生了影子，随着光源、物体和投影面之间距离的变化，影子的大小会发生相应变化，这是影子从一点射出的情形。如果假想把光源移到无穷远处，即假设光线互相平行且垂直于地面时，影子的大小和基础底板的大小相同，如图 2-1-3（b）所示。

人们将这种纯自然的现象进行科学抽象，即按照投影的方法，把形体的所有内外轮廓和内外表面交线全部表示出来，且依投影方向可见的轮廓线画实线，不可见的轮廓线画虚线。这样形体的影子就演变成为能满足生产需要的投影图，简称投影，如图 2-1-3（c）所示。这种依据投影原理用二维平面表示三维形体的方法称为投影法。

此时，我们把光线称为投射线，把承受投影的平面称为投影面。若求物体上任一点 A 的投影 a，就是通过 A 点作投射线与投影面的交点。

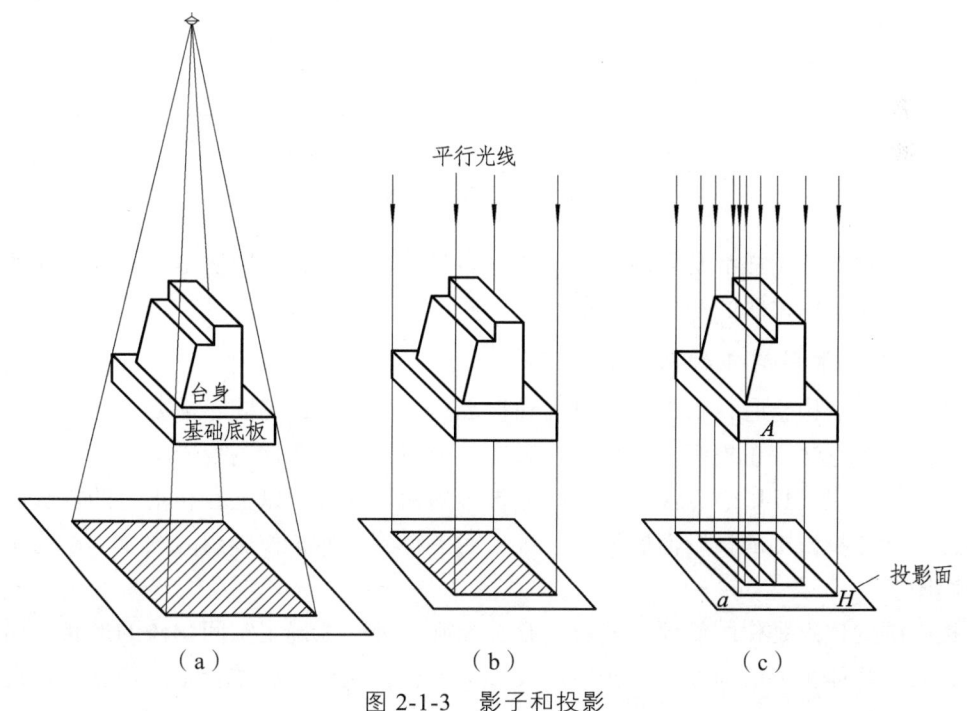

图 2-1-3 影子和投影

（2）投影的分类

根据投射线不同，投影可分为中心投影和平行投影两大类。

中心投影：所有投射线都从一点（投影中心）引出的投影称为中心投影。如图 2-1-4 所示，若投影中心为 S，把投射线与投影面 H 的各交点相连，即得三角板中心投影。

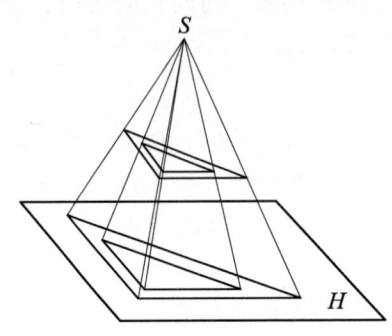

图 2-1-4　中心投影

平行投影：所有投射线互相平行的投影称为平行投影。若投射线与投影面倾斜称为斜角投影或斜投影，如图 2-1-5（a）所示；若投射线与投影面垂直则称直角投影或正投影，如图 2-1-5（b）所示。

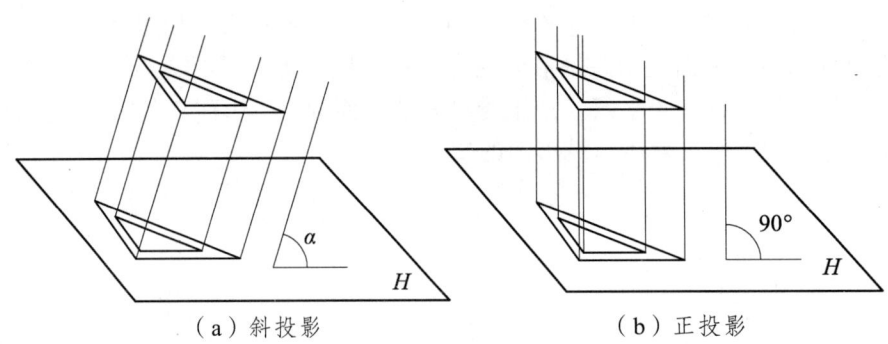

（a）斜投影　　　　　　　　　（b）正投影

图 2-1-5　平行投影

由于大多数工程图样都是采用正投影法来绘制的，因此正投影法是本课程研究的主要对象，今后凡未作特别说明的都属正投影。

（3）工程上常用的几种图示方法

在图示工程结构物时，由于表达目的和被表达对象的特征不同，需要采用不同的图示方法。常用的图示方法有正投影法、轴测投影法、透视投影法和标高投影法。

正投影法：用正投影的方法把空间物体投影到两个或两个以上互相垂直的投影面上，再将这些带有物体投影图的投影面展开在一个平面上得到多面正投影图。图 2-1-6 为桥台的三面正投影图。

正投影图的优点是作图简便，能够完整、准确、唯一地确定空间物体的形状，而且采用正投影法时，物体主要的面大多与相应的投影面平行，这样画出的投影图能够反映这些面的实形，可从图上直接度量物体的尺寸，所以在工程上被广泛应用。其缺点是无立体感，直观性较差，初学者不易识读。

轴测投影法：用平行投影的方法把物体投影至单一投影面上得到投影图。图 2-1-7 为桥台的正等测轴测图。轴测投影法的特点是在投影图上可以同时反映出物体长、宽、高三个方向上的形状，所以富有立体感，直观性较好，但不够悦目和自然，也不能完整准确地表达物体的形状，且作图比较复杂、度量性差。因此，常作为辅助图样来帮助初学者识读正投影图。

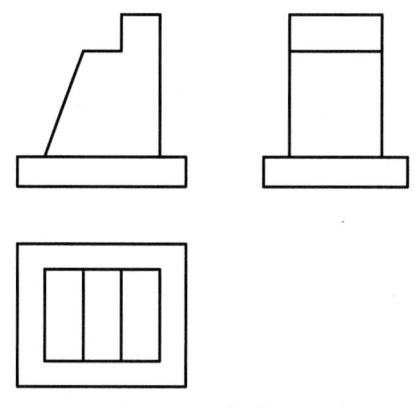
图 2-1-6 桥台正投影图

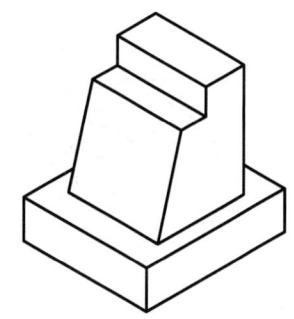
图 2-1-7 桥台正等轴测图

透视投影法：即中心投影法。图 2-1-8 是按中心投影法画出的桥台透视图。由于透视图和照相原理相似，图像接近于视觉映像，逼真、悦目，直观性很强，但绘制比较复杂，且不能直接反映物体的真实大小，不便度量。因此，常作为设计方案比较、展览用的图样。

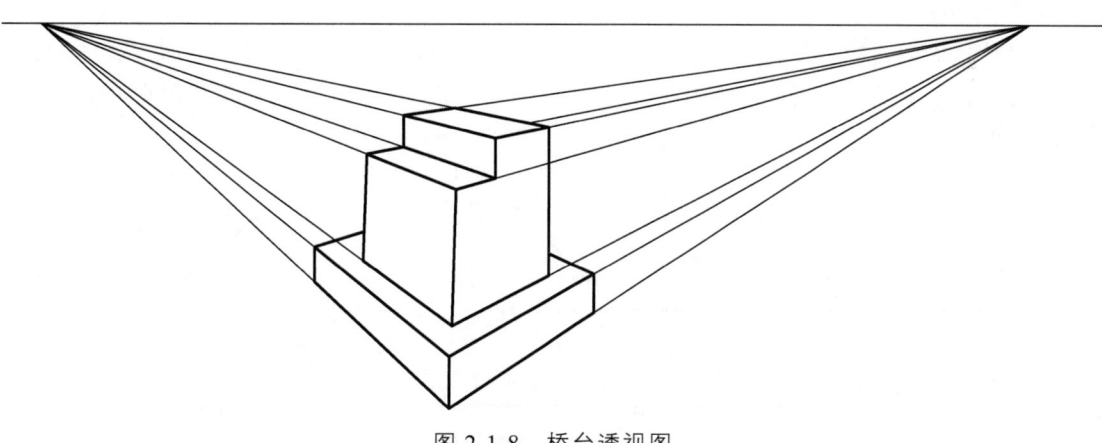
图 2-1-8 桥台透视图

标高投影法：标高投影是一种带有数字标记的单面水平正投影，常用来表示不规则曲面。如图 2-1-9 所示，假定某一山峰被一系列水平面所截割，用标有高程数字的截交线（等高线）来表示地面的起伏，这就是标高投影法，它具有正投影法的优缺点。用这种方法表达地形所绘制的图样称为地形图，在工程上被广泛采用。

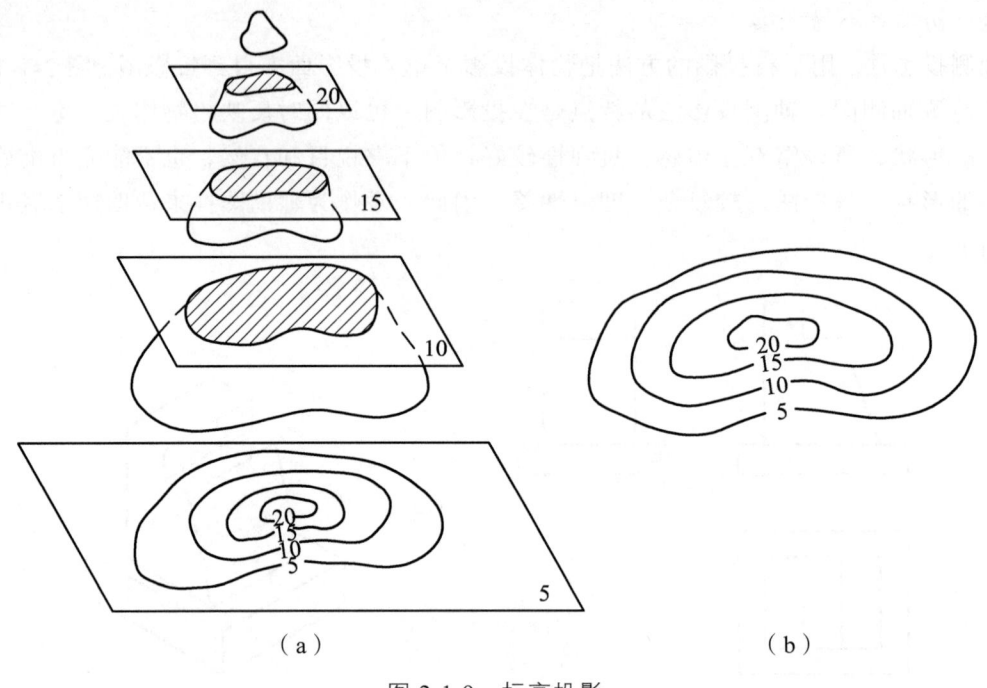

图 2-1-9 标高投影

2. 正投影的特性

在道路工程制图中，最常用的投影法是平行投影法中的正投影法。因此，熟练掌握正投影的特性，对于分析和绘制物体的三面正投影图至关重要。

（1）类似性

点的投影仍然是点，如图 2-1-10（a）所示；当直线或平面倾斜于投影面时，直线的投影仍为直线，但小于实长，如图 2-1-10（b）所示；平面的投影仍为与原空间几何形状类似的平面，但小于实形，如图 2-1-10（c）所示。

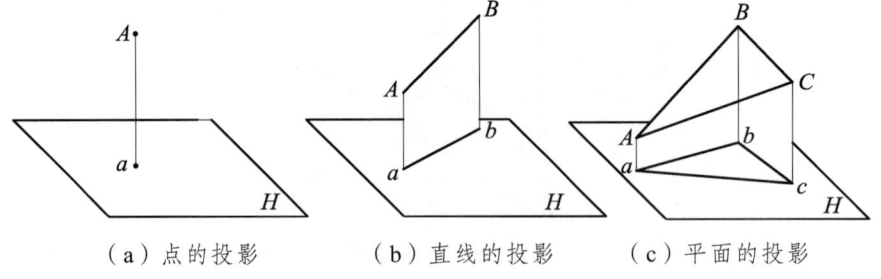

（a）点的投影　　（b）直线的投影　　（c）平面的投影

图 2-1-10 点、线、面的正投影

（2）从属性

点在直线上，则点的投影必定在该直线的投影上。如图 2-1-11 所示，K 点在直线 AB 上，则 K 点的投影 k 一定在 ab 上。

（3）定比性

直线上的一点把直线分为两段，该两段长度之比，等于其投影长度之比。如图 2-1-11 所示，$AK:KB = ak:kb$。

（4）实形性

平行于投影面的直线和平面，其投影反映其实长和实形。如图 2-1-12 所示，直线 AB 平行于投影面 H，其投影 $ab = AB$，即反映 AB 的真实长度。平面 ABC 与 H 面平行，其投影 abc 反映平面 ABC 的真实形状。

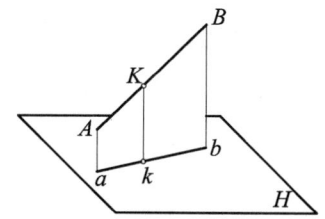

图 2-1-11　直线的从属性和定比性

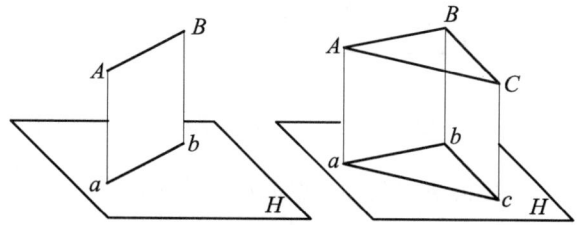

图 2-1-12　投影的实形性

（5）积聚性

垂直于投影面的直线，其投影积聚为一点；垂直于投影面的平面，其投影积聚为一条直线。如图 2-1-13 所示，直线 AB 垂直于投影面 H，其投影积聚成一点 $a(b)$。平面 $ABCD$ 垂直于投影面 H，其投影积聚成一直线 $a(b)d(c)$。

（6）平行性

两平行直线的投影仍然互相平行，且其投影长度之比等于两平行线段长度之比。如图 2-1-14 所示，$AB \parallel CD$，其投影 $ab \parallel cd$，且 $ab:cd = AB:CD$。

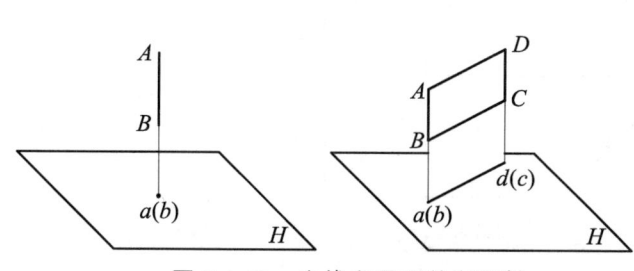

图 2-1-13　直线和平面的积聚性

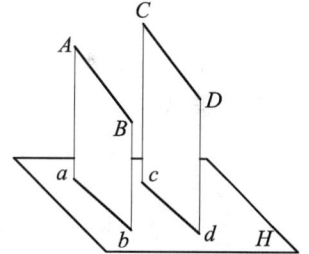

图 2-1-14　两直线的平行性

3. 物体的三面投影

工程图样是制作和施工的依据。因此，要求图样能够完整、准确、唯一地确定物体在空间的形状和大小，但无论采用哪一种投影方法，只根据一个投影图，都无法确定物体在空间的形状、大小和位置。如图 2-1-15 所示，三个不同形状的物体，在同一投影面上的投影却是相同的，这就说明根据物体的一个投影图，不能完整、准确、唯一地表达物体的空间形状和大小，甚至有时候根据物体的两面投影也不能唯一地确定物体的空间形状。因此，我们需要把物体放在三个互相垂直的平面所组成的三面投影体系中进行投影，即用三面投影图来表达物体的空间形状和大小。

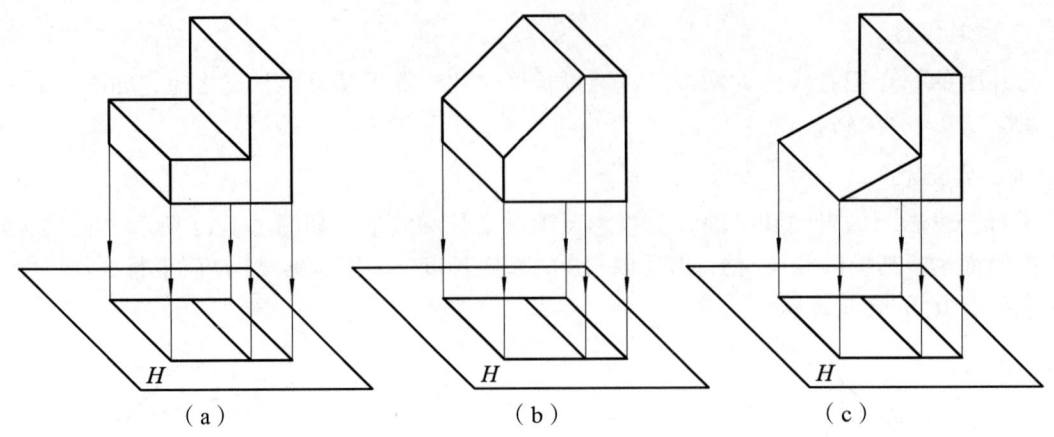

图 2-1-15　一个投影图不能确定物体的空间形状、位置和大小

（1）三面投影体系的建立及其名称

如图 2-1-16 所示，我们设置三个相互垂直的平面作为三个投影面，水平放置的称为水平投影面，用字母"H"表示，简称为 H 面；正对着观察者的称为正立投影面，用字母"V"表示，简称为 V 面；在观察者右侧的称为侧立投影面，用字母"W"表示，简称为 W 面。这三个相互垂直的投影面就构成了三面投影体系，三个投影面两两相交构成三条投影轴 OX、OY 和 OZ，三个投影轴的交点 O 称为原点。

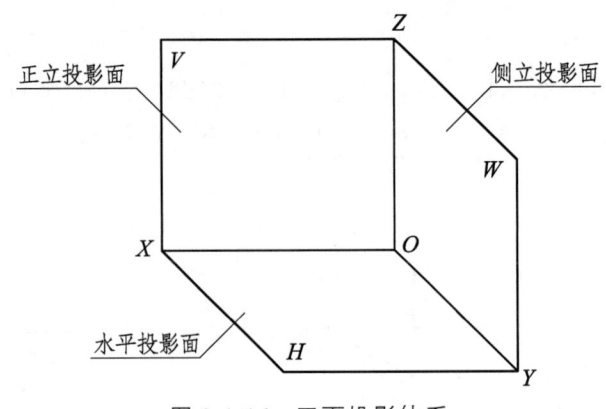

图 2-1-16　三面投影体系

（2）三面投影图的形成

将被投影的物体放置在三面投影体系中，且物体在观察者和投影面之间，如图 2-1-17 所示。物体靠近观察者一面称为前面，反之称为后面。同理定出形体其余的左、右、上、下四个面。使物体的前、后两面与 V 面平行，上、下两面与 H 面平行，左右两面与 W 面平行，用三组分别垂直于三个投影面的投射线对物体进行投影，就得到该物体在三个相互垂直的投影面上的投影图。

由上向下投影，在 H 面上所得的投影图，称为水平面投影图，简称 H 面投影；

由前向后投影，在 V 面上所得的投影图，称为正立面投影图，简称 V 面投影；

由左向右投影，在 W 面上所得的投影图，称为侧立面投影图，简称 W 面投影。

上述所得的 H、V、W 三个投影图就是物体最基本的三面投影图。根据物体的三面投影图，就可以确定该物体的空间位置、形状和大小。

在完成从空间到平面的过程中，还必须把空间相互垂直的三个投影面展开在同一平面上，我们规定展开时 V 面保持不动，H 面绕 OX 轴向下旋转 90°，W 面绕 OZ 轴向右旋转 90°，使它们转至与 V 面同在一个平面上，如图 2-1-18 所示，这样就得到了在同一平面上的三面投影图。在展开过程中 OY 轴出现了两次，一次是随 H 面转至下方，与 OZ 轴在同一铅垂线上，标以 Y_H；另一次随 W 面转至右方，与 OX 轴在同一水平线上，标以 Y_W。展开后的三面投影图如图 2-1-19（a）所示。

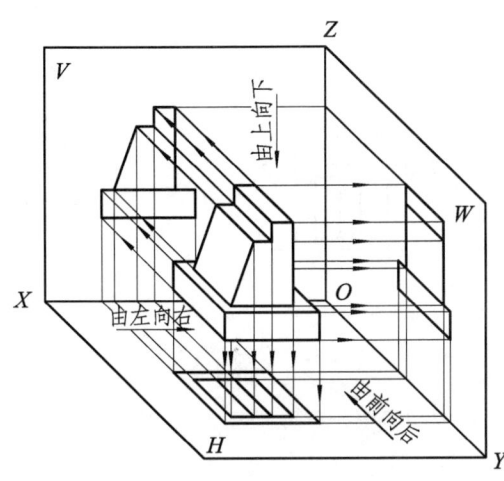

图 2-1-17　三面投影图的形成

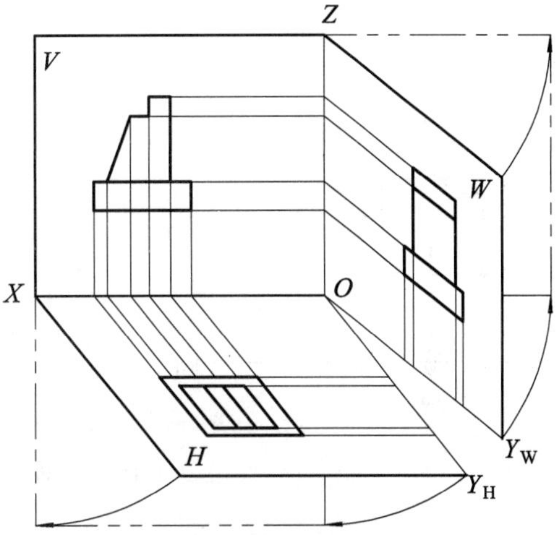

图 2-1-18　三面投影图的展开

因为平面是无限大的，用来表示三个投影面范围的边框线已失去意义，所以可不画出，三条投影轴也可省去，投影图之间的距离可根据实际需要确定，如图 2-1-19（b）所示。

（3）三面投影图的关系

由于三面投影图是将同一个物体，从不同的三个方向投影得到的，而且在投影过程中物体的位置不会发生改变。所以，三面投影图之间存在着一定的关系，主要表现在它们的度量和相互位置的联系上。

① 投影形成的顺序关系

在三投影面体系中，从前向后，以人→物→图的顺序形成 V 面投影；从上向下，以人→物→图的顺序形成 H 面投影；从左向右，以人→物→图的顺序形成 W 面投影。所以，投影形成的顺序关系是人→物→图。

② 投影中的长、宽、高和方位关系

每个物体都有长度、宽度和高度三个方向的尺寸，相对于投影面而言，有左右、前后、上下三个方向的位置。物体上左右两点之间平行于 OX 轴的距离称为长度，上下两点之间平行于 OZ 轴的距离称为高度，前后两点之间平行于 OY 轴的距离称为宽度。H 面投影反映物体的长度和宽度，同时也反映物体前后、左右的位置；V 面投影反映物体的长度和高度，同时也反映物体左右、上下的位置；W 面投影反映物体的高度和宽度，同时也反映物体上下、前后的位置，如图 2-1-19（a）所示。

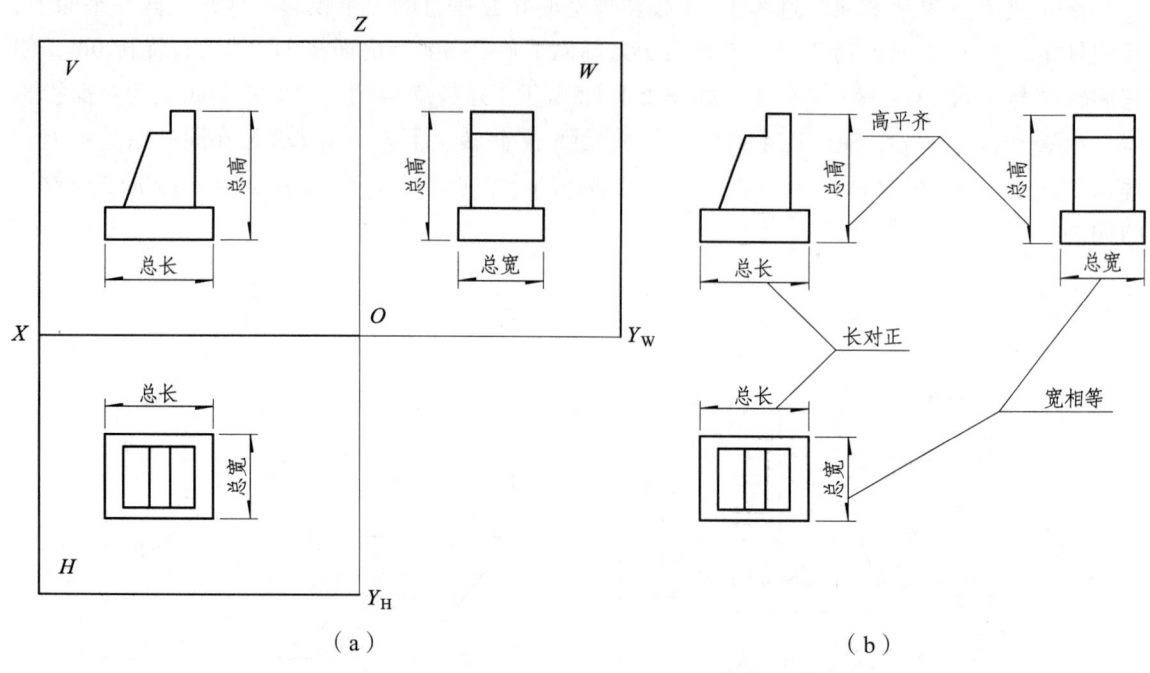

（a） （b）

图 2-1-19　三面投影图的形成和投影规律

③ 投影图的三等关系

三面投影图是在物体安放位置不变的情况下，从三个不同方向投影所得到的，它们共同表达同一物体，因此它们之间存在着一定的关系，V、H 两面投影都反映物体的长度，展开后所反映物体的长度不变，画图时必须使它们左右对齐，满足"长对正"的关系；同理，H、W 面投影都反映物体的宽度，满足"宽相等"的关系；V、W 两投影都反映物体的高度，满足"高平齐"的关系，我们把"长对正、高平齐、宽相等"统称为三等关系。

"长对正、高平齐、宽相等"是三面投影图最基本的投影规律，画图时无论是物体总的轮廓还是局部细节，都必须符合这一投影关系，如图 2-1-19（b）所示。

④ 投影图的位置关系

根据三个投影面的相对位置及其展开规定，三面投影图的位置关系是：以立面图为准，平面图在立面图的正下方，侧面图在立面图的正右方。这种位置关系不能随意改变，如图 2-1-19（b）所示。

五、任务分析

任务 1：基础的前后面平行于 V 面，上下面平行于 H 面，左右面平行于 W 面。

任务 2：墙身的后边的面平行于 V 面、前边的面垂直于 W 面，上下面平行于 H 面，左右面平行于 W 面。

六、任务实施

在图 2-1-20 和图 2-1-21 中完成任务 1 和任务 2。

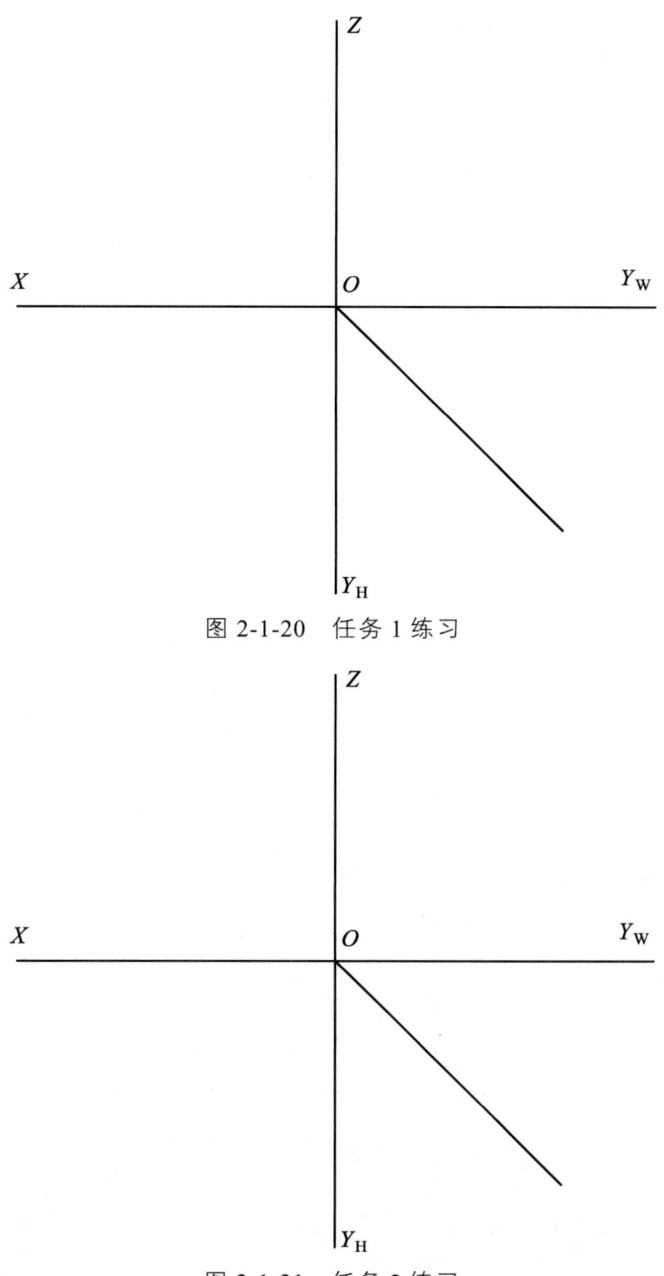

图 2-1-20 任务 1 练习

图 2-1-21 任务 2 练习

七、思考与练习

1. 投影与影子有何区别?
2. 中心投影与平行投影有何区别?

3. 正投影有哪些特性?
4. 三面投影图是如何形成的?它们的位置和投影关系如何?
5. 物体与投影的方位关系如何?
6. 如何保证三面投影图的三等关系?

项目二 根据已知的三面投影图找出与其对应的立体图

 能力目标

能够根据物体的三面投影图，利用正投影特性和三等关系等分析和想象出物体的空间形状。

 知识目标

掌握由投影图想象物体空间形状的基本方法。

一、项目任务

根据已知的三面投影图，找出与其对应的立体图（《道路工程制图与识图习题册》13 页、14 页）。

二、能力训练任务

任务 1：识读图 2-2-1 所示的三面投影图，想象物体的空间形状。
任务 2：识读图 2-2-2 所示的三面投影图，想象物体的空间形状。

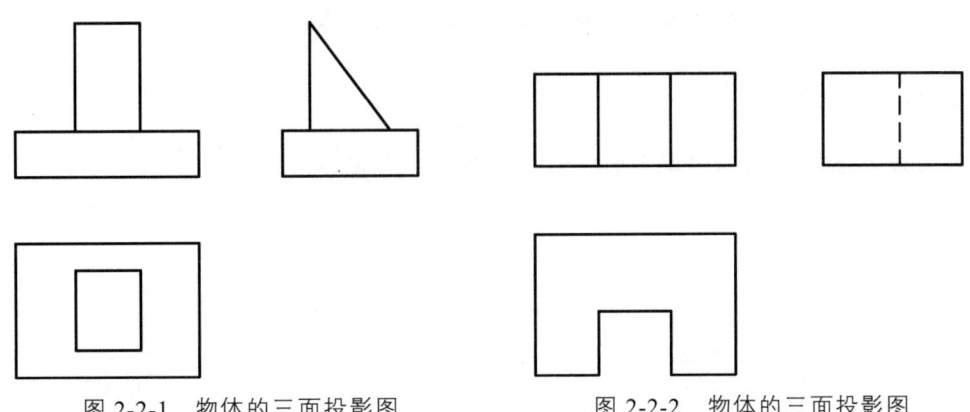

图 2-2-1 物体的三面投影图　　　　图 2-2-2 物体的三面投影图

三、任务目的

1. 初步建立空间概念，培养学生的空间想象能力和构思能力。
2. 训练学生徒手绘制直观图的能力，帮助学生进行投影分析和空间想象。

四、任务知识

1. 由投影图想象物体空间形状的方法

由投影图想象物体空间形状和由立体图绘制物体三面投影图是一个互逆的过程，是培养学生观察力、空间想象能力及构思能力的有效手段。应先从立体图绘制投影图开始，在对物体空间形状进行认真观察和分析的基础上作出其三面投影图，并将物体空间形状和投影图进行对照，想象它们之间的关系；再将投影图与物体空间形状进行对照，在投影图中由线想面，由面想体，最终想象出物体的空间形状，从而建立一张图为"一体"的概念。

2. 由投影图想象物体空间形体的步骤

（1）对三面投影图进行分析，观察其由几部分组成；
（2）若由多个部分组成，再分析每个部分是什么形状；
（3）每一部分分析完成后，再分析如何将这些想象出来的形体组合到一起。

五、任务分析

任务1：该物体从前向后投影，其 V 面上是两个矩形，且一上一下；从上向下投影，其 H 面投影也是两个矩形，且一内一外；从左向右投影，其 W 面投影是一个矩形和一个三角形，且矩形在三角形的下面。因此，该物体由两个部分组成，且为上下关系。根据三等关系，下面物体的三面投影是三个矩形，空间形状为四棱柱，而上面物体的三面投影是两个矩形和一个三角形，空间形状为三棱柱，最终物体的空间形状是四棱柱上面叠加了一个三棱柱，三棱柱左右的面和四棱柱左右的面是平行的。

任务2：该形体三面投影图的外形都是矩形，其空间形状是一个完整的四棱柱，但 H 面投影图上有一个矩形缺口，对应的其他两个投影也是矩形，且 W 面投影图上有一条虚线，故该物体的空间形状是在完整的四棱柱前面挖掉了一个小四棱柱。

六、任务实施

通过对投影图的分析，想象出形体的空间形状，绘制出立体图。

项目三 根据三面投影图绘制挡土墙的轴测投影图

 能力目标

能够根据物体的形状特征，应用坐标法、端面法、叠加法和切割法等，绘制物体的正等测和斜二测投影图。

 知识目标

1. 掌握轴测投影图的特性和正等测、正二测、斜二测的轴间角和轴向变化率；
2. 掌握常用的轴测投影图的作图方法。

一、项目任务

根据挡土墙的三面投影图的变化分析和想象对应的空间形状，并绘制其正等轴测草图（《道路工程制图与识图习题册》第 16 页）。

二、能力训练任务

任务 1：根据图 2-3-1 所示六棱柱的两面投影图，绘制其正等测图。

任务 2：根据图 2-3-2 所示物体的三面投影图，绘制其正等测图。

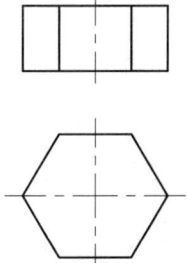

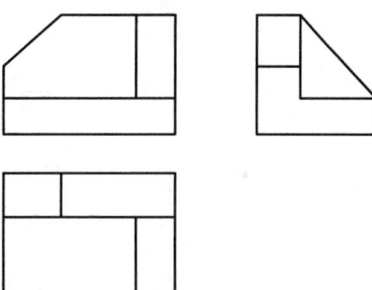

图 2-3-1 六棱柱的两面投影图　　　　图 2-3-2 物体的三面投影图

任务 3：根据图 2-3-3 所示物体的三面投影图，绘制其正等测图。

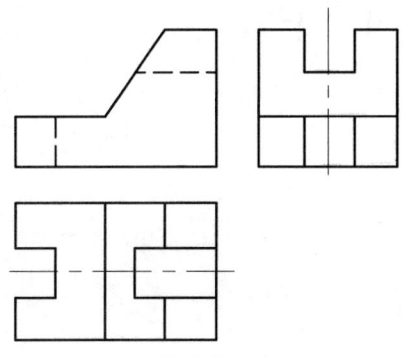

图 2-3-3 物体的三面投影图

三、任务目的

1. 帮助学生建立空间概念，培养学生的空间想象能力和构思能力。
2. 训练学生徒手绘制轴测图的能力，帮助学生进行投影分析和空间想象，提高识图能力。

四、任务知识

轴测图是发展空间想象能力的关键，是由感性认识向理性认识转化的桥梁。轴测图最大的优点是直观，能在二维平面中反映三维形体，可以帮助学生进行思考和分析。因此，对初学者来说，应从练习绘制一些基本形体的轴测图开始，如棱柱体、棱锥体、圆柱体、圆锥体等。在对各种基本几何体的形状有所了解，初步建立了空间概念之后，再去绘制一些复杂的轴测图形，逐步提高绘制轴测图形的能力，以便进行空间构思和分析。

1. 轴测投影的形成

轴测投影是采用平行投影的方法，把空间物体连同所建立的空间直角坐标轴投影到单一投影面上所得到的具有立体感的投影图。

根据投射方向与轴测投影面是否垂直，轴测投影的形成主要有以下两种方法：

（1）将物体斜放，使空间的三个坐标轴都倾斜于投影面，然后用垂直于投影面的投射线对物体进行投影，称为正轴测投影，由这种方法绘制的轴测投影图称为正轴测投影图，简称为正轴测图，如图 2-3-4（a）所示。

（2）将形体正放，使 XOZ 坐标面平行于投影面，然后用倾斜于投影面的投射线对物体进行投影，称为斜轴测投影，由这种方法绘制的轴测投影图称为斜轴测投影图，简称斜轴测图，如图 2-3-4（b）所示。

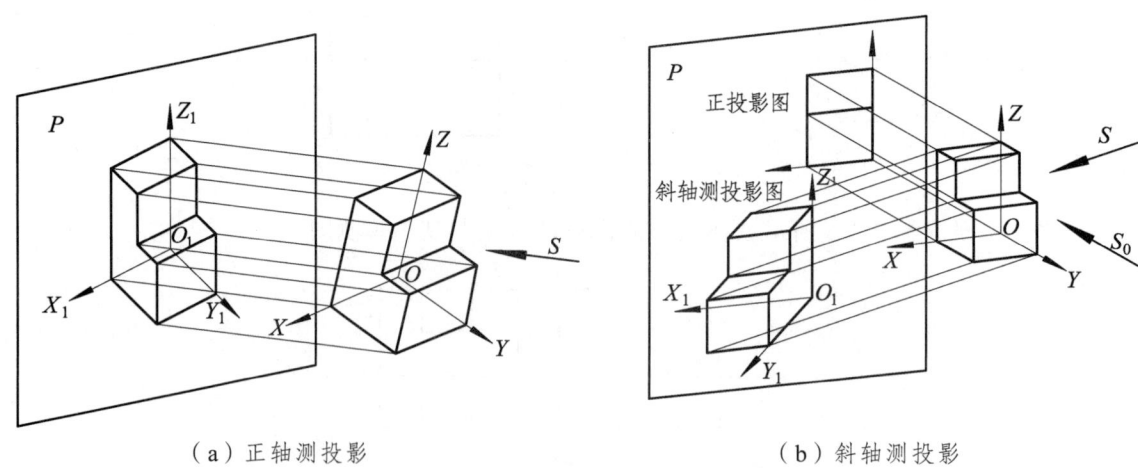

（a）正轴测投影　　　　　　　　　（b）斜轴测投影

图 2-3-4　轴测投影的形成

2. 轴测投影的基本术语

（1）轴测投影面：接受轴测投影的平面称为轴测投影面，如图 2-3-4 中的平面 P。

（2）轴测投影轴：空间直角坐标轴 OX、OY、OZ 在轴测投影面上的投影 O_1X_1、O_1Y_1、和 O_1Z_1 称为轴测投影轴，简称轴测轴。

（3）轴间角：轴测投影轴之间的夹角 $\angle X_1O_1Y_1$、$\angle X_1O_1Z_1$ 和 $\angle Y_1O_1Z_1$ 称为轴间角。

（4）轴向变化率：空间三条直角坐标轴上的单位长度 a 与其对应的轴测投影长度 a_x、a_y 和 a_z 之比称为轴向变化率。通常我们用 p、q、r 分别来表示 OX、OY 和 OZ 轴的轴向变化率，即 $p=\dfrac{a_x}{a}$、$q=\dfrac{a_y}{a}$、$r=\dfrac{a_z}{a}$。

3. 轴测投影的分类

根据投影方向与轴测投影面的相对位置不同，轴测投影可分为两大类。

（1）正轴测投影——投影方向垂直于轴测投影面。

（2）斜轴测投影——投影方向倾斜于轴测投影面。

以上两类轴测投影按其轴向变化率的不同，每类又可分为三种。

（1）若三个轴的轴向变化率都相等，即 $p=q=r$，则称为正（斜）等测轴测投影，简称为正（斜）等测。

（2）若只有两个轴的轴向变化率相等，即 $p=r\neq q$，则称为正（斜）二测轴测投影，简称为正（斜）二测。

（3）若三个轴的轴向变化率都不相等，即 $p\neq q\neq r$，则称为正（斜）三测轴测投影，简称为正（斜）三测。

为了获得立体感较强且作图简便的轴测图，工程上常采用正等测、正二测和斜二测。

4. 轴测投影轴的设置

在绘制物体的轴测图时，先要根据轴测图的类型按轴间角的大小确定轴测轴 O_1X_1、O_1Y_1、O_1Z_1，然后再以这些轴测轴作为基准来绘制轴测图。轴测轴通常设置在形体内部，并尽量与对称中心线或轴线重合，也可以设置在形体的主要棱线上，如图 2-3-5 所示，特殊情况下也可设置在形体之外。

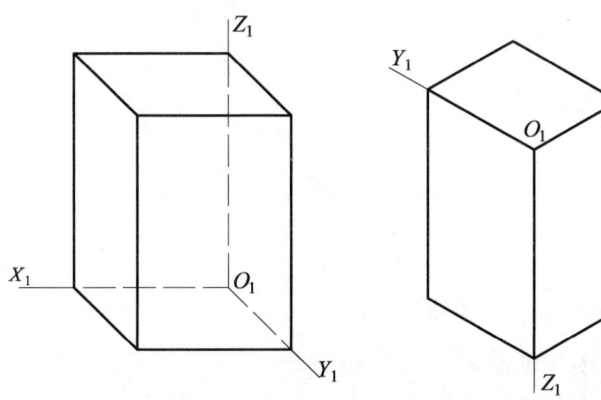
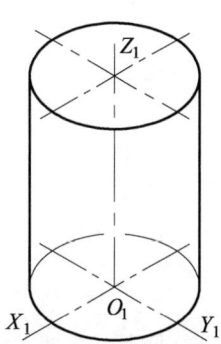

图 2-3-5　轴测投影轴的设置

5. 轴测投影的特性

由于轴测投影是采用平行投影的方法得到的。因此，它具有平行投影的一切投影特性。

（1）空间相互平行的直线其轴测投影仍然互相平行。即形体上与坐标轴平行的直线（轴向线段），在轴测投影中仍与相应的轴测轴平行。

（2）物体上平行于轴测投影面的直线和平面，其轴测投影分别反映直线的实长和平面的实形。

（3）空间相互垂直的直角坐标轴投影为轴测图之后，轴测轴之间的夹角一般不再是 90°，但是沿轴测轴度量物体长、宽、高的性质不变，即仍可沿轴测轴量取物体长、宽、高三个方向的尺寸。

（4）空间相互平行的线段，其空间长度之比等于其投影长度之比。这就是说，平行两直线的轴测投影长度，分别与各自原来的长度之比值是相等的，该比值就是轴向变化率，所以空间各平行线段的轴向变化率相等。因此，在轴测图中，物体上平行于坐标轴的线段其变化率等于相应轴测轴的变化率。

应当注意的是，形体上与坐标轴不平行的线段（非轴向线段），其投影的变化与平行于坐标轴的那些线段不同。因此，不能将非轴向线段的长度直接移到轴测图上，而必须先用坐标法定出其两端点在轴测坐标系中的位置，然后再连成线段的轴测投影图。

6. 轴测投影的基本作图

点是组成空间物体最基本的要素，其轴测投影的基本作图方法是坐标法。如图 2-3-6 所示，已知 A 点的正投影，求作 A 点的轴测投影。其作图步骤如下：

（1）按选定的轴测投影的类型及轴间角，画出轴测轴 O_1X_1、O_1Y_1、O_1Z_1；

（2）从 O_1 点开始沿 O_1X_1 轴量取 oa_xp 得 a_{x_1}；沿 O_1Y_1 轴量取 oa_yq 得 a_{y_1}，过 a_{x_1} 和 a_{y_1} 分别作 O_1Y_1 轴和 O_1X_1 轴的平行线，相交于 a_1 点；

（3）过 a_1 点作 O_1Z_1 的平行线并量取 oa_zr，即得 A 点的轴测投影 A_1。

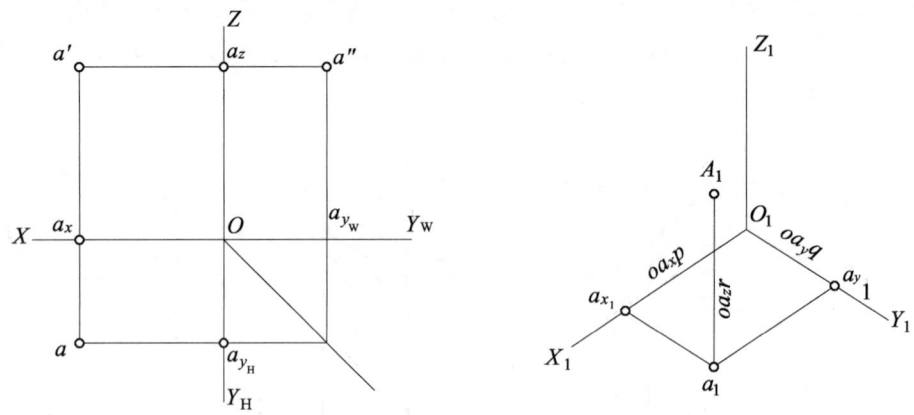

图 2-3-6　点的轴测投影

通常情况下，根据形体的正投影图作轴测图，其主要步骤如下：

（1）首先在正投影图中确定空间直角坐标系，原点位置应有利于作图；

（2）选择轴测图的类型，并按轴间角画出轴测轴；

（3）根据形体特征，按轴测投影的基本性质以坐标法为基础，配合拉伸法、叠加法、切割法进行作图；

（4）整理图形，一般仅保留可见的轮廓线和表面交线。

7. 正等轴测图

当空间物体上三个坐标轴与轴测投影面的倾角相同时所作出的正轴测投影图称为正等轴测投影图，简称正等测，如图2-3-7所示。

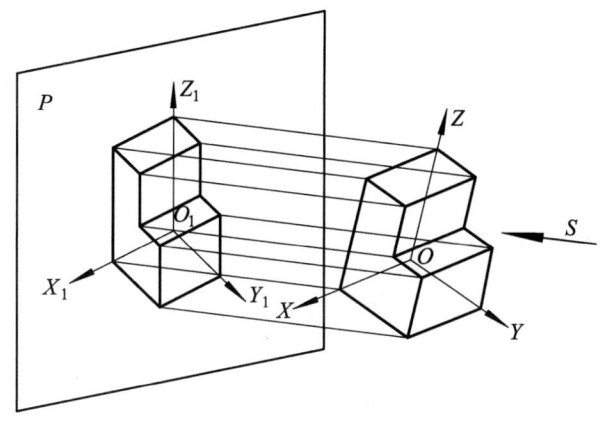

图 2-3-7　正等测图的形成

正等测的三个轴间角相等，都是 120°；三个轴的轴向变化率也相等，都是 0.82，即 $p=q=r=0.82$，如图 2-3-8（a）所示。但为了简化作图，通常采用简化的轴向变化率，即 $p=q=r=1$，这样我们就可以直接从正投影图上量取物体的长、宽、高，只是所画出的轴测图比实际的放大了 1.22 倍，但不影响物体的表达效果，如图 2-3-8（b）所示。另外，在作图时，习惯上将 O_1Z_1 轴放置成铅垂位置，O_1X_1、O_1Y_1 则与水平方向成 30°夹角，如图 2-3-8（b）所示。

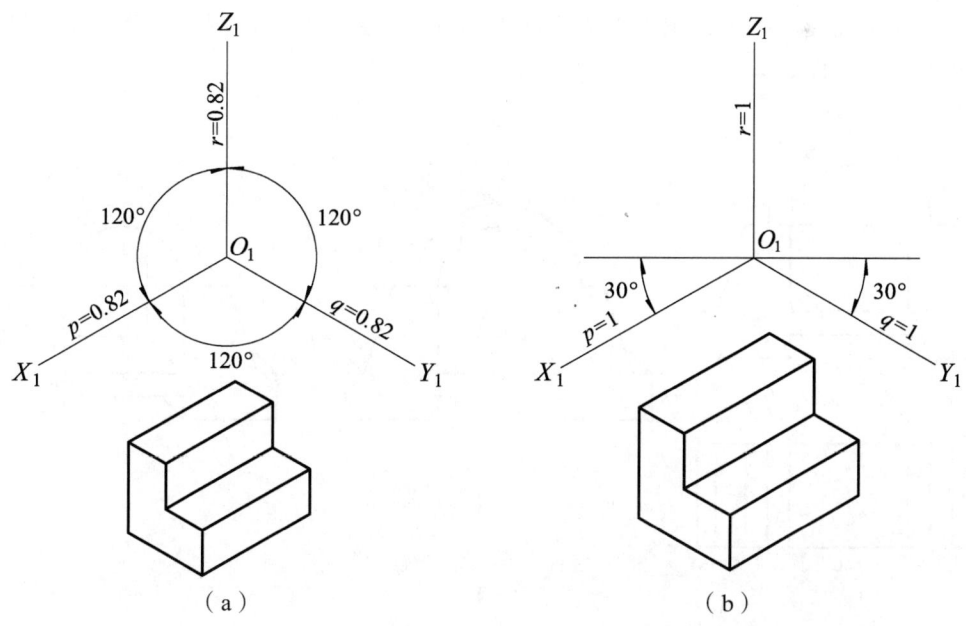

图 2-3-8　正等测投影的轴测轴、轴间角和轴向变化率

8. 斜轴测投影

采用斜投影法时，通常是使两条坐标轴与轴测投影面平行。为便于说明问题，将坐标面 XOZ 置于轴测投影面上或与轴测投影面平行，然后用斜投影的方法向轴测投影面进行投影。这样不论投射方向如何变化，OX、OZ 的投影就是它本身，即 O_1X_1、O_1Z_1 的轴间角总是 90°，轴向变化率总是 1。

至于轴测轴 O_1Y_1 的位置和轴向变化率则由投影方向而定。OY 轴经投射后，可以形成任意的轴向变化率和任意的轴间角，但为了简化作图，通常取 O_1Y_1 与水平方向成 45°夹角，轴向变化率取 0.5，如图 2-3-9 所示。

当 O_1Y_1 轴的轴向变化率不等于 1 时，这种斜轴测投影图就称为斜二等轴测投影图，简称为斜二测或正面斜二测。

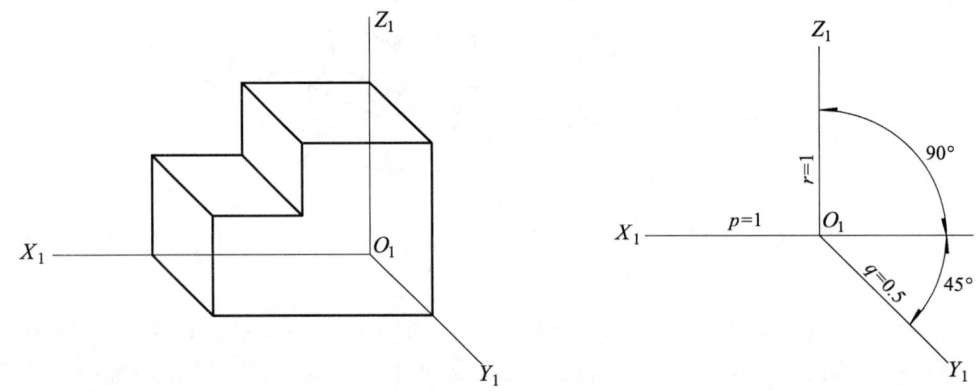

图 2-3-9　斜二测投影的轴测轴、轴间角和轴向变化率

图 2-3-10 所示是涵洞洞口的正面斜二测投影图的作法。选取涵洞洞口前边的正平面作为 XOZ 坐标面，可先画与立面完全相同的正面形状，如图 2-3-10（b）所示；然后画 45°斜线，再在斜线上量取宽度的一半，定出 Y 轴方向上的各点，并作前后两圆弧的公切线，得到涵洞洞口的正面斜二测图，如图 2-3-10（c）所示。

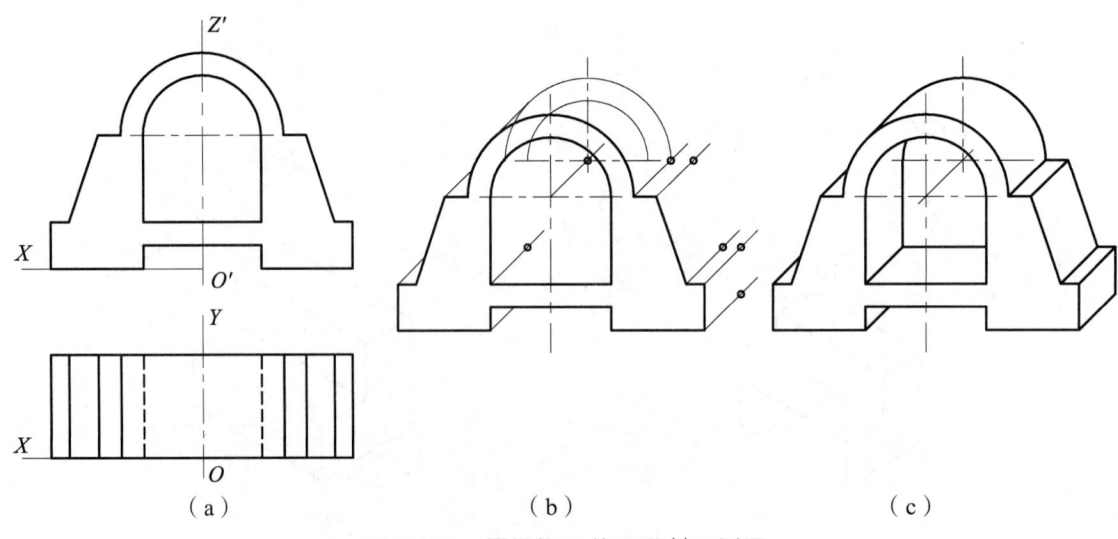

（a）　　　　　　　　　（b）　　　　　　　　　（c）

图 2-3-10　涵洞洞口的正面斜二测图

五、任务分析

任务 1：六棱柱属于单一的柱状体，我们通常采用坐标法画出其上底面的形状，再采用拉伸法画出其高度即可。

任务 2：该形体属于叠加式组合体，可采用叠加法绘制其正等测图。

任务 3：该形体可看作是一个完整的四棱柱，经过三次切割所形成。因此采用切割法绘制其轴测图。

六、任务实施

任务 1 实施，如图 2-3-11 所示。

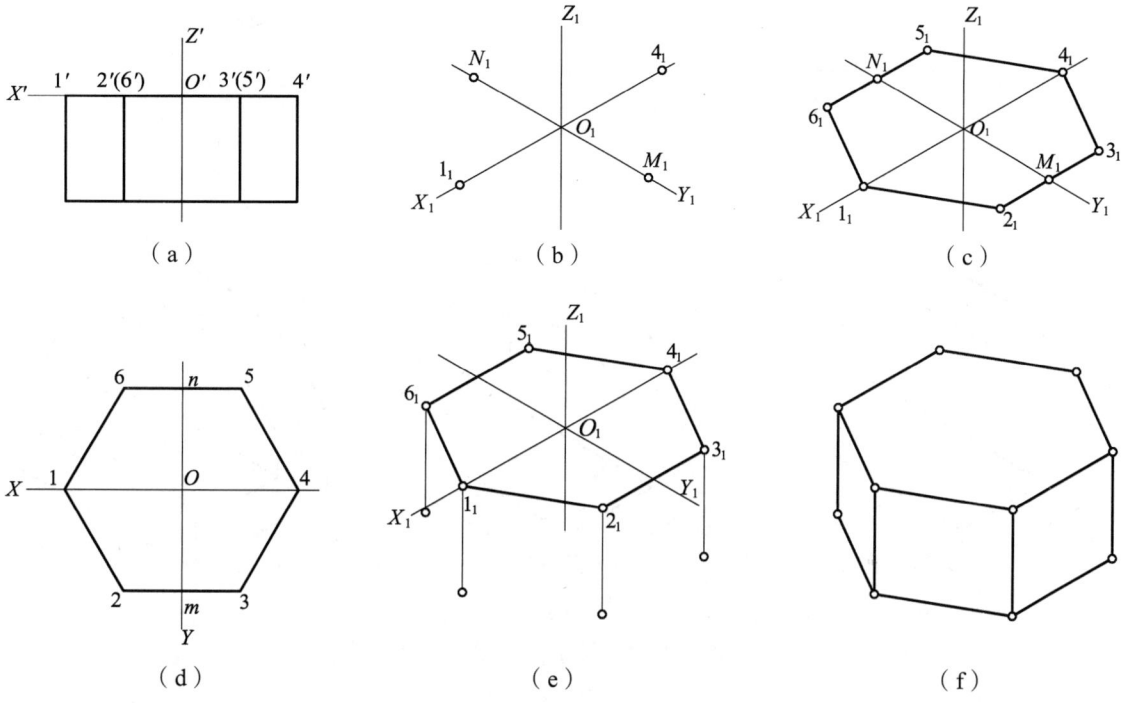

图 2-3-11　正六棱柱正等测图的画法

（1）在已知的两面投影图中建立直角坐标系。由于物体前后、左右对称，因此将坐标原点选择在六棱柱的顶面中心，这样有利于简化作图，如图 2-3-11（a）所示。

（2）画出正等测轴测轴，并沿轴测轴方向作出 1_1、4_1、M_1 和 N_1 四点，如图 2-3-11（b）所示。

（3）过 M_1、N_1 分别作 O_1X_1 轴的平行线，截取 $m2$、$m3$、$n5$、$n6$ 得到 2_1、3_1、5_1、6_1 四点，并依次连接 1_1、2_1、3_1、4_1、5_1、6_1，得六棱柱顶面的正等测，如图 2-3-11（c）所示。

（4）过 6_1、1_1、2_1、3_1 作 O_1Z_1 轴的平行线，在其上截取六棱柱的高度，如图 2-3-11（e）所示。

（5）依次连接所作出的相关点，擦去多余作图线，加深可见图线，即得正六棱柱的正等测图，如图 2-3-11（f）所示。

任务2实施，如图2-3-12所示。

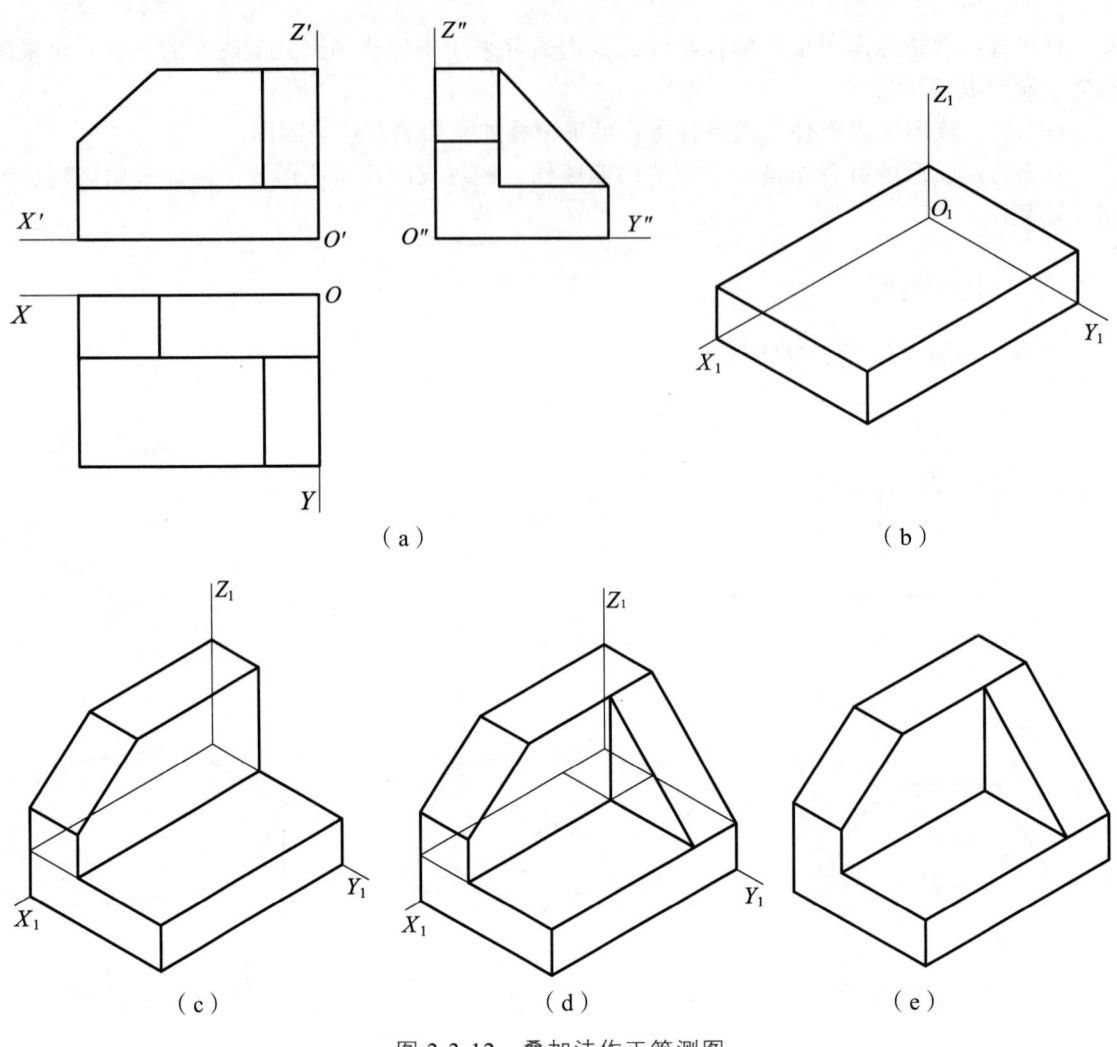

图 2-3-12　叠加法作正等测图

（1）建立坐标系，如图2-3-12（a）所示。根据正等测的轴间角画出轴测轴，并作出底部四棱柱的正等测图，如图2-3-12（b）所示。

（2）根据切口四棱柱与底部四棱柱的关系，用叠加法作出其轴测图，如图2-3-12（c）所示。

（3）在此基础上，用同样的方法画出三棱柱的轴测图，如图2-3-12（d）所示。

（4）擦去多余图线，即得该形体的正等测图，如图2-3-12（e）所示。

任务3实施，如图2-3-13所示。

（1）建立坐标系，画出轴测轴，先作出完整四棱柱的正等测图，再在左上角切去一个梯形四棱柱，如图2-3-13（a）、（b）、（c）所示。

（2）在左下正中位置切去一个四棱柱，右上正中位置切去一个梯形四棱柱，如图2-3-13（d）、（e）所示。

（3）擦去多余图线，即得该形体的正等测图，如图2-3-13（f）所示。

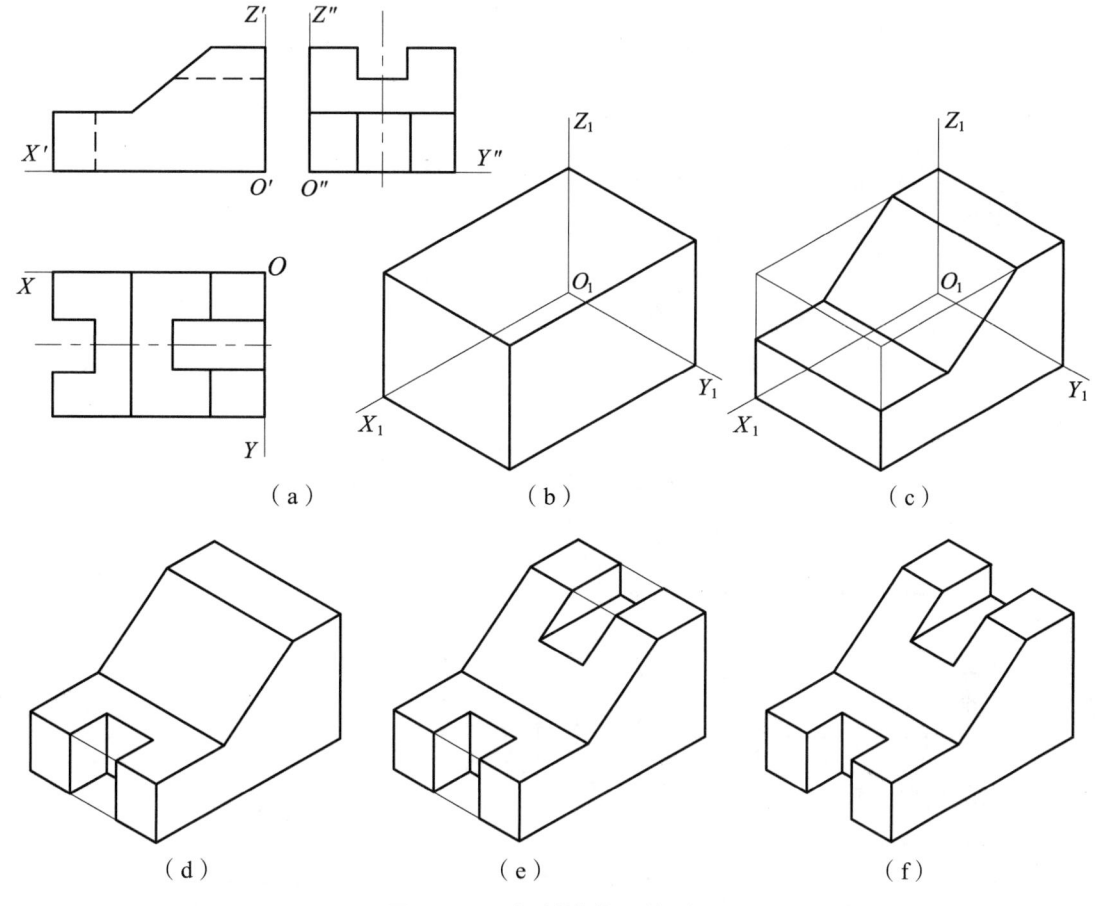

图 2-3-13 切割法作正等测图

七、能力拓展知识

1. 正二等轴测图

在正二测中，$p=r=0.94$，$q=0.47$。为作图简便，在实际作图时，仍采用简化的轴向变化率，即 $p=r=1$，$q=0.5$。采用简化的轴向变化率画出的正二测图，其每一轴向尺寸都放大了 1.06 倍。

正二测的三个轴间角分别为 $\angle X_1O_1Z_1 = 97°10'$，$\angle X_1O_1Y_1 = \angle Y_1O_1Z_1 = 131°25'$，如图 2-3-14（a）所示。作正二测图时，仍习惯上将 O_1Z_1 轴放置成铅垂位置，O_1X_1、O_1Y_1 则分别与水平方向成 $7°10'$ 和 $41°25'$ 的夹角。因 $\tan 7°10' \approx \dfrac{1}{8}$，$\tan 41°25' \approx \dfrac{7}{8}$，因此其轴测轴的画法如图 2-3-14（b）所示。

图 2-3-15 为 T 形梁的正二测图的作法，可将原点定在左端面中心线下边，并先作出左端面的正二测图，如图 2-3-15（b）所示；然后沿 O_1X_1 轴的方向量取梁的长度，依次连接各点，即得右端面的轴测图，如图 2-3-15（c）所示；最后整理加深完成作图，如图 2-3-15（d）所示。

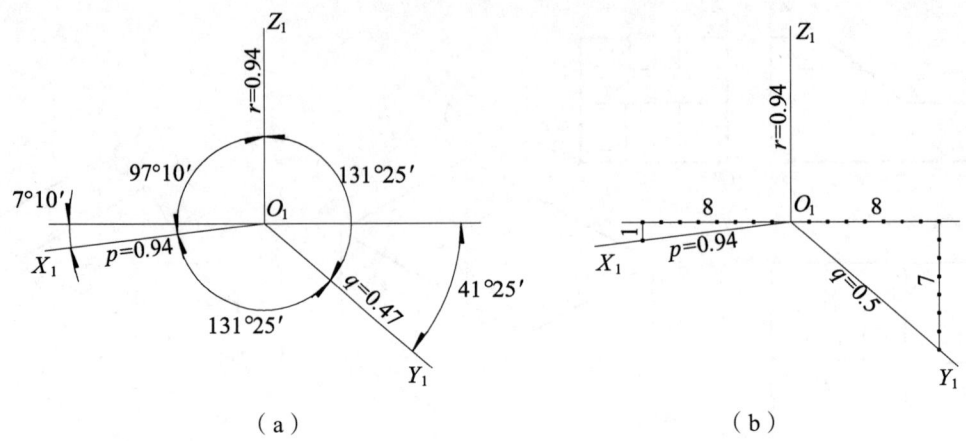

图 2-3-14 正二测投影的轴测轴、轴间角和轴向变化率

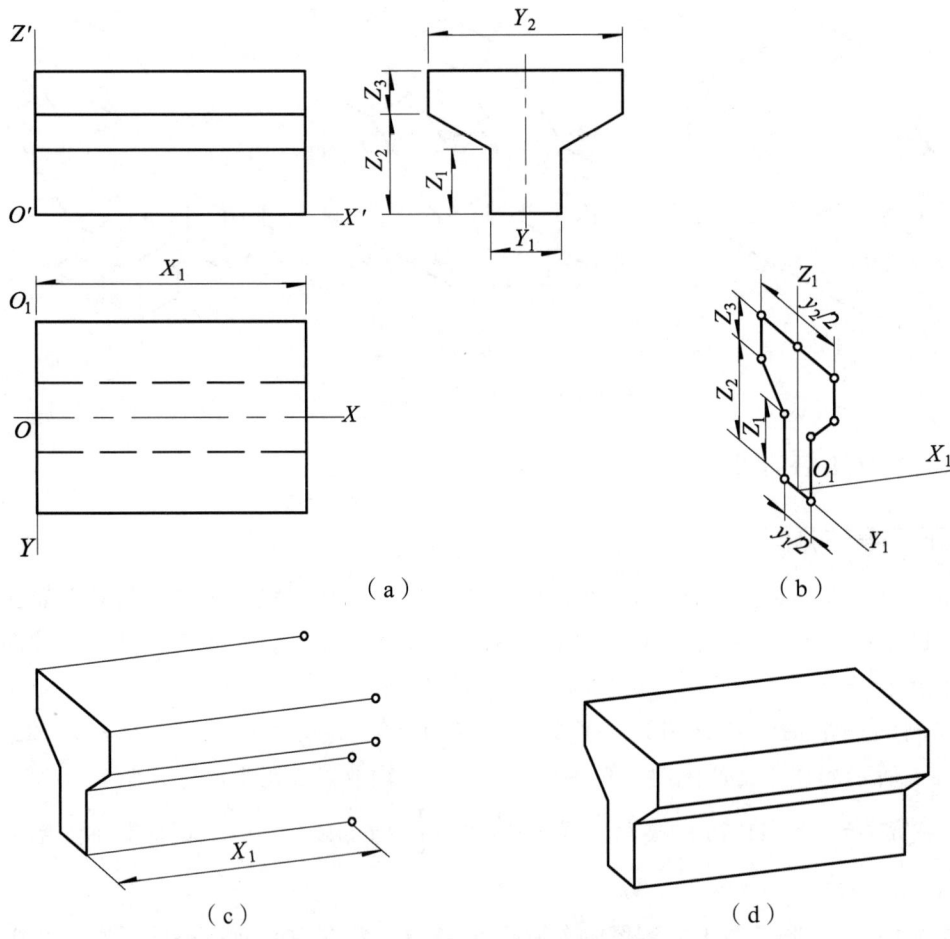

图 2-3-15 T形梁正二测图的画法

由此可以看出，正二测与正等测相比，除轴间角不同外，形体沿 OY 轴方向的尺寸在正二测图上只能量取一半。

2. 圆的正等测投影

由于轴测投影仍然是平行投影,因此在轴测投影中,当圆所在的平面平行于投影面时,其轴测投影仍为大小不变的圆;当圆所在的平面平行于投射方向时,其轴测投影为一直线;当圆所在的平面倾斜于投影面时,其轴测投影为一椭圆。

在正等测投影中,由于三个坐标面均与轴测投影面倾斜且倾角相等。因此,平行于三个坐标面的正平圆、水平圆、侧平圆的正等测投影都是椭圆,而且三个椭圆的大小相等,如图 2-3-16 所示。工程上常用椭圆的近似画法来作圆的轴测投影,对于圆的正等测投影,通常采用四心法来绘制。

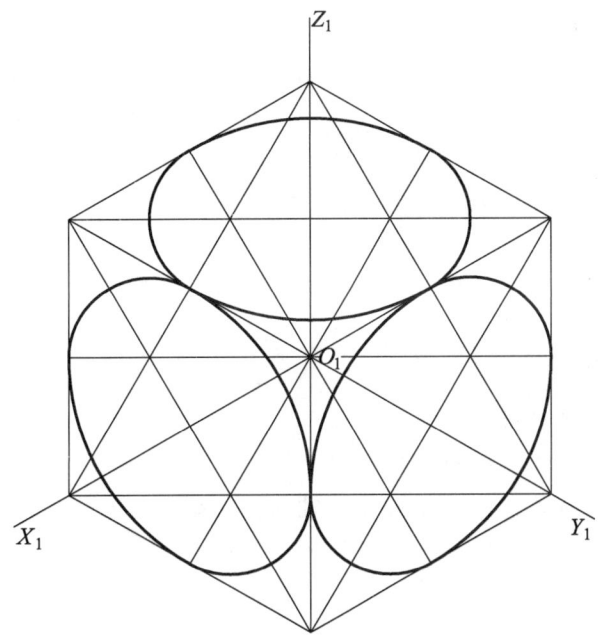

图 2-3-16　正平圆、水平圆、侧平圆的正等测投影

现以平行于 XOY 坐标面的水平圆为例来说明用四心法作椭圆的方法,如图 2-3-17 所示。

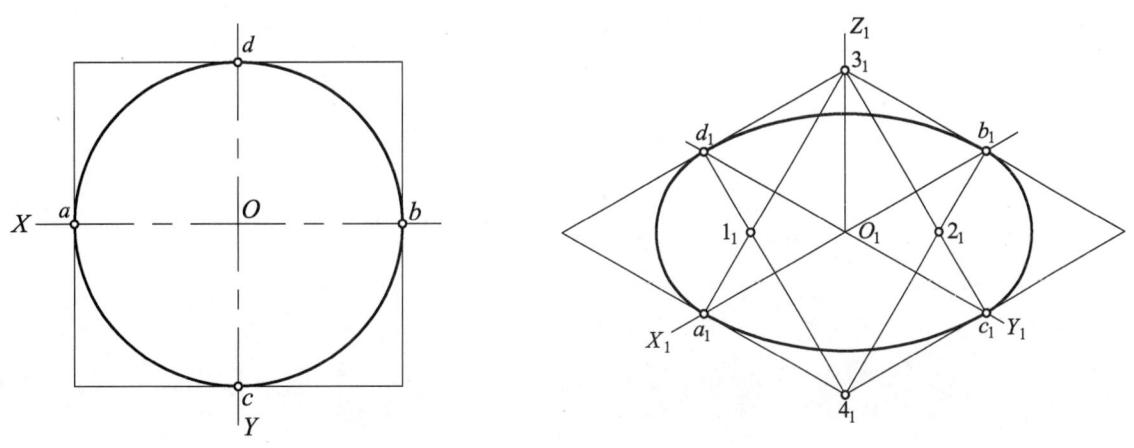

图 2-3-17　水平圆正等测投影图的画法

先在已知的水平圆上建立坐标系，并作出水平圆的外切正方形，其中 a、b、c、d 是正方形各边的中点；画出圆的外切正方形的轴测投影，是一个菱形，过菱形各边中点 a_1、b_1、c_1、d_1 依次作各边的垂线，得到垂线交点 1_1、2_1、3_1、4_1（其中 3_1、4_1 为菱形的一对短对角线的顶点）；分别以 1_1、2_1 为圆心，1_1d_1 或 2_1b_1 为半径作圆弧 a_1d_1 和 b_1c_1；再以 3_1 和 4_1 为圆心，3_1a_1 或 4_1d_1 为半径作圆弧 a_1c_1 和 d_1b_1，即得到水平圆的正等测图。

另外，在构件中常遇到四分之一圆角，其正等测投影可视为同一椭圆上的不同弧段。作图方法是自圆弧两切点，分别作两切线的垂线，再以两垂线的交点为圆心、圆心到切点的距离为半径作圆弧来代替椭圆弧，如图 2-3-18 所示。

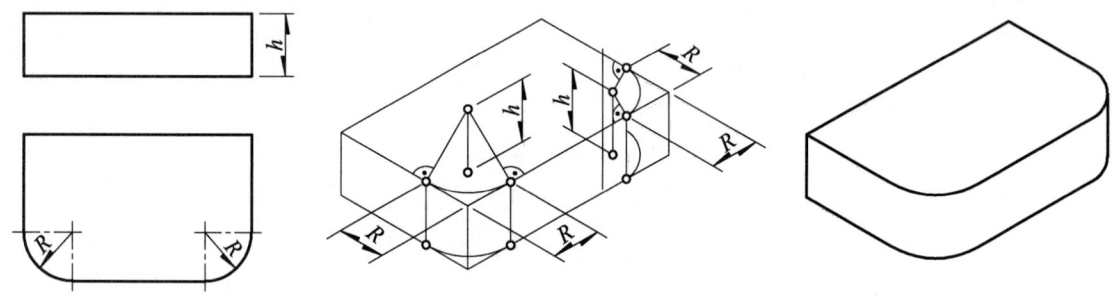

图 2-3-18　圆角的正等测画法

八、思考与练习

1. 轴测投影图有哪些特性？
2. 绘制轴测图常用的方法有哪些？
3. 正等测、正二测和斜二测的轴间角和轴向变化率如何？

项目四 完成桥墩模型的侧面投影图

 能力目标

1. 能够根据形体所处位置和投影方向，正确判定直线和平面与投影面的相对位置；
2. 能够应用直线和平面的投影特性，完成形体的三面投影。

 知识目标

掌握点的投影规律和各种位置直线、平面的投影特性。

一、项目任务

根据已知的两面投影图和轴测图，完成桥墩模型的侧面投影图，并判断相关棱线和棱面与投影面的相对位置（《道路工程制图与识图习题》第 20 页）。

二、能力训练任务

任务 1：完成图 2-4-1 所示房屋的水平面投影图，并标注各点在投影图上的位置。

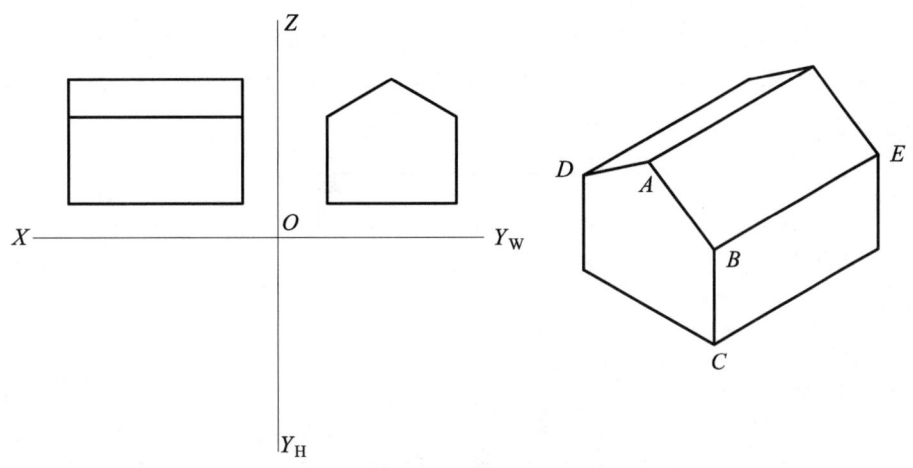

图 2-4-1 房屋直观图及 V、W 两面投影图

任务 2：如图 2-4-2 所示，根据台阶的三面投影图和轴测图，标注各指定平面在投影图中的位置，并说明各平面与投影面的相对位置。

- 065 -

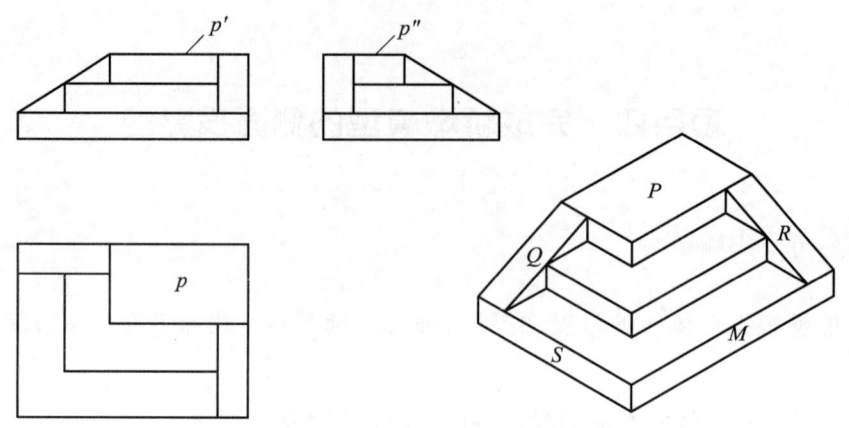

图 2-4-2　台阶直观图与投影图

三、任务目的

1. 使学生掌握基本几何元素点、线、面的投影规律和特性，能够根据投影图正确判别直线、平面与投影面的相对位置，并建立线、面、体和投影图之间的联系。

2. 将正投影特性与直线和平面的投影特性有机融合，进一步提升空间想象和构思能力。

四、任务知识

点、线（直线和曲线）、面（平面和曲面）是构成任何工程结构物最基本的几何元素。因此，要想准确绘制和识读工程结构物的投影图，就必须熟练掌握点、直线和平面的投影。

1. 点的投影

（1）投影的形成

如图 2-4-3（a）所示，在三面投影体系中，有一个空间点 A，由 A 分别向三个投影面 V、H 和 W 引垂线，垂足 a、a' 和 a'' 即为 A 点在 H、V 和 W 面上的投影，按规定展开并去掉边框线后，即得到 A 点的三面投影图。

我们规定空间点用大写字母表示，如 A、B、C⋯；H 面投影用相应的小写字母表示，如 a、b、c⋯；V 面投影用相应的小写字母加一撇表示，如 a'、b'、c'⋯；W 面投影用相应的小写字母加两撇表示，如 a''、b''、c''⋯。

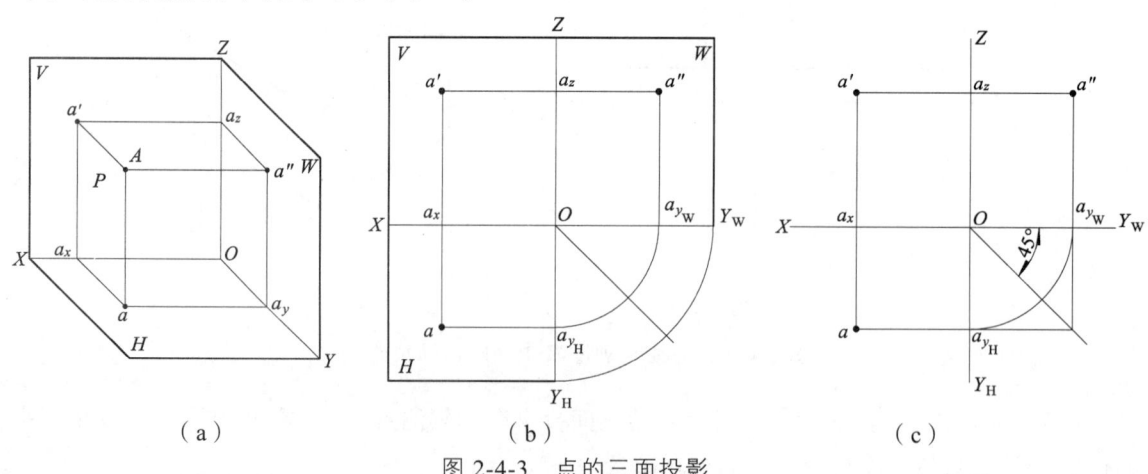

图 2-4-3　点的三面投影

（2）投影规律

① 点的 V 面投影和 H 面投影的连线垂直于 OX 轴，点的 V 面投影和 W 面投影的连线垂直于 OZ 轴。即两投影的连线必垂直于相应的投影轴，也即 $aa' \perp OX$、$a'a'' \perp OZ$，如图 2-4-3（b）所示。

② 点的投影至投影轴的距离，反映点至相应投影面的距离，如图 2-4-3（b）所示。其中，点的 H 面投影至 OX 轴的距离等于其 W 面投影至 OZ 轴的距离，反映 A 点至 V 面的距离，即 $aa_x = a''a_z = Aa'$；点的 V 面投影至 OZ 轴的距离等于其 H 面投影至 OY 轴的距离，反映 A 点至 W 面的距离，即 $a'a_z = aa_y = Aa''$；点的 V 面投影至 OX 轴的距离等于其 W 面投影至 OY 轴的距离，反映 A 点至 H 面的距离，即 $a'a_x = a''a_y = Aa$。

为了能更直接地看到 a 和 a'' 之间的关系，通常用以 O 为圆心的圆弧把 a_{y_H} 和 a_{y_W} 联系起来，也可以自原点 O 点作 $45°$ 的辅助线来实现 a 和 a'' 的联系，如图 2-4-3（c）所示。

根据此投影规律，只要已知点的任意两投影，即可求其第三投影。

如图 2-4-4 所示，已知 B 点的 V、W 面投影 b'、b''，求 B 点的 H 面投影。

① 按第一条规律，过 b' 作 OX 轴的垂线，并与 OX 轴交于 b_x 点。

② 按第二条规律，在所作垂线上量取 $b_x b = b_z b''$ 得 b 点，即为所求。作图时，也可以借助于过 O 点作 $45°$ 斜线求得 b 点。

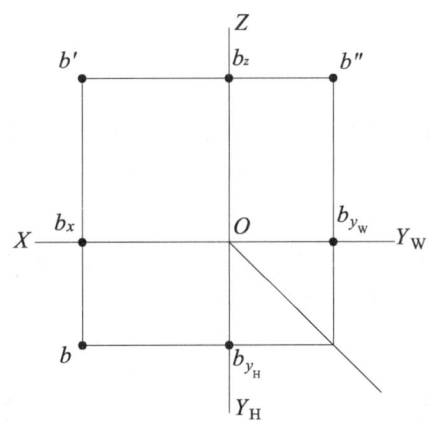

图 2-4-4 已知点的两投影求第三投影

（3）点的投影与坐标

如果把三投影面体系看作直角坐标系，则可把三个投影面看作坐标面、投影轴看作坐标轴，则点到三个投影面的距离，就是点的坐标。如图 2-4-5（a）所示，A 点到 W 面的距离为 X 坐标，A 点到 V 面的距离为 Y 坐标，A 点到 H 面的距离为 Z 坐标。这样空间点 A 的位置便可由 X、Y、Z 三个坐标来确定，即 $A(X, Y, Z)$。

图中，$Aa'' = a'a_z = aa_y = X$；$Aa' = aa_x = a''a_z = Y$；$Aa = a'a_x = a''a_y = Z$。

点的每个投影都反映点的两个坐标，点的投影与坐标关系为：A 点的 H 面投影 a 反映该点的 X 和 Y 坐标，A 点的 V 面投影 a' 反映该点的 X 和 Z 坐标，A 点的 W 面投影 a'' 反映该点的 Y 和 Z 坐标。

因此，如果已知点 A 的三面投影 a、a' 和 a''，就可从图中量出该点的三个坐标。反之，如果已知 A 点的三个坐标，也可作出该点的三面投影。

如图 2-4-5 所示，已知 $B(4, 3, 5)$，求作 B 点的三面投影。作出三个投影轴及原点 O，在 OX 轴上自 O 点向左量取 4 个单位，得到 b_x 点，如图 2-4-5（a）所示；过 b_x 点作 OX 轴的垂线，由 b_x 向上量取 5 个单位，得到 B 点的 V 面投影 b'，再向下量取 3 个单位，得到 B 点的 H 面投影 b，如图 2-4-5（b）所示；最后过 b' 作 OX 轴的平行线，交 OZ 轴于 b_z，由 b_z 量取 $b_zb'' = Y = b_xb$，得到 B 点的 W 面投影 b''，b、b' 和 b'' 即为所求，如图 2-4-5（c）所示。

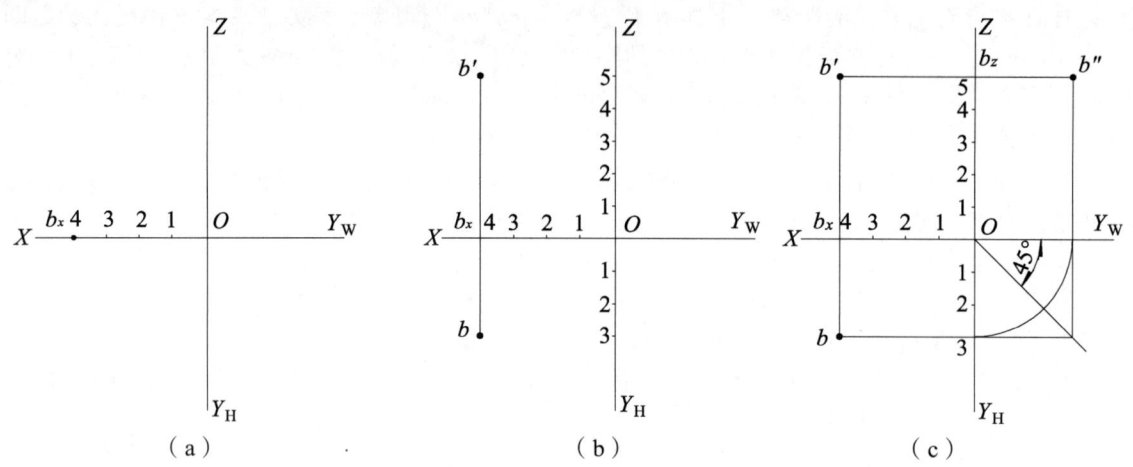

图 2-4-5 已知点的坐标求作点的三面投影

（4）两点的相对位置

空间两点的相对位置是以其中某一点为基准，判别另一点在该点的前后、左右和上下的位置，可依据两点三个坐标值的大小进行判别。

如图 2-4-6 所示，如以 B 点为基准，因为 $X_A>X_B$，则 A 点在 B 点的左边；$Y_A>Y_B$，则 A 点在 B 点的前边；$Z_A<Z_B$，则 A 点在 B 点的下边；所以 A 点在 B 点的左、前、下方。反之，如以 A 点为基准，则 B 点在 A 点的右、后、上方。

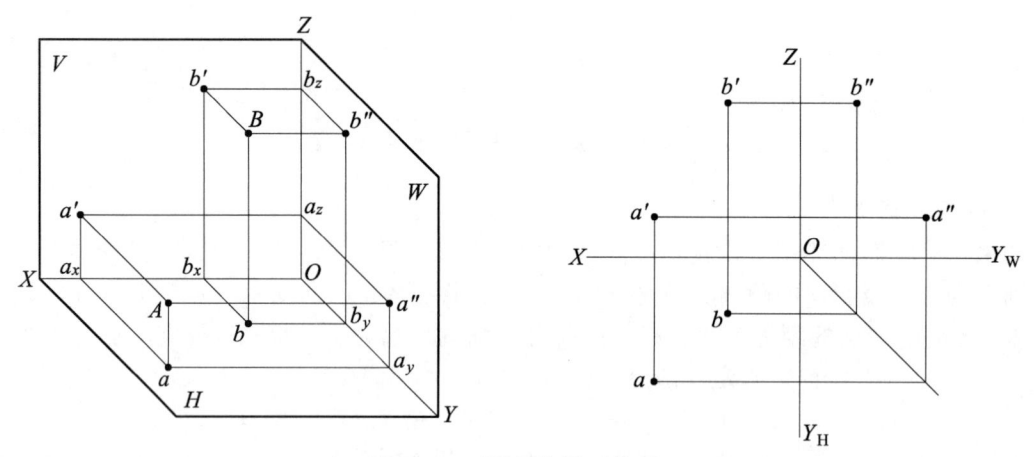

图 2-4-6 两点的相对位置

（5）重影点及其可见性的判别

当空间两点位于某一投影面的同一垂线上时，则两点在该投影面上的投影重合，此重合的投影称为重影点。

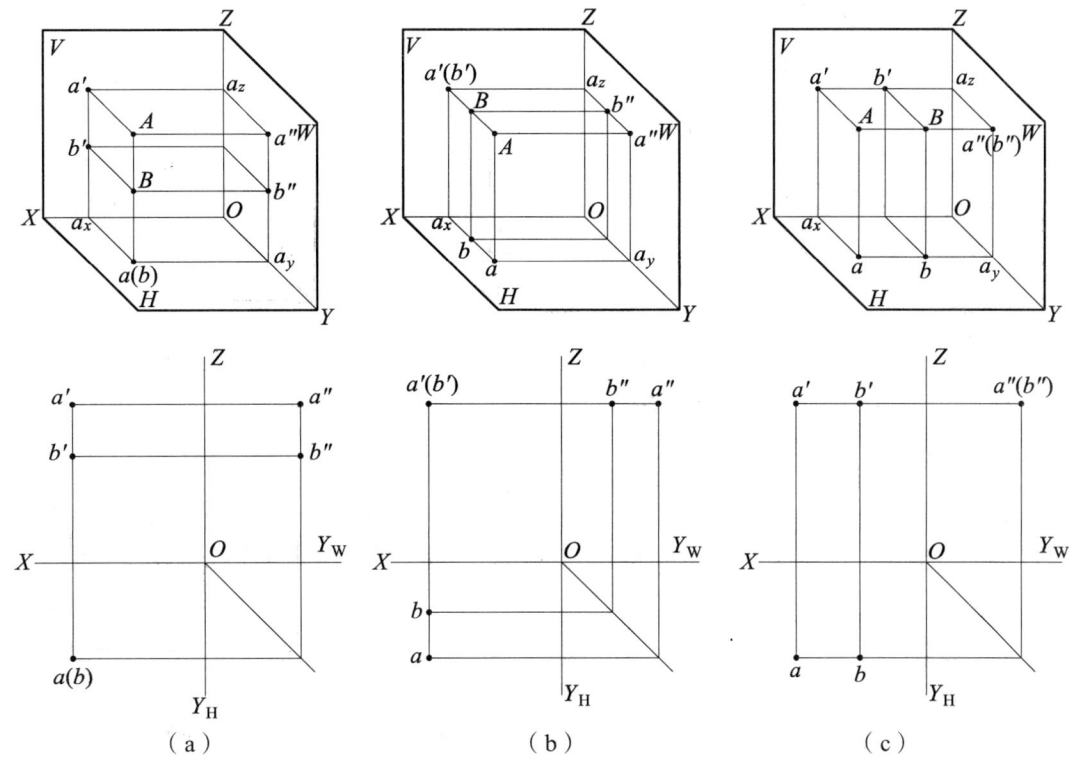

图 2-4-7　重影点及可见性判别

如图 2-4-7（a）所示，A、B 两点位于 H 面的同一垂线上，a、b 两投影重合，在 H 面上形成重影点，但其他两同面投影不重合。至于 a、b 两点的可见性，可从 V 面投影（或 W 面投影）进行判别，因为 a' 高于 b'（或 a'' 高于 b''），即 A 点在 B 点的正上方，所以 a 为可见，b 为不可见。为区别起见，凡不可见的投影其字母写在后面，并可加括号表示。

同理如图 2-4-7（b）所示，A 点在 B 点的正前方，位于 V 面的同一投射线上，a'、b' 两投影重合，在 V 面上形成重影点，a' 可见，b' 不可见；如图 2-4-7（c）所示，A 点在 B 点的正左方，位于 W 面的同一投射线上，a''、b'' 两投影重合，在 W 面上形成重影点，a'' 可见，b'' 不可见。

2. 直线的投影

由初等几何可知，两点确定一条直线。因此，只要画出直线上任意两点的投影，连接其同面投影，即为直线的投影。

根据直线与投影面的相对位置不同，直线可分为一般位置直线、投影面平行线和投影面垂直线三种，后两种统称为特殊位置直线。

（1）一般位置直线

对三个投影面既不平行又不垂直的直线称为一般位置直线，简称一般线。如图 2-4-8 所示，直线和它在某一投影面上的投影所成的锐角，称为直线对投影面的倾角，对 H 面的倾角用 α 表示，对 V、W 面的倾角分别用 β、γ 表示。

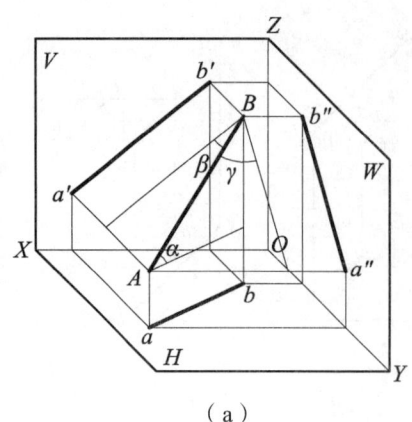
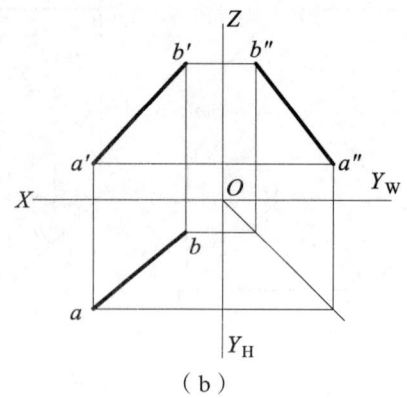

（a） （b）

图 2-4-8 一般位置直线

由图 2-4-8（a）可看出，$ab = AB\cos\alpha$，$a'b' = AB\cos\beta$，$a''b'' = AB\cos\gamma$，而 α、β 和 γ 介于 0°与 90°之间，$\cos\alpha$、$\cos\beta$ 和 $\cos\gamma$ 均小于 1，所以一般位置直线的三个投影都小于实长；由图 2-4-8（b）可看出，一般位置直线的三面投影都倾斜于各投影轴，各投影与相应的投影轴所成的夹角，均不能反映直线对各投影面的真实倾角。

（2）投影面平行线

只平行某一个投影面，而倾斜于另外两个投影面的直线，称为投影面平行线。根据直线所平行的投影面不同，投影面平行线分为正平线、水平线和侧平线。其中，与 V 面平行的称为正面平行线，简称正平线，如表 2-4-1 中的直线 AB；与 H 面平行的称为水平面平行线，简称水平线，如表 2-4-1 中的直线 CD；与 W 面平行的称为侧面平行线，简称侧平线，如表 2-4-1 中的直线 EF。

表 2-4-1 投影面平行线

正面平行线	立体图	投影图	投影特性
正面平行线（正平线）			1. $ab//OX$ 轴；$a''b''//OZ$ 轴。 2. $a'b' = AB$。 3. $a'b'$ 与投影轴的夹角，反映直线与 H、W 面的真实倾角 α、γ
水平面平行线（水平线）			1. $c'd'//OX$ 轴；$c''d''//OY_W$ 轴。 2. $cd = CD$。 3. cd 与投影轴的夹角，反映直线与 V、W 面的真实倾角 β、α

续表

正面平行线	立体图	投影图	投影特性
侧面平行线（侧平线）	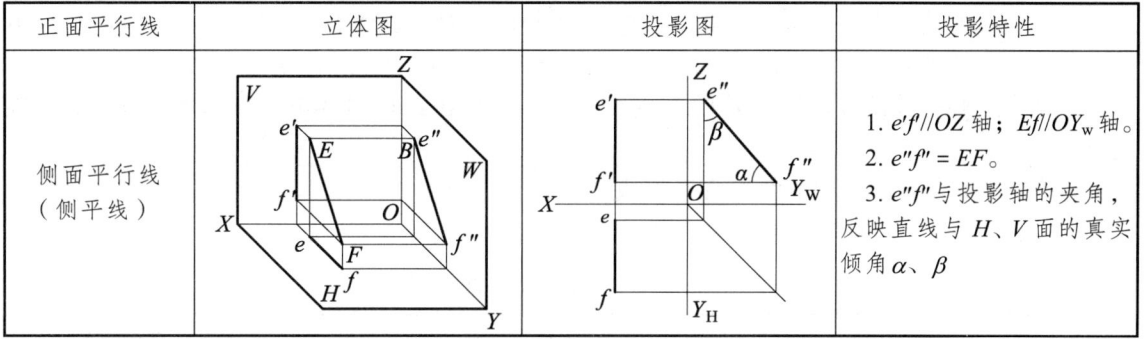		1. $e'f' // OZ$ 轴；$Ef // OY_W$ 轴。 2. $e''f'' = EF$。 3. $e''f''$ 与投影轴的夹角，反映直线与 H、V 面的真实倾角 α、β

现以正平线 AB 为例说明其投影特性：

因为 $AB // V$ 面，所以 AB 的 V 面投影反映实长，即 $a'b' = AB$，而且 $a'b'$ 与投影轴的夹角反映直线与 H、W 面的真实倾角 α、γ。

因为 $AB // V$ 面，所以 AB 上各点到 V 面的距离相等，所以 AB 的 H 面投影平行于 OX 轴，即 $ab // OX$ 轴；同理，AB 的 W 面投影平行于 OZ 轴，即 $a''b'' // OZ$ 轴。

水平线、侧平线的投影图及其投影特性见表 2-4-1，由此可概括出投影面平行线投影特性的共性。

① 直线在其所平行的投影面上的投影反映实长，且该投影与相应投影轴所成的夹角，反映直线对其他两投影面的真实倾角。

② 直线在另外两个投影面上的投影均与相应的投影轴平行，但小于实长。

如图 2-4-9 所示，已知水平线 AB 的长度为 25 mm，$\beta = 30°$ 和 A 点的两投影 a、a'，作出 AB 的三面投影。首先过 a 作直线 $ab = 25$ mm，并与 OX 轴成 30° 角；再过 a' 作直线平行 OX 轴，与过 b 作 OX 轴的垂线相交于 b'；根据已作出的两面投影 ab 和 $a'b'$，作出 $a''b''$。

注意：根据已知条件，B 点可以在 A 点的前、后、左、右四种位置，即本题有四种答案。

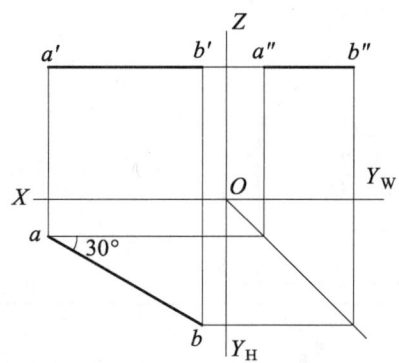

图 2-4-9 作水平线的三面投影

（3）投影面垂直线

与某一个投影面垂直的直线称为投影面垂直线。根据直线所垂直的投影面不同，投影面垂直线分为正垂线、铅垂线和侧垂线。其中，与 V 面垂直的称为正面垂直线，简称正垂线，如表 2-4-2 中的直线 AB；与 H 面垂直的称为水平面垂直线，简称铅垂线，如表 2-4-2 中的直线 CD；与 W 面垂直的称为侧面垂直线，简称侧垂线，如表 2-4-2 中的直线 EF。

现以铅垂线为例,说明其投影特性。因为铅垂线 $AB \perp H$ 面,所以其 H 面投影 ab 积聚为一点,当直线垂直于某一个投影面时,必定与另外两个投影面平行,铅垂线 AB 平行于 V、W 面,其 V、W 面投影反映实长,即 $a'b' = a''b'' = AB$,且 $a'b' \perp OX$ 轴,$a''b'' \perp OY_W$ 轴。

正垂线、侧垂线的投影图及其投影特性见表 2-4-2,由此可概括出投影面垂直线投影特性的共性。

① 在所垂直的投影面上的投影积聚成一点。

② 其他两投影与相应的投影轴垂直,并且反映实长。

表 2-4-2 投影面垂直线

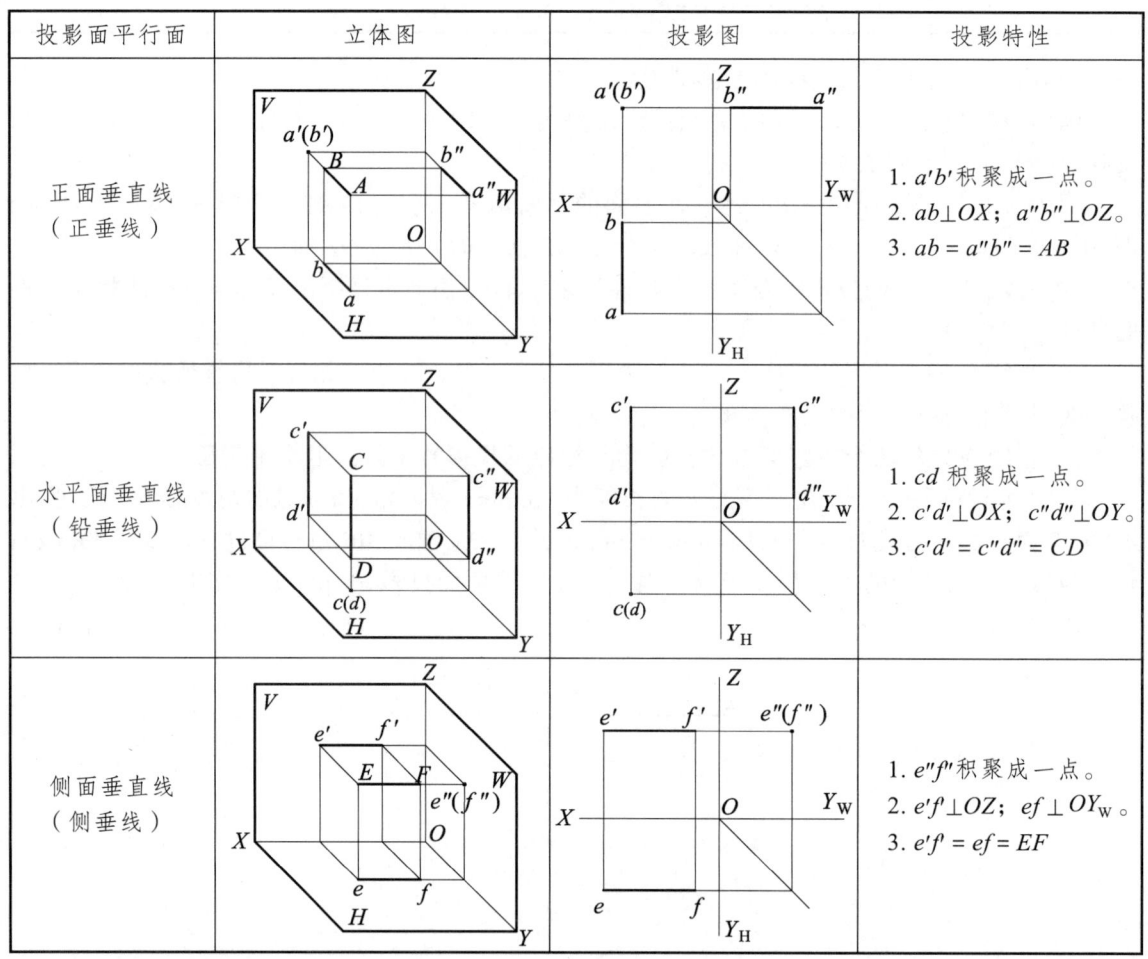

3. 平面的投影

(1) 平面的表示法

由初等几何可知,不在同一直线上的三点可以确定一个平面。因此在投影图上能用下列任意一组几何元素的投影表示平面,如图 2-4-10 所示。

不在同一直线上的三点,如图 2-4-10(a)所示;一直线和直线外一点,如图 2-4-10(b)所示;相交两直线,如图 2-4-10(c)所示;平行两直线,如图 2-4-10(d)所示;任意平面图形,如图 2-4-10(e)所示,即平面的有限部分,如三角形、圆形及其他封闭的平面图形。

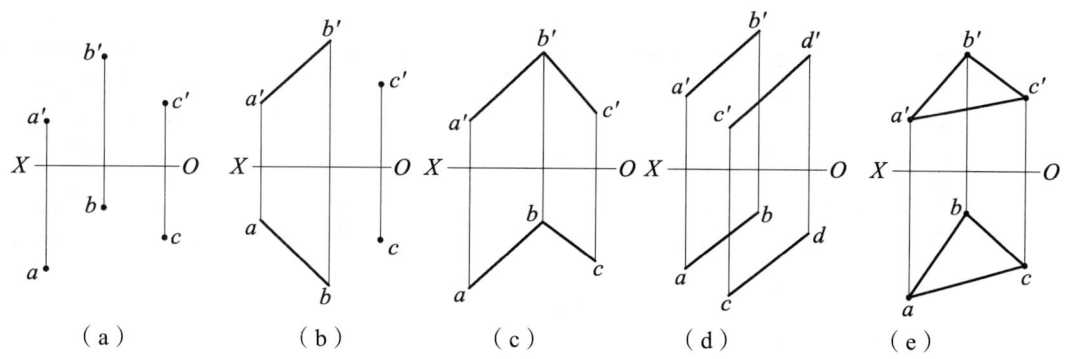

（a）　　　　（b）　　　　（c）　　　　（d）　　　　（e）

图 2-4-10　平面的表示方法

（2）各种位置平面的投影特性

在三投影面体系中，平面与投影面的相对位置，归纳起来有三种，即投影面垂直面、投影面平行面和一般位置平面，前两种统称为特殊位置平面。

① 投影面垂直面

垂直于一个投影面，而倾斜于其他投影面的平面称为投影面垂直面。根据平面所垂直的投影面不同，投影面垂直面可分为正垂面、铅垂面和侧垂面三种。其中，垂直于 V 面的称为正面垂直面，简称正垂面，如表 2-4-3 中的矩形平面 $ABCD$；垂直于 H 面的称为水平面垂直面，简称铅垂面，如表 2-4-3 中的 $\triangle ABC$；垂直于 W 面的称为侧面垂直面，简称侧垂面，如表 2-4-3 中的矩形平面 $CDEF$。

表 2-4-3　投影面垂直面

投影面垂直面	立体图	投影图	投影特性
正面垂直面（正垂面）			1. V 面投影积聚成一条直线。 2. V 面投影与相应投影轴的夹角反映平面对 H、W 面的真实倾角 α 和 γ。 3. H、W 面投影仍为空间图形的类似形状，但小于实形
水平面垂直面（铅垂面）			1. H 面投影积聚成一条直线。 2. H 面投影与相应投影轴的夹角反映平面对 V、W 面的真实倾角 β 和 γ。 3. V、W 面投影仍为空间图形的类似形状，但小于实形

续表

投影面垂直面	立体图	投影图	投影特性
侧面垂直面（侧垂面）			1. W 面投影积聚成一条直线。 2. W 面投影与相应投影轴的夹角反映平面对 H、V 面的真实倾角 α 和 β。 3. V、H 面投影仍为空间图形的类似形状，但小于实形

现以正垂面 $ABCD$ 为例讨论其投影特性：因为平面 $ABCD$ 与 V 面垂直，所以其 V 面投影积聚成一条直线，该直线与 OX 轴的夹角为该平面对 H 面的倾角 α，与 OZ 轴的夹角为该平面对 W 面的倾角 γ；因为平面 $ABCD$ 与 H、W 面倾斜，所以 H、W 面投影仍为矩形，但小于实形。

根据表 2-4-3 可总结出投影面垂直面投影特性的共性：在所垂直的投影面上的投影积聚成一条直线，该直线与相应的投影轴所成的夹角反映该平面对其他两个投影面的真实倾角；其他两投影仍然是空间图形的类似形状，并小于实形。

② 投影面平行面

平行于某一投影面的平面称为投影面平行面。根据平面所平行的投影面不同，投影面平行面分为水平面、正平面和侧平面三种。其中，与 H 面平行的称为水平面平行面，简称水平面，如表 2-4-4 中△ABC；与 V 面平行的称为正面平行面，简称正平面，如表 2-4-4 中的△CDE；与 W 面平行的称为侧面平行面，简称侧平面，如表 2-4-4 中的矩形平面 $ABCD$。

表 2-4-4　投影面平行面

投影面平行线面	立体图	投影图	投影特性
水平面平行面（水平面）			1. V 面投影积聚成一条直线，且平行于 OX 轴。 2. W 面投影积聚成一条直线，且平行于 OY_W 轴。 3. H 面投影反映空间图形的实形
正面平行面（正平面）			1. H 面投影积聚成一条直线，且平行于 OX 轴。 2. W 面投影积聚成一条直线，且平行于 OZ 轴。 3. V 面投影反映空间图形的实形

续表

投影面平行线面	立体图	投影图	投影特性
侧面平行面（侧平面）			1. V 面投影积聚成一条直线，且平行于 OZ 轴。 2. H 面投影积聚成一条直线，且平行于 OY_W 轴。 3. W 面投影反映空间图形的实形

现以正平面 △CDE 为例讨论其投影特性：V 面投影 △$c'd'e'$ 反映空间 △CDE 的实形；H、W 面投影均积聚成一条直线，且分别平行于 OX 轴和 OZ 轴。

根据表 2-4-4 可总结出投影面平行面的投影特性的共性：在所平行的投影面上的投影反映平面的实形；其他两个投影均积聚成直线且与相应的投影轴平行。

③ 一般位置平面

与三个投影面既不垂直又不平行的平面称为一般位置平面，如图 2-4-11 所示。

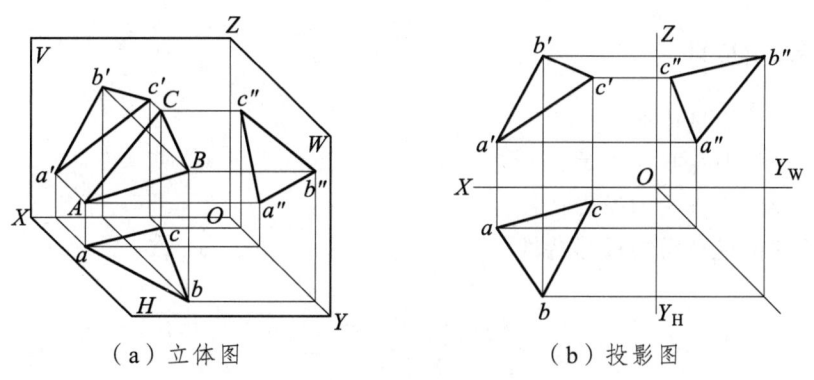

（a）立体图　　　　　（b）投影图

图 2-4-11　一般位置平面的投影图

由于一般位置平面与各投影面均处于倾斜位置，所以其投影特性是：三面投影均无积聚性，也不反映实形，而且都是空间图形的类似形状。

如图 2-4-12 所示，是过点 m 作一铅垂面使它与 V 面的倾角 $\beta = 30°$ 的作图方法。过 m 点作一条与 OX 轴成 30°夹角的直线，这条直线就是所求铅垂面的 H 面投影；所作平面的 V 面投影可以用任意图形来表示，此处用 △$a'b'c'$ 来表示。从图中可以看出，过 m 点可作出两个方向与 OX 轴成 30°夹角的直线，故本题有两解。

图 2-4-13 是已知平面的 V、H 两面投影，作 W 面投影的方法。因平面的 V 面投影积聚成一条直线且与相应投影轴倾斜，可判定所给平面是一个正垂面，故其 W 面投影是和 H 面投影类似的平面形状；再根据点的投影规律，作出平面图形各个顶点的侧面投影，依次连接即可。

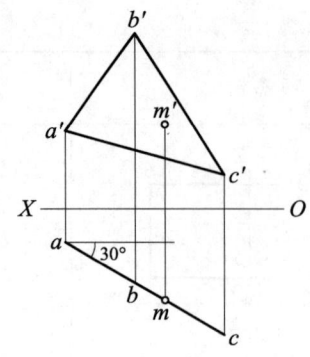 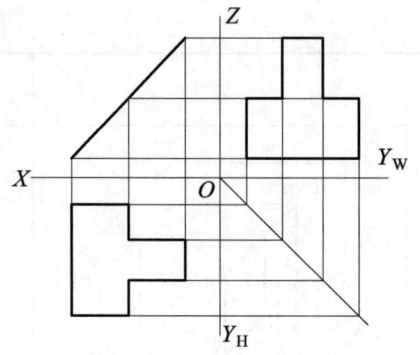

图 2-4-12　过已知点作铅垂面　　图 2-4-13　作正垂面的侧面投影

五、任务分析

任务 1：房屋的前后侧面为正平面、左右侧面为侧平面，屋面的两个坡面为侧垂面。

任务 2：台阶表面除 P、Q 两平面外，其余均为投影面平行面，对照各种位置平面的投影特性进行标注。

六、任务实施

根据图 2-4-1 和图 2-4-2 完成任务 1 和任务 2。

七、思考与练习

1. 点的投影规律是什么？
2. 点的投影与坐标有什么关系？
3. 试述各种位置直线的投影特性。
4. 试述各种位置平面的投影特性。

项目五　完成桥墩的正立面投影图

 能力目标

1. 能够根据各种位置直线和平面的投影特性，正确绘制平面基本体的三面投影图；
2. 能够按照平面上取点的方法，完成立体表面上取点。

 知识目标

1. 掌握平面上和平面立体表面上取点的方法；
2. 熟练掌握棱柱体、棱锥体的投影方法。

一、项目任务

完成桥墩的正立面投影图（《道路工程制图与识图习题册》第 26 页）。

二、能力训练任务

任务 1：如图 2-5-1 所示，根据八字翼墙基础的两面投影图，绘制侧面投影图。

任务 2：如图 2-5-2 所示，根据桥台墙身的两面投影图，绘制桥台墙身的水平面投影图。

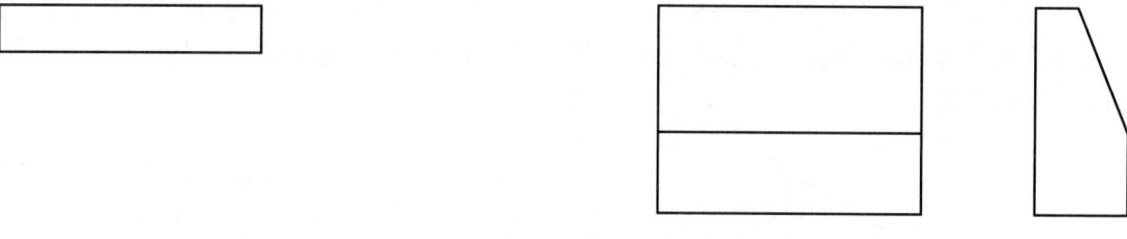

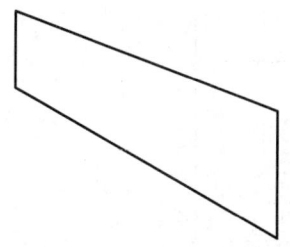

图 2-5-1　八字翼墙基础的两面投影图　　　　图 2-5-2　桥台墙身的两面投影图

三、任务目的

1. 通过完成基本体的投影，进一步理解线、面、体和投影图之间的关系，提升学生观察能力、空间想象能力和空间构思能力。

2. 熟练掌握基本体的投影，为学习组合体的投影奠定基础。

四、任务知识

表面由平面所围成的几何体称为平面立体。这些围成立体的平面称为棱面和底面，相邻两棱面的交线称为棱线。常见的平面立体有棱柱体、棱锥体等，如图 2-5-3 所示。平面立体的投影，其实质就是作出围成立体的所有棱面和底面的投影，即平面的投影。

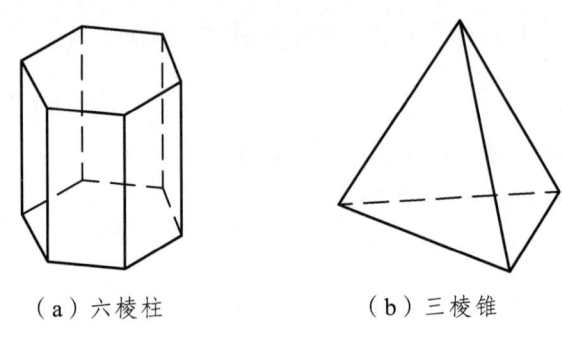

（a）六棱柱　　　　（b）三棱锥

图 2-5-3　常见的平面立体

1. 棱柱体

所有棱线都相互平行的平面立体就称为棱柱体，棱线与上下底面垂直的棱柱体称为直棱柱体。否则，就称为斜棱柱体。

图 2-5-4 为一正六棱柱的立体图和投影图，此六棱柱的顶面和底面均为水平面，它的六个边中有四条边是水平线，二条是侧垂线；六个棱面有四个是铅垂面，二个是正平面；六条棱线均为铅垂线。

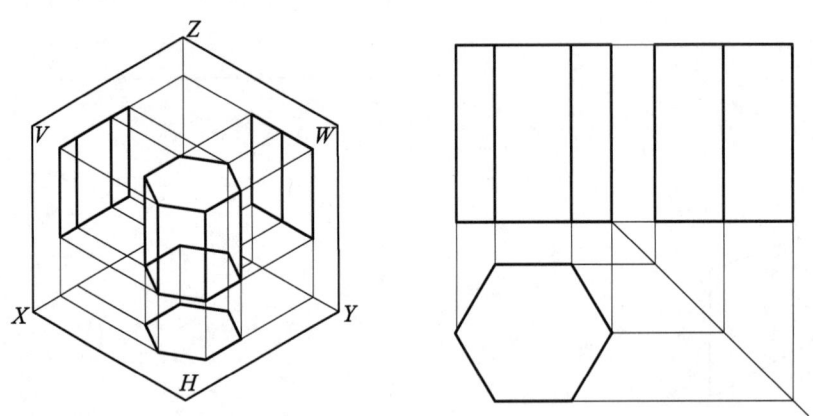

图 2-5-4　六棱柱的投影

六棱柱的 H 面投影是正六边形，它既是上下底面的投影（反映实形），也是垂直于底面的六个棱面的积聚投影。在 V 面投影中，因为六棱柱的上下底面是水平面，所以其投影成为上、下两段水平的线段；前、后两个棱面为正平面，其投影为中间的矩形（反映实形）；其他四个棱面均为铅垂面，投影成两个矩形（反映类似形）。在 W 面投影中，六棱柱上、下两底面投影仍为两段水平线段；前、后两棱面的投影积聚成两条铅垂直线；其余四个棱面的投影为两个矩形（反映类似形）。

2. 棱锥体

一个平面立体，如果有一个面是多边形，其余各面都是有一个公共顶点的三角形，该平面立体就称为棱锥体。这个多边形叫作棱锥的底面，各个三角形就是棱锥的棱面。

图 2-5-5 是一个三棱锥的三面投影图。从图中可知，底面三角形 ABC 平行于 H 面，H 面投影 abc 反映实形，其 V 面投影和 W 面投影积聚为水平直线段。棱面 SAC 是侧垂面，W 面投影积聚为一条直线，其 V 面、H 面投影均为空间图形的类似形状，即 $s'a'c'$ 和 sac。

其余两个棱面均是一般位置平面，所以它们的三个投影均为小于实形的三角形，其中在 W 面投影中 $s''a''b''$ 与 $s''c''b''$ 重合。

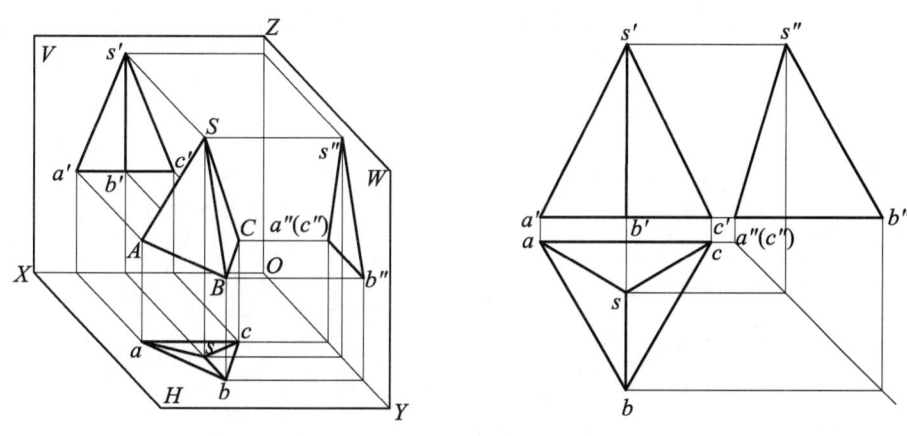

图 2-5-5　三棱锥的投影

五、任务分析

任务 1：从八字翼墙基础的 H 面投影图可以看出，该基础是一个梯形四棱柱，结合 V 面投影图可知，基础左右侧面为侧平面，前后面为铅垂面，上下底面为水平面，在以上分析的基础上，按照平面的投影特性绘制出其 W 面投影图。

任务 2：桥台墙身的侧面投影图反映其形状特征，由此可以看出，墙身为五棱柱，由 7 个面构成。其中：前边有两个面，一个是正平面，一个是侧垂面；后边的面是正平面，上下底面均为水平面，左右面均为侧平面。在以上分析的基础上，按照平面的投影特性绘制出其 H 面投影图。

六、任务实施

绘制图 2-5-1 中基础的 W 面投影图和图 2-5-2 中墙身的 H 面投影图。

七、能力拓展知识

1. 平面上的点和直线

由初等几何可知，点和直线在平面上的几何条件是：平面上的点，必须在属于该平面的直线上。平面上的直线，必须通过平面上的两点或过平面上的一点且平行于平面上的另一条直线。

在投影图中，无论是作平面上的点和直线，还是判断点和直线是否在平面上，都是以上述几何条件为依据进行作图的。

如图 2-5-6 所示，已知平面 $\triangle ABC$ 的两面投影和其上一点 K 的 V 面投影 k'，作出 K 点的 H 面投影。先过 k' 在平面上作一条辅助直线 AD 的 V 面投影 $a'd'$，并据此作出其 H 面投影 ad；再根据点的从属性作出 K 点的 H 面投影 k。

如图 2-5-7 所示，已知平面 $\triangle ABC$ 和点 K 的两面投影以及其上一直线 MN 的 H 面投影 mn，判断点 K 是否在 $\triangle ABC$ 平面上，并作出直线 MN 的 V 面投影 $m'n'$。连接 $a'k'$，延长后与 $b'c'$ 相交于 d'，由 d' 求出 d，连接 ad。由于 k 不在 ad 上，故可判定点 K 不在 $\triangle ABC$ 平面上。延长 mn，分别与 ac、bc 相交于 e、f 两点，作出 EF 的 V 面投影 $e'f'$，由此即可求出 $m'n'$。

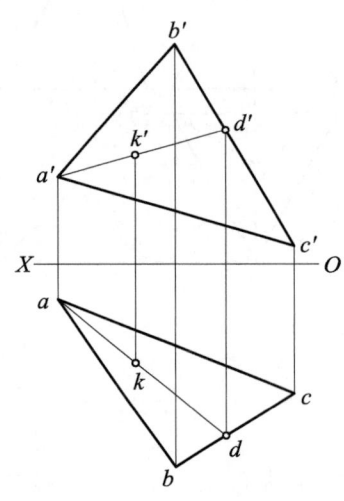
图 2-5-6 平面上取点

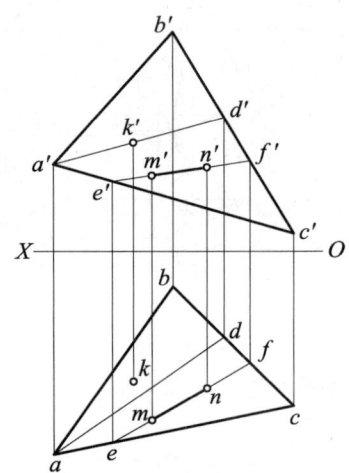
图 2-5-7 平面上取线

如图 2-5-8 所示，已知四边形平面 $ABCD$ 的 H 面投影和其中两条边的 V 面投影，作出四边形平面 $ABCD$ 的 V 面投影。连接 ac 和 bd 相交于 m，再连接 $a'c'$，根据 m 可在 $a'c'$ 上作出 m'；连接 $b'm'$ 并延长，与过 d 向 OX 轴所作的垂线相交于 d'，连接 $a'd'$ 和 $d'c'$ 即得四边形平面的 V 面投影。

2. 平面立体表面上取点

（1）棱柱体表面上取点

在平面立体表面上取点，也就是在它的各棱面上取点，首先根据点的已知投影判断点在棱柱体表面的位置，再利用平面上取点的方法完成棱柱体表面上取点。

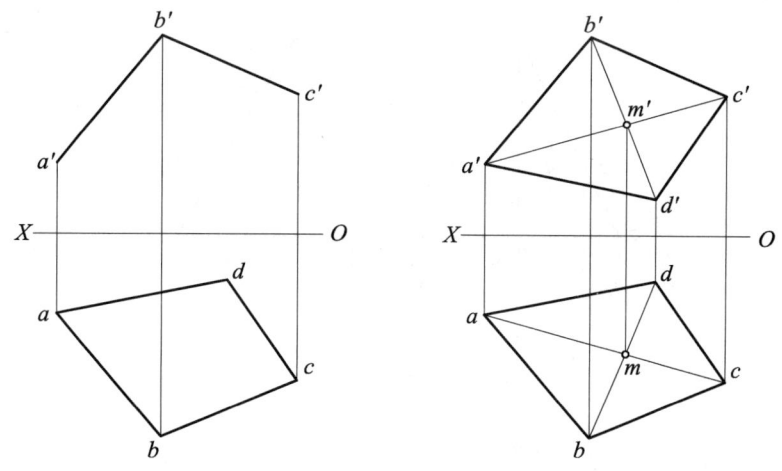

图 2-5-8　完成四边形平面的 V 面投影图

如图 2-5-9 所示,已知在六棱柱的表面上 A 和 B 的 V 面投影 a'和 b',作出它们的水平投影和侧面投影。根据 a'和 b',可判断出 A 和 B 分别位于六棱柱的右前棱面和左后棱面上。由于 A、B 所在两个棱面的水平投影均具有积聚性,因此由 a'、b'分别作铅垂线与两个棱面的积聚投影相交,即得 a、b。依据高平齐、宽相等作出 a"、b",由于 A 点所在棱面的侧面投影不可见,故 a"为不可见。

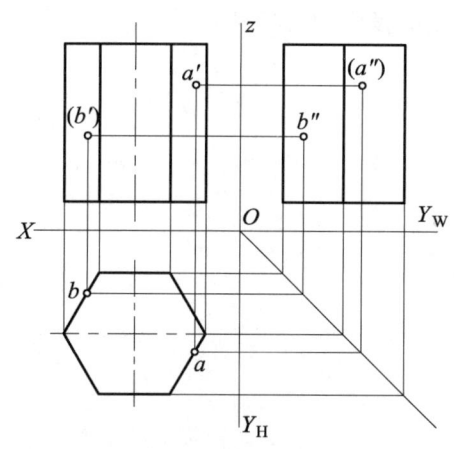

图 2-5-9　六棱柱的表面上取点

平面立体是由若干平面围成的,这些平面在各投影中可能是可见的,也可能是不可见的。凡是位于可见棱面上的点都是可见的,位于不可见棱面上的点是不可见的。

（2）棱锥体表面上取点

如图 2-5-10 所示,已知三棱锥表面上 1、2、3 三点的 V 面投影,完成这些点的其余两投影。根据已知条件可判定,1 点在三棱锥的 SAB 棱面上,2 点在三棱锥的 SA 棱上,3 点在三棱锥的 SBC 棱面上。由于棱面 SAB 是一般面,所以求作 1 点的其余两投影,属平面上取点的问题,即先在面上取线,再在线上取点。因此,在棱面 SAB 上可过 1 点作 AB 的平行线作为辅助直线来求它的其余两投影。2 点的其余两投影,可按点的从属性直接求得。由于棱面 SBC 是侧垂面,故 3 点的其余两投影可根据棱面 SBC 在 W 面上的积聚投影求得。

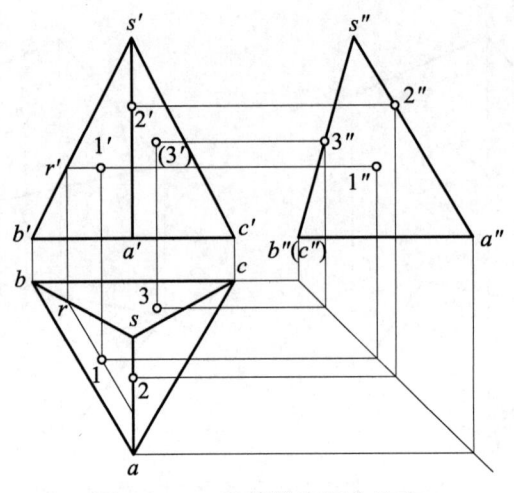

图 2-5-10 三棱锥表面上取点

八、思考与练习

1. 如何在平面上取点？
2. 棱柱体、棱锥体的投影特点是什么？
3. 在平面立体表面上取点的方法有哪些？
4. 如何判定立体表面上点的投影的可见性？

项目六　完成涵洞口模型的侧面投影图

 能力目标

1. 能够根据曲面立体的形成及表面特性，正确绘制曲面基本体的三面投影图；
2. 能够按照面上取点的方法，完成曲面立体表面上点的投影。

 知识目标

掌握曲面立体的投影以及曲面立体表面上取点、可见性判定的方法。

一、项目任务

完成涵洞口模型的侧面投影图（《道路工程制图与识图习题册》第 26 页）。

二、能力训练任务

任务 1：完成图 2-6-1 所示圆管涵洞身的 H 面投影图。

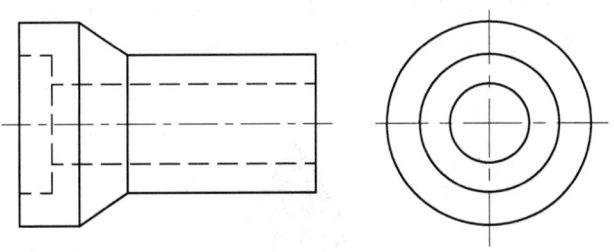

图 2-6-1　圆管涵 V、W 两面投影图

任务 2：完成图 2-6-2 所示桥墩的 W 面投影图。

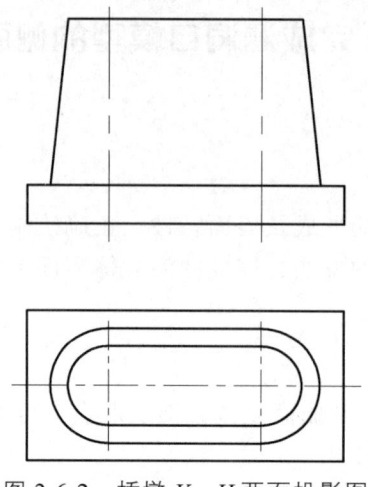

图 2-6-2　桥墩 V、H 两面投影图

三、任务目的

1. 掌握曲面立体的投影特点及其投影图画法，能够在曲面立体表面上取点；
2. 熟练掌握曲面基本体的投影，为学习组合体投影奠定基础。

四、任务知识

由曲面或曲面与平面所围成的立体称曲面立体。曲面立体的曲面由直线或曲线绕着固定的导线运动而形成，运动的直线或曲线称为母线，母线在曲面上的任一位置称为素线。常见的曲面立体有圆柱体、圆锥体、球体等，如图 2-6-3 所示。

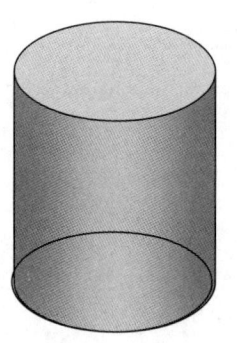 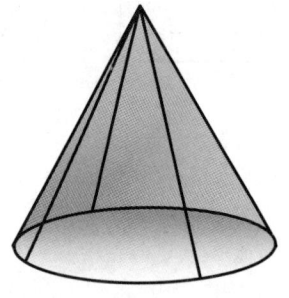 

图 2-6-3　常见的曲面立体

1. 圆柱体

（1）圆柱体的形成

圆柱体是由圆柱面和上下底圆所构成的，圆柱面是由直母线 AA_1 绕与母线平行的轴 OO_1 旋转一周而形成，如图 2-6-4 所示。

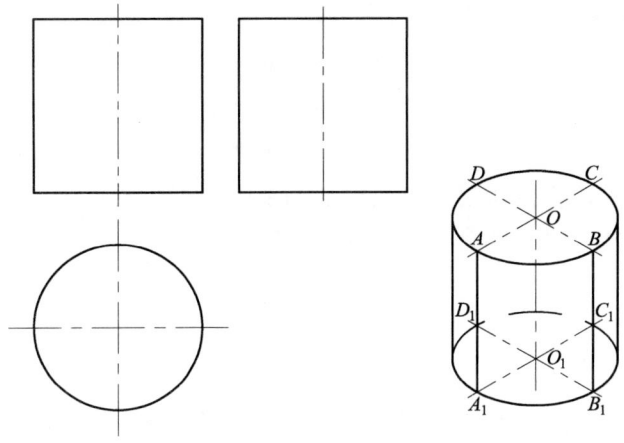

图 2-6-4　圆柱体的形成与投影

（2）圆柱体的投影

当圆柱体的轴线垂直于 H 面时，它的三面投影图如图 2-6-4 所示。其 H 面投影为一圆周，该圆周既是圆柱面的积聚投影，也是上下底圆的实形，画图时必须把相互垂直的两条直径用点划线画出，它们与圆周的交点就是圆柱体的最左、最右、最前、最后素线的集聚投影。圆柱体的 V 面和 W 面都是矩形，分别由圆柱体上下底面的积聚投影和圆柱体最左、最右轮廓素线，以及圆柱体上下底面的积聚投影和圆柱体最前、最后轮廓素线的投影围成。圆柱体的最左和最右素线是圆柱体前半部分和后半部分的分界线，在 V 面投影中，位于前半个圆柱体上的点和线的投影可见，反之不可见。同理，圆柱体的最前和最后素线是圆柱体左半部分和右半部分的分界线，在 W 面投影中，位于左半个圆柱体上的点和线的投影可见，反之不可见。

2. 圆锥体

（1）圆锥体的形成

圆锥体是由圆锥面和底圆所构成的，圆锥面是由直母线 SA 绕与它相交于定点 S 的轴线 SO 旋转一周而形成，如图 2-6-5 所示。圆锥体上的素线都相交于锥顶 S，母线上任一点的运动轨迹都是圆，此圆称为纬圆。

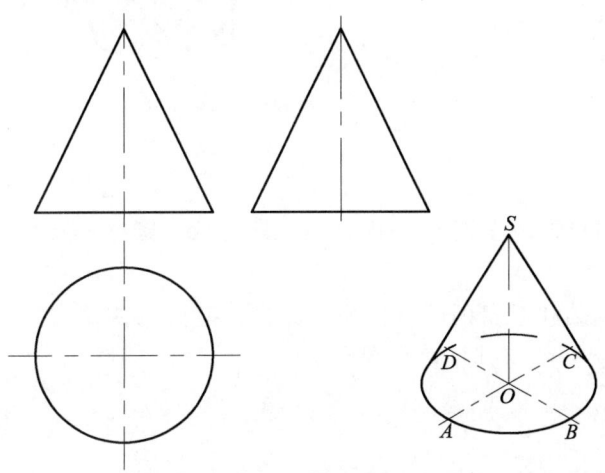

图 2-6-5　圆锥体的形成与投影

（2）圆锥体的投影

当正圆锥体的轴线垂直于 H 面时，它的三面投影图如图 2-6-5 所示。圆锥体的 H 面投影为一圆周，该圆周是圆锥体底圆的实形，圆周到圆心是整个圆锥面的投影；V、W 两面投影均为大小相等的等腰三角形，V 面投影中等腰三角形的两个腰分别为圆锥体表面上最左、最右轮廓素线的投影，W 面投影中等腰三角形的两个腰分别为圆锥体表面上最前、最后轮廓素线的投影。和圆柱一样，除轮廓素线外，其余素线均不画出。

3. 球　体

（1）球体的形成

以圆周为母线，绕其直径旋转一周所形成的曲面称为球面。母线上任意一点的运动轨迹均为圆周，且圆周所在平面与轴线垂直，若将球面看成实心就是球体。

（2）球体的投影

球体的三个投影均为与原球直径相等的三个圆周，如图 2-6-6 所示。它们分别是球体上平行于 V、H、W 面的最大素线圆的投影，也是前后、上下、左右各半球的分界线，同时也是投影可见与不可见分界线，三个圆的其他两个投影分别与相应的中心线重合均不再画出。

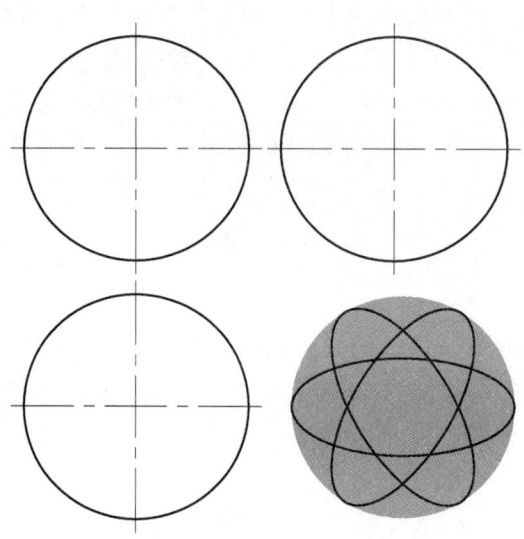

图 2-6-6　球面的形成与投影

五、任务分析

任务 1：圆管涵洞身轴线垂直于 W 面，由三段组成，圆柱—圆台—圆柱，挖空的部分均为圆柱。

任务 2：桥墩由基础和墩身两部分构成。其中，基础为四棱柱，墩身中间为一个梯形四棱柱，左右两端各拼接一个与其相切半圆台。

六、任务实施

完成图 2-6-1 中圆管涵的 H 面投影图和图 2-6-2 中桥墩的 W 面投影图。

七、能力拓展知识

1. 圆柱体表面上取点

在圆柱体表面上取点，可利用积聚性来求解。

如图 2-6-7 所示，已知圆柱面上 A、B、C、D 四点的 V 面投影，作出其 H、W 面投影。

根据已知的 V 面投影可知，A 点在最左素线上，B 点在前半圆柱体上，C 点在最前素线上，而 D 点在后半圆柱体上。利用圆柱体在 H 面上的积聚投影可作出 A、B、C、D 四点的 H 面投影 a、b、c、d。由点的从属性可直接作出 A、C 两点的侧面投影 a″、c″；由 B、D 两点的 V 面和 H 面投影即可作出 W 面的投影 b″、d″，由于 D 点位于圆柱的右半部分，因此 d″ 为不可见。

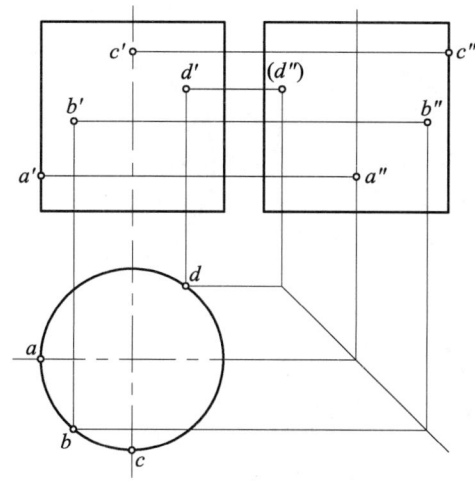

图 2-6-7　圆柱体表面上取点

2. 圆锥体表面上取点

取点先取线，为作图简便准确，在圆锥体表面上取点时，通常采用素线或纬圆作为辅助线来作图。

如图 2-6-8 所示，圆锥体表面上有 A、B 两点，已知 A 点的 H 面投影 a 和 B 点的 V 面投影 b′，完成两点的其他投影。

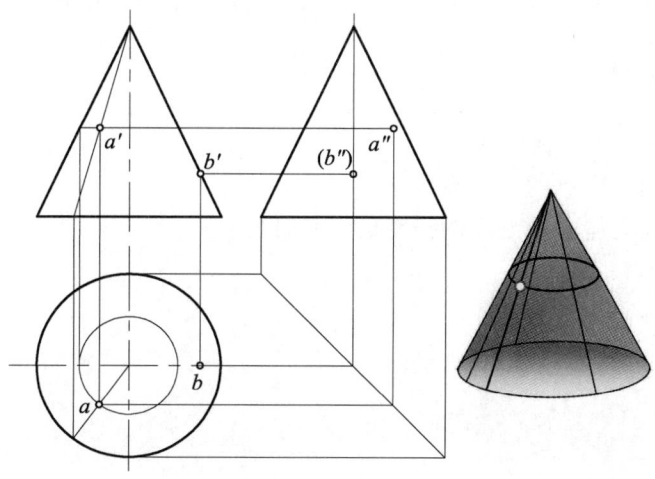

图 2-6-8　圆锥面上取点

过 a 点作一辅助素线，并作出该素线的 V 面投影，根据点的从属性和点的投影规律即可求得 a' 和 a"；也可过 a 点作一辅助纬圆，然后依据同样的作图方法求得 a' 和 a"。根据已知条件可判定，B 点在最右素线上，故根据点的从属性即可求得 b 和 b"。

3. 球体的表面上取点

由于球体的三面投影都没有积聚性，而且表面也不存在直线，故在球体的表面上取点，可用平行于投影面的圆周作为辅助线。

如图 2-6-9 所示，已知球体表面上三点 A、B、C 的投影 a、b' 和 c"，完成 A、B、C 三点的其余两面投影。

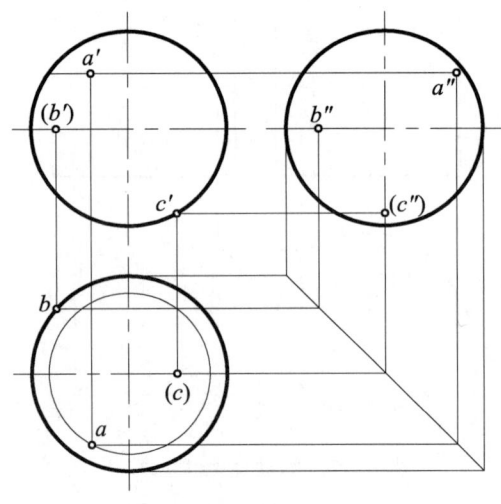

图 2-6-9　球面上取点

在 H 面上以 o 点为圆心，oa 为半径画圆，即为过 a 点的水平辅助圆的 H 面投影，因已知 a 为可见，故所作的水平辅助圆位于上半个球体上，且积聚成一条水平直线，依次作出其 V、W 面投影，根据点与线的从属关系作出 a' 和 a"。根据已知条件，可判定 B 和 C 点分别位于平行于 H 面和平行于 V 面的最大素线圆上，故可直接作出 b、b" 和 c'、c。

八、思考与练习

1. 曲面立体的投影特点是什么？
2. 曲面立体表面上取点的方法有哪些？
3. 如何判定曲面立体表面上点的投影的可见性？

项目七 完成边沟模型的水平面投影图

 能力目标

能够应用求截交线的方法,结合平面的投影特性,完成平面切割体的三面投影图。

 知识目标

1. 掌握直线与平面相交、平面与平面相交求交点和交线的方法;
2. 掌握平面与平面立体相交截交线的形状、求法;
3. 知道平面切割体投影图应包含的内容。

一、项目任务

完成边沟模型的水平面投影图(《道路工程制图与识图习题册》第 26 页)

二、能力训练任务

任务 1:如图 2-7-1 所示,绘制矩形截面涵洞口的 H 面投影图。
任务 2:如图 2-7-2 所示,绘制带有斜截面工字梁的 W 面投影图。

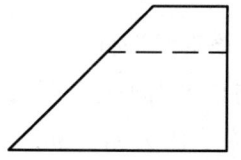 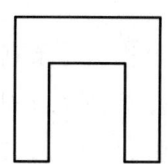 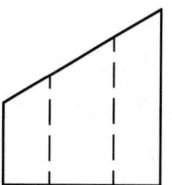

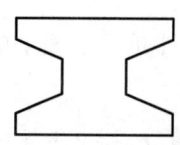

图 2-7-1 矩形涵洞口 V、W 两面投影图   图 2-7-2 工字梁 V、H 两面投影图

三、任务目的

1. 掌握直线与平面、平面与平面相交求交点和交线的方法；
2. 将截交线应用于平面立体的投影。

四、任务知识

1. 直线与平面、平面与平面平行

（1）直线与平面平行

直线与平面平行的几何条件是若直线平行于平面上的任一直线，则此直线与该平面平行。如图 2-7-3 所示，直线 AB 与平面 H 上的任一直线 CD（或 EF）平行，则 AB∥H 面。

如图 2-7-4 所示，要过△ABC 外一点 D，作一条水平线 DF 与△ABC 平行，可以先在△ABC 平面上作出一条水平线 BE，再过 D 点作 BE 的平行线 DF，则 DF 与△ABC 平面必然平行。

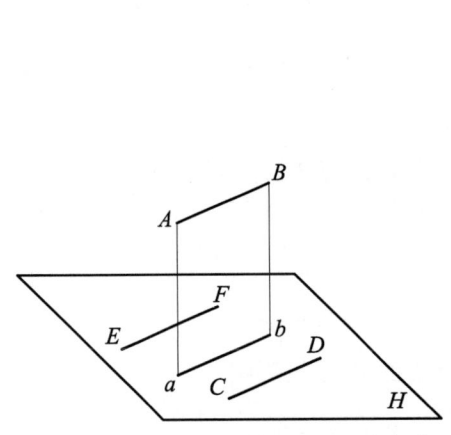
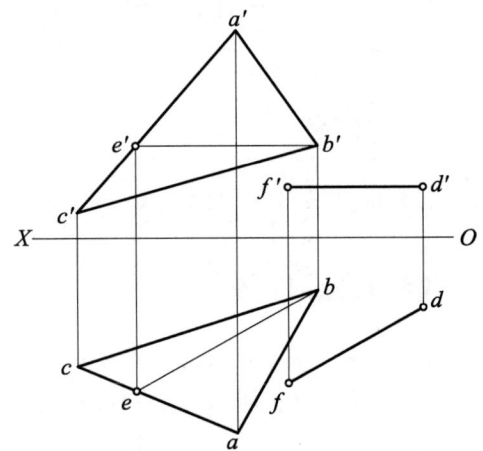

图 2-7-3　直线与平面平行的条件　　图 2-7-4　过已知点作水平线平行于已知平面

另外，判断直线与平面是否平行，就看能否在平面上作出一条直线与该直线平行。

如图 2-7-5 所示，四边形平面 ABCD 外有一直线 MN，判别 MN 是否与该平面平行。可在平面 ABCD 的 V 投影上作 $b'e'$∥$m'n'$ 并与 $c'd'$ 相交于 e'，由 e' 求出 e，连接 be，因为 be∥mn，所以 MN 与平面 ABCD 平行。

（2）两平面平行

两平面平行的几何条件是一平面上的相交两直线与另一平面上的相交两直线对应平行，则该两平面互相平行。

如图 2-7-6 所示，平面 P 上的两条相交直线 AB、AC 分别平行于平面 Q 上的两相交直线 A_1B_1、A_1C_1，则平面 P 平行于平面 Q。

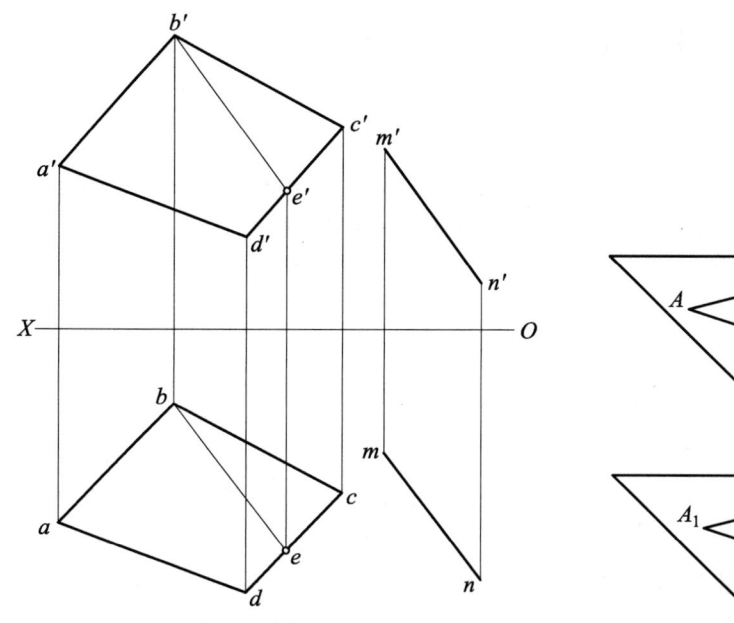

图 2-7-5 判断直线与平面是否平行

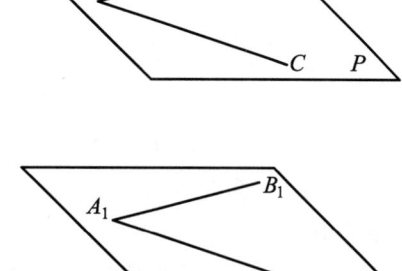

图 2-7-6 两平面平行的条件

如图 2-7-7 所示,判断平面 ABC 和平面 DEF 是否平行。过 △ABC 上的 A 点作两相交直线 AG 和 AH,使它们的 V 面投影 a'g' ∥ d'e',a'h' ∥ d'f',由 a'g' 和 a'h',作出 ag 和 ah,因为 ag ∥ de,ah ∥ df,所以 △ABC ∥ △DEF。

如图 2-7-8 所示,过 K 点作一平面与两平行直线 AB 和 AC 所决定的平面平行。在已知平面上先连接 AC,使该平面转换为由相交两直线 AB 和 AC 所决定的平面,再过 k' 作 k'e' ∥ a'b',k'f' ∥ a'c',过 k 作 ke ∥ ab、kf ∥ ac,相交两直线 KE 和 KF 所决定的平面即为所求。

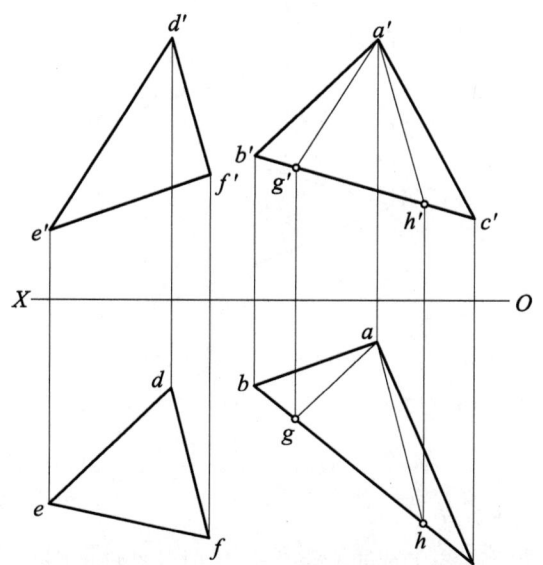

图 2-7-7 判断两平面是否平行

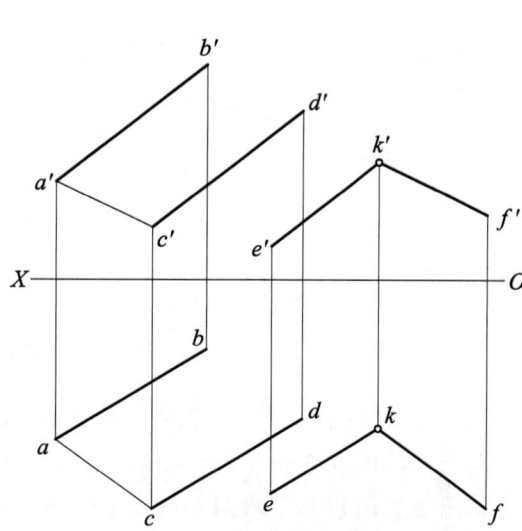

图 2-7-8 过已知点作平面与已知平面平行

2. 直线与平面、平面与平面相交

直线与平面或平面与平面之间，若不平行则一定相交。直线与平面相交产生交点，平面与平面相交产生交线。

直线与平面相交的交点，是直线与平面的共有点，该点既在直线上又在平面上。求解交点的投影，通常利用直线和平面的共有点或在平面上取点的方法。

平面与平面的交线是一条直线，是两平面的共有线。求交线时只要先求出交线上的两个共有点（或一个交点和交线的方向），连之即得。在投影图中，为增强图形的清晰感，必须判别直线与平面、平面与平面投影重叠部分的可见性。通常情况下，直线与平面的交点，是可见与不可见的分界点；平面与平面的交线，是可见与不可见的分界线。

（1）投影面垂直线与一般位置平面相交

可利用投影面垂直线的积聚性和交点是直线与平面的共有点的特性，通过平面上取点的方法直接求出交点。

如图 2-7-9 所示，求作铅垂线 EF 与一般位置平面 △ABC 的交点。利用直线的积聚投影可直接找到交点 K 的 H 面投影 k，再利用平面上取点的方法即可求出 k'。

对于 V 面上线面投影重影段的可见性，可利用交叉两直线重影点的可见性来判别，图中 $a'b'$ 及 $a'c'$ 与 $e'f'$ 的交点均为重影点，可任选其中的一点如 4′(3′)，它们是 AB 上的Ⅲ点与 EF 上的Ⅳ点在 V 面上的重影点，由其 H 面投影可知，Ⅳ点在前，即 $e'k'$ 段可见，而 $k'f'$ 的重影段则为不可见（画虚线）。

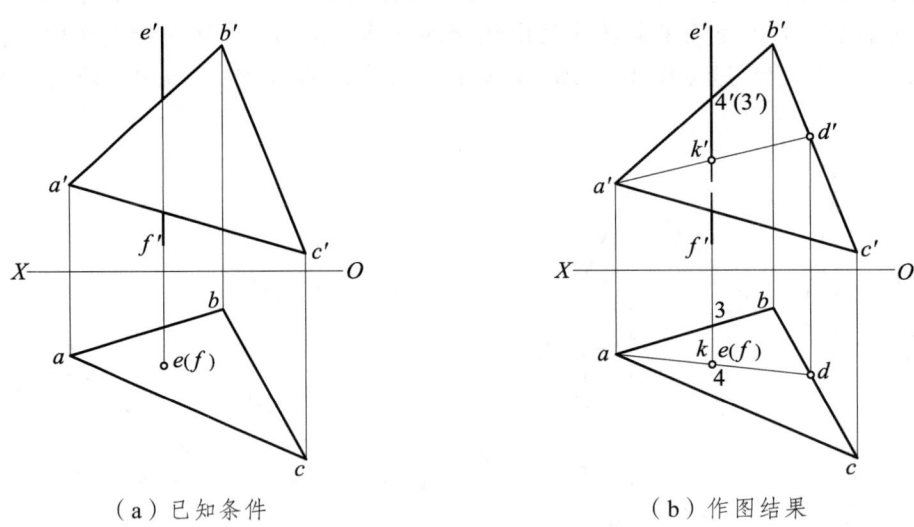

（a）已知条件　　　　　　　（b）作图结果

图 2-7-9　铅垂线与一般面相交

（2）一般位置直线与特殊位置平面相交

利用特殊位置平面的积聚投影，即可直接求出交点。

如图 2-7-10 所示，求铅垂面 △ABC 与一般位置直线 DE 的交点，并判别可见性。因 K 在 DE 上，k 必在 de 上；又因 K 在 △ABC 上，故 k 必积聚在 △ABC 的 H 面投影 abc 上，即 k 点必是 de 与 abc 的交点。由 k 作 OX 轴的垂线与 $d'e'$ 相交于 k'，k'、k 即为所求。

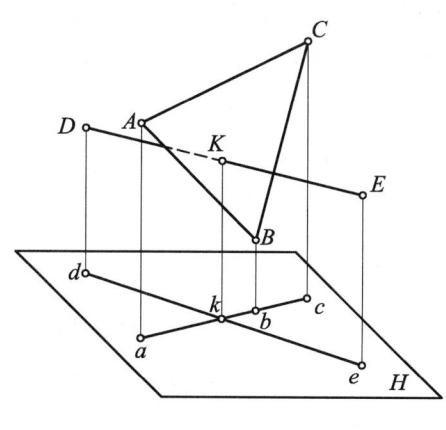
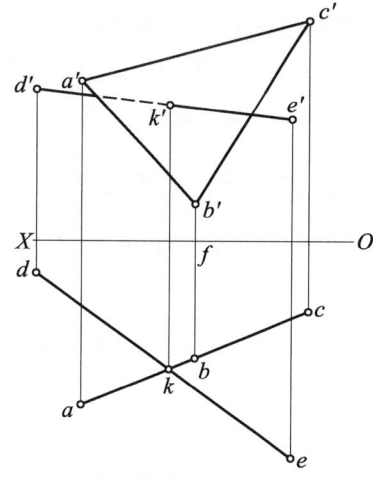

（a）直观图　　　　　　　　　　　（b）投影图

图 2-7-10　求直线与投影面垂直面的交点

又因直线 DE 穿过△ABC，在交点 K 之前的一段其 V 面投影可见，交点 K 之后的一段则被平面遮挡为不可见，显然交点 K 为可见与不可见段的分界点。由于铅垂面的 H 面投影有积聚性，故可根据它们之间的前后关系直接判别其 V 面投影的可见性。即 ke 一段均在 k 之前，$k'e'$ 为可见，而 k' 之后的重影段为不可见（画虚线）。对于 H 面投影的可见性，因投影具有积聚性，无须判别其可见性。

（3）两特殊位置平面相交

两特殊位置平面相交，通常可利用其交线的集聚投影来求交线。如图 2-7-11 所示，求两正垂面△ABC 和四边形 DEFG 的交线。由于两正垂面的交线必为正垂线，在 V 面投影中积聚成一点，即两正垂面积聚投影的交点 $k'(l')$，对应水平投影为垂直 OX 轴的直线，在有限平面内取两平面的共有部分 kl 即为所求交线。

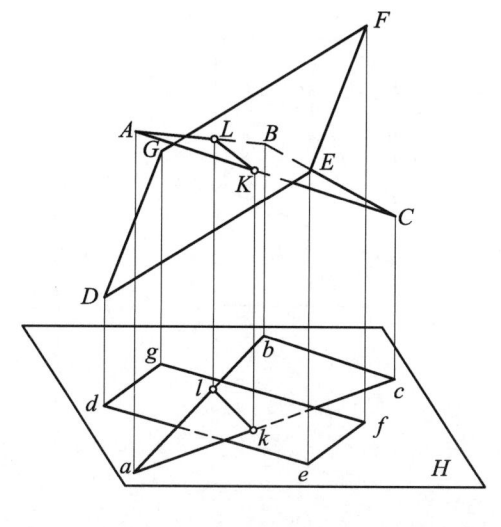

（a）直观图　　　　　　　　　　　（b）投影图

图 2-7-11　求两正垂面的交线

可见性判别同前所述用直观法判断。对于 △ABC 平面，由 V 面投影可知，在交线右侧位于四边形平面 DEFG 积聚投影 $d'g'e'f'$ 之下，故 H 面投影为不可见，而交线左侧则为可见。相反，对于四边形平面 DEFG，其 H 面投影右侧为可见，左侧为不可见。

3. 平面与平面立体相交

平面与立体相交，可看作是立体被平面所截。如图 2-7-12 所示，与立体相交的平面称为截平面；截平面与立体表面的交线称为截交线；由截交线所围成的图形称为截断面；截交线的顶点称为截交点。

根据平面立体的形状不同，截平面的位置不同，其截交线的形状也有所不同，但它们都具有下列性质：截交线是截平面与立体表面的共有线；截交线是封闭的平面多边形。

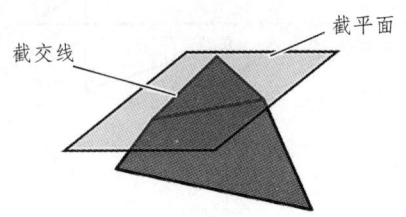

图 2-7-12　平面与立体相交

求作截交线的方法通常是先求出截交点，即平面立体的棱线或底边与截平面的交点，然后依次连接各截交点。连线时只有位于平面立体同一棱面上的两个截交点才能相连，否则不能连线。同样，在连线的同时，还要判别截交线的可见性，只有位于平面立体可见棱面上的截交线才可见。否则，就是不可见，不可见部分用虚线表示。

如图 2-7-13 所示，一直三棱柱与正垂面 P 相交，作截交线。由于截平面是一个正垂面且与三棱柱的三条棱线均相交，故截交线为三角形，其 V 面投影积聚在 P_V 上。又三棱柱的三个棱面垂直于 H 面，故截交线的 H 面投影与三棱柱的 H 面投影重合。因此，只需求出截交线的 W 面投影。根据已知的两面投影，作出三棱柱的 W 面投影；在 V 面中，求出三棱柱的三个棱线与截平面的截交点 a'、b'、c'，并由此求出 a''、b''、c''；连接 $a''b''$、$b''c''$ 和 $c''a''$ 即为截交线的侧面投影，因 BC、CA 所在棱面的 W 面投影不可见，故 $b''c''$ 和 $c''a''$ 不可见。

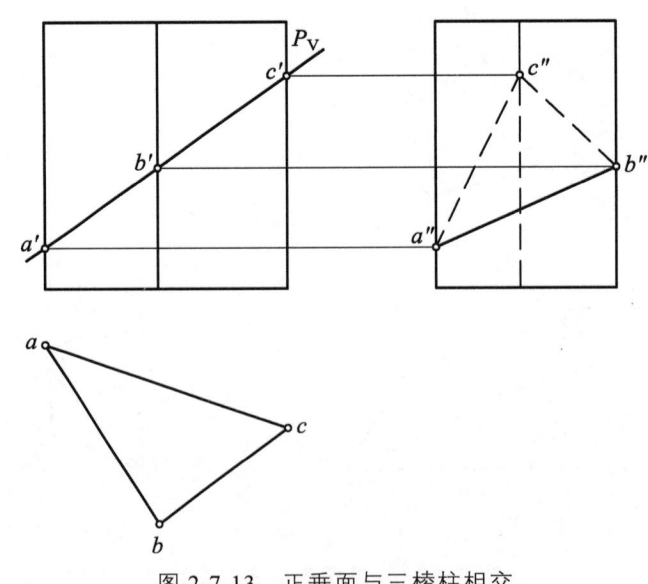

图 2-7-13　正垂面与三棱柱相交

如图 2-7-14 所示，直四棱柱与正垂面 P 相交，求作截交线。由于截平面是一个正垂面，故截交线的 V 面投影积聚在 P_V 上。又截平面除与四棱柱的四个棱面相交外，还与四棱柱的顶面相交，故截交线为五边形。四棱柱的四个棱面均为铅垂面，其上截交线的 H 面投影积聚在棱面的 H 面投影上，故 H 面上只需画出顶面与截平面的截交线，只需求出截交线的 W 面投影。根据已知的两面投影，作出四棱柱的 W 面投影；在 V 面中，求出四棱柱的三个棱线与截平面的截交点 a'、b'、e'以及四棱柱上底边与截平面的交线 $c'd'$，并由此求出 a、b、c、d、e 和 a''、b''、c''、d''、e''；连接 cd 完成 H 面投影；连接 $a''b''$、$b''c''$ 和 $d''e''$ 即为截交线的侧面投影，因 BC、DE 所在棱面的 W 面投影不可见，故 $b''c''$ 和 $d''e''$ 不可见。

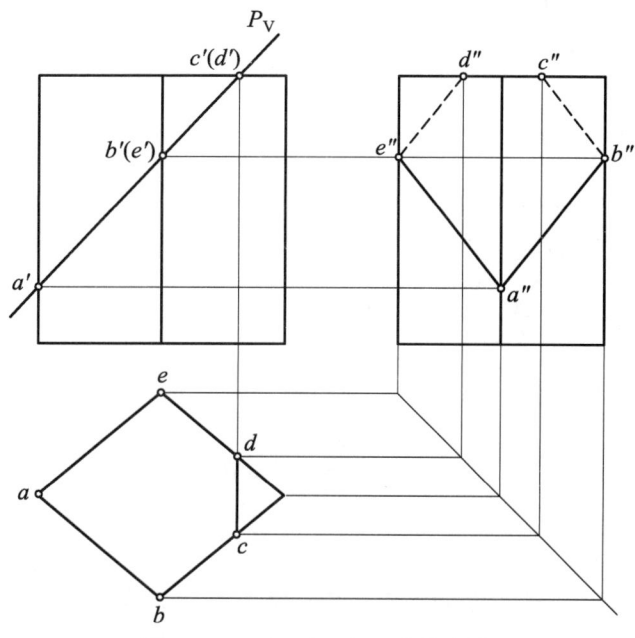

图 2-7-14　正垂面与四棱柱相交

如图 2-7-15 所示，三棱锥 SABC 与正垂面 P 相交，求作截交线。由于截平面是一个正垂面且与三棱锥的三个棱面均相交，故截交线为三角形，其 V 面投影积聚在 P_V 上，只需作出截交线 H、W 面投影即可。在 V 面投影中，求出三棱锥的三个棱线与截平面的截交点 1′、2′、3′，并由此求出 1、2、3 和 1″、2″、3″；在 H、W 面上分别连接相邻的各截交点，即为截交线的 H、W 面投影，由于棱面 SBC 的侧面投影不可见，故其上的截交线 2″3″ 也不可见。

如图 2-7-16 所示，求作六棱锥与正垂面 P 的截交线。由于截平面是一个正垂面且与六棱锥的六个棱面均相交，故截交线为六边形，其 V 面投影积聚在 P_V 上，此处只需作出截交

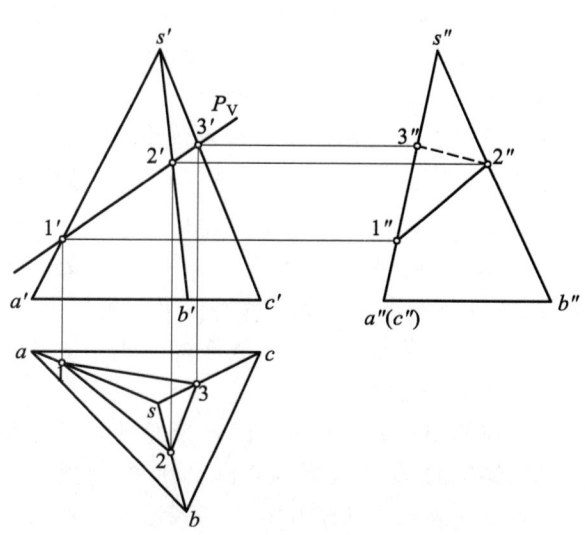

图 2-7-15　正垂面与三棱锥相交

线 H、W 面投影即可。在 V 面投影中，求出六棱锥的六个棱线与截平面的截交点 $1'$、$2'$、$3'$、$4'$、$5'$、$6'$，并由此求出相应的 1、2、3、4、5、6 和 $1''$、$2''$、$3''$、$4''$、$5''$、$6''$；在 H、W 面上，分别连接相邻的各截交点，即为截交线的 H、W 面投影，由于棱面 SCD、SDE 的侧面投影不可见，故其上的截交线 $3''4''$ 和 $4''5''$ 也不可见。

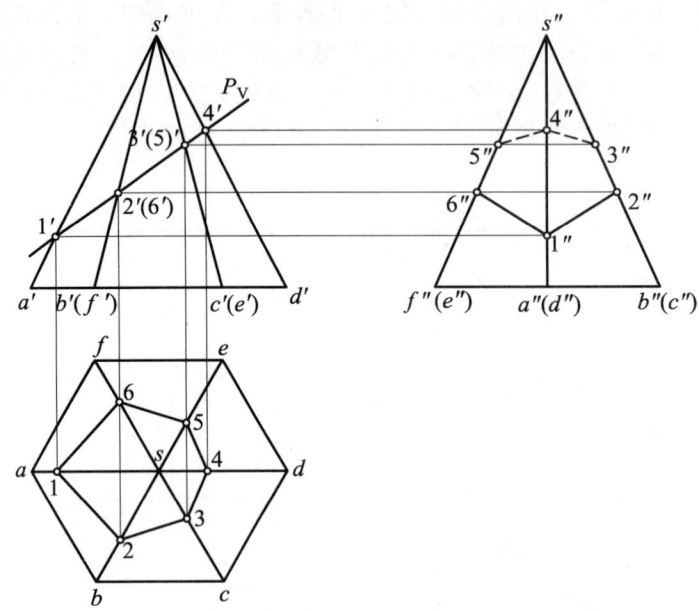

图 2-7-16　正垂面与六棱锥相交

4. 平面立体的切割

一个完整的平面立体被若干个截平面切割后留下的部分称为切割体。切割体的投影包括三个方面的内容。一是截平面与立体表面的截交线；二是截平面之间的交线；三是切割体存在部分的棱线。

如图 2-7-17 所示，已知带切口三棱锥的 V 面投影及其底面的 H 面投影，补全带切口三棱锥的 H 面投影，并作出其 W 面投影。首先作出完整三棱锥的 W 面投影，可用细实线或双点划线表示；从已知的 V 面投影可以看出，缺口是由一个水平面和一个正垂面切割三棱锥所形成，故在 V 面投影图中，分别求出两个截平面与三棱锥的截交点 $1'$、$4'$ 和两截平面的交线 $2'$（$3'$），这样 $1'2'$ 和 $1'3'$ 就是水平面与三棱锥表面的截交线，$2'4'$ 和 $3'4'$ 就是正垂面与三棱锥表面的截交线；由 $1'$、$4'$ 求出 1 和 4，过 1 分别作三棱锥底面前后两条边的平行线求得 2 和 3，连接 12、24、43、31 和 23，并补全三棱锥的棱线，即得带切口三棱锥的 H 面投影。由于交线 23 在三棱锥的内部，故不可见；再作出 $1''$、$2''$、$3''$、$4''$，由于水平面上的截交线在 W 面上积聚成一条水平直线，故连接 $2''4''$、$4''3''$，并补全三棱锥棱线的侧面投影，即得带切口三棱锥的 W 面投影。

再如图 2-7-18 所示，已知带切口的四棱锥的 V 面投影及其底面的 H 面投影，试补全带切口四棱锥的 H 面投影，并作出其 W 面投影。先作出完整四棱锥的三面投影，可用细实线或双点划线表示；从已知的 V 面投影可以看出，缺口同样是由一个水平面和一个正垂面切割四棱锥所形成，故在 V 面投影图中，求出两个截平面的截交点 $1'$、$4'$、$5'$、$6'$ 和两截平面的交线 2′（3′），这样 1′2′ 和 1′3′ 就是水平面与四棱锥表面的截交线，2′4′、3′5′、4′6′和 5′6′就是正垂面与四棱锥表面的截交线；由 1′、6′求出 1 和 6，过 1 分别作四棱锥底面左边前后两条底边的平行线求得 2 和 3，再由 4′、5′求出 4″、5″，由 4″、5″再求出 4、5。连接 12、24、46、65、53、31 和 23，并补全四棱锥的棱线，即得带切口四棱锥的 H 面投影；作出 1″、2″、3″、6″，由于水平面上的截交线在 W 面上积聚成一条水平直线，故连接 2″4″、4″6″、6″5″、5″3″、并补全四棱锥的侧面投影，即得带切口四棱锥的 W 面投影。右侧存在的高出水平面的棱线部分为不可见。

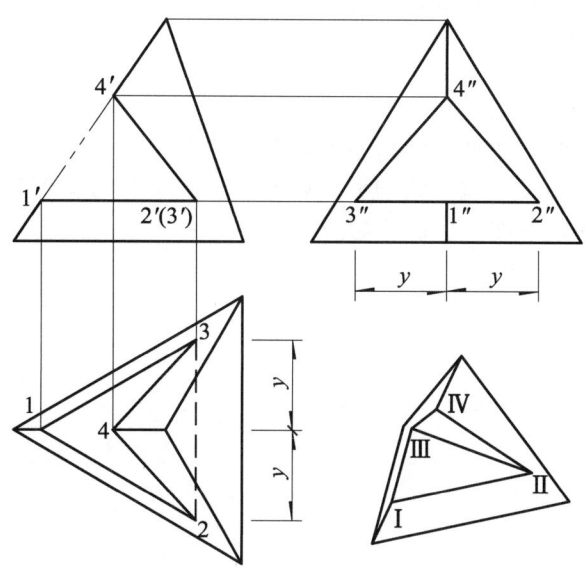

图 2-7-17　带切口三棱锥的投影图

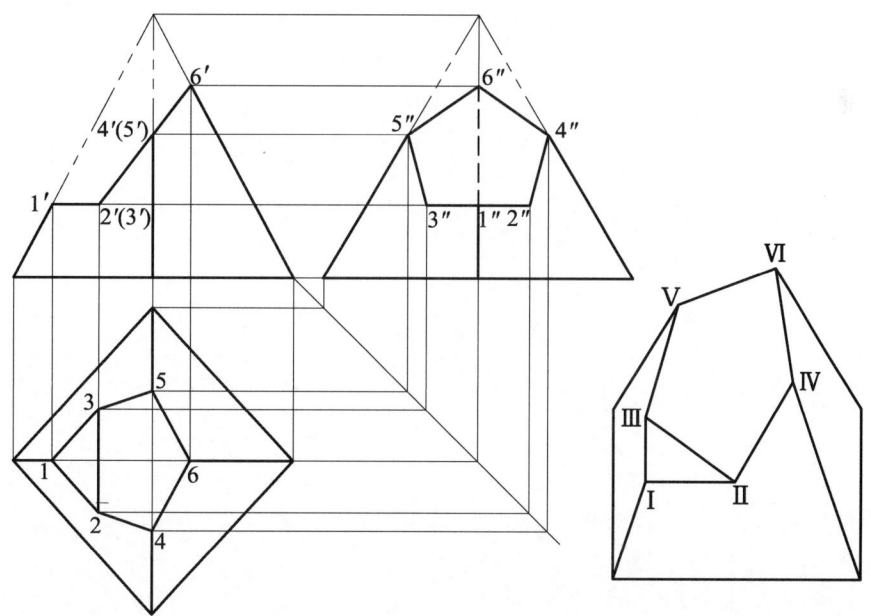

图 2-7-18　切口四棱锥的投影

- 097 -

五、任务分析

任务 1：该形体可看作一个完整的四棱柱被切割两次所形成，第一次是用一个正垂面在左上角切去一个三棱柱，第二次是用两个正平面和一个水平面在下面切去一个四棱柱。

任务 2：该形体可看作是一个十二棱柱被一个正垂面所切割。

六、任务实施

在图 2-7-1、图 2-7-2 中完成任务 1 和任务 2。

七、思考与练习

1. 如何求直线与平面的交点、平面与平面的交线？
2. 平面与平面立体相交，截交线的形状如何？求截交线的步骤是什么？
3. 如何完成带有缺口平面立体的投影？

项目八　完成隧道洞门墙的水平面投影图

 能力目标

能够应用曲面立体的投影特性和平面与曲面立体相交截交线作法，完成曲面切割体的三面投影图。

 知识目标

1. 掌握平面与圆柱、平面与圆锥相交所产生的截交线的种类、形状及其作法；
2. 掌握曲面切割体投影图的画法。

一、项目任务

完成隧道洞门墙的水平面投影图（《道路工程制图与识图习题册》第 26 页）。

二、能力训练任务

任务 1：如图 2-8-1 所示，补全圆柱榫头的 H、W 面投影。
任务 2：如图 2-8-2 所示，完成涵洞口一字墙墙身的 H 面投影图。

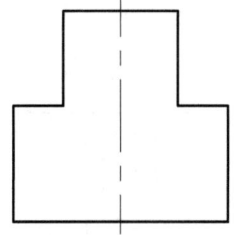

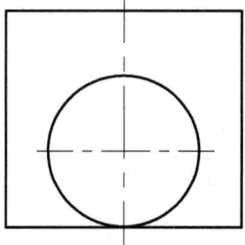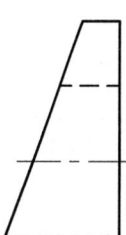

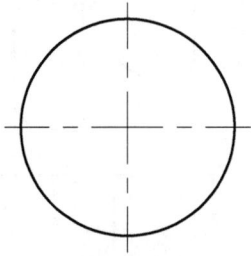

图 2-8-1　圆柱榫头 V、H 面投影图　　　图 2-8-2　涵洞口一字墙墙身 V、W 两面投影图

三、任务目的

1. 进一步熟悉曲面立体的投影；
2. 进一步巩固直线与平面相交求交点和两特殊位置平面相交求交线的方法，并将其应用于求曲面立体的截交线，最终完成曲面切割体的投影。

四、任务知识

平面与曲面立体相交,其截交线可能是一个封闭的平面曲线或平面曲线与直线共同组成的平面图形,也可能是一个平面多边形。究其形状,主要取决于曲面立体表面的性质及其截平面与曲面立体轴线所处的相对位置。

求截交线时,先求出属于截平面和曲面立体表面的一系列公共点,即截交线上的点,然后根据截交线的形状,将这些公共点依次进行连接。而在求这些公共点时,首先应求出截交线上的特殊点,如最高、最低、最前、最后、最左、最右以及可见与不可见的分界点等,以便准确控制截交线的形状。

1. 平面与圆柱体相交

根据截平面与圆柱轴线所处的相对位置不同,平面与圆柱相交有三种情况,如图 2-8-3 所示,其相应的截交线形状见表 2-8-1。

图 2-8-3 平面与圆柱相交的三种情况

表 2-8-1 平面与圆柱相交的截交线

截平面位置	垂直于圆柱的轴线	倾斜于圆柱的轴线	平行于圆柱的轴线
直观图			
投影图			
截交线	圆	椭圆	矩形

如图 2-8-4 所示，圆柱与正垂面 P 相交，作截交线。由于截平面是一个正垂面且与圆柱的轴线倾斜，故截交线形状为椭圆，其 V 面投影积聚在 P_V 上，H 面投影与圆柱的 H 面投影重合。因此，只需求出截交线的 W 面投影。在 V 面投影中求出截交线上的最低点 $1'$、最高点 $2'$、最前点、最后点（也是可见与不可见的分界点 $3'$、$4'$ 等特殊点）。再任意作前后对称的四条素线，求出截交线上的四个一般点 $5'$、$6'$、$7'$ 和 $8'$。作出 1、2、…、8 点的侧面投影，将其连接成光滑的椭圆即为所求。

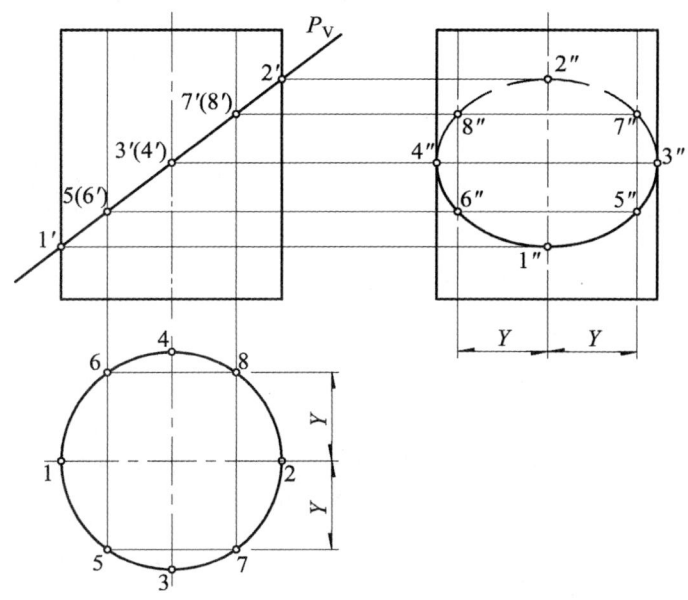

图 2-8-4　正垂面与圆柱相交截交线作法

2. 平面与圆锥体相交

根据截平面与圆锥所处的相对位置不同，平面与圆锥相交有五种情况，如图 2-8-5 所示，其相应的截交线形状见表 2-8-2。

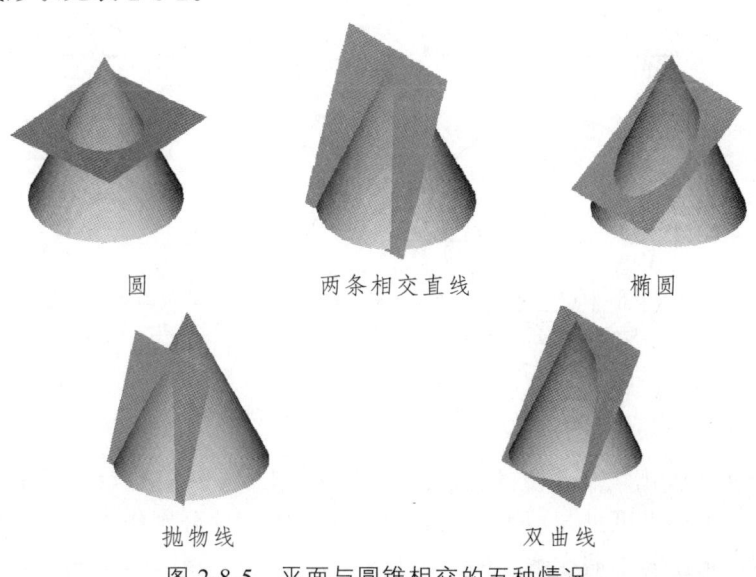

图 2-8-5　平面与圆锥相交的五种情况

- 101 -

表 2-8-2 平面与圆锥相交的截交线

截平面位置	垂直于圆锥的轴线	倾斜于圆锥的轴线并与所有素线相交	平行于圆锥表面的一条素线	平行于圆锥表面的两条素线	通过圆锥的锥顶
直观图					
投影图					
截交线	圆	椭圆	抛物线	双曲线	三角形

如图 2-8-6 所示，圆锥与正垂面 P 相交，作其截交线。由于截平面是一个正垂面且与圆锥表面的所有素线相交，同时又与圆锥的底圆相交，故截交线为一段椭圆弧和一条直线所构成的平面图形，其 V 面投影积聚在 P_V 上，只需作出截交线的 H、W 面投影即可。

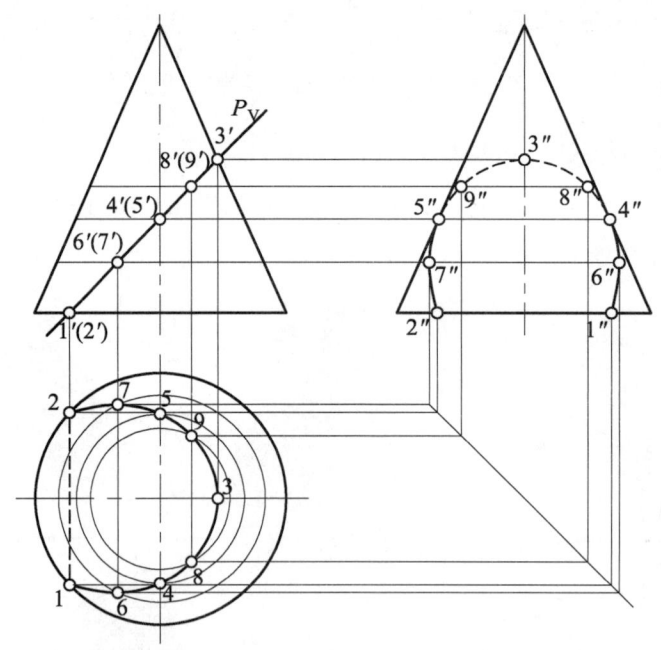

图 2-8-6 正垂面与圆锥相交截交线作法

在 V 面投影图中找出截交线上的特殊点，最低点是 $1'(2')$，也就是截平面与圆锥底圆的交线，最高点 $3'$，W 面上可见与不可见的分界点 $4'(5')$，并分别作出这些特殊点的 H、W 面投影；利用纬圆法求出属于截交线上的一般点 6、7、8、9，并作出其余投影；最后将 H 面上的 1-6-4-8-3-9-5-7-2 连接成光滑的椭圆弧，并连接 12（不可见），即得截交线的 H 面投影。同理，将 W 面上按 1″-6″-4″-8″-3″-9″-5″-7″-2″ 也连接成光滑的椭圆弧，即得截交线的 W 面投影，其中 4″-8″-3″-9″-5″段为不可见。

3. 曲面体的切割

与平面切割体一样，曲面切割体的投影也包括三个方面的内容。一是截平面与曲面立体表面的截交线；二是截平面之间的交线；三是切割体存在部分的轮廓素线。

如图 2-8-7 所示，求缺口圆柱体的 H、W 面投影。这是一个水平放置的圆柱体，仅被一个正垂面切割的情况，因此只需作出正垂面与圆柱的截交线的投影，并完善圆柱体的投影即可。该截交线是一个椭圆，其 V 面投影与正垂面的投影重合、W 面投影积聚成圆周、H 面投影仍为椭圆。先在 V 面上找出特殊点，即最高点 1′、最低点 2′、最前点 3′、最后点 4′；再任取四个一般点 5′、6′、7′、8′。作出以上八个点的 W 面和 H 面投影，将 H 面投影依次连接成光滑椭圆，并补全最前、最后轮廓素线的投影即可。

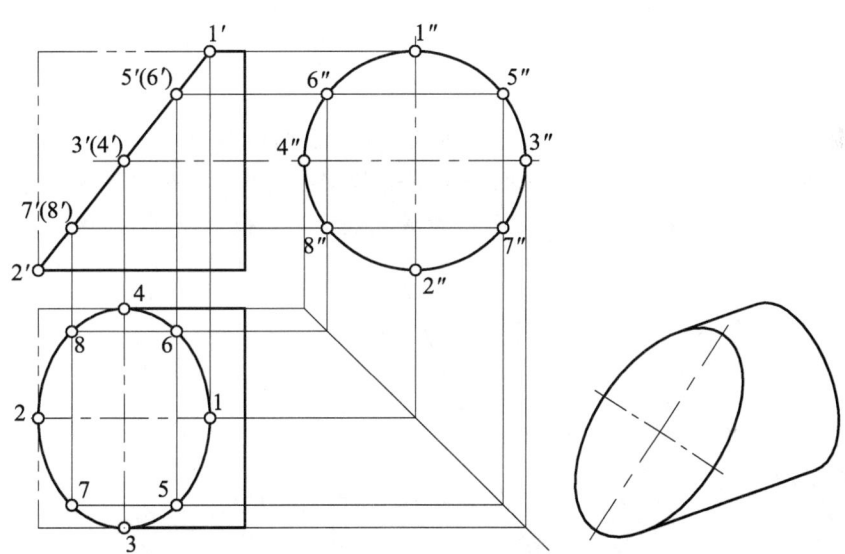

图 2-8-7　带切口的圆柱体的投影

如图 2-8-8 所示，求缺口圆柱体的 H、W 面投影。该形体是一个完整的圆柱体被两个水平面、两个侧平面左右对称切割而形成，故截交线关于圆柱的轴线左右对称。两个侧平面截得的截交线是两个矩形，其 V、H 两面投影均积聚成直线，W 面投影反映实形。两个水平面截得的截交线是两段圆弧，其 V、W 两面投影均积聚成直线，H 面投影反映实形。两两截平面之间各产生一条交线，现以左边一组为例说明其作法。先在 V 面上找出矩形的顶点和圆弧的端点。侧平面与圆柱上底面的交线为 1′(2′)、两截平面的交线为 3′(4′)，点 1、2、3、4 即为矩形的四个顶点；同时点 3、4 也是水平圆弧的两个端点，点 5 是水平圆弧的最左点。作出以上五个点的 H 面和 W 面投影，在 H 面上水平圆弧 3-5-4 与圆柱的 H 面投影重合，只需连接 12、34 即可；在 W 面上水平圆弧 3″-5″-4″ 积聚成直线，只需连接 1″3″ 和 2″4″ 即可。

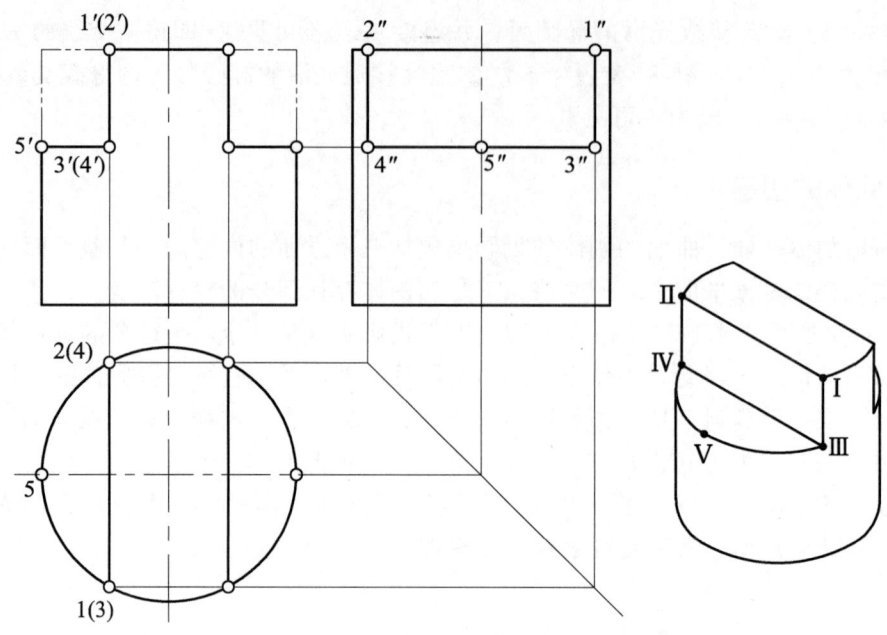

图 2-8-8 带切口的圆柱体的投影

如图 2-8-9 所示,求缺口圆锥的 V、W 面投影。该缺口圆锥体是一个完整的圆锥体被一个正平面切割而形成,故只需作出正平面与圆锥的截交线的投影,并完善圆锥体的投影即可。该截交线是一个双曲线,其 H、W 面投影积聚成直线、V 面投影反映双曲线的实形。

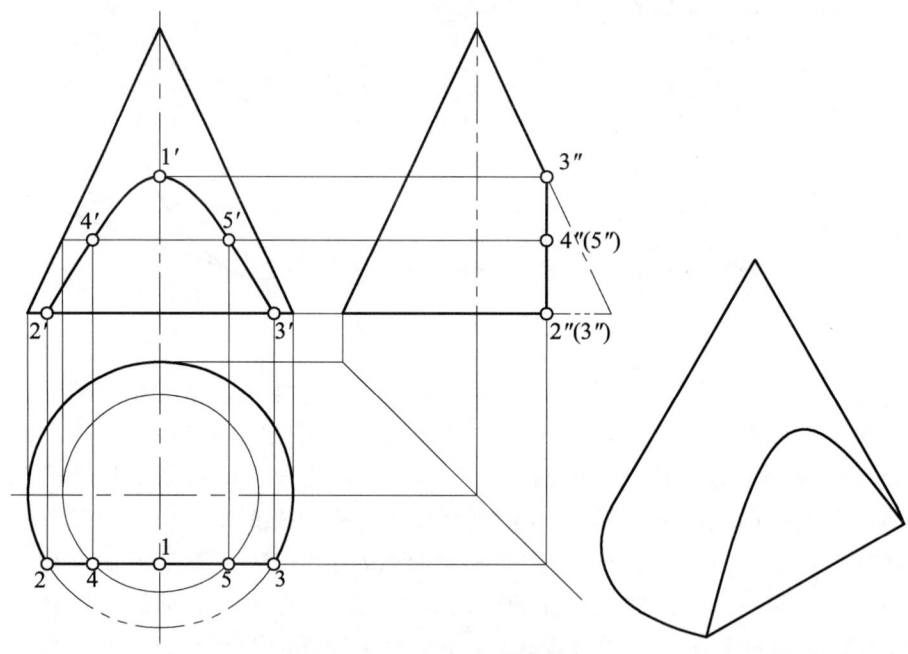

图 2-8-9 带切口的圆锥体的投影

由于圆锥被正平面切割,其截交线在 W 面上积聚成直线,故先根据正平面的位置,作出截交线的 W 面投影;在 H 面上确定出最左点 2、最右点 3,并利用纬圆法确定出一般点 4 和

5；从 W 面上确定出最高点 1″；对应作出这五个点的 V 面投影 1′、2′、3′、4′ 和 5′，并依次连接成光滑的双曲线即可。

如图 2-8-10 所示，求缺口圆锥的 H、W 面投影。该形体是由一个完整的圆锥体被一个水平面和一个正垂面切割而形成。水平面截得的截交线是一段圆弧 4-6-5，其 V 面投影积聚成直线、在 H 面上反映实形、在 W 面上积聚成一段直线；正垂面截得的截交线是一段椭圆弧 4-2-1-3-5，其 V 面投影积聚成直线、H 面和 W 面投影仍为一段椭圆弧，两截平面所产生一条交线 45。

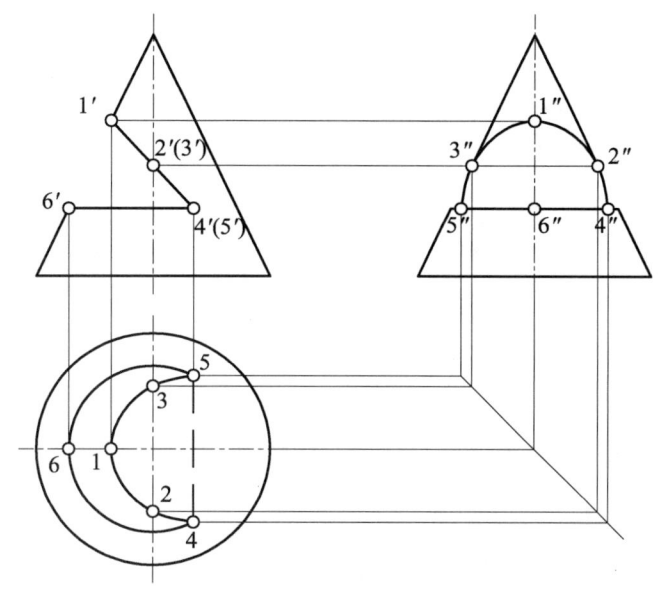

图 2-8-10 带切口的圆锥体的投影

在 V 面投影中，求出椭圆弧的最高点 1′ 和位于最前、最后素线上的点 2′、3′；并求出水平圆弧的最左点 6′ 和两截平面的交线 4′5′，4′、5′ 既是水平圆弧的端点，也是椭圆弧的端点。

作出以上各点的 H 面投影 1、2、3、4、5、6 和 W 面投影 1″、2″、3″、4″、5″、6″；在 H 面上作出圆弧 4-6-5，将 4-2-1-3-5 连接成光滑椭圆弧，并连接 45，由于交线 45 在圆锥的内部，故 H 面投影为不可见；在 W 面上水平圆弧积聚成直线，将 5″、3″、1″、2″、4″连接成光滑椭圆弧，并完善圆锥的最前、最后素线即可。

五、任务分析

任务 1：该榫头是一个完整的正圆柱被两个水平面和两个侧平面对称切割而形成，水平面垂直于圆柱轴线，截得的形状是圆弧，侧平面平行于圆柱轴线，截得的形状是矩形。

任务 2：墙身的形状是一个梯形四棱柱挖去一个圆孔，墙身的背面是一个侧垂面，与圆孔的轴线倾斜，截交线的形状是一个椭圆。

六、任务实施

在图 2-8-1 和图 2-8-2 中完成任务 1 和任务 2。

七、思考与练习

1. 平面与圆柱相交有几种情况，产生的截交线形状是什么？
2. 平面与圆锥相交有几种情况，产生的截交线形状是什么？
3. 平面与曲面立体相交如何求截交线？

模块三　形体表达方法

项目一　绘制桥台和榫头的三面投影图

 能力目标

1. 能够应用投影的基本知识熟练作出基本体的三面投影图；
2. 能够正确选择组合体的投影方向；
3. 能够应用形体分析法和线面分析法对组合体进行分析，绘制出组合体的三面投影图。

 知识目标

1. 掌握组合体的组合方式和表面连接关系；
2. 掌握用形体分析法和线面分析法绘制组合体投影图的方法与步骤；
3. 掌握投影图选择的基本原则。

一、项目任务

分别采用形体分析法和线面分析法绘制桥台和榫头的三面投影图（《道路工程制图与识图习题册》第 30 页）。

二、能力训练任务

任务 1：绘制图 3-1-1 所示杯形基础的三面投影图。

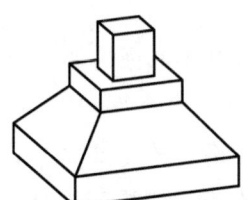

图 3-1-1　杯形基础直观图

任务 2：绘制图 3-1-2 所示拱座模型的三面投影图。

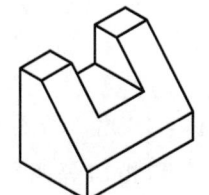

图 3-1-2　拱座模型直观图

三、任务目的

1. 复习巩固基本体的投影，为绘制和识读组合体的投影图奠定基础；
2. 在掌握形体分析法和线面分析法的基础上，进一步提升用三面投影图表达物体形状的能力。

四、任务知识

1. 组合体的定义

我们把两个或两个以上的基本形体按一定方式组合在一起所构成的形体称为组合体，如图 3-1-3 所示。

（a）

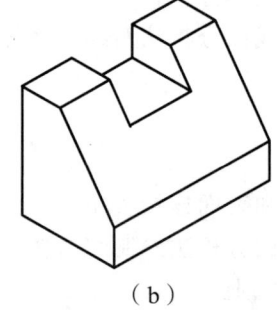
（b）

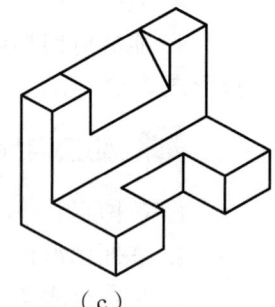
（c）

图 3-1-3　组合体及其组合方式

2. 组合体的组合方式

组合体的组合方式通常有叠加式、切割式和综合式三种，如图 3-1-3 所示。

（1）叠加式。组合体由两个或两个以上基本几何体通过叠加方式而形成，如图 3-1-3（a）所示。

（2）切割式。组合体由一个完整的基本几何体切去若干个基本几何体而形成，如图 3-1-3（b）所示。

（3）综合式。组合体中既有叠加的组合方式又有切割的组合方式，如图 3-1-3（c）所示。

不同的组合方式其分析方法也有所不同，叠加式组合体一般侧重于形体分析法，切割式组合体侧重于线面分析法，综合式组合体则采用形体分析法和线面分析法相结合的分析方法。

3. 组合体的连接关系

在生产实践中，组成组合体的各个基本几何体是一个整体。因此，画图时需要分清各基本体之间的连接关系，常见的连接关系有相错、相交、平齐和相切等四种，如图 3-1-4 所示。

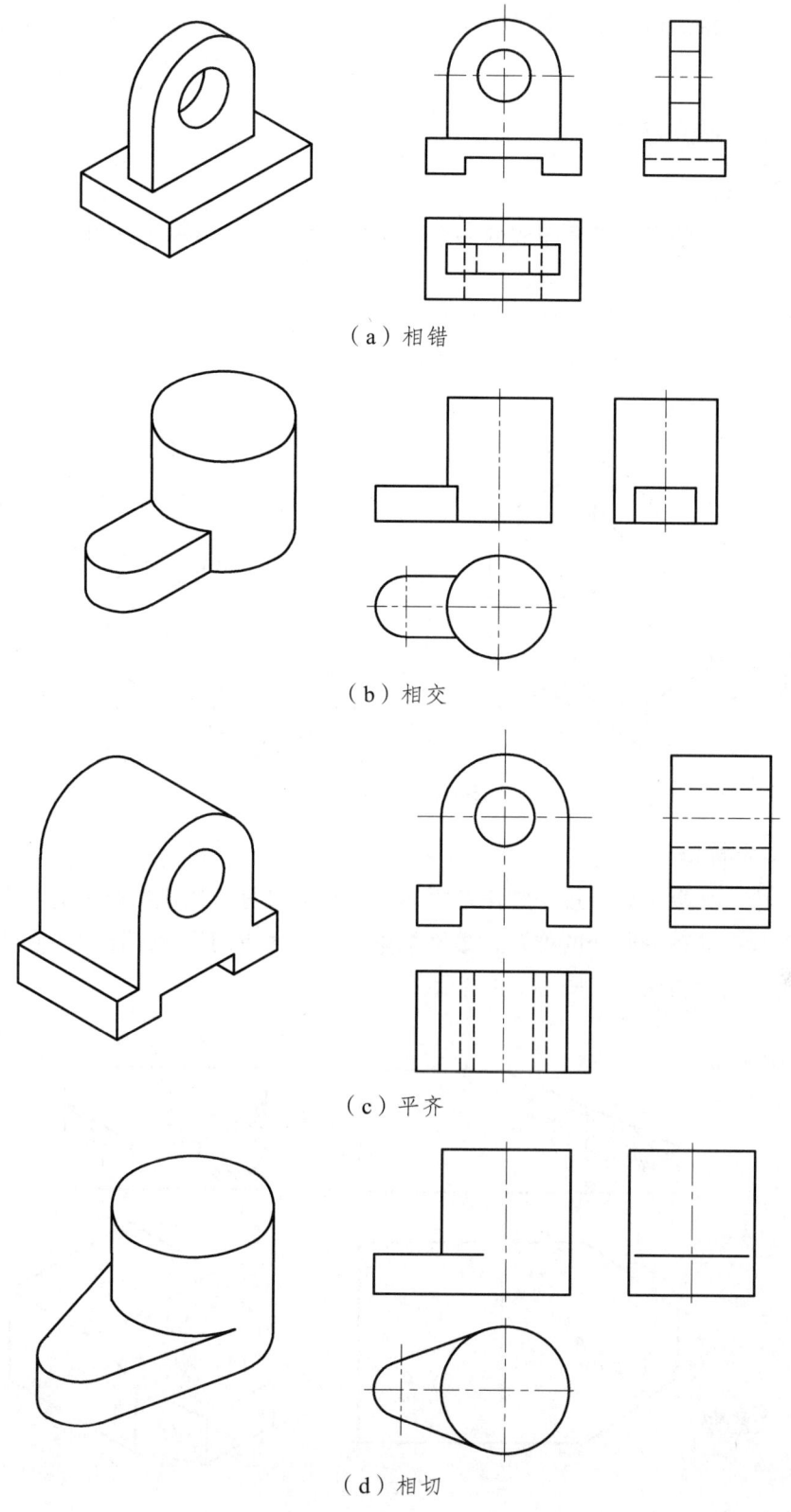

(a)相错

(b)相交

(c)平齐

(d)相切

图 3-1-4 组合体连接关系

由图 3-1-4 可知，相错和相交时立体表面产生分界线和交线，而平齐和相切时立体表面则不产生分界线。

4. 组合体的分析方法

（1）形体分析法

由于组合体是由基本体组合而成的一个相对复杂的形体，所以在分析组合体时，通常需要把一个复杂的组合体假想分解成若干个基本体或组成部分，然后一一搞清楚每个基本体的形状以及它们之间相对位置和连接关系，最终想象出组合体空间形状或画出组合体投影图的分析方法，称为形体分析法，如图 3-1-5 所示。

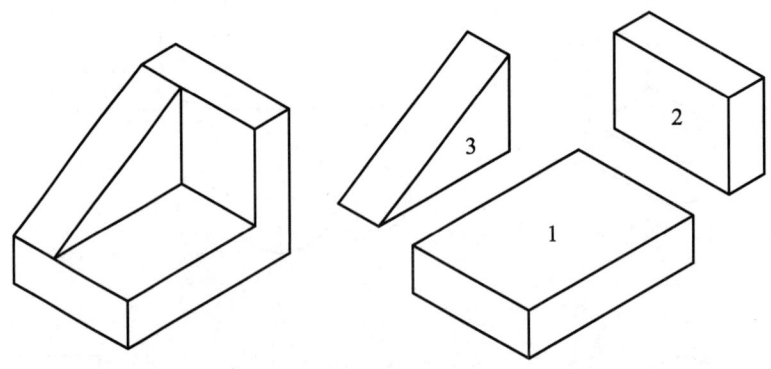

图 3-1-5　形体分析法

（2）线面分析法

在组合体中，如果不易直接分解出基本体，也可通过分析构成组合体的各个表面及其表面交线在三面投影体系中所处的位置，最终想象出组合体空间形状或画出组合体投影图的分析方法，称为线面分析法，如图 3-1-6 所示。

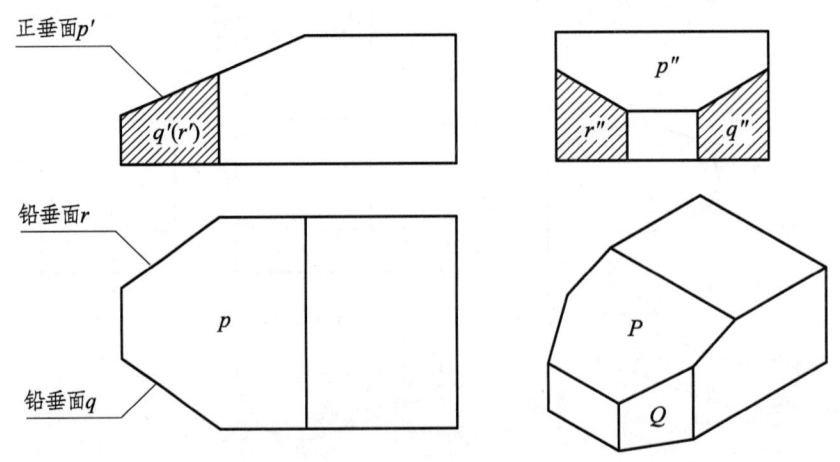

图 3-1-6　线面分析法

5. 组合体投影图的绘制

形体分析法是绘制组合体投影图的基本方法。因此，在绘图时首先应对组合体进行形体分析，必要时也可进行线面分析；然后选择投影图，画出底稿；最后进行校核和加深，完成投影图。

现以图 3-1-7（a）所示的涵洞口一字墙为例，说明组合体投影图的作图步骤。

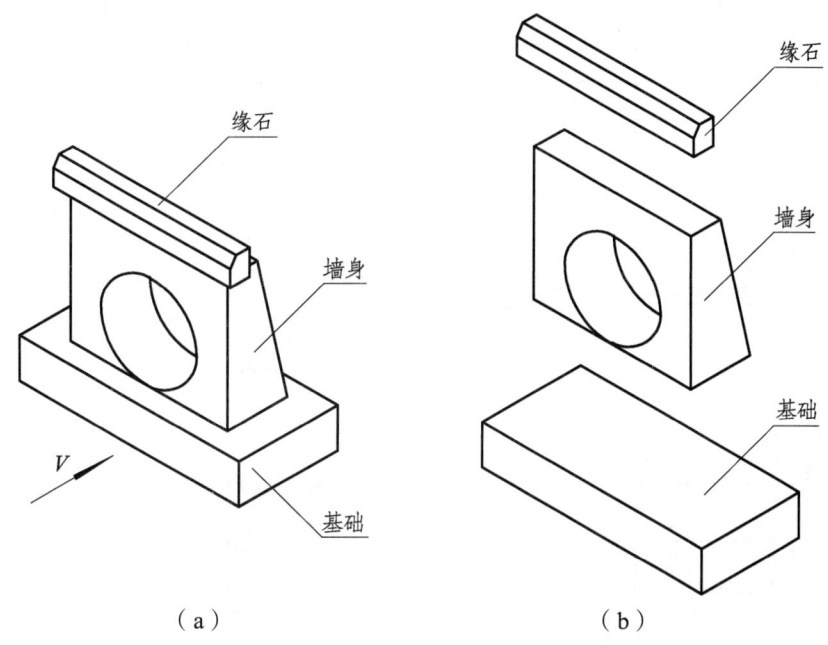

（a）　　　　　　　　　　（b）

图 3-1-7　涵洞口一字墙及形体分析

（1）形体分析

如图 3-1-7（b）所示，该涵洞口一字墙可分解为基础、墙身和缘石三个基本形体，其组合形式基本为叠加式。其中：基础是一个完整的四棱柱；墙身是一个梯形四棱柱中间挖掉了一个圆孔；缘石是一个完整的四棱柱切去了前上角（也可直接理解成一个五棱柱）。

（2）选择投影图

为了能够用较少的投影图完整清晰地表示出组合体的形状，在绘图之前需要选择合适的投影方向和投影图数量。

① 选择投影方向

在选择投影方向时，通常应遵循以下三个基本原则：第一，尽量使组合体的放置位置与工作位置或制作位置相一致，并在立面图中能够明显地反映出组合体的形状特征和各基本体之间的相对位置，如图 3-1-7（a）所示。当把 V 向作为立面图的投影方向时，在立面图中将明显地反映基础、墙身和缘石的形状特征及相互的位置。第二，应尽可能减少其他投影图中的虚线，如图 3-1-8 所示挡土墙的 V、W 两面投影图中，图（a）和图（b）的立面图均能够反映其形状特征和相对位置，比较合理，但在图（b）的侧面图中出现了虚线，影响图形清晰和尺寸标注，所以绘制图（a）选择的投影方向较绘制图（b）选择的投影方向更加合理。第三，尽量做到图面布局合理，并保证合理地使用图纸。如图 3-1-9 所示的桥墩，虽然图（a）与图（b）的 V 面投影都能够反映桥墩的形状特征，而且投影图中出现的虚线数量相同，但从布图的合理性与合理利用图纸的角度来看，图（a）比图（b）的效果要好。

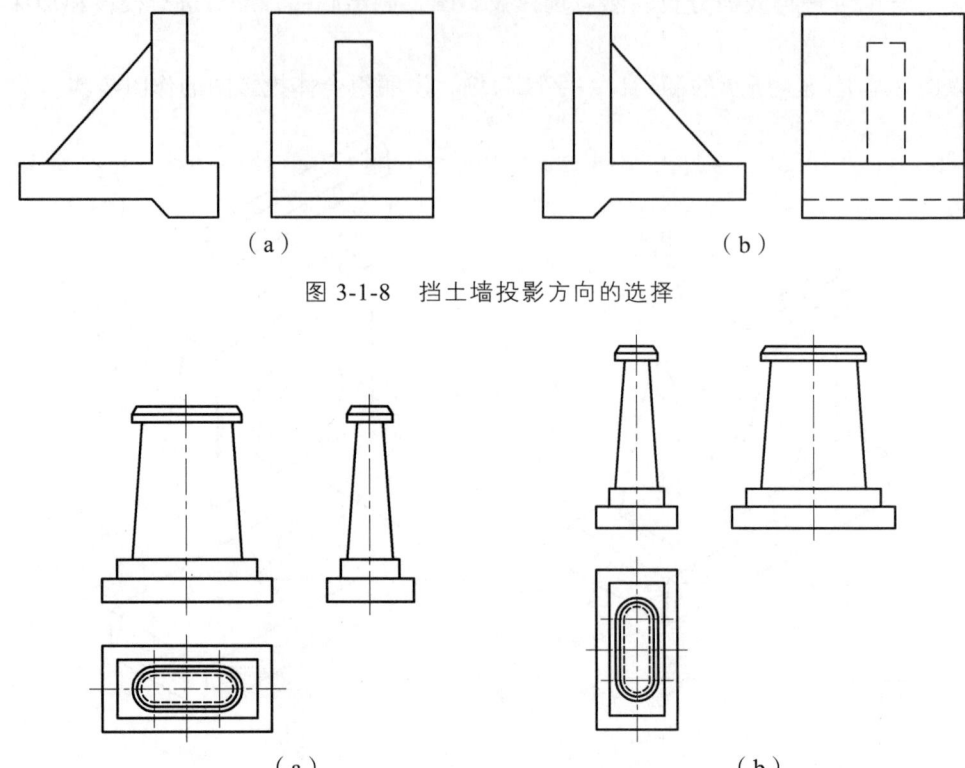

图 3-1-8　挡土墙投影方向的选择

图 3-1-9　桥墩的三面投影图

② 投影图数量的选择

投影图数量的多少，取决于组合体的复杂程度。在保证能够完整、清晰、唯一地表达组合体形状和大小的前提下，应尽量减少投影图的数量。如图 3-1-10（a）、（b）所示的沉井和圆锥，习惯上只画 V、H 两个投影，W 面投影是多余的。如果加注沉井和圆锥的直径与高的尺寸，也可省去平面图。但如图 3-1-10（c）所示的立柱，则需要三个投影图来表达。

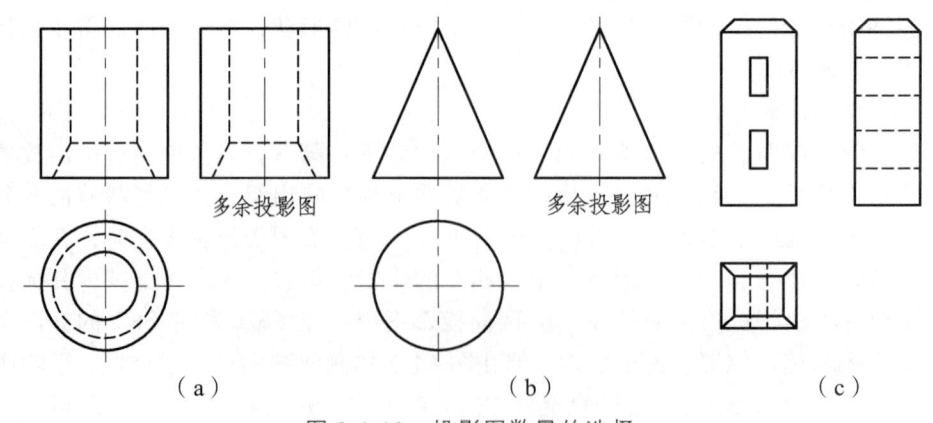

图 3-1-10　投影图数量的选择

对于本例中的涵洞口一字墙，通常选择三面投影图进行表达。

（3）定图幅、选比例

在立面图和投影图数量确定之后，还要根据组合体的总体尺寸的大小和复杂程度，按国标规定选择适当的图幅和比例。

（4）布置投影图

在进行图面布置时，可根据组合体总体尺寸的大小和选定的比例，粗略地计算出各投影图范围的大小，并考虑标注尺寸和注写图名、说明等所需位置后，对图面做出合理布局，同时画出各投影图的定位线，如对称中心线、轴线或组合体主要端面位置线等。总之，要使投影图均匀布置在图框线以内，并力求做到平衡、匀称、协调和美观，如图3-1-11（a）所示。

（5）绘制底图

画底图时，应使用硬度为H～2H的铅笔，并应保证所画图样的正确性和准确性。具体作图步骤如图3-1-11所示。在画图时，注意以下几点：

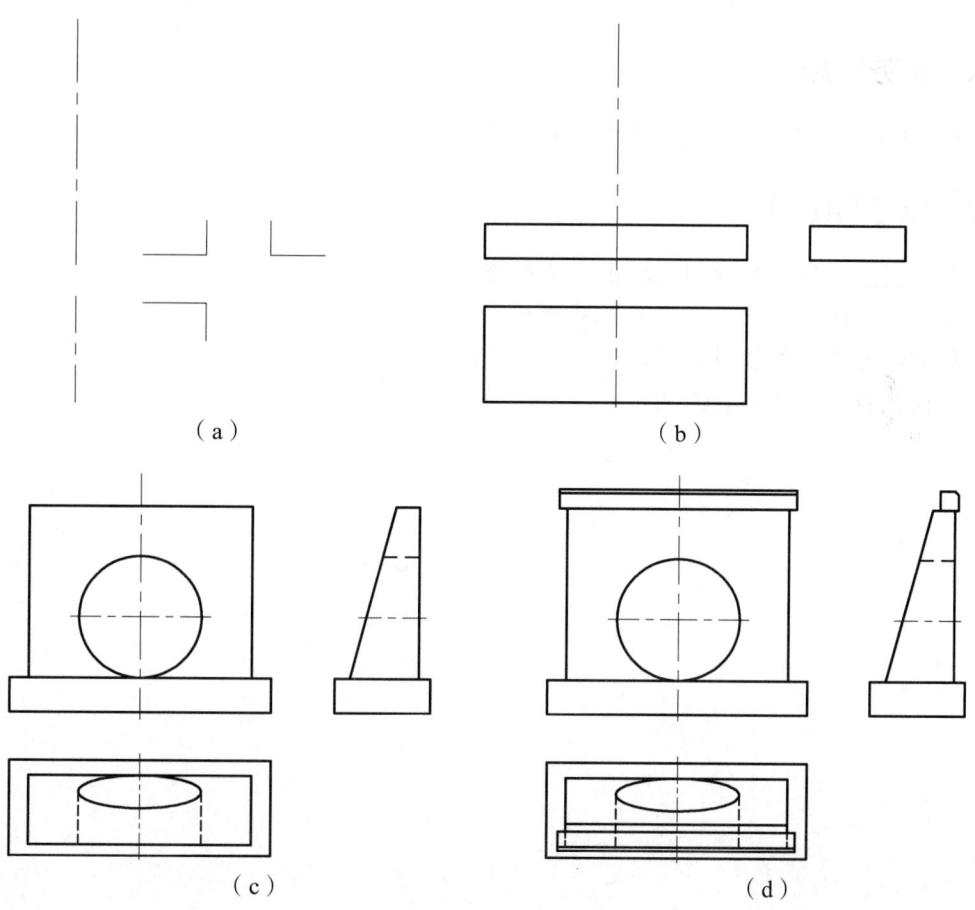

图 3-1-11 涵洞口的画图步骤

① 画图的先后顺序，一般应从形状特征明显的投影图入手，先画主要部分，后画次要部分；先画可见轮廓线，后画不可见轮廓线。

② 画图时，对组合体的每一组成部分的三面投影，最好根据对应的投影关系同时画出，不要先把某一投影全部画完后，再画另外的投影，以免漏画线条。

（6）检查和加深

底图画完后，应按原作图顺序进行认真仔细的检查，确认无误后，按国标规定的线型加深轮廓线。

（7）标注尺寸和注写说明

标注尺寸，书写文字说明，填写标题栏。

五、任务分析

任务 1：该形体属叠加式组合体，由四部分组成，即基础-四棱柱、杯身-四棱台、杯口-四棱柱和立柱-四棱柱。

任务 2：该形体属切割式组合体，由一个完整的四棱柱通过两次切割所形成。

六、任务实施

在图 3-1-1 和图 3-1-2 中完成任务 1 和任务 2。

七、思考与练习

1. 什么是组合体？其常用的分析方法有哪几种？
2. 组合体的组合方式、连接关系有哪些？
3. 如何绘制组合体的投影图？
4. 如何选择组合体的立面图？

项目二　对 U 形桥台的投影图进行尺寸标注

 能力目标

能够应用组合体尺寸标注方法，在形体分析的基础上，正确、完整、清晰、合理地对组合体投影图进行尺寸标注。

 知识目标

1. 熟练掌握基本几何体的尺寸标注；
2. 掌握组合体尺寸的组成、标注方法、标注步骤与注意事项。

一、项目任务

对 U 形桥台的投影图进行尺寸标注（《道路工程制图与识图习题册》第 33 页）。

二、能力训练任务

任务 1：如图 3-2-1 所示，对桥台的三面投影图进行尺寸标注。

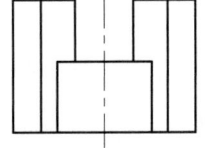

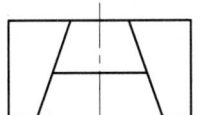

图 3-2-1　桥台三面投影图

任务 2：如图 3-2-2 所示，对涵洞模型进行尺寸标注。

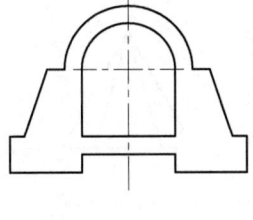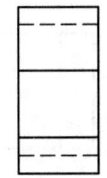

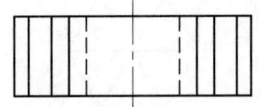

图 3-2-2　涵洞模型三面投影图

三、任务目的

学习组合体尺寸的组成、尺寸分析和标注方法，从而完整、准确、唯一、合理地确定组合体大小。

四、任务知识

1. 组合体尺寸标注的基本要求

组合体的投影图只能表达其形状，为满足制作和施工要求，还必须标注表示组合体各部分大小和各部分相对位置的尺寸，标注尺寸应满足以下要求：

正确——要符合现行国家标准《道路工程制图标准》（GB 50162）的相关规定。

完整——所标注的尺寸必须能够完整、准确、唯一地表达组合体的形状和大小。

清晰——尺寸的布置要整齐、清晰，便于阅读和查找尺寸。

合理——标注的尺寸要满足设计要求，并满足施工、测量和检验的要求。

由于组合体是由若干个基本体通过叠加、相交、相切、切割等方式而形成的。因此，标注组合体尺寸时，就必须先标注各基本体的尺寸和各基本体之间相对位置的尺寸，最后再考虑标注组合体总的尺寸。

2. 基本几何体的尺寸标注

常见的基本几何体有棱柱、棱锥、圆柱、圆锥等，一般只需标注出其长、宽、高三个方向的尺寸，如图 3-2-3 所示。

如果棱柱体的上、下底面（或棱锥体的下底面）是圆内接正多边形，也可标注其外接圆的直径和棱柱体（或棱锥体）的高度来确定棱柱（或棱锥）的大小，如图 3-2-3（c）所示。

圆柱、圆锥则标注它们的底面圆直径和高度尺寸，如图 3-2-3（e）、（f）所示。若在 V 面投影图中加注底圆的直径，也可省去 H 面投影；球体只需标注其直径，但要在直径的代号前面加注"S"或"球"字，如图 3-2-3（h）所示。

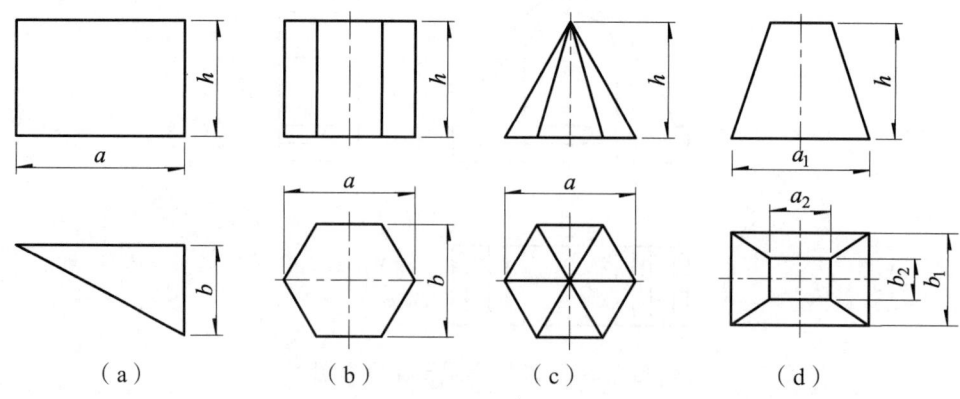

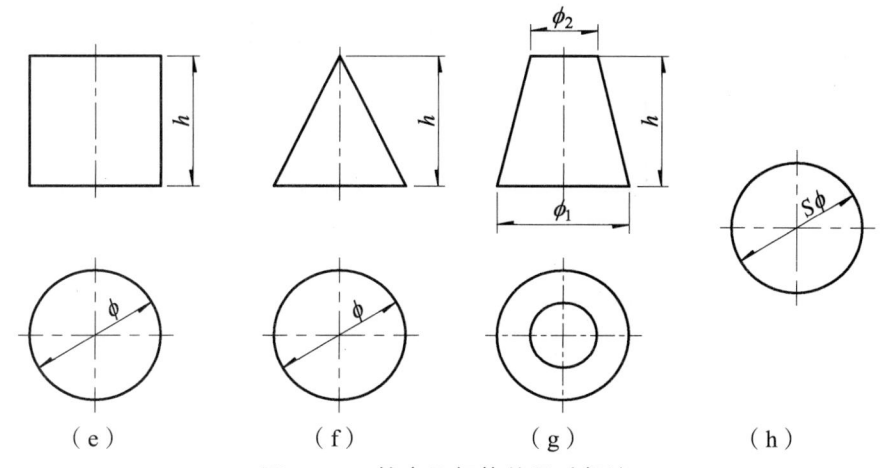

图 3-2-3 基本几何体的尺寸标注

3. 组合体尺寸的种类

为保证标注的尺寸完整、准确和满足工程实际需要，一般必须标以下三类尺寸。

（1）定形尺寸

用来确定组合体中各基本几何体形状和大小的尺寸称为定形尺寸。如图 3-2-4（a）中所标注的尺寸均为定形尺寸，它们确定了挡土墙各组成部分的大小。

（2）定位尺寸

用来确定各基本几何体之间相对位置的尺寸称为定位尺寸。如图 3-2-4（b）所示，V 面投影图右下方的尺寸 50，为直墙在长度方向的定位尺寸；W 面投影中的尺寸 50 和 100，为支撑墙在宽度方向的定位尺寸；直墙和支撑墙在高度方向相对基础的位置，是通过组合形式（叠加）确定，不需要定位尺寸。

由以上定位尺寸的标注可看出，在某一方向确定各组成部分的相对位置时，标注每一个定位尺寸均须有一个相对的基准作为标注尺寸的起点，这个起点叫作尺寸基准。由于组合体有长、宽、高三个方向的尺寸，所以每个方向至少有一个尺寸基准，尺寸基准一般选在组合体底面、重要端面、对称面及回转体的轴线上。

标注任何一个定位尺寸，都必须与基准有直接或间接的尺寸联系，如图 3-2-4（b）中的侧面图所示，支撑墙定位尺寸 50 是以宽度方向的尺寸基准为起点直接注出的，而 V 面投影图中直墙的定位尺寸 50 则是通过尺寸 315 传递而间接与长度方向的尺寸基准联系。

（3）总体尺寸

用来确定组合体总长、总宽和总高的尺寸称为总体尺寸。如图 3-2-4 中组合体的总高为 405，总长为 315，总宽为 320。

4. 组合体尺寸标注应注意的几个问题

为使组合体尺寸标注符合正确、完整、清晰、合理的要求和便于读图，在进行尺寸标注时应注意以下几点：

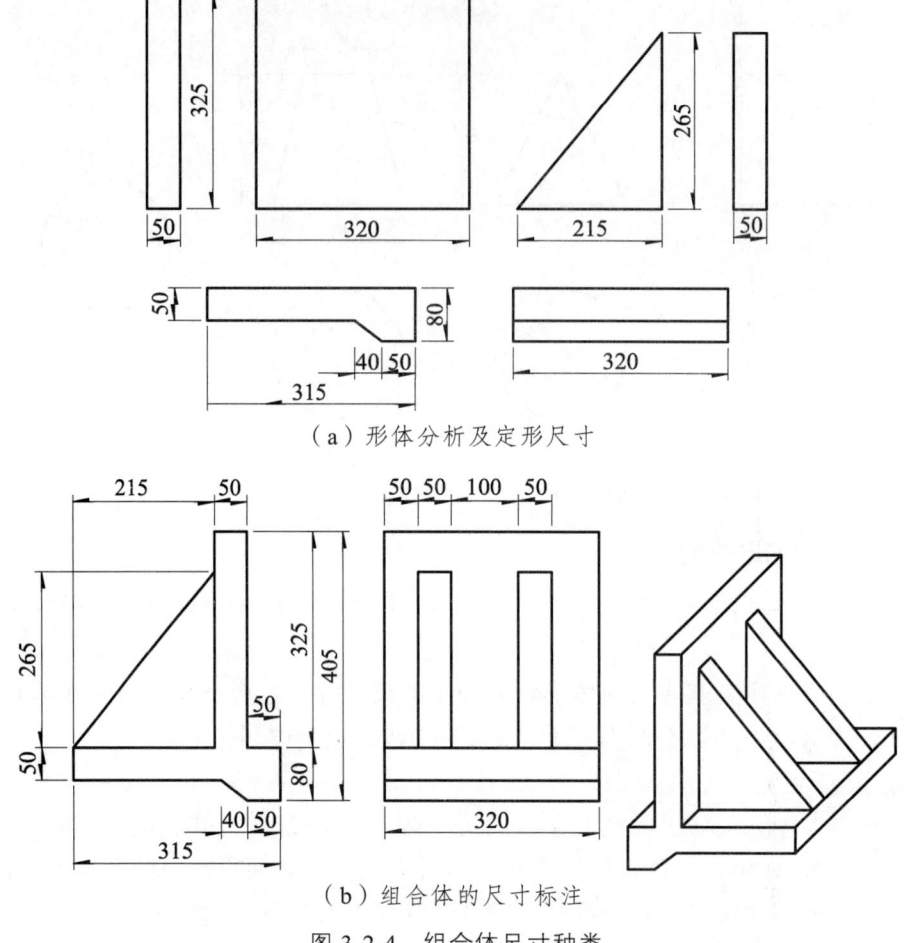

图 3-2-4 组合体尺寸种类

（1）尺寸应尽可能地标注在反映基本形体形状特征的投影图上。如图 3-2-4（b）中基础、支撑墙的长度和高度方向的尺寸均标注在反映形状特征的 V 面投影图上。

（2）尺寸应尽量标注在投影图形之外，与两投影图相关的尺寸，应标注在两个投影图之间，以便于读图时进行对照。如图 3-2-4（b）中的 215、50、100 等尺寸均标注在 V、W 两面投影图之外，高度方向的尺寸标注在 V、W 两面投影图之间。

（3）各基本体的定形、定位尺寸应尽量集中标注在一个或两个投影图上。如图 3-2-4（b）中基础、直墙、支撑墙的长度和高度方向的定形、定位尺寸相对集中在 V 面上，宽度方向的尺寸则相对集中在 W 面上。

（4）同向尺寸应尽可能排列整齐，尺寸线对齐，如图 3-2-4（b）中 W 面投影中的 50、50、100、50。当有几排尺寸时，应使小尺寸在内，大尺寸在外，间隔均匀，如高度方向的尺寸 80、325 和 405 等。

（5）应尽量避免在虚线上标注尺寸，任何图线不得穿越尺寸数字。

（6）为了避免计算，便于施工放样，在土建工程制图中允许尺寸封闭，但不得产生误差。如图 3-2-4（b）中 80、325 的总和为 405。

5. 组合体尺寸标注的方法和步骤

现以涵洞口一字墙为例，说明组合体尺寸标注的方法和步骤，如图 3-2-5 所示。

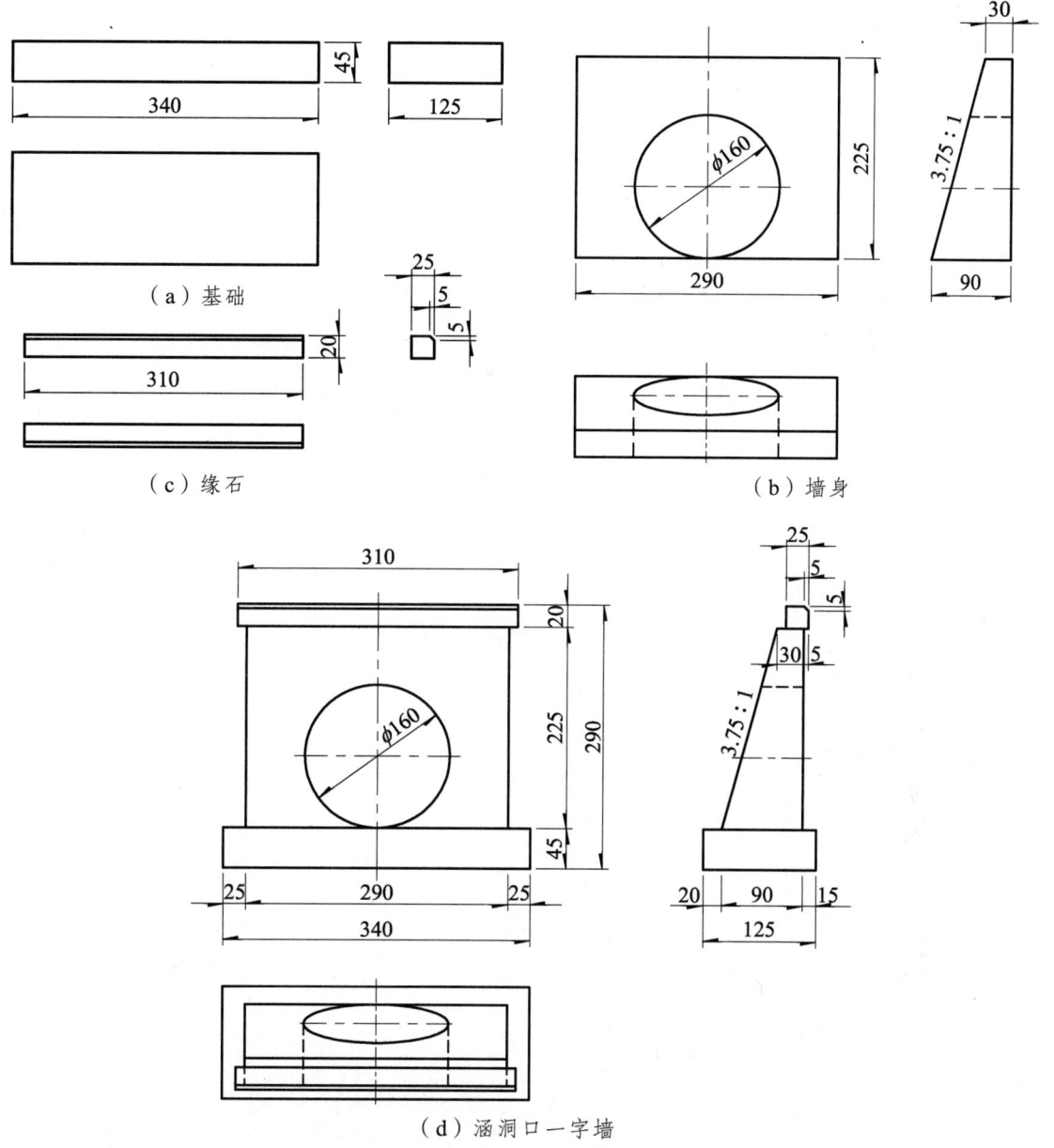

图 3-2-5　涵洞口一字墙的尺寸标注

（1）形体分析，选定基准

经形体分析可知，涵洞口一字墙由基础、墙身、缘石三部分组成。现选择长度方向的对称轴线作为长度方向基准，基础前端面作为宽度方向基准，基础底面作为高度方向基准。

（2）标注各基本形体的定形尺寸

为了不遗漏尺寸，在形体分析的基础上，先应分别标注出各基本体的定形尺寸，以确定所需定形尺寸的数量，如图 3-2-5（a）、(b)、(c) 所示（实际工程中不必画分解图逐个标注尺寸）。如果基本体带有切口，还应标注截平面的位置尺寸，如图 3-2-5(c)V 面投影中的 $\phi160$ 和 W 面投影中的 5、5。

（3）标注各基本形体的定位尺寸

在长度方向上，基础、墙身和缘石关于基准对称布置，不需定位尺寸；在高度方向上，各基本体依次叠加，也不需定位尺寸，只需注出墙身和缘石在宽度方向的定位尺寸 15 和 5，如图 3-2-5（d）W 面投影图所示，这两个尺寸均注在位置特征明显处。

（4）标注总体尺寸

分别标注出组合体总长、总宽和总高的尺寸 340、125 和 290。

（5）检查复核

标注完尺寸后，要用形体分析法认真检查三类尺寸，补上遗漏尺寸，并对布置不合理的尺寸进行必要的调整，如在 W 面投影图上标注墙身背坡的坡度 3.75：1。

五、任务分析

任务 1：桥台由三个基本体组成，两两之间的相对位置已由投影图确定，故只需要标注确定三个基本体大小的定形尺寸和总体尺寸。

任务 2：由于 V 面投影图反映了涵洞口模型的形状特征，因此，应考虑将一些主要尺寸标注在 V 面投影图中。

六、任务实施

在图 3-2-1 和图 3-2-2 中完成任务 1 和任务 2。

七、思考与练习

1. 组合体尺寸标注的要求有哪些？
2. 组合体尺寸由哪些尺寸组成？
3. 组合体尺寸标注的步骤是什么？
4. 组合体尺寸标注应注意哪些问题？

项目三 阅读拱涵洞口两面投影图完成第三面投影图

 能力目标

1. 能够应用形体分析法和线面分析法识读组合体投影图，想象其空间形状；
2. 能够绘制出组合体的轴测投影图。

 知识目标

1. 熟练掌握读图的基本知识；
2. 熟练掌握应用形体分析法和线面分析法对组合体投影图进行分析的方法与步骤。

一、项目任务

阅读拱涵洞口两面投影图，完成第三面投影图（《道路工程制图与识图习题册》第35页）。

二、能力训练任务

任务1：阅读图3-3-1所示桥台的 V、H 两面投影图，补画 W 面投影图。

任务2：阅读图3-3-2所示八字翼墙的 V、W 两面投影图，补画 H 面投影图。

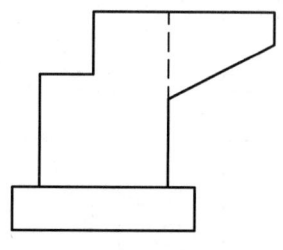

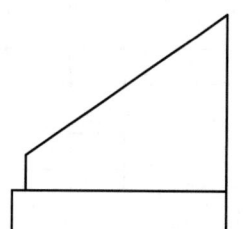 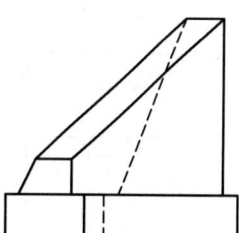

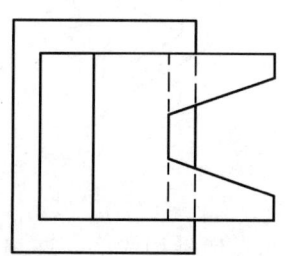

图 3-3-1 桥台 V、H 两面投影图　　　　图 3-3-2 八字翼墙 V、W 两面投影图

三、任务目的

使学生掌握读图的基本知识和基本方法，培养学生的空间想象能力和构思能力，提高识读和绘制组合体投影图的能力。

四、任务知识

1. 组合体投影图读图的基本概念

读图又叫作看图或识图，就是根据组合体已知的投影图，利用投影关系分析和想象出组合体空间形状的过程，是培养和提高空间想象能力、空间构思能力的主要途径。

2. 组合体投影图读图的基本要求

（1）要熟练掌握各种位置直线、平面（或曲面）以及基本体的投影。因为基本体是由线和面构成的，组合体又是由基本体构成的，所以线、面和基本体的投影是基础。

（2）要养成联系各个投影图读图的习惯。组合体的形状通常不能根据一个投影图来确定，要根据两个或两个以上的投影图确定。读图时必须把已知的几个投影图联系起来思考，才能准确地确定组合体的空间形状。如图 3-3-3 所示，虽然图（a）、图（b）和图（c）的 V 面投影相同，但它们所表达的组合体的空间形状却不同。即使图（b）和图（c）的 V、H 两面投影都相同，它们所表达的组合体的空间形状也不同。因此，要想完整、准确地得到组合体的空间形状，就必须将已知的组合体的各个投影图联系起来进行阅读。

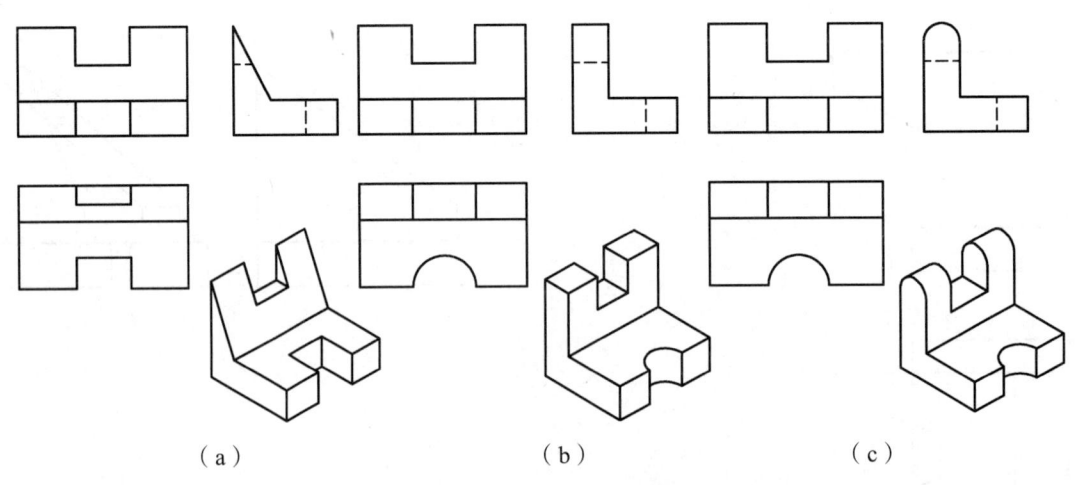

图 3-3-3　按三等关系读图

（3）要善于分析投影图中线和线框的意义。因为投影图是由各类线和线框构成的，要想准确地得到组合体的形状，就必须读懂每条线和线框所代表的含义。

① 投影图中的一条线，除表示一条线的投影外，还可以表示一个有积聚性的平面或曲面的投影、两个面交线的投影和曲面立体转向轮廓线的投影。

② 投影图中的一个线框，除表示一个平面或曲面的投影外，还可以表示一个基本体在某一投影面上的积聚投影，也可以表示形体上一个孔洞或坑槽的投影。

（4）要明确投影方向。阅读某一个投影图时，始终要明确该投影图是将组合体从哪个方向投影得到的，以便将投影图与空间形状进行对照。

3. 组合体投影图读图的方法与步骤

（1）形体分析法

采用形体分析法读图，一般是从形状特征比较明显的或线框相对独立的投影图开始，根据投影图之间的投影关系，把组合体分解成一些基本体，并想象各基本体的形状，再按照它们之间的相对位置综合想象出组合体的空间形状。形体分析法常用于叠加式组合体，其读图的步骤如下：

① 分线框：从组合体三面投影图线框比较明显的一个投影图中分解线框（从组合体中分解基本体），然后根据投影规律找出线框的对应关系。

② 读线框：从组合体三面投影图中分解出的线框，也就是从组合体中分解出的基本体，根据各基本体的投影读懂各基本体的形状。

③ 组合各线框：利用各线框（各基本体）之间的相对位置和组合特点，对各线框（基本体）进行组合，综合想象组合体的空间形状。

如图 3-3-4（a）所示，已知组合体的三面投影图，试阅读投影图并想象出组合体的空间形状。

① 分线框：根据组合体已知的三面投影图可知，V 面投影图中形状特征和线框较为明显，故可把 V 面投影分为三个线框。然后根据"长对正、宽相等、高平齐"的投影规律，找出这三个线框对应的 H 面、W 面投影，如图 3-3-4（a）所示。

② 读线框：上述从三面投影图中分出了三个线框，即是把组合体分为了不同形状的三个基本几何体（其中形状相同的基本体有两个）。根据线框之间的对应关系，读出这些基本几何体的形状，如图 3-3-4（b）、（c）、（d）所示。

③ 组合线框：根据各线框（即各基本体）之间的相对位置，综合想象出组合体的形状，如图 3-3-4（e）所示。

（2）线面分析法

对于一些形状比较复杂，用形体分析法读图有困难或不易直接从投影图中分解出基本几何体的组合体，常采用线面分析法。其关键是根据投影规律和线面的投影特性，对投影图中的线条和线框进行分析，得出各线框所代表的平面形状和与投影面的相对位置以及各棱线的空间位置，然后综合起来想象整体。

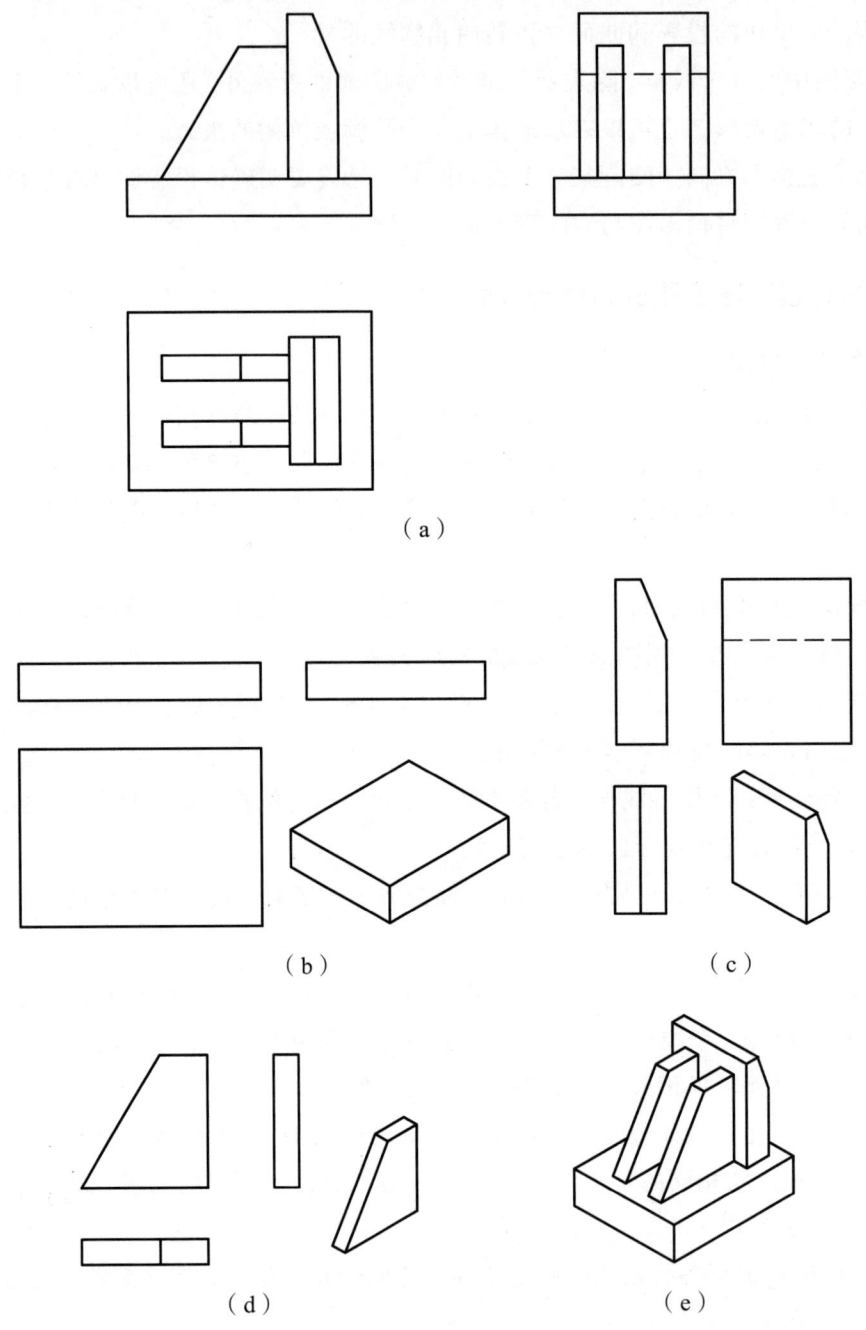

图 3-3-4 形体分析法读图

如图 3-3-5 所示,根据三面投影图可知,该形体为切割体。H 面投影为封闭的凹形线框,对应的 V 面上也有一个封闭的凹形线框,那么这个封闭的凹形线框是一个什么位置的平面呢?经高平齐、宽相等对应 W 面投影,可知该平面是一个侧垂面。结合 V 面和 W 面的虚线投影,可想象出该形体为一个有侧垂面的梯形四棱柱切去一个小四棱柱后所形成。

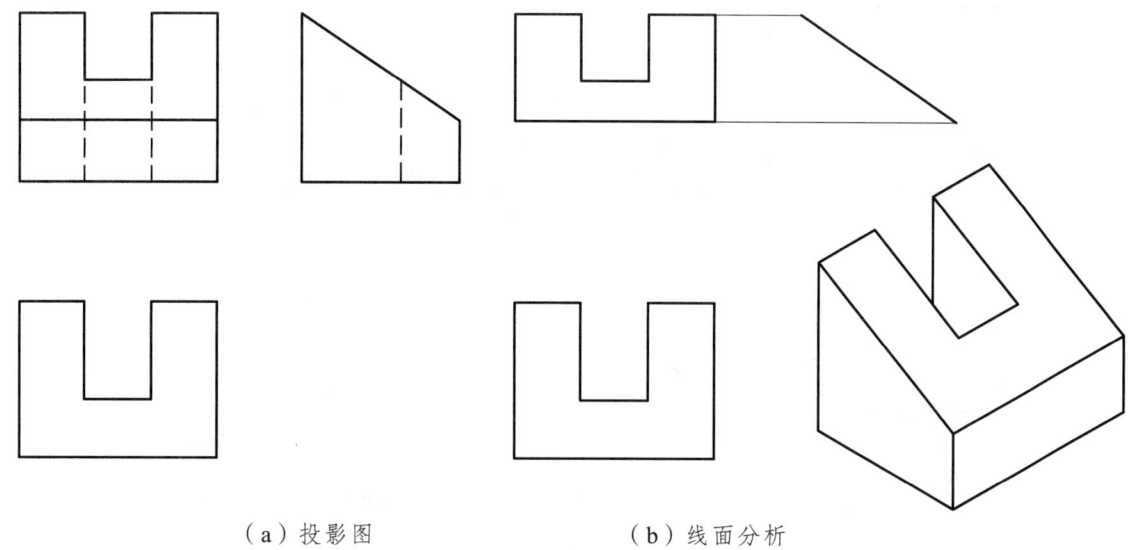

（a）投影图　　　　　　　（b）线面分析

图 3-3-5　线面分析法

如图 3-3-6（a）所示，已知桥台翼墙的三面投影图，试阅读投影图并想象其空间形状。从已知的三面投影图可以看出，V 面投影只有一个线框，无法进一步分解线框，故不适合用形体分析法读图，而应该采用线面分析法进行读图。由于翼墙 V 面投影是一个封闭的五边形线框，说明翼墙是由七个平面所构成，其中前后端面在 V 面上重合成一个五边形线框，另外五个平面在 V 面上积聚成直线，即五边形的五条边。

在图 3-3-6（b）中，1′（2′）即是前、后端面在 V 面上的重合投影，根据投影规律可找出前、后端面的 H 面、W 面投影，即 1、2 和 1″、2″。由前、后端面的三面投影，结合平面的投影特性可知，前端面是侧垂面，而后端面则是正平面。左、右端面在 W 面上重合，其中左端面由两个平面组成，右端面为一个平面。图 3-3-6（c）中的 3″、6″是两个左端面的 W 面投影，（4″）是右端面的 W 面投影。根据投影规律找出左、右端面的 H 面和 V 面投影，结合平面的投影特性可知，左端面 6 是侧平面，左端面 3 是正垂面，右端面 4 也是一个正垂面，如图 3-3-6（c）中立体图所示。

在 H 面投影中，上、下两端面重合，即图 3-3-6（c）中的 7、（5），它们的 V 面、W 面投影为 7′、5′ 和 7″、5″，上、下端面都是水平面，如图 3-3-6（c）中立体图所示。

根据各平面的空间位置和它们之间的相对位置，并按图 3-3-6（b）、（c）分步"组装"，综合想象出桥台翼墙的空间形状，如图 3-3-6（d）所示。

线面分析法着重于对组合体各表面和棱线的投影分析，这就要求对各种位置直线、平面投影特性非常熟悉，而且用线面分析法，仅能读懂一条线或一个平面的空间意义，全图都这样分析，不仅工作量大、费时，而且不易很快地形成物体的整体概念，故此法通常在形体分析法的基础上进行。

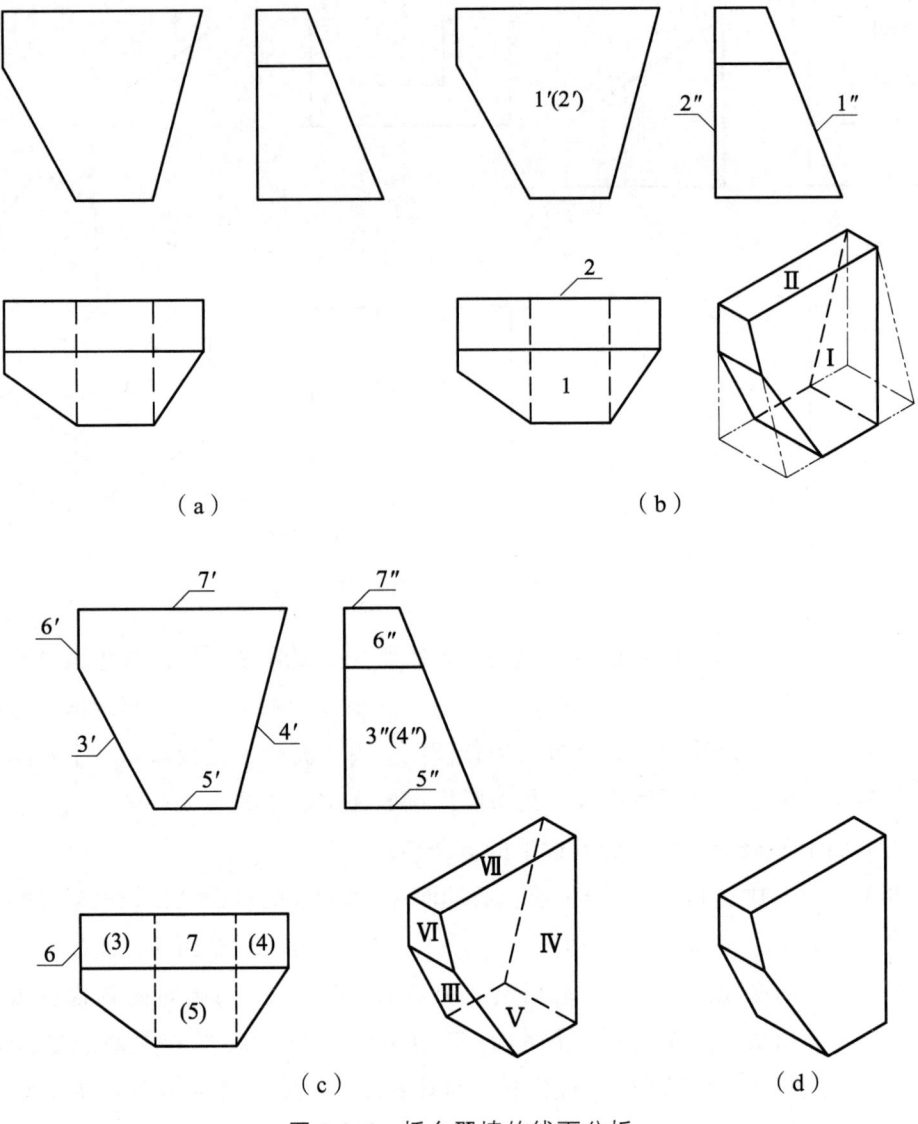

图 3-3-6 桥台翼墙的线面分析

五、任务分析

任务1：该桥台由基础、台身和耳墙（2个）四部分组成，其中基础为四棱柱，台身为一个完整的四棱柱在左上角切去一个小四棱柱，耳墙可采用线面分析法进行分析。

任务2：该八字翼墙由基础和墙身两部分组成，在形体分析的基础上可采用线面分析法进行分析。

六、任务实施

补画图 3-3-1 和图 3-3-2 中的第三面投影，并绘制轴测草图。

七、思考与练习

1. 识读组合体投影图应具备哪些基本知识？
2. 组合体投影图中线和线框的含义各有哪些？
3. 用形体分析法和线面分析法识读组合体投影图的步骤有哪些？

项目四　将窨井的投影图改画成适当的剖面图

 能力目标

1. 能够根据物体的形状特征和表达目的，合理选择剖面图的类型；
2. 能够应用全剖面图、半剖面图的表达方法，合理表达形体的内外部构造。

 知识目标

1. 掌握剖面图的形成过程及标注方法；
2. 掌握全剖面图、半剖面图的表达方法；
3. 掌握绘制全剖面图、半剖面图应注意的问题。

一、项目任务

将窨井的 V、H 两图投影图改画成适当的剖面图并进行尺寸标注（《道路工程制图与识图习题册》第 39 页）。

二、能力训练任务

任务 1：如图 3-4-1 所示，将桥台的侧面投影图改画成 1—1 全剖面图。

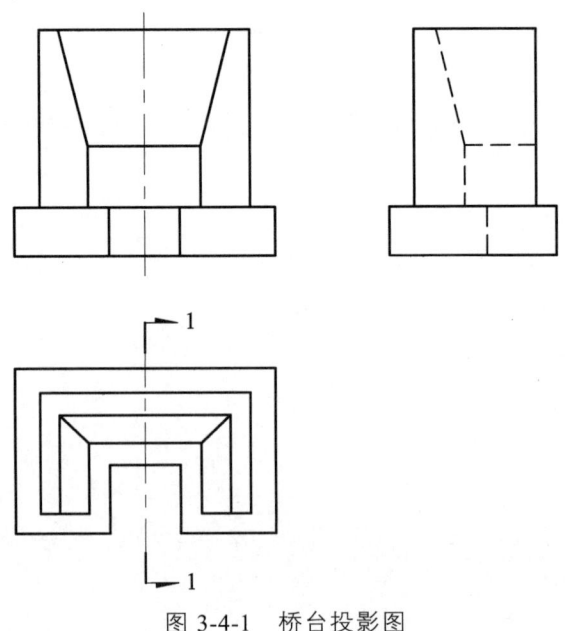

图 3-4-1　桥台投影图

任务 2：如图 3-4-2 所示，将杯形基础的立面图改画成 1—1 半剖面图。

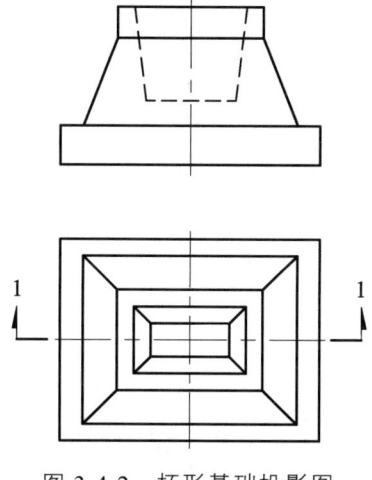

图 3-4-2 杯形基础投影图

三、任务目的

1. 学习剖面图的形成、表达方法和适用条件；
2. 用全剖面图、半剖面图来表达形体的内部构造，减少或消除投影图中的虚线，使图形得到简化、尺寸标注变得容易。

四、任务知识

在绘制物体的投影图时，凡是可见的轮廓线用实线表示，不可见的轮廓线则用虚线表示。如果投影图中的虚实线太多，就会使图面混杂不清，既影响图样的清晰，也不便于标注尺寸，更不利于物体的空间形状的表达。因此，遇到这种情况时，工程上常采用剖面图和断面图来表达物体。

1. 剖面图的形成

用假想的剖切平面，把物体从适当的位置剖开，移去位于观察者与剖切平面之间的部分，将剩余部分投影到与剖切平面平行的投影面上，并在剖切到的实体部分画上相应的材料图例或剖面线，这样所画的投影图就称为剖面图。

如图 3-4-3 所示，用与 W 面平行的剖切平面 P 从台阶部分将其剖开，作出 1—1 剖面图。将它与原来未剖切的侧面图对比可以看出，由于将形体假想剖开，使内部结构显露出来，在剖面图上，原来不可见的图线变成了可见，使表达更加清晰。若将台阶假想剖开，仅画出剖切平面剖切物体所得到的截断面的投影，并在其上画上材料图例或剖面线，则称为断面图，如图 3-4-3 中的 2—2 断面图。

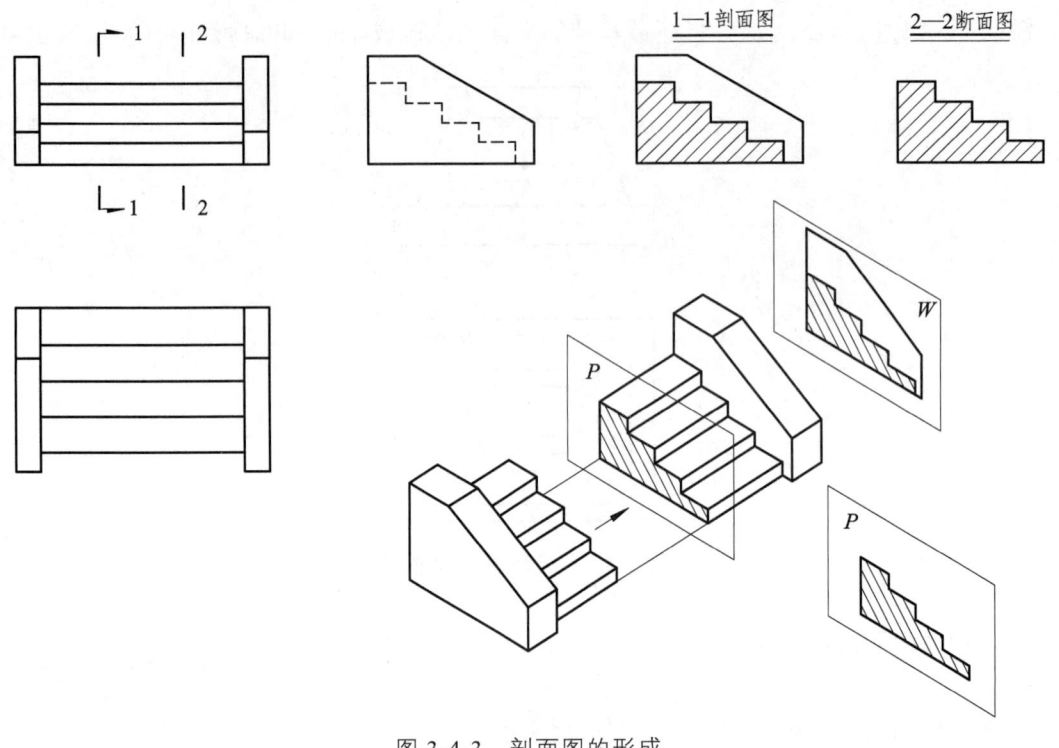

图 3-4-3 剖面图的形成

2. 剖面图的标注

用剖面图配合其他投影图表达物体时,为了明确剖面图与投影图之间的关系和便于读图,通常对所绘制的剖面图要进行必要的标注,其标注内容包括以下几个方面。

（1）剖切位置

绘制剖面图时,一般都使剖切平面平行于基本投影面,从而使断面的投影反映实形,这样剖切平面在与之垂直的投影面上的投影则积聚为一条直线,这条直线就表示剖切位置,称为剖切位置线,简称剖切线。在投影图中用一对断开的短粗实线表示,长度为 5~10 mm,如图 3-4-4 所示,剖切线要尽量避免与物体的轮廓线相交或重合。

（2）投影方向

为表明物体剖切后剩余部分的投影方向,在剖切线两端的同侧,各画一段与其垂直并带有单边箭头的短细线来指明投影方向,其长度为 4~6 mm,如图 3-4-4 所示。

（3）剖面图编号

对于比较复杂的物体,可能要同时剖切几次,为了便于区分和读图,每一次剖切均应进行编号。国标规定,剖面图的编号宜采用一对英文字母或阿拉伯数字来表示,书写在表示投影方向的单边箭头一侧,并在所得相应剖面图上方居中位置书写对应的编号名称。其字母或数字中间用长度 5~10 mm 的细短线间隔,例如 I—I 剖面图。为了醒目和美观,可在剖面图编号名称的字样底部绘制上粗下细的两条等长平行短线,两短线之间的距为 1~2 mm。

（4）材料图例

剖面图中包含了物体的断面，在断面处必须绘制表示材料类型的图例，如图 3-4-4 所示，如果没有指明材料时，可在断面处绘制向右倾斜 45°平行等间距的细实线替代材料图例，此细实线称为剖面线，如图 3-4-3 所示。当一个物体有多个断面时，所有剖面线的方向应一致，且间距应相等。

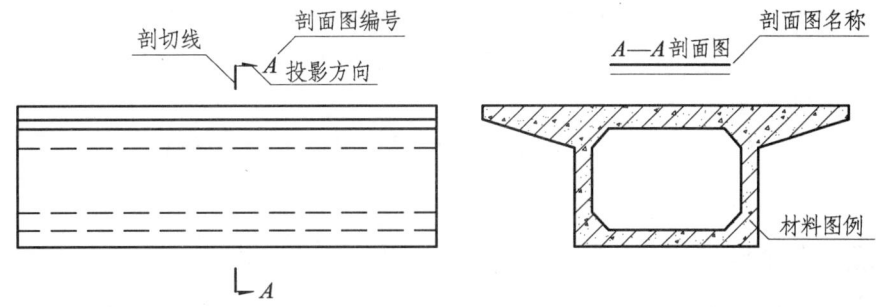

图 3-4-4 剖面图的材料图例

国标规定的常用材料剖面图例如表 3-4-1 所示。

表 3-4-1 常用材料断面图例

名称	图例	名称	图例	名称	图例
细粒式沥青混凝土		水泥稳定碎砾石		天然砂砾	
中粒式沥青混凝土		石灰土		干砌片石	
粗粒式沥青混凝土		石灰粉煤灰		浆砌片石	
沥青碎石		石灰粉煤灰土		浆砌块石	
沥青贯入碎砾石		石灰粉煤灰砂砾		木材（横）	
沥青表面处治		石灰粉煤灰碎砾石		木材（纵）	
水泥混凝土		泥结碎砾石		金属	
钢筋混凝土		泥灰结碎砾石		橡胶	
水泥稳定土		级配碎砾石		自然土壤	
水泥稳定砂砾		填隙碎石		夯实土壤	

3. 绘制剖面图应注意的几个问题

（1）由于剖切是假想的，所以当某一个投影图表达为剖面图时，其他视图仍按完整的物体画出。

（2）为了能够反映出所表达物体内部构造的真实形状，剖切平面一般选择投影面平行面，而且应尽可能通过物体对称面和孔、洞、槽的轴线。

（3）剖切平面所剖切到的实体部分绘制相应的材料图例或剖面线。当绘制剖面线时，同一物体的各个剖面图中，剖面线的间距与倾斜方向应保持一致，如剖面图中已有轮廓线为 45°时，可将剖面线画成 30°或 60°。

（4）为保持图形简明清晰，凡不可见的轮廓线（虚线）如果通过其他投影图可以表达清楚均可省略。

4. 剖面图的种类

根据被表达物体的特征不同，所采用的剖切法方法也有所不同。常用的剖面图有全剖面图、半剖面图、局部剖面图、阶梯剖面图、旋转剖面图和展开剖面图等。

（1）全剖面图

① 形成

用一个假想的剖切平面将物体全部剖开而画出的剖面图称为全剖面图，如图 3-4-5 所示。

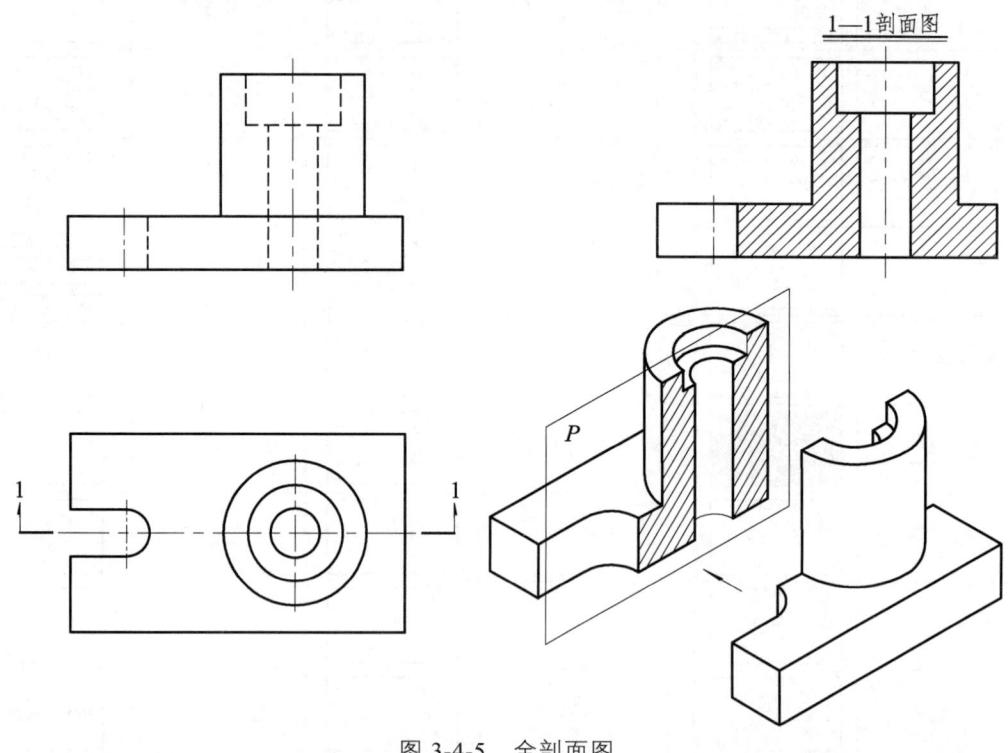

图 3-4-5　全剖面图

② 适用范围

全剖面图适用于外形结构比较简单而内部结构比较复杂的物体或不对称的物体。

③ 注意事项

全剖面图一般都需要标注，只有当剖切平面与形体的对称平面重合，且全剖面图又置于基本投影图位置时，可以省略其标注。

（2）半剖面图

① 形成

用一个假想的剖切平面仅仅剖开物体的一半，一半表示物体外形，另一半表示物体内部结构的剖面图称为半剖面图，如图 3-4-6 所示。

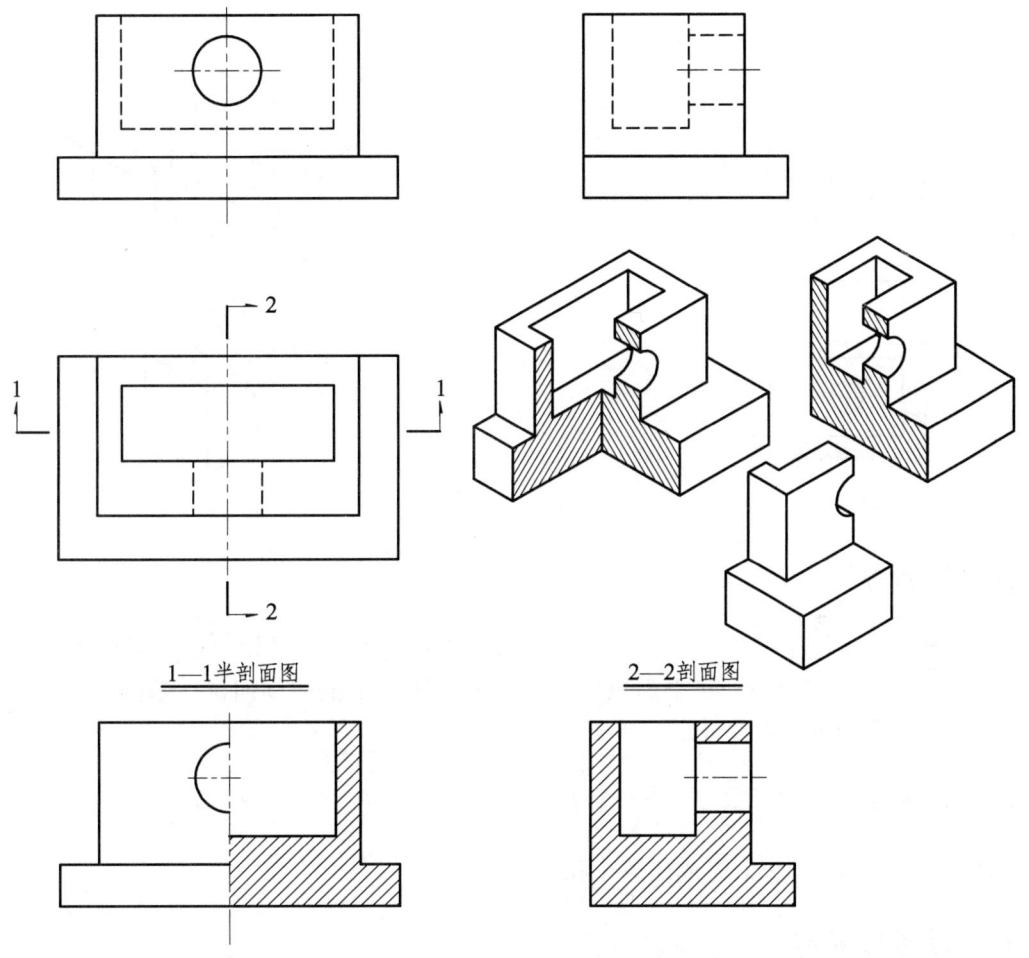

图 3-4-6 半剖面图

② 适用范围

内、外形都需要表达的对称物体。

③ 注意事项

a. 半外形图和半剖面图的分界线（对称轴线）应画成点划线，不能当作形体的外轮廓线而画成实线；若作为分界线的点划线刚好与轮廓线重合，则应避免用半剖面图。

b. 当物体的对称线竖直时，习惯上将外形投影图画在中心线左边，剖面图画在中心线右边；当物体的对称线水平时，则将外形投影图画在水平中心线上方，剖面图画在水平中心线下方，如图 3-4-6、图 3-4-7 所示。

c. 若剖切平面通过物体的对称平面，且半剖面图又置于基本投影图的位置时，标注可以省略，如图 3-4-7 中立面与侧面图位置的半剖面图。

d. 半剖面图的标注方法与全剖面图相同，如图 3-4-7 中置于水平面位置的 I—I 半剖面。

e. 在半剖面图中，由于形体对称，剖开后其内部构造已在半个剖面图中表达清楚，故半外形图中不再绘制虚线。

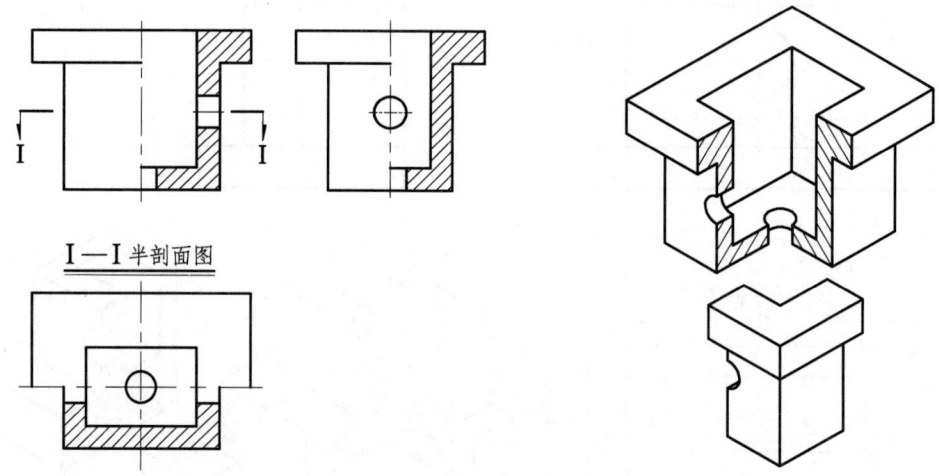

图 3-4-7　半剖面图

五、任务分析

任务 1：桥台被侧平面剖切后，其前墙和基础均被剖切平面剖切，侧墙可投影到。

任务 2：杯形基础用一个正平面只剖开右边的一半，可剖切到四棱柱基础和杯口侧壁，左边的一半只绘制外形。

六、任务实施

在图 3-4-1 和图 3-4-2 中完成任务 1 和任务 2。

七、思考与练习

1. 剖面图是怎样形成的？如何标注？
2. 全剖面图和半剖面图分别适合于什么样的形体？
3. 绘制半剖面图时需要注意哪些问题？

项目五　将行车道板的三面投影图改画成适当的剖面图并进行尺寸标注

 能力目标

1. 能够应用阶梯剖面图的表达方法表示物体的内部构造；
2. 能够根据物体的形状特征合理选择剖面图的类型，并对剖面图进行尺寸标注。

 知识目标

1. 掌握阶梯剖面图的形成、标注方法及注意事项；
2. 掌握剖面图的尺寸标注方法；
3. 了解局部剖面图、旋转剖面图和展开剖面图。

一、项目任务

将行车道板的三面投影图改画成适当的剖面图并进行尺寸标注（《道路工程制图与识图习题册》第41页）。

二、能力训练任务

任务1：如图 3-5-1 所示，将水池的 V 面投影图改画成阶梯剖面图。

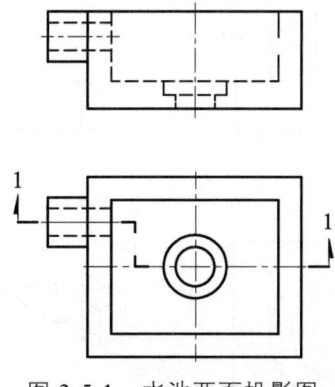

图 3-5-1　水池两面投影图

任务2：如图 3-5-2 所示，将沉井的立面图和侧面图改画成适当的剖面图。

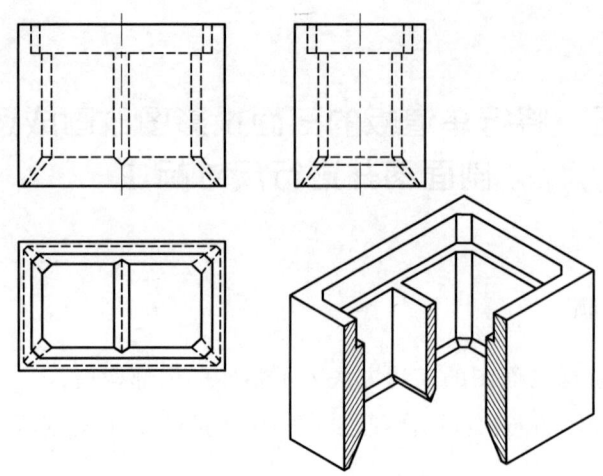

图 3-5-2 沉井投影图和直观图

三、任务目的

1. 学习阶梯剖面图的表达方法和适用条件；
2. 学习剖面图的尺寸标注方法。

四、任务知识

1. 阶梯剖面图

（1）形　成

当物体内部结构层次较多，采用一个剖切平面不能把物体内部结构全部表达清楚时，可以假想用两个或两个以上互相平行的剖切平面来剖切物体，所得到的剖面图称为阶梯剖面图，如图 3-5-3 所示。

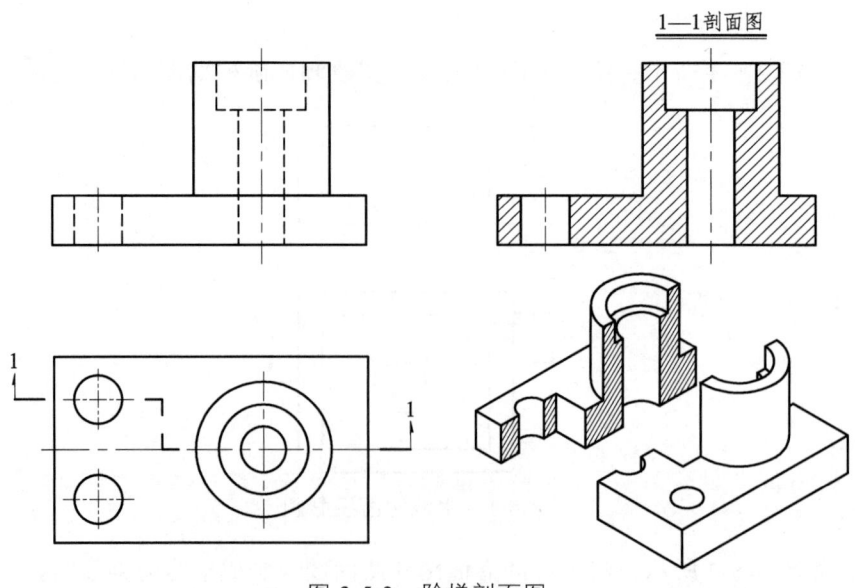

图 3-5-3 阶梯剖面图

（2）适用范围

阶梯剖面图适用于表达内部结构不在同一平面的物体。

（3）注意事项

① 阶梯剖面图必须加以标注，如图3-5-3所示，为使转折处的剖切位置不与其他图线发生混淆，应在转角处标注转角符号"┐"。

② 转折位置不应与图形轮廓线重合，也要避免出现不完整的要素。如不应出现孔、槽的不完整投影。

③ 由于剖切平面是假想的，所以不画两个剖切平面转折处交线的投影。

2. 剖面图的尺寸标注

在剖面图上标注尺寸时，除符合组合体尺寸标注的基本要求外，还应注意以下几点：

（1）应尽量把外形尺寸和内部的构造尺寸分开标注。如图3-5-4所示，把外形尺寸60、40等注在剖面图的上侧，而内部的构造尺寸40标注在下侧。

（2）在剖面图中，若某些尺寸只能画出一边的尺寸界线时，可将尺寸线适当地超过对称中心线画出后注写尺寸数字，如图中尺寸$\phi 150$、$\phi 210$。

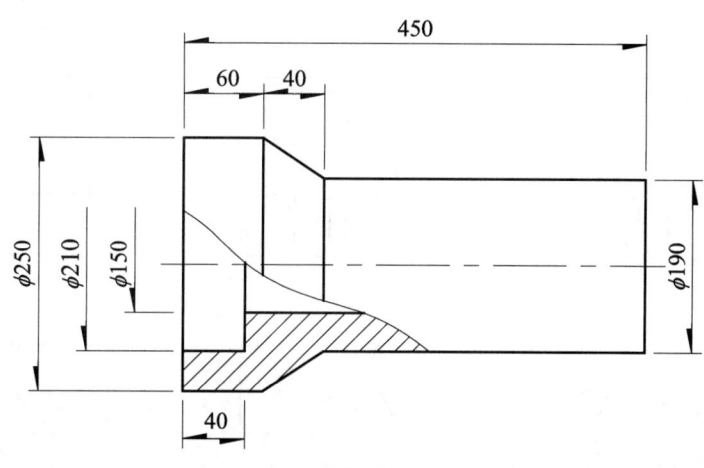

图3-5-4　剖面图的尺寸标注

（3）需要在剖面线或断面符号中注写尺寸数字时，应将剖面线断开留出空隙。

五、能力拓展知识

1. 局部剖面图

（1）形　成

在不影响外形表达的情况下，仅剖开物体的局部来表达其内部形状所得到的剖面图称为局部剖面图。局部剖切的位置和范围用波浪线来表示，如图3-5-5所示，用局部剖面图来表示沟管的内部构造。

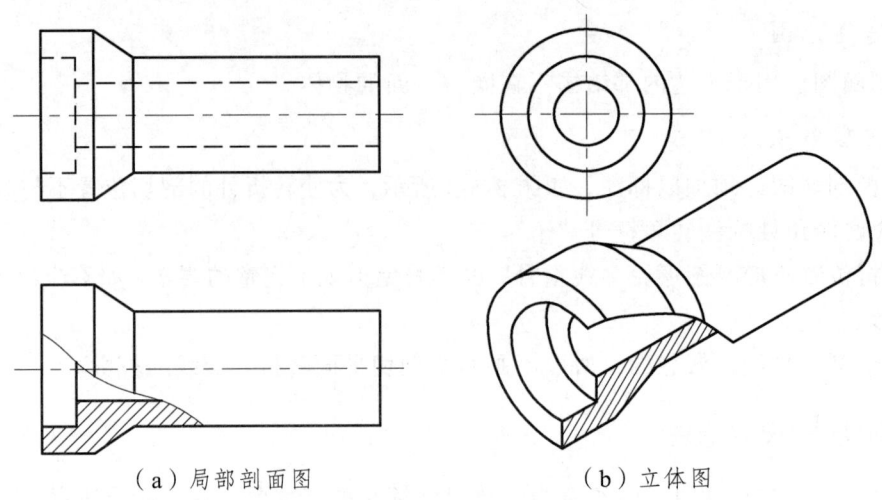

（a）局部剖面图　　　　　　（b）立体图

图 3-5-5　沟管局部剖面图

（2）适用范围

① 外形复杂、内形简单，而且需要保留大部分外形、只需表达局部内形的物体。

② 物体的内外轮廓线与对称轴线重合，不宜采用半剖面或全剖面的物体，可采用局部剖面，如图 3-5-6 所示。

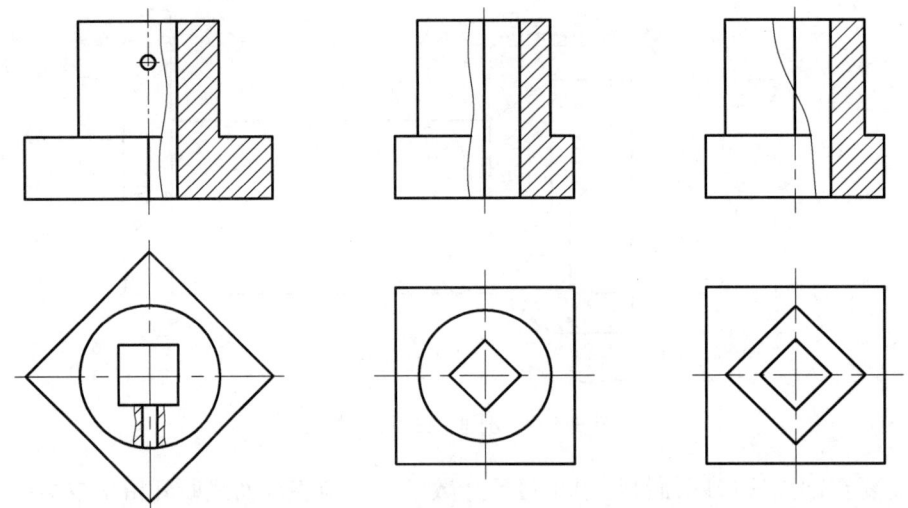

（a）中心线和外部轮廓线重合（b）中心线和内部轮廓线重合（c）中心线和内外轮廓线重合

图 3-5-6　中心线和轮廓线重合的局部剖面图

（3）注意事项

① 局部剖切比较灵活，但应便于读图，不宜过于零碎。

② 表示剖切范围的波浪线可看作是立体不规则"裂痕"的投影，因此，不能超过投影图的轮廓线或画在中空部位，也不能与图上其他线条重合。

③ 局部剖面图只是物体整个外形投影中的一个部分，不须标注。

2. 旋转剖面图

（1）形　成

用两个交线垂直于基本投影面的剖切平面剖切形体后，将被剖切的倾斜部分旋转到与选定的基本投影面平行再进行投影，使剖面图既得到实形又便于画图，这样所绘制的剖面图叫作旋转剖面图。如图 3-5-7 所示，$B—B$ 剖切平面在回转轴右边的部分平行于 V 面，其 V 面投影反映实形，但左边与 V 面倾斜，先将其旋转到与 V 面平行后再进行投影得到旋转剖面图。

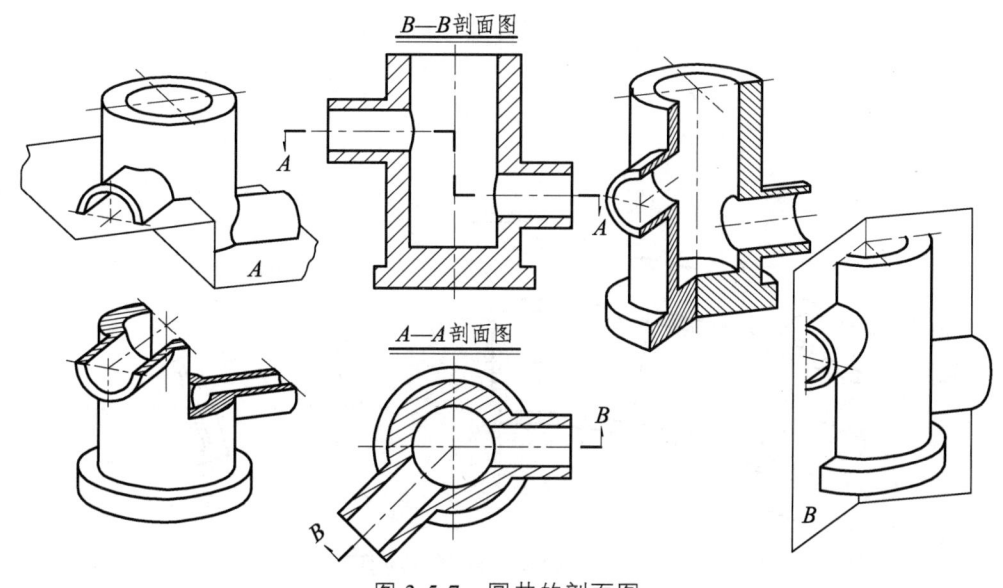

图 3-5-7　圆井的剖面图

（2）适用范围

内形不在同一平面上，且具有回转轴的形体。

（3）注意事项

① 两剖切平面的交线一般应与被剖切形体的回转轴重合且必须标注。
② 在画旋转剖面图时，应当先剖切、后旋转、再投影。

3. 展开剖面图

（1）形　成

用曲面或平面与曲面组合而成的铅垂面作为剖切平面，沿构造物的中心线进行剖切，再将剖切平面展开（或拉直），使之与投影面平行并进行投影，这样所画出的剖面图称为展开剖面图。

（2）适用范围

适用于道路路线纵断面及带有弯曲结构的形体。图 3-5-8 所示为弯梁桥的展开剖面图，其立面图是沿桥面中心线剖切后展开绘制的。由于对称，因此采用了半剖面图的画法。当全桥一部分在曲线范围内时，其立面或纵断面应平行于平面图中的直线部分，并以桥面中心线展开绘制。

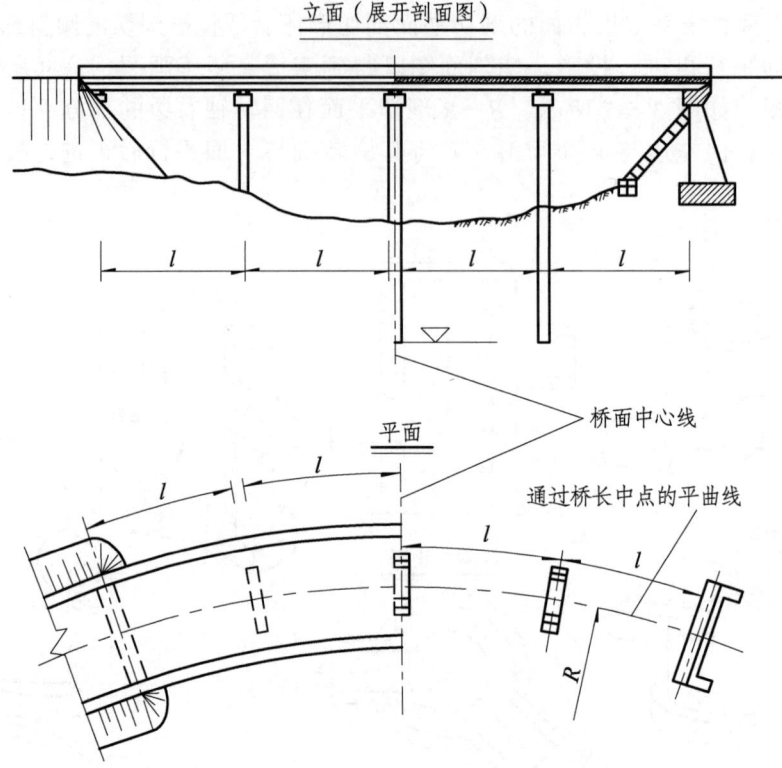

图 3-5-8　弯梁桥的展开剖面图

六、任务分析

任务 1：剖切后水池侧孔和底孔内部轮廓线均可剖切到，可直接画成实线。

任务 2：采用全剖面图和半剖面图均无法表达中间的隔墙，故应采用阶梯剖面图。

七、任务实施

在图 3-5-1、图 3-5-2 中完成任务 1 和任务 2。

八、思考与练习

1. 阶梯剖面图的适用条件是什么？
2. 采用阶梯剖面图时，应注意哪些问题？
3. 局部剖面图、旋转剖面图和展开剖面图适用于表达什么样的形体和构造物？

项目六　绘制变截面梁各指定位置的移出断面图

能力目标

1. 能够正确识读工程构造物的投影图；
2. 能够正确绘制出物体或构造物指定位置的移出断面图。

知识目标

1. 掌握断面图的形成、标注方法及其与剖面图的区别；
2. 掌握移出断面图的表达方法；
3. 了解剖面图、断面图的规定画法。

一、项目任务

绘制变截面梁各指定位置的移出断面图（《道路工程制图与识图习题册》第 44 页）。

二、能力训练任务

任务 1：如图 3-6-1 所示，绘制矩形梁的 1—1、2—2 断面图。

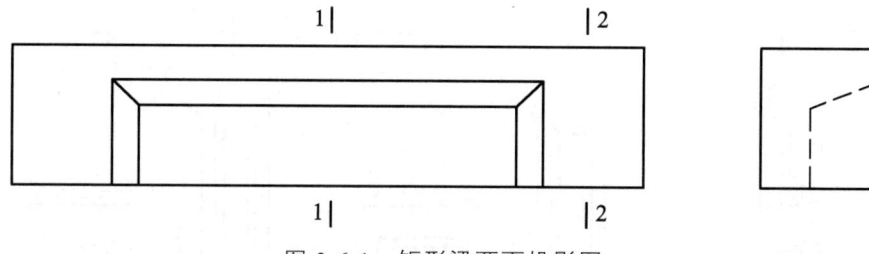

图 3-6-1　矩形梁两面投影图

任务 2：如图 3-6-2 所示，绘制变截面梁的 1—1、2—2 和 3—3 断面图。

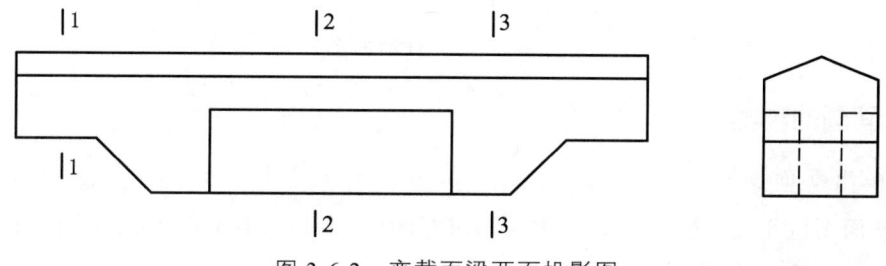

图 3-6-2　变截面梁两面投影图

三、任务目的

1. 学习断面图的形成、标注方法和图示特点，正确区分剖面图与断面图；
2. 能够根据物体的形状，合理确定表达方案，完成断面图的绘制。

四、任务知识

1. 断面图的形成

用一个假想的剖切平面将形体剖开后，在与剖切平面平行的投影面上仅画出被剖切处剖切断面的投影，并在断面内画上材料图例或剖面线，这种投影图就称为断面图，如图 3-6-3 所示。

2. 断面图的特点

（1）断面图只画出剖切平面剖切到的断面的投影，它只是面的投影。而剖面图除了画出断面形状外，还要画出形体被剖开后沿投影方向看到的整个剩余部分形体的投影，它是体的投影。

（2）断面图的标注与剖面图的标注有所不同，断面图也用粗实线短划表示剖切位置，但不再绘制表示投影方向的单边箭头，而是用表示编号的字母或数字的注写位置来表明投影方向。编号写在剖切线下方，表示向下投影，编号写在剖切线左边，表示向左投影，即投影方向是由剖切线到剖切字母（数字）。图 3-6-3 中 1—1、2—2 断面都是向下投影画出的。

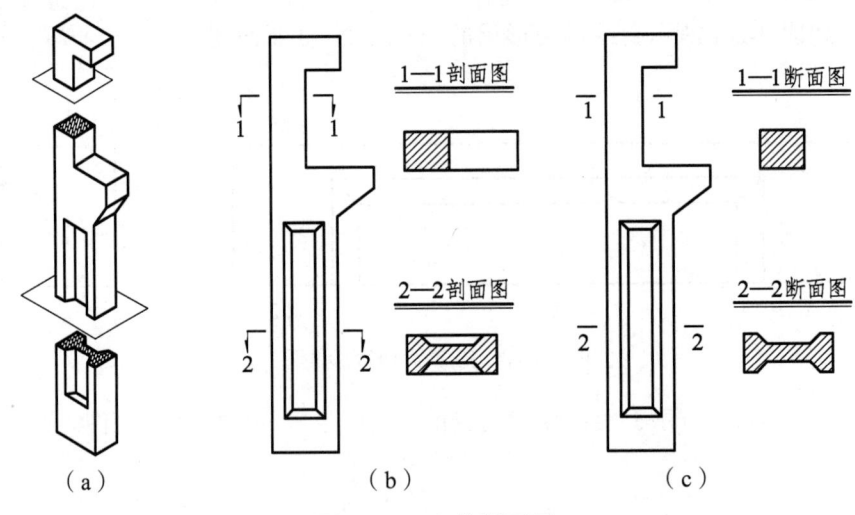

图 3-6-3 立柱断面图

3. 断面图的种类

（1）移出断面图

所画断面图位于投影图的外面就称为移出断面图。如图 3-6-4 和 3-6-5 所示，1—1、2—2、3—3、4—4 均为移出断面图。

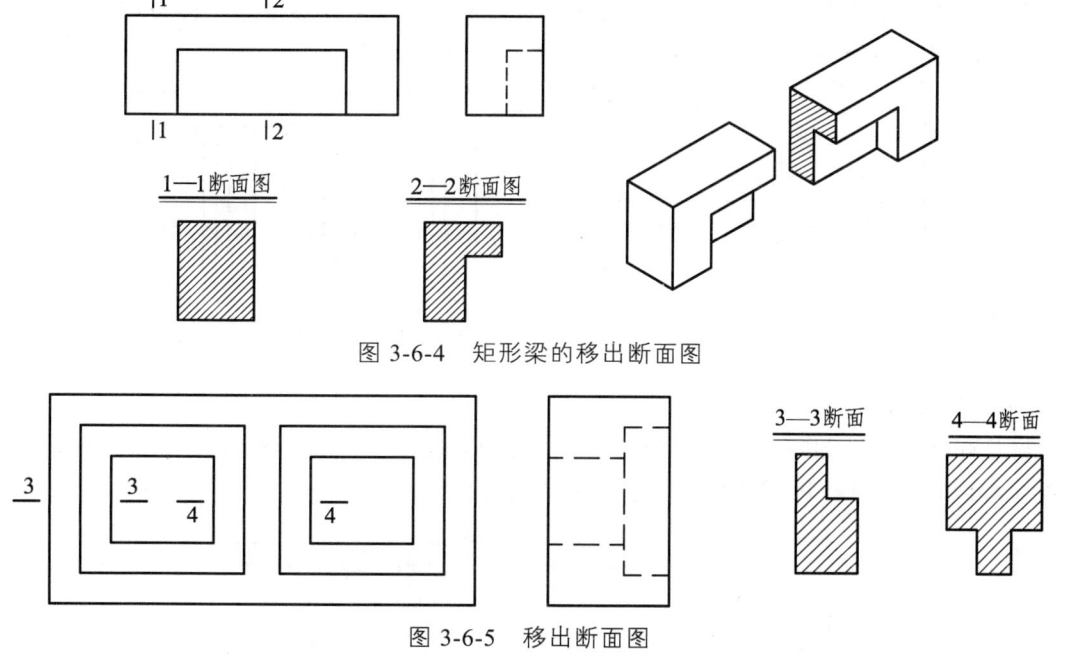

图 3-6-4 矩形梁的移出断面图

图 3-6-5 移出断面图

应当注意的是，移出断面轮廓线用粗实线绘制，一般只画出剖切后断面的形状，但当剖切后出现两个完全分离的断面时，其断面图按剖面图画出，如图 3-6-6 所示。

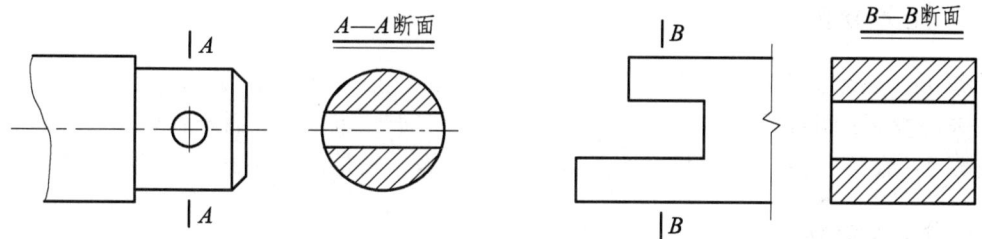

图 3-6-6 移出断面图

（2）重合断面图

重叠在基本投影图轮廓之内的断面图称为重合断面图。如图 3-6-7 所示，为角钢的重合断面图。重合断面图的比例应与基本视图一致，其断面轮廓线规定采用细实线，并不加任何标注。

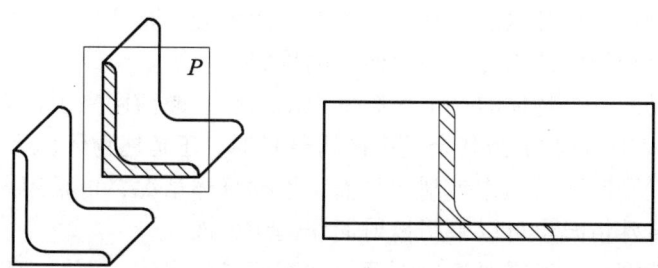

图 3-6-7 角钢重合断面图

在土木工程中，重合断面图常用于表示路面结构坡度、屋面坡度或构件及墙面的雕饰等，这时仅画出凹、凸轮廓，而不画整个构件厚度，如图 3-6-8 所示。

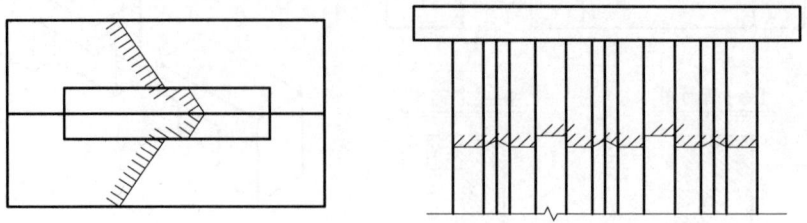

图 3-6-8　屋面坡度及墙面花饰重合断面图

（3）中断断面图

将长杆件的投影图断开，并把断面图画在断开间隔处，这样的断面图称为中断断面图，如图 3-6-9 所示。中断断面图不需标注，而且比例与基本视图一致。

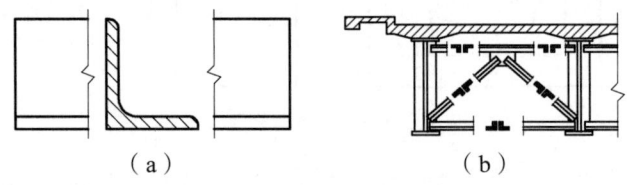

图 3-6-9　角钢中断面图

五、任务分析

任务 1：该矩形梁在中部切去了一个 1/2 四棱台，1—1 断面位于此范围内，且剖开后从右往左进行投影；两端是完整的矩形梁，2—2 断面位于此范围内，剖开后从左往右进行投影。

任务 2：在 1—1 和 3—3 断面处，梁的宽度相等，只是高度不同，梁前后对称。

六、任务实施

完成图 3-6-1、图 3-6-2 各断面图，注意梁的各断面处形状变化情况。

七、能力拓展知识

1. 画剖面图和断面图的要点

（1）剖面图是物体被切开以后，画出留下部分的投影，是"体"的投影，而断面图则只画出物体和剖切平面相接触的部分，是"面"的投影。

（2）剖切是假设的，当物体的一个投影图用剖面图、断面图来表达后，其余的投影图不受影响，仍按完整的物体画出；当其余投影图再剖切时，还是把物体作为完整的物体来剖切。

（3）通常采用投影面平行面作为剖切平面，根据具体情况，可采用正平面、水平面或侧平面作剖切平面，特殊情况也可以采用投射面作剖切平面。

（4）为了便于读图，一般需要注出剖面图和断面图的名称、剖切线和投影方向。但在下列情况下可省略：

① 全剖面或半剖面图中，当剖切线和投影图的对称轴线重合，且图形又按投影图规定位置排列时，剖切线可以省略，或仅保留"××剖面"等字样；

② 移出断面图位于剖切线的延长线上，且图形的对称轴线又和剖切线重合，如图 3-6-10 所示；

③ 重合断面图；

④ 中断断面图。

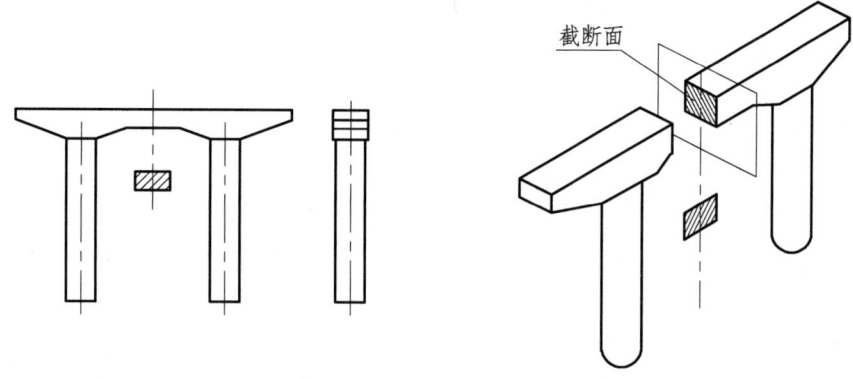

图 3-6-10　桥墩盖梁的移出断面图

2. 剖面图和断面图的规定画法

在画剖面图和断面图时，为使图形表达更为明晰，除了严格按照投影方法外，还应遵守国标对剖面图和断面图表达的一些规定。

（1）较大面积的断面符号可以简化。图 3-6-11 是道路的横断面图，由于面积较大，可只在其断面轮廓的边沿画等宽剖面线。

（2）薄板、圆柱等构件（如梁的横隔板、桩、柱等），凡剖切平面通过其对称中心线或轴线时，均不画剖面线，但可以画上材料图例，如图 3-6-12 所示。

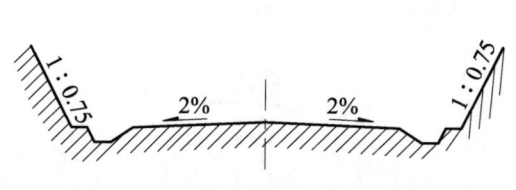

图 3-6-11　较大断面的剖面线表示法

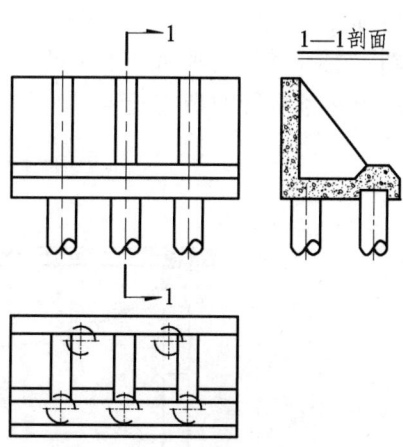

图 3-6-12　按不剖切处理的画法

（3）在工程图样中为了表示构造物不同的材料（如不同强度等级的混凝土或砂浆等），在同一断面上应画出材料分界线，并注明材料符号或文字说明，如图 3-6-13（a）所示挡土墙断面。对于两个或两个以上相邻构件的剖面，为表示区别，剖面线应画成不同倾斜方向或不同的间隔，如图 3-6-13（c）所示。

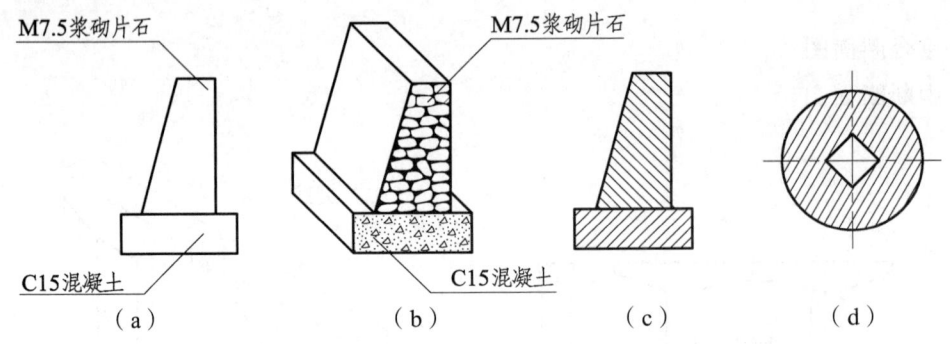

图 3-6-13　材料分界线与剖面线表示法

（4）当剖面图、断面图中有部分轮廓线与该图的基本轴线成 45°倾角时，可将剖面线画成与基本轴线成 30°或 60°的倾斜线，如图 3-6-13（d）所示。

（5）在保证图形表达清楚的情况下，对于图样上实际宽度小于 2 mm 的狭小面积的剖面，允许用涂色的办法来代替剖面线，也允许将全部面积涂黑，但邻接部分必须留出空隙，如图 3-6-14 所示。

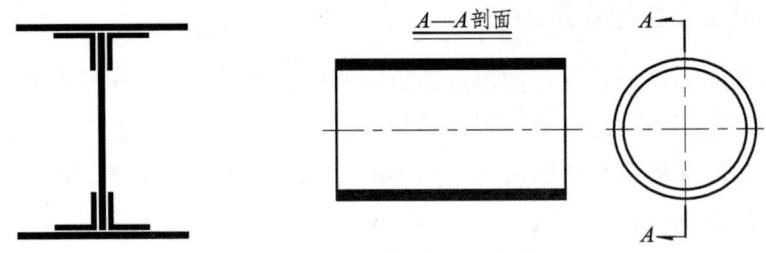

图 3-6-14　涂黑代替剖面线

（6）对称图形可采用绘制一半或 1/4 图形的方法表示，除总体布置图外，在图形的图名前，应标注"1/2"或"1/4"字样，也可以对称中心线为界，一半画一般构造图，另一半画断面图；也可以分别画两个不同的 1/2 断面。在对称中心线的两端，可标注对称符号，对称符号应由两条平行的细实线组成，如图 3-6-15 所示。

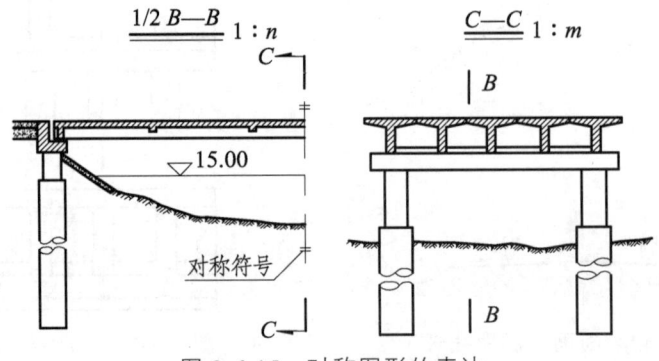

图 3-6-15　对称图形的表达

（7）在道路制图标准中，有画近不画远的习惯，对于剖面图的被切断面以外的可见部分，可以根据需要而决定取舍，这种图仍称为断面图，但不注明"断面"，仅注剖切编号字母，如图 3-6-16 所示，按理论其 I—I 面应画成图（a）的形式，但专业图常用图（b）的形式来表示，不把端隔板画出来。

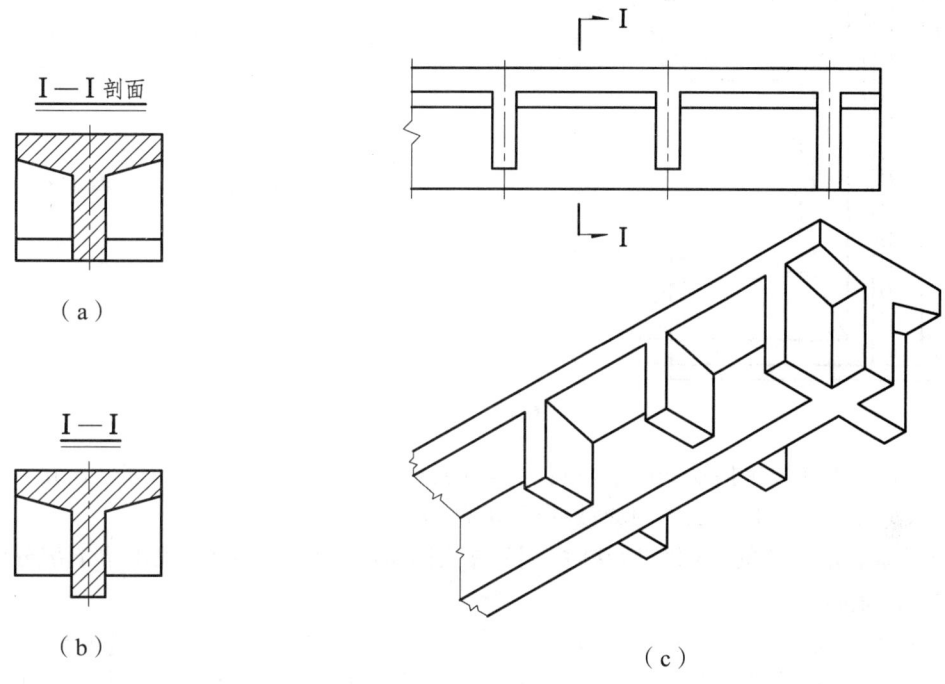

图 3-6-16　习惯画法

（8）当用虚线表示被遮挡的复杂结构图时，应只绘制主要结构或离视图较近的不可见图线，如图 3-6-17 所示，U 形桥台的侧面图由从桥台的前、后两个方向投影所得到的台前、台后两个图合并而成，为表示主要结构，避免重叠不清，虚线未画出。

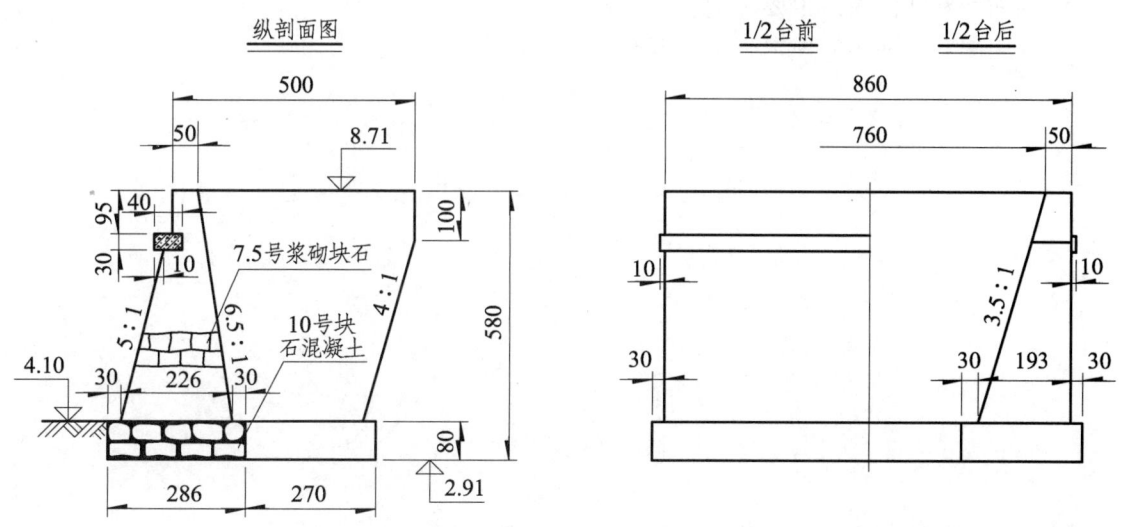

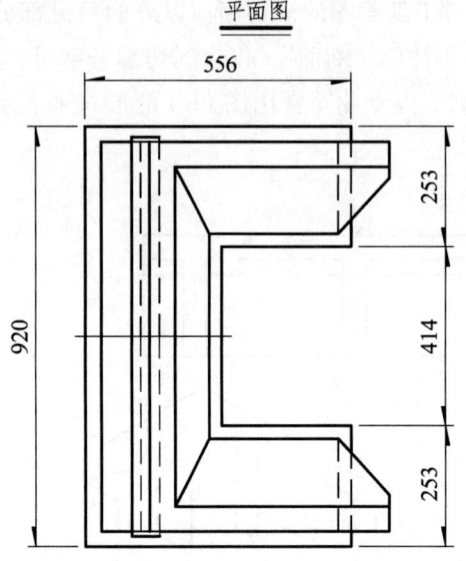

图 3-6-17 U 形桥台

（9）当土体或锥坡遮挡视线时，可将土体看成透明体，使被土体遮挡部分，成为可见体，以实线表示。如图 3-6-15 所示，地面线以下的部分桩段按可见画出。

（10）只需表示形体的一部分形状时，可假想把不需要的部分折断，画出留下部分的投影，并在折断处画上折断线。

（11）若形体较长，且沿长度方向截面形状不发生变化时，其投影图可采用断开画法，即假想将其折断，去掉中间一部分，只画两端部分，但尺寸要按总长标注，如图 3-6-15 中基桩的视图。

八、思考与练习

1. 断面图是怎样形成的？如何标注？其投影方向如何确定？
2. 剖面图和断面图的主要区别有哪些？
3. 剖面图和断面图的规定画法有哪些？

项目七　绘制坝面、河岸、河底间的坡面交线及坡脚线

 能力目标

1. 能够应用直线的坡度与平距的关系，确定出直线上任意点的标高；
2. 能够正确判别平面的表示法，并作出平面上的等高线；
3. 能够应用两平面相交求交线的方法，完成坡面交线、坡脚线与开挖线的绘制。

 知识目标

1. 掌握直线在标高投影中的表示方法和直线坡度与平距的关系；
2. 掌握平面上等高线的特点及其与坡度比例尺的关系；
3. 掌握平面的表示法和其上等高线的作法；
4. 掌握两平面相交求交线的方法。

一、项目任务

作出坝面、河岸、河底间的坡面交线及坡脚线（《道路工程制图与识图习题册》第46页）。

二、能力训练任务

任务1：如图3-7-1所示，在标高为0的地面上开挖U形桥台基坑，各坡面坡度均为1∶1，试绘制基坑的开挖线和各坡面之间的交线。

任务2：如图3-7-2所示，绘制相交的两堤坝的坡面交线和坡脚线（地面标高为0）。

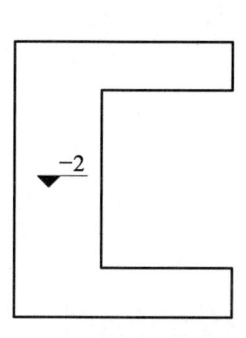

图3-7-1　U形桥台基坑

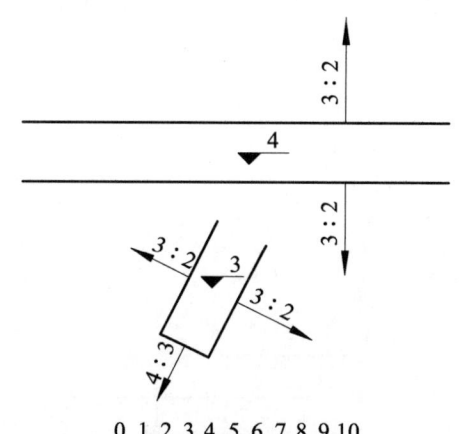

图3-7-2　相交的两堤坝

三、任务目的

1. 学习点、直线和平面在标高投影中的表示方法；
2. 学会运用直线的坡度与平距的关系和平面标高投影的相关知识，解决求坡面交线、坡脚线和开挖线的问题。

四、任务知识

道路是修建在地面上的，而且与地形有着紧密的联系。在设计和施工中，常常需要绘制表示地面起伏状况的地形图，以便在图纸上解决有关工程技术问题。但由于地面的形状高低起伏，变化没有规律，而且高度方向和长度方向尺寸相差很大，若采用三面正投影法表示，不仅作图困难，而且不易表达清楚。因此，在生产实践中常采用标高投影法来表示地面形状。

标高投影法，就是在水平投影图上加注物体上某些特殊点、线、面的高程，以高程数字代替立面图的作用。它仍然是正投影，只不过仅有一个水平投影面。

1. 点和直线的标高投影

（1）点的标高投影

在标高投影中，水平投影面 H 称为基准面。标高就是空间点、线、面到基准面的距离。一般规定：基准面的标高为零；基准面上方的点、线、面其标高为正值；下方的标高为负值，正标高前的"＋"号可以省略，但负标高前的"－"号不能省略。

点的标高投影就是在点的水平投影字母右下角，标注出该点相对于基准面的标高数字。如图 3-7-3（a）所示，设空间有 A、B、C 三点，它们的标高分别为 5、0 和 -3 个单位，作出它们在基准面 H 上的投影 a、b、c，并在字母的右下角标注其标高，便得到它们的标高投影 a_5、b_0、c_{-3}，如图 3-7-3（b）所示。

由于标高投影图是一种单面正投影图，所以在标高投影图上必须附有比例尺或长度单位，否则就无法根据单面正投影图来确定物体的空间形状和位置。其长度单位，如图中没有注明，则以 m 为单位。图 3-7-3（b）是 A、B、C 三点的标高投影。根据某点的标高投影，可确定该点在空间的位置。如过 c_{-3} 作垂直于 H 面的投射线，向下量 3 m，即得 C 点。

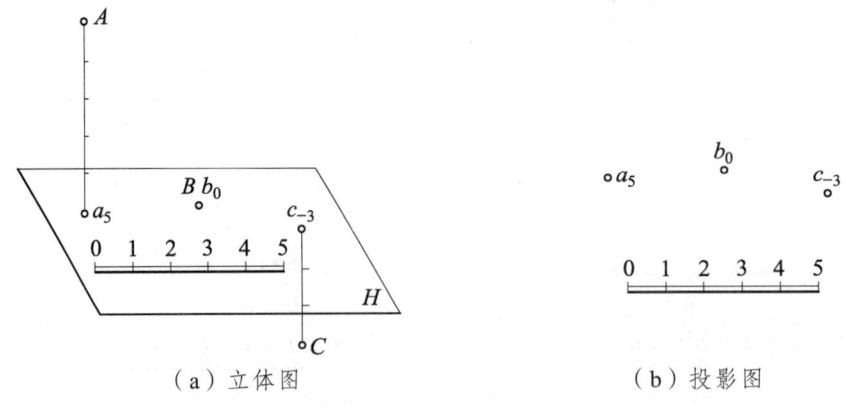

（a）立体图　　　　　　（b）投影图

图 3-7-3　点的标高投影

（2）直线的标高投影

① 直线的表示法

在标高投影中，直线的位置是由直线上的两个点或直线上的一点及该直线的方向确定。因此，直线的表示法有两种。一是连接直线上任意两点的标高投影来表示直线。如图 3-7-4 所示，一般位置直线 AB、铅垂线 CD 和水平线 EF，它们的标高投影分别为 a_3b_5、c_6d_2 和 e_4f_4，其中 CD 的投影积聚成一点。二是一般位置直线也可用直线上一个点的标高投影并加注直线的坡度和倾斜方向来表示。如图 3-7-4 所示，由 a_5 可确定 A 点的空间位置，在包含这条过 A 点直线的铅垂面内，按照 H 面投影上箭头所指的倾斜方向，过 A 点也就可以唯一地确定这条坡度 $i=1:2$ 的直线的空间位置。

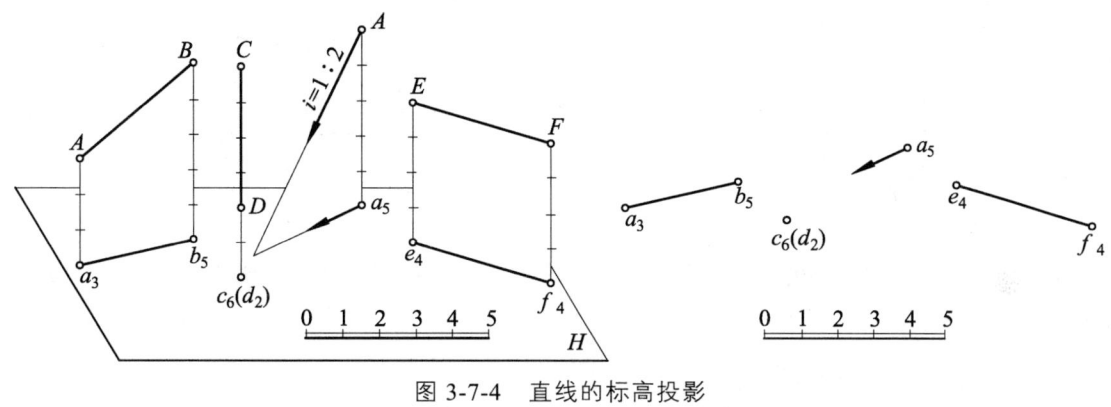

图 3-7-4　直线的标高投影

② 直线的实长及整数标高点的确定

在标高投影中求直线的实长，可采用直角三角形法。如图 3-7-5 所示，以直线的标高投影为直角三角形的一条直角边，以直线两端点的标高差为另外一条直角边，其斜边为实长，α 为直线对基准面的倾角。

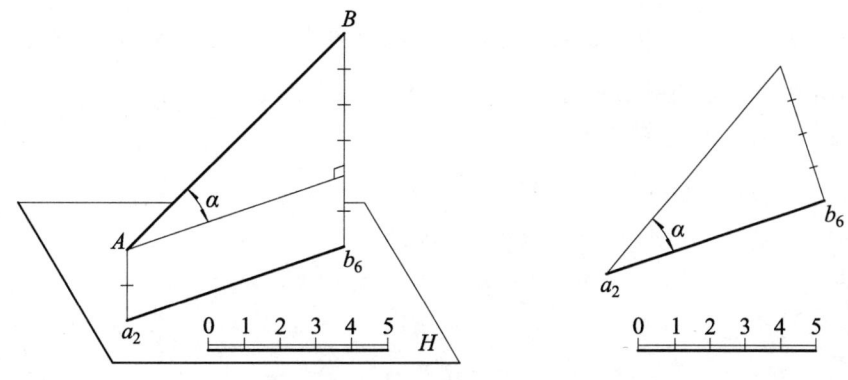

图 3-7-5　求直线的实长和倾角

在实际工作中经常遇到两点的标高并非整数，需要在直线的投影上定出各整数标高点的位置，这时可利用定比分割原理来解决。如图 3-7-6 所示，已知直线 AB 的标高投影 $a_{4.3}b_{7.8}$，求 AB 上的各整数标高点。平行于 $a_{4.3}b_{7.8}$ 作五条任意等间距的平行线，令最下面一条标高为

4单位，最上面一条为8单位；由 $a_{4.3}$、$b_{7.8}$ 分别作 $a_{4.3}b_{7.8}$ 的垂线，在其垂线上按其标高 4.3 和 7.8 分别定出 A、B 两点；连接 AB 与各平行线交于 Ⅴ、Ⅵ、Ⅶ 三点，即为直线上的整数标高点；把各交点投影到 $a_{4.3}b_{7.8}$ 上，就得到直线上的整数标高点的投影。

另外，如平行线的间距采用单位长度，还可直接求出 AB 的实长及其对基准面的倾角 α。

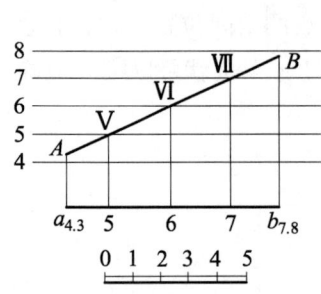

图 3-7-6 定直线上的整数标高点

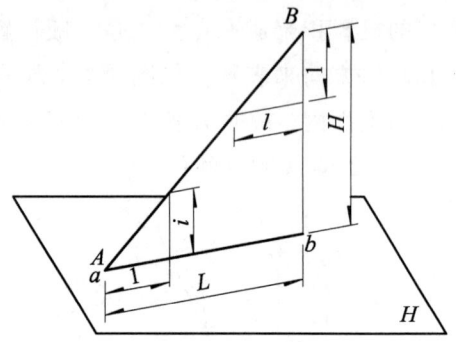

图 3-7-7 直线的坡度和平距

③ 直线的坡度和平距

直线上任意两点的高度差与其对应的水平距离（水平投影长度）之比称为该直线的坡度，用符号 i 表示。

$$i = \frac{高度差}{水平距离} = \frac{H}{L} = \mathrm{tg}\alpha$$

上式表明两点间水平距离为 1 个单位时两点间的高差即为坡度，如图 3-7-7 所示。

当两点间的高度差为 1 个单位时它所对应的水平距离称为平距，用符号 l 表示。

$$l = \frac{水平距离}{高度差} = \frac{L}{H} = \mathrm{ctg}\alpha$$

由此可见，平距和坡度互为倒数，即 $i = \frac{1}{l}$。坡度越大，平距越小；坡度越小，平距越大。

如图 3-7-8 所示，求直线 AB 的坡度、平距和直线上点 C 的标高。

为求坡度与平距，须先求出 H 和 L。

$$H_{AB} = 24.3 - 12.3 = 12.0$$

$$L_{AB} = 36（用所给比例尺量得）$$

因此，$i = \dfrac{H_{AB}}{L_{AB}} = \dfrac{12}{36} = \dfrac{1}{3}$，$l = 3$

又量得 $L_{AC} = 15$

所以，$i = \dfrac{H_{AC}}{L_{AC}} = \dfrac{H_{AC}}{15} = \dfrac{1}{3}$，$H_{AC} = 5$

故 C 点的标高为 $24.3 - 5 = 19.3$

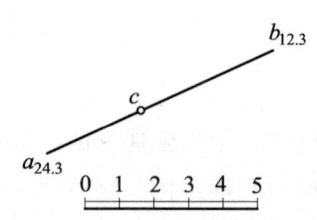

图 3-7-8 求直线的坡度和 C 点标高

2. 平面的标高投影

（1）平面上的等高线和坡度比例尺

平面上的水平线称为平面上的等高线，在实际应用中我们常采用平面上整数标高的水平线作为等高线，并把平面与基准面的交线作为标高为零的等高线。

从图 3-7-9 可以看出，平面上等高线具有以下特性：

① 等高线是直线；

② 等高线互相平行；

③ 等高线的高差相等时其平距相等。

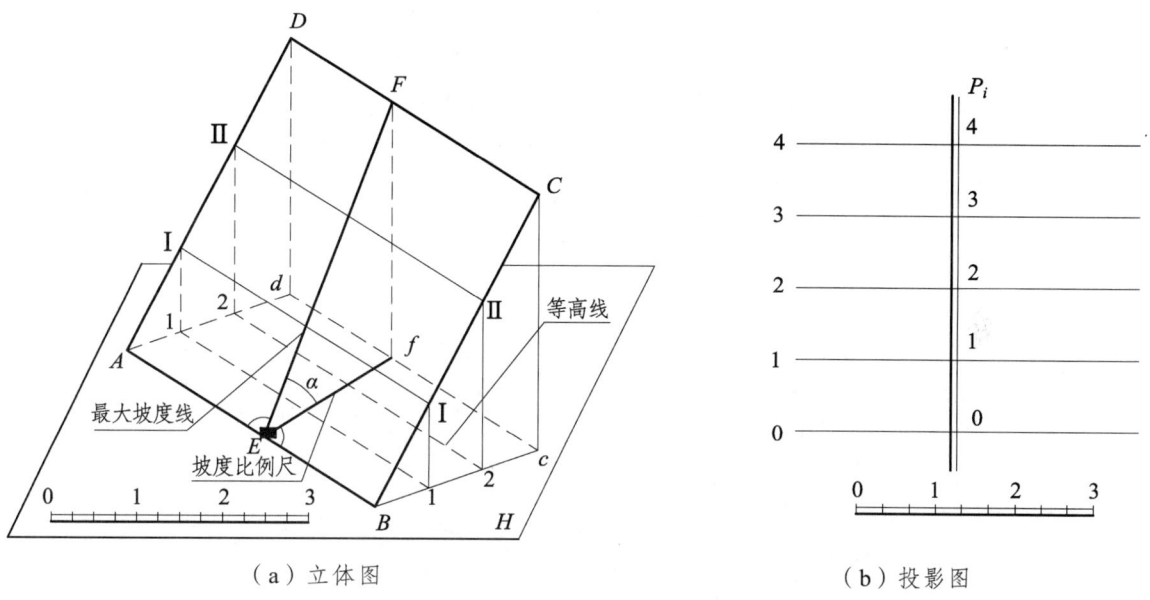

（a）立体图　　　　　　　　　　　　（b）投影图

图 3-7-9　平面上的等高线和坡度比例尺

平面上垂直于等高线的直线，称为最大坡度线。如图 3-7-9 中的直线 EF，最大坡度线对基准面的倾角就是平面对基准面的倾角，最大坡度线的坡度就代表平面的坡度。将平面上最大坡度线的投影附以整数标高，并画成一粗一细的双线，使之与一般直线有所区别，这条一粗一细并带有整数标高的双线就称为平面的坡度比例尺。

根据直角的投影特性，最大坡度线的投影（坡度比例尺）和平面上等高线的投影互相垂直，最大坡度线的平距就是等高线的平距。

（2）平面的表示法及其等高线作法

根据标高投影的特点，在标高投影中，平面通常有以下四种表示方法。

① 用五种几何元素表示平面。在前面所介绍的用几何元素表示平面的方法，在标高投影中仍然是适用的，只是转化为用标高投影来表达。

不在同一直线上的三点；

一直线及线外一点；

相交两直线；

平行两直线；

其他平面图形。

② 用坡度比例尺表示平面。如图3-7-10所示，这种表示法实质上就是最大坡度线表示法。已知平面的等高线组，可以利用等高线与坡度比例尺的相互垂直的关系，作出平面上的坡度比例尺，反之亦然。坡度比例尺的位置和方向一经给定，平面的方向和位置也就随之确定。过坡度比例尺上的各整数标高点作它的垂线，就是平面上的相应高程的等高线。但要注意的是，在用坡度比例尺表示平面时，标高投影的比例尺或比例一定要给出。

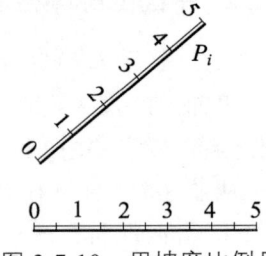

图3-7-10 用坡度比例尺表示平面

③ 用平面上的一条等高线和平面的坡度与倾向表示平面。如图3-7-11（a）所示，知道平面上的一条等高线，就可定出最大坡度线的方向，即平面的方向。由于平面的坡度和方向已知，则该平面的位置和方向就确定了。如果要作平面上的等高线，可先利用坡度求出等高线的平距，然后作已知等高线的垂线，在垂线上按图中所给比例尺截取平距，再过各分点作已知等高线的平行线，即可作出平面上一系列等高线的标高投影，如图3-7-11（b）所示。

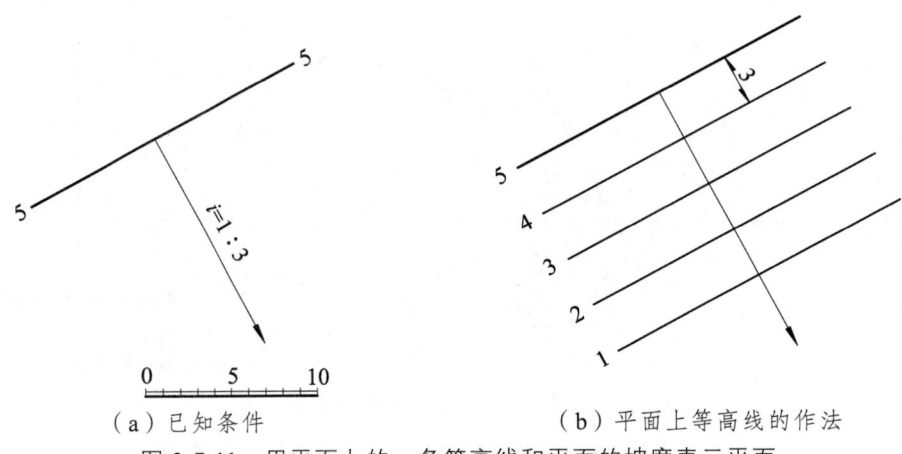

（a）已知条件　　　　　　　　（b）平面上等高线的作法

图3-7-11 用平面上的一条等高线和平面的坡度表示平面

④ 用平面上的一条非等高线和平面的坡度与倾向表示平面。过一条直线可以作无数个平面，然而平面的坡度给定后，又指出了平面向某一侧倾斜，并要包含直线AB，则此平面的位置就可以确定，如图3-7-12（a）所示。但图中箭头只表明该平面向直线的某一侧倾斜，并不代表平面的坡度线方向，坡度线的准确方向需作出平面上的等高线后才能确定，所以用虚线表示。

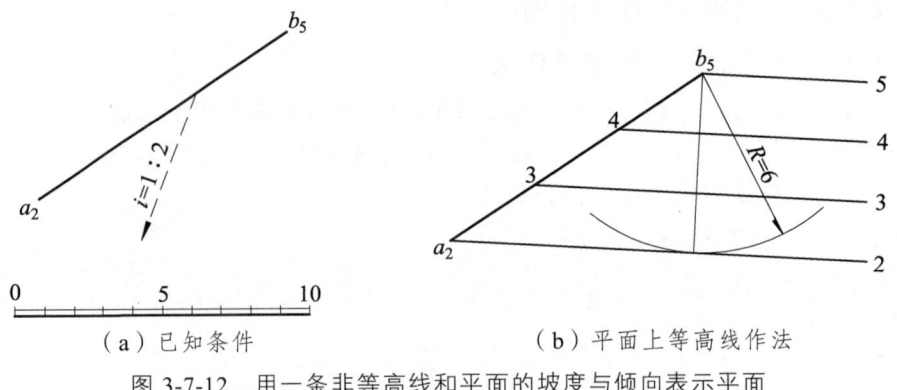

（a）已知条件　　　　　　　　（b）平面上等高线作法

图3-7-12 用一条非等高线和平面的坡度与倾向表示平面

图 3-7-12（b）表示了上述平面上等高线的作法。该平面上过 a_2 有一条标高为 2 m 的等高线，而过 b_5 则有一条标高为 5 m 的等高线，这两条等高线之间的水平距离 $L = l \times H = 2 \times 3 = 6$ m，也就是 b_5 到标高为 2 m 的等高线的距离。所以问题就变成了过一定点（a_2）作一直线（等高线 2）与另一定点（b_5）的距离为定长（6 m）的问题。因此，以 b_5 为圆心，以 $R = 6$ m 为半径（按图中所给比例尺量取），在平面的倾斜方向画圆弧，再过 a_2 作直线与圆弧相切，就得到标高为 2 m 的等高线，三等分 a_2b_5，可得到直线上标高为 3 m、4 m 的点，过各分点作直线与等高线 2 m 平行，就得到一系列相应的等高线。

如图 3-7-13 所示，已知一平面由 a_{47}、b_{63}、c_{53} 三点所给定，试求平面上的等高线（每隔 5 m 一根）、最大坡度线及平面对基准面的倾角。先分别求出 $a_{47}b_{63}$ 和 $b_{63}c_{53}$ 上 5 的整倍数的标高点 50、55 和 60，然后连接两条边上标高相同的两个点，即为平面上 5 的整倍数的等高线。作等高线的垂线，就是平面上的最大坡度线。以最大坡度线上相邻两条或多条等高线的水平距离作为直角三角形的一个直角边，以相邻两条或多条等高线的标高差（从比例尺上截取）作为直角三角形的另外一个直角边，作出直角三角形。其斜边与最大坡度线的夹角，即为平面对基准面的倾角。

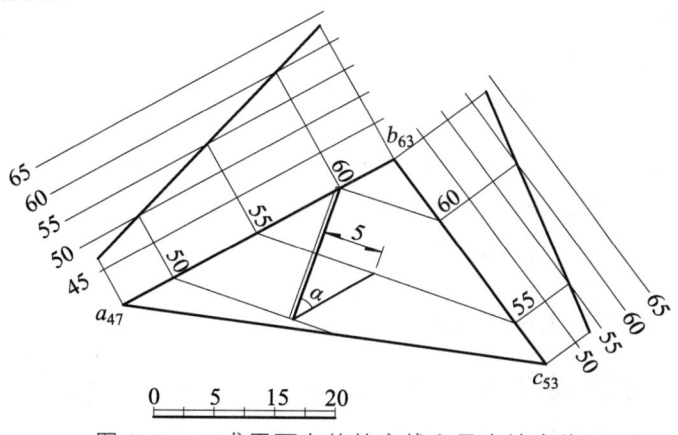

图 3-7-13　求平面上的等高线和最大坡度线

3. 两平面的相对位置

两平面在空间的相对位置有平行与相交两种情况。

（1）两平面平行

如果两平面平行，则它们的坡度比例尺互相平行、平距相等且标高数字的增减方向一致，如图 3-7-14 所示。

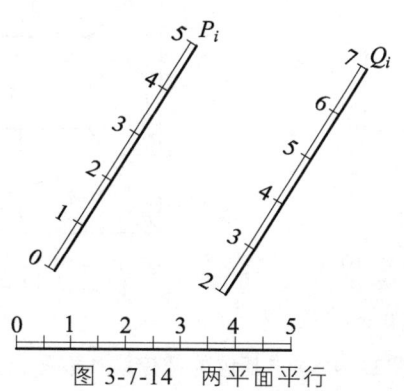

图 3-7-14　两平面平行

（2）两平面相交

在标高投影中，求两平面的交线仍然采用辅助平面法，即在相交两平面上求得两个共有点，两个共有点的连线即为两平面的交线，如图 3-7-15 所示。这里辅助平面采用的是整数标高的水平面，水平面与已知平面相交，其交线自然是标高相同的两条等高线，这两条等高线的交点就是三个平面的共有点。

因此，在标高投影中就是利用两平面上标高相等的两条等高线的交点相连来做两平面的交线。如图 3-7-16 所示，求 P、Q 两平面的交线。用两个标高为 11 和 14 的两对等高线，两对等高线的交点分别为 a、b，连接 ab 即为所求交线。

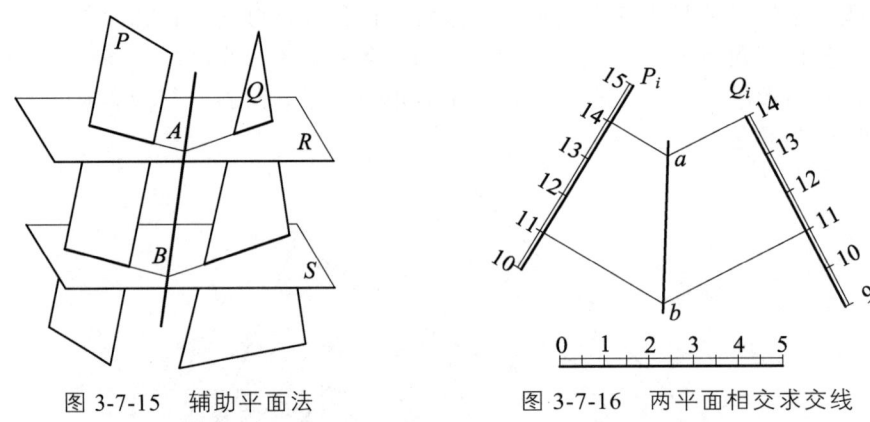

图 3-7-15 辅助平面法　　图 3-7-16 两平面相交求交线

4. 坡面交线、坡脚线和开挖线

在土建工程中，通常把建筑物相邻两坡面的交线称为坡面交线，坡面与地面的交线称为坡脚线（填方）或开挖线（挖方）。坡面倾斜情况可用示坡线表示，即图 3-7-17 中长短相间的细实线，示坡线通常画在高的一侧。

如图 3-7-17 所示，已知基坑底面的标高（ -2 ），以及基坑底面的大小和各坡面的坡度，假定地面是一个标高为 2 的水平面，求作开挖线和坡面交线。

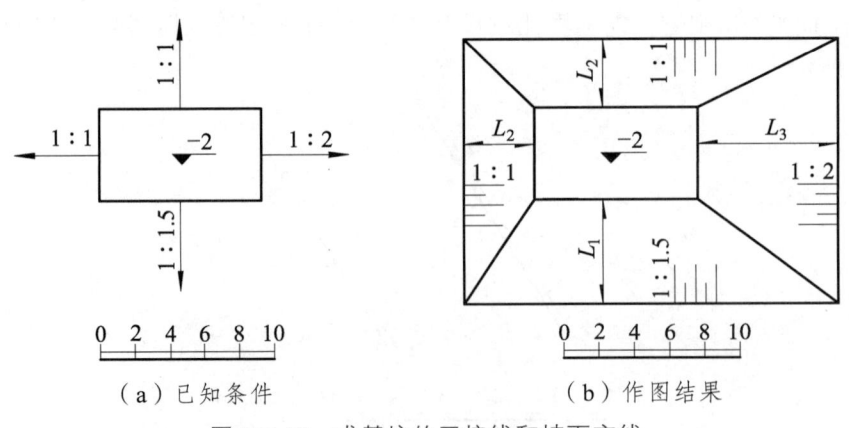

（a）已知条件　　（b）作图结果

图 3-7-17 求基坑的开挖线和坡面交线

求开挖线：由于地面高程为 2 m，因此开挖线就是各坡面上标高为 2 m 的等高线，它们分别与坑底的相应底边线平行，水平距离 $L_1 = 1.5 \times 4$ m $= 6$ m，$L_2 = 1 \times 4$ m $= 4$ m，$L_3 = 2 \times 4$ m $= 8$ m。

求坡面交线：相邻两坡面标高相同的两条等高线的交点即为两坡面的共有点，分别连接相应的两个共有点可得四条坡面交线，将结果加深，画出各坡面的示坡线。

如图 3-7-18 所示，一斜坡道与水平广场相连，设地面高程为 2 m，水平广场顶面标高为 5 m，试画出其坡脚线和坡面交线。

求坡脚线：由于地面标高为 2 m，因此坡脚线就是各坡面上标高为 2 m 的等高线，水平广场边缘与坡脚线水平距离 $L_1 = 1.2 \times 3$ m $= 3.6$ m。斜坡引道坡脚线的求法如图 3-7-18（a）所示，分别以 a_5 和 b_5 为圆心，以 $L_2 = 1 \times 3$ m $= 3$ m 为半径画弧，再自 c_2 和 d_2 分别作此两弧的切线，即为引道两侧的坡脚线。

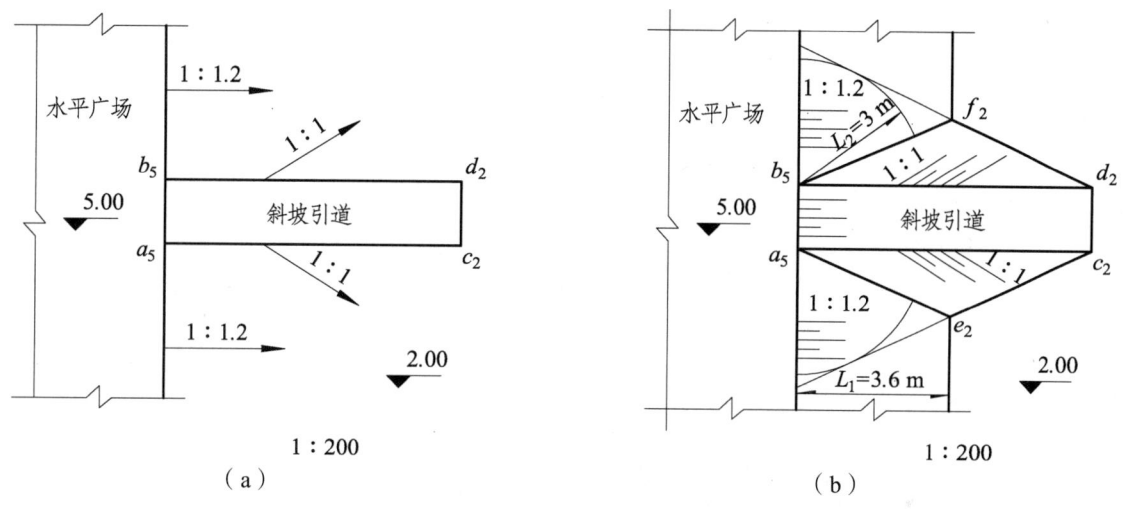

图 3-7-18 求斜坡道与水平广场的标高投影

求坡面交线：水平场地与斜坡引道的坡脚线分别交于 e_2 和 f_2，连 a_5e_2 和 b_5f_2，就是所求的坡面交线，将结果加深，画出各坡面的示坡线。

五、任务分析

任务 1：基坑共有 8 个坡面，各坡面的坡度均为 1∶1，各坡面上标高为 0 的等高线就是开挖线，相邻两坡面上标高相同的两条等高线的交点的连线，就是坡面交线。

任务 2：各坡面的坡脚线就是各坡面上标高为 0 的等高线，相邻两坡面上标高相同的两条等高线的交点的连线，就是坡面交线；标高为 3 的支堤与标高为 5 的主堤坡面的交线实际上就是主堤坡面上标高为 3 的等高线。

六、任务实施

通过教师引导，由学生自行完成图 3-7-1、图 3-7-2 所示任务 1 和任务 2。

七、思考与练习

1. 什么是标高投影？
2. 在标高投影中，直线的表示方法有几种？
3. 什么是直线的坡度和平距，两者有何关系？
4. 什么是平面上的等高线和坡度比例尺？
5. 在标高投影中，平面的表示方法有几种？如何作出其上的等高线？
6. 如何求两平面的交线？
7. 什么是坡面交线、坡脚线和开挖线？

项目八 绘制沿道路中心线剖切的路线纵断面图和指定位置的横断面图

 能力目标

1. 能够应用线段等分的方法作出直线上的整数标高点；
2. 能够识读地形图；
3. 能根据地形断面图的画法作出指定位置的横断面图和纵断面图。

 知识目标

1. 掌握曲面在标高投影中的表示方法；
2. 掌握同坡曲面的特性和等高线作法；
3. 掌握地形面上等高线的特点。

一、项目任务

绘制沿路中心线剖切的路线纵断面图和指定位置的横断面图(《道路工程制图与识图习题册》第 47 页)。

二、能力训练任务

任务 1：如图 3-8-1 所示，已知基坑底面的形状大小和标高 –3，各坡面坡度均为 1∶1，地面标高为 0，绘制基坑开挖线。

任务 2：如图 3-8-2 所示，圆弧引道与主干道相连，两侧边坡坡度为 1∶2，地面标高为 0，求作坡面交线和坡脚线。

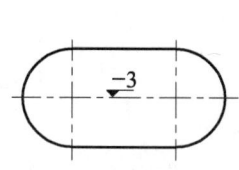

图 3-8-1 基坑平面图

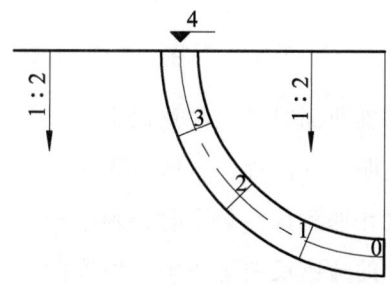

图 3-8-2 引道与主干道平面图

三、任务目的

1. 了解同坡曲面在道路工程中的应用，掌握同坡曲面上等高线的绘制方法；
2. 掌握地形面的表示方法，能够识读地形图、绘制地形断面图。

四、任务知识

工程上常见的曲面有圆锥面、同坡曲面和地形面等。在标高投影中表示曲面，就是用一系列高差相等的水平面与曲面相截，画出各截交线（即等高线）的标高投影。

1. 正圆锥面

如图 3-8-3 所示，正圆锥面上的等高线都是同心圆，当高差相等时，等高线间的水平距离相等。当锥面正立时，等高线越靠近圆心，其标高数字越大；当锥面倒立时，等高线越靠近圆心，其标高数字越小。

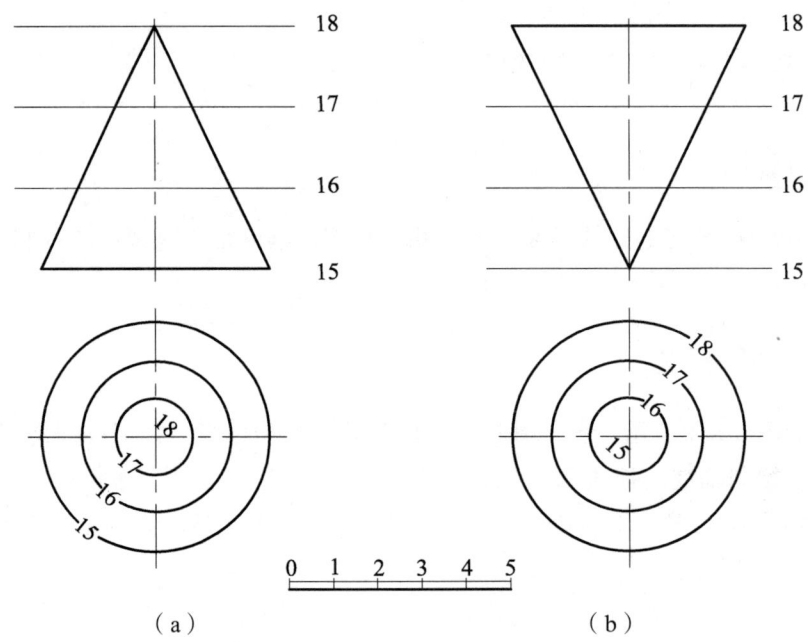

图 3-8-3 正圆锥的标高投影图

在表示正圆锥曲面时需要注意以下几点：

（1）必须注明锥顶高程，否则就无法区分圆锥与圆台；
（2）等高线在遇到标高数字时必须断开，标高数字的字头朝向高处；
（3）等高线的疏密反映了正圆锥坡度的大小。

在土石方工程中，常在两坡面的转角处采用与坡面坡度相同的锥面过渡，如图 3-8-4 所示。

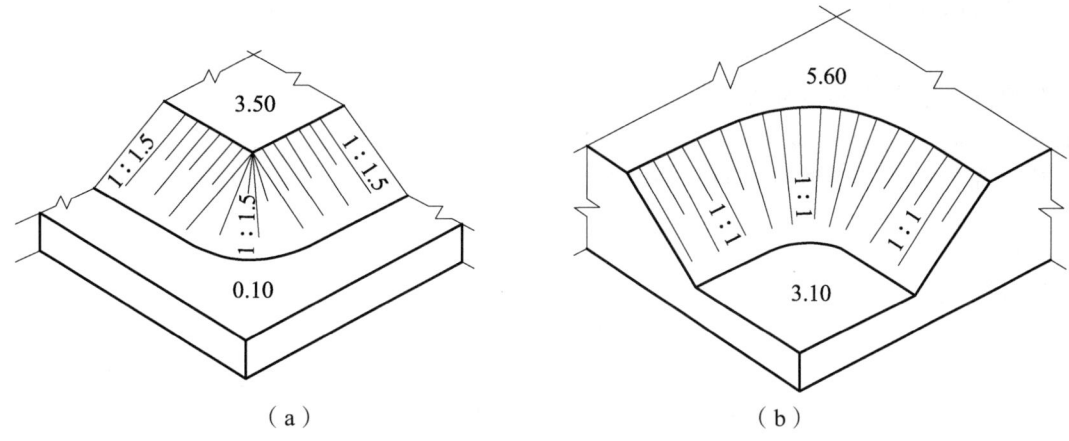

(a)　　　　　　　　　　　　　(b)

图 3-8-4　转角处采用锥面过渡

在土坝与河岸的连接处，采用圆锥面护坡，河底标高为 118 m，土坝、河岸、圆锥台顶面标高及各坡面坡度如图 3-8-5 所示，试完成其标高投影。

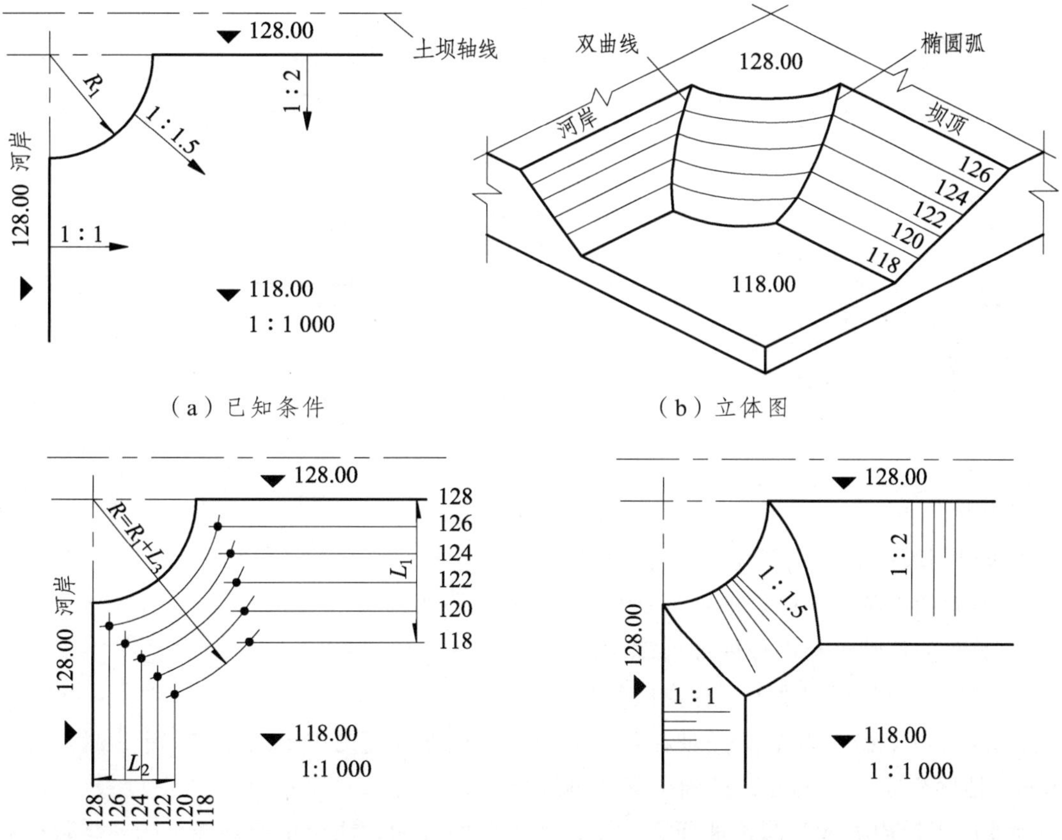

（a）已知条件　　　　　　　　　　（b）立体图

（c）作图方法　　　　　　　　　　（d）作图结果

图 3-8-5　求土坝、河岸、护坡的标高投影

作坡脚线：河岸与土坝的坡脚线均为直线，圆锥面的坡脚线为圆弧，分别是三个坡面上标高为 118 m 的等高线。各坡面的水平距离分别为 $L_1 = （128-118） \times 2\ \mathrm{m} = 20\ \mathrm{m}$，$L_2 = （128-118） \times 1\ \mathrm{m} = 10\ \mathrm{m}$，$L_3 = （128-118） \times 1.5\ \mathrm{m} = 15\ \mathrm{m}$。根据各坡面的水平距离，即可作出坡脚线。应当注意，圆锥面的坡脚线是圆台顶圆的同心圆，其半径为圆台顶圆半径（R_1）与其水平距离 L_3 之和，即 $R = R_1 + L_3$，如图 3-8-5（c）所示。

作坡面交线：三个坡面间的两条坡面交线分别为椭圆和双曲线，只要找出各坡面上标高相同的等高线的交点，依次光滑连接即可，如图 3-8-5（d）所示。

2. 同坡曲面

（1）定　义

一个各处坡度皆相等的曲面称为同坡曲面。道路工程中常用到同坡曲面，如道路在弯道处，无论有无纵坡，其两侧边坡均为同坡曲面，如图 3-8-6（a）所示。

（2）形　成

以一条空间曲线为导线，一个正圆锥的锥顶沿此曲导线运动，当正圆锥轴线方向不变时，所有正圆锥的包络曲面就是同坡曲面，如图 3-8-6（b）所示。

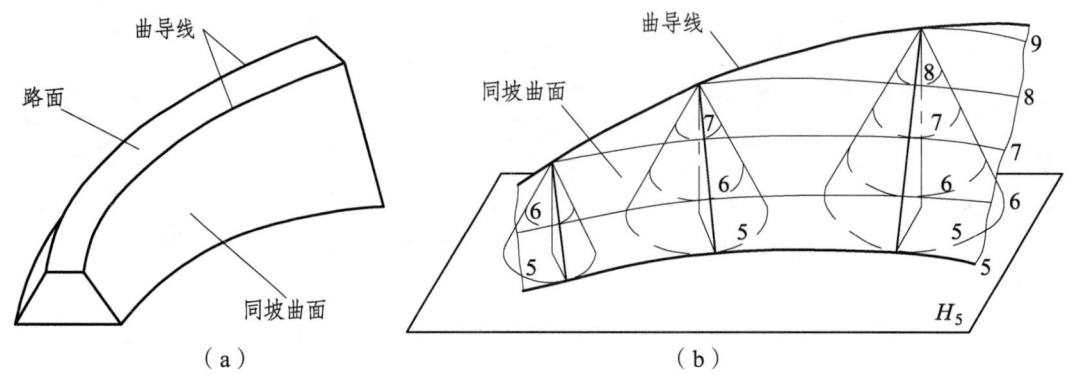

图 3-8-6　同坡曲面的形成

（3）特　点

要作出同坡曲面上的等高线，应明确以下三个特点：

① 运动的正圆锥与同坡曲面处处相切。

② 运动的正圆锥与同坡曲面坡度相同。

③ 同坡曲面与正圆锥上同标高的等高线相切。

如图 3-8-7（a）所示，一弯曲倾斜道路由地面逐渐升高与主干道相连，干道顶面标高为 9.00 m，地面标高为 5.00 m，试画出其坡脚线与坡面交线。

计算出干道边坡和正圆锥曲面的平距，用等分曲线的方法定出曲导线上的各整数标高点 a_6、b_7、c_8、d_9 作为正圆锥的锥顶，以 a_6、b_7、c_8、d_9 为圆心，分别以 $R = 1$、2、3、4 为半径画同心圆，即为各正圆锥上的等高线。

作正圆锥上同标高等高线的切曲线（包络线），即得同坡曲面上的等高线，用同样的方法作出另一侧同坡曲面上的等高线。求同坡曲面与主干道边坡的交线，将作图结果加深。

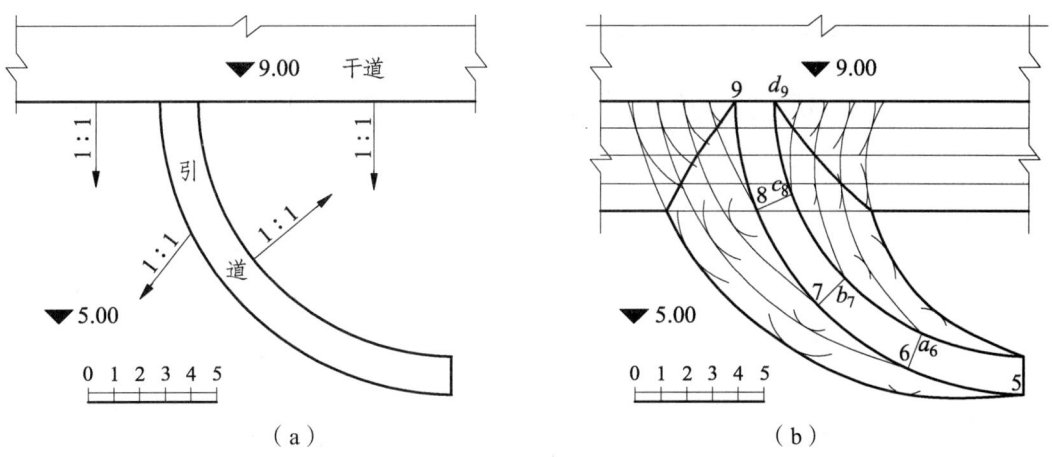

图 3-8-7　求主干道与弯曲斜坡道的标高投影

3. 地形面

如图 3-8-8 所示，由于地形面是不规则曲面，所以它上面的等高线是不规则的曲线。

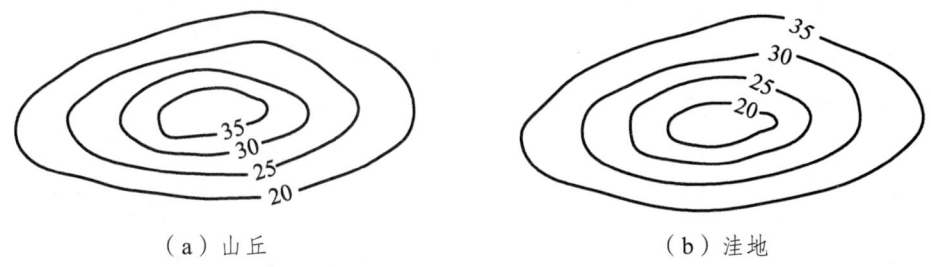

（a）山丘　　　　　　　　　　（b）洼地

图 3-8-8　地形面的表示法

地形等高线有下列特性：

（1）等高线一般是封闭曲线（在有限的图形范围内可不封闭）。

（2）除悬崖、峭壁外，等高线不相交。

（3）同一地形内，等高线愈密地势愈陡，反之等高线愈稀疏地势愈平坦。

用这种方法表示地形面，能够清楚地反映出地面的形状、地势的起伏变化以及坡向等。如图 3-8-9 中右方环状等高线，中间高、四面低，表示有一山头；山头东北面等高线密集、平距小，说明这里地势陡峭；西南面等高线稀疏、平距较大，说明这里地势平坦，坡向是北高南低。相邻两山头之间，形状像马鞍的区域称为鞍部。地形图上等高线高程数字的字头按规定应朝向上坡方向。相邻等高线之间的高差称为等高距，图 3-8-9 中的等高距为 5 m。

在一张完整的地形等高线图中，为了便于读图，一般每隔四条等高线加粗一条，这样的粗等高线称为计曲线，不加粗的等高线称为首曲线。

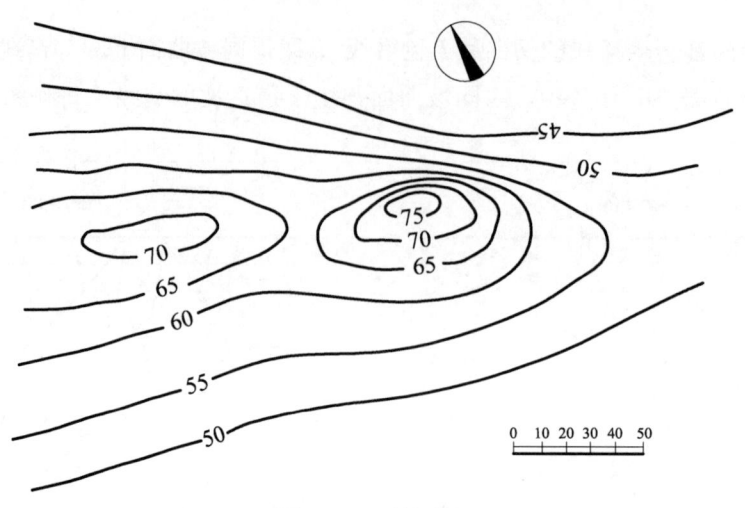

图 3-8-9 地形图

为了便于识读地形图,将典型地貌在地形图上的特征归纳如下:

山丘:等高线闭合圈由小到大高程依次递减,等高线亦随之渐稀,则对应地形是山丘,如图 3-8-10(a)所示。

洼地:等高线闭合圈由小到大高程依次递增,等高线亦随之渐稀,则对应地形是洼地,如图 3-8-10(b)所示。

山脊:等高线凸出方向指向低处,则对应地形是山脊,如图 3-8-10(c)所示。

山谷:等高线凸出方向指向高处,则对应地形是山谷,如图 3-8-10(d)所示。

鞍部:相邻两峰之间,形状像马鞍的区域称为鞍部,在鞍部两侧的等高线形状接近对称,如图 3-8-10(e)所示。

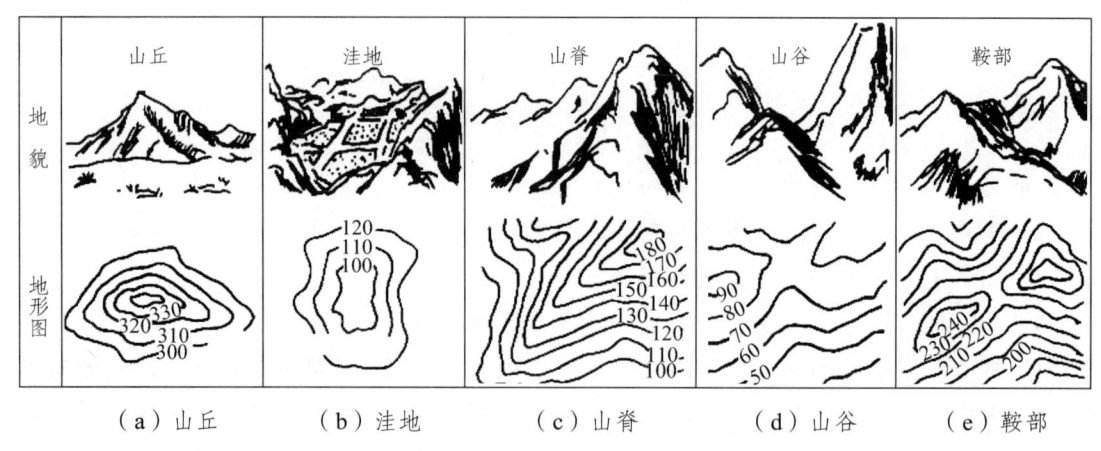

(a)山丘　　(b)洼地　　(c)山脊　　(d)山谷　　(e)鞍部

图 3-8-10　典型地貌在地形图上的特征

4. 地形断面图

用一个假想的铅垂面剖切地面,剖切平面与地面的截交线就是地形断面,在地形断面上画上相应的材料图例,就形成了地形断面图。其作图方法如图 3-8-11 所示。

过 AA 作铅垂面，它与地形面上各等高线的交点为 1、2、…、13，如图 3-8-11（a）所示。以 A—A 剖切线的水平距离为横坐标，以高程为纵坐标，按等高距及比例尺画一组平行线，如图 3-8-11（b）所示。将图 3-8-11（a）中的 1、2、…、13 各点转移到图 3-8-11（b）中最下面一条直线上，并由各点作纵坐标的平行线，使其与相应的高程线相交得到一系列交点。光滑连接各交点，即得地形断面图，并根据地质情况画上相应的材料图例。

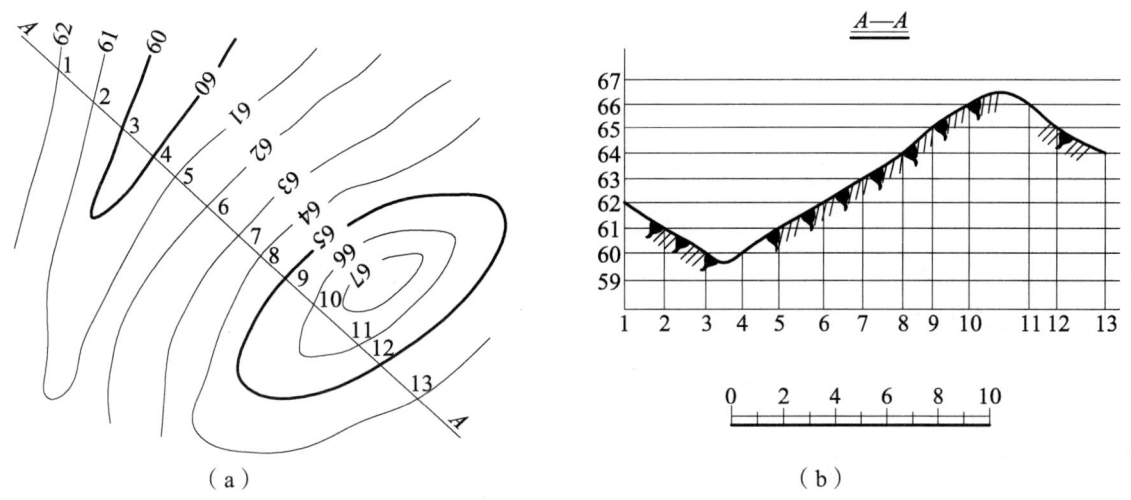

图 3-8-11　地形断面图的画法

五、任务分析

任务 1：基坑的坡面包括两个平面和两个倒圆锥曲面，其关系是相切。基坑的开挖线就是各坡面上标高为 0 的等高线。

任务 2：引道两侧的坡面为同坡曲面，两条边线就是曲导线，其上的各整数标高点就是正圆锥的锥顶，由此就可以作出两侧同坡曲面上的等高线。

六、任务实施

根据图 3-8-1 和图 3-8-2 完成任务 1 和任务 2。

七、思考与练习

1. 在标高投影中，如何表示曲面？
2. 什么是同坡曲面？有何特性？
3. 如何绘制同坡曲面上的等高线？
4. 地形面上的等高线有哪些特性？
5. 如何绘制地形断面图？

项目九　绘制水平广场的填挖边界线

 能力目标

1. 能够应用平面上和曲面上的等高线求出坡面交线；
2. 能够应用平面、曲面与地面相交求交线的方法，完成坡脚线与开挖线的绘制。

 知识目标

1. 掌握平面、正圆锥曲面和同坡曲面上等高线的作法；
2. 掌握平面与地面相交、曲面与地面相交求交线的方法。

一、项目任务

作出水平广场的填挖边界线（《道路工程制图与识图习题册》第 50 页）。

二、能力训练任务

任务 1：如图 3-9-1 所示，在河道上修筑一土坝，已知地形图上土坝坝顶轴线位置和土坝断面图，试完成土坝的平面图。

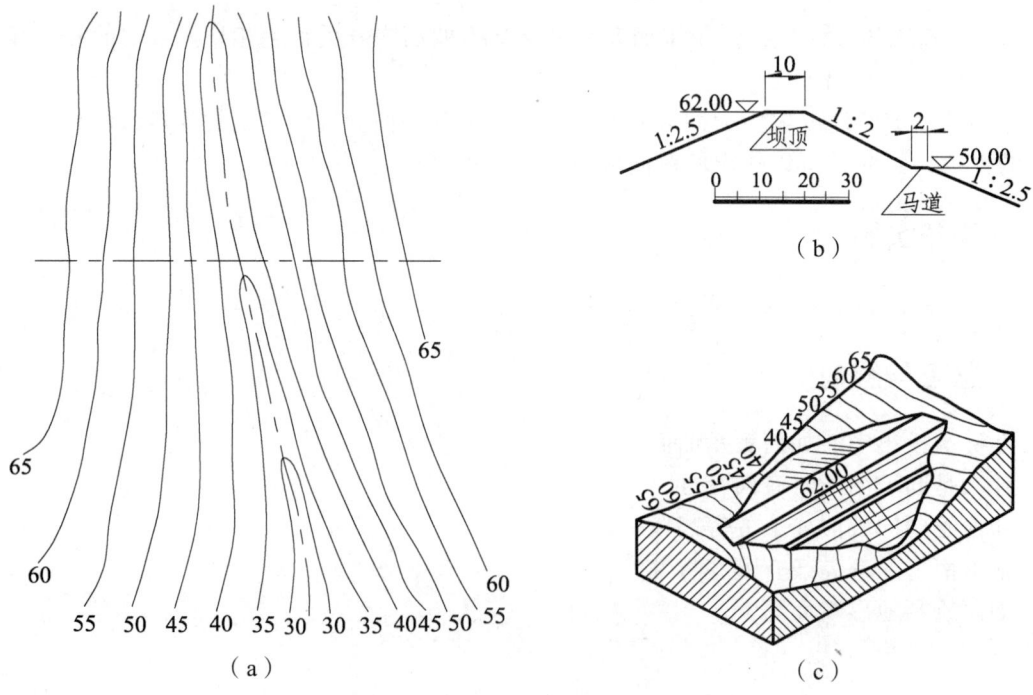

图 3-9-1　河道平面图和土坝断面图

任务 2：如图 3-9-2 所示，道路填方边坡为 1∶1，挖方边坡为 3∶2，求填挖方边界线。

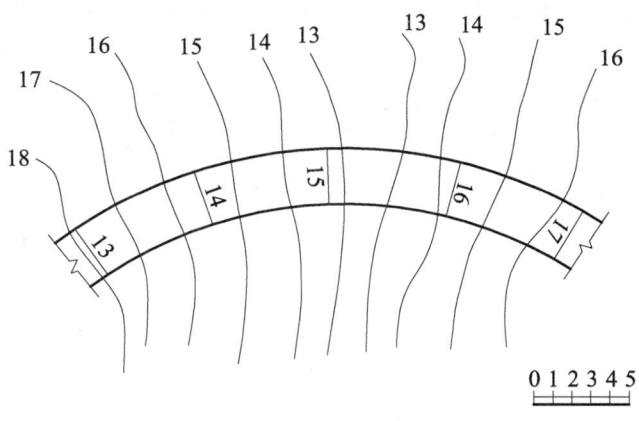

图 3-9-2　地形和道路平面图

三、任务目的

1. 学会识读地形图。
2. 能够应用曲面标高投影的相关知识，解决道路工程中常见的求坡脚线、开挖线等实际问题。

四、任务知识

在土建工程中，经常要应用标高投影来求解工程建筑物坡面的交线以及坡面与地面的交线，即坡脚线和开挖线。由于建筑物的表面可能是平面或曲面，地形面也可能是水平地面或是不规则地面。因此，它们的交线性质也不一样，但是求解交线的基本方法仍然是采用水平辅助平面来求两个面的共有点。如果交线是直线，只需求出两个共有点并连以直线；如果交线是曲线，则应求出一系列共有点，然后依次光滑连接，即得交线。

1. 平面与地形面的交线

求平面与地形面的交线，就是求出平面上与地形面上标高相同的一系列等高线的交点，然后依次光滑连接各点，即为平面与地面的交线。

如图 3-9-3 所示，求等高线和坡度及倾向给定的坡面与地形面的交线。

地形面上的等高线已经给定，平面上的等高线需根据已知条件画出。

平面上等高线的平距：$i = 1/3$；$l = 1/i = 3$。

按坡面的倾斜方向和图中所附的比例尺，作等高线 25 的平行线组（间距为 3 个单位），即得坡面上的等高线；坡面上和地形面上标高相同的等高线的交点，即为所求交线上的点。等高线 20 至 21 之间的交线需用内插法求解，即分别作出坡面和地面上标高为 20.5 m 的等高线（或按间距加密），求出更多的交点，最后将这些交点连接成光滑曲线即为所求。

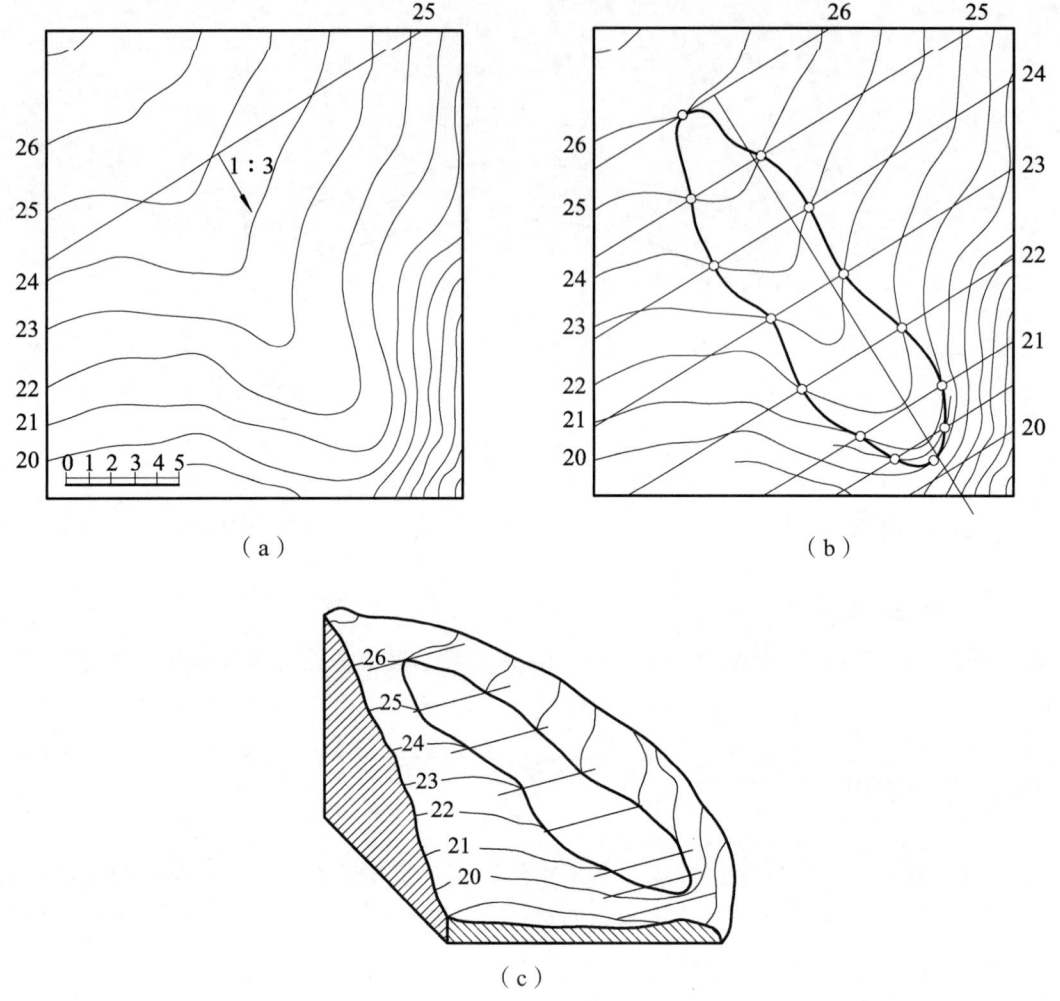

图 3-9-3　求平面与地形面的交线

如图 3-9-4 所示，已知管线两端标高分别为 20.00 m 和 42.00 m，求管线 AB 与地面的交点。求直线与地形面的交点，可包含直线作铅垂剖切面，作出其与地形面的截交线，再求直线与截交线的交点，就是直线与地形面的交点。作间距为 5 个单位的平行线组；将直线的标高投影 $a_{20}b_{42}$ 与地形面上各等高线的交点按其高程和水平距离点绘到平行线组中，连接各点得地形面截交线；将直线的标高投影 $a_{20}b_{42}$ 按其水平距离点绘到平行线组中，连接可得 AB 直线，AB 直线与截交线的交点即是 AB 直线与地面的交点；将所求交点返回到标高投影中，并将地面以下的部分画成虚线，如图 3-9-4 所示。

2. 曲面与地形面的交线

求曲面与地形面的交线，即求出曲面与地形面上一系列高程相同等高线的交点，然后把所得的交点依次相连，即为曲面与地形面的交线。

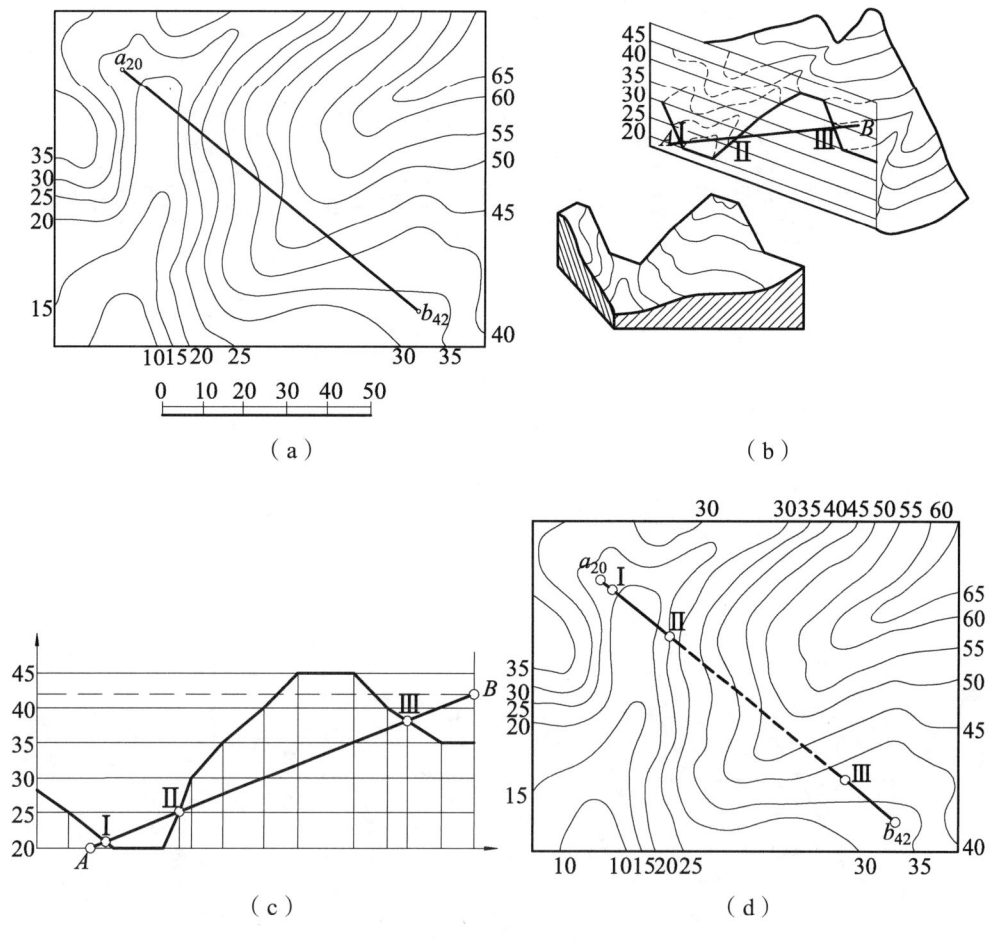

图 3-9-4 求管线与地形面的交点

如图 3-9-5（a）所示，要在山坡上修筑一带圆弧的水平广场，其高程为 30 m，填方坡度 1∶2，挖方坡度为 1∶1.5，求填挖边界线及各坡面交线。

因为水平场地高程为 30 m，所以地面上高程为 30 m 的等高线是填方和挖方的分界线，地面上高于 30 m 的一边需要挖方，低于 30 m 的一边需要填方，如图 3-9-5（b）所示。地面上 30 m 等高线与水平广场边线的交点 a、b 为填、挖分界点。北面挖方包含一个倒圆台面和两个与它相切的平面。根据挖方坡度 1∶1.5，顺次作出倒圆台面及两侧平面边坡的等高线，求得北坡面与地面相同高程等高线交点 1、2、3、…、8，倒圆台面上的 35 m 等高线与地面上标高为 35 m 等高线没有交点，而 4 点与 5 点相距较远，为有效控制开挖线弯曲趋势，在倒圆台面和地形面上各内插一条 34.5 m 的等高线，在 4 点与 5 点之间又可得到两个交点，依次光滑连接即得挖方边界。南面填方边坡坡面为三个平面，坡度为 1∶2，顺次作出三个坡面的等高线，分别求出各坡面与地形面相同高程等高线交点，顺次连接 8-9-10，11-12-13-14-15-16 和 17-18-19，可得填方的三条坡脚线。相邻坡脚线有两个交点 f 和 d，分别为相邻坡面交线上的一个端点，画出坡面交线。将挖方边界、填方边界和坡面交线加深，画出各坡面的示坡线，如图 3-9-5（b）所示。

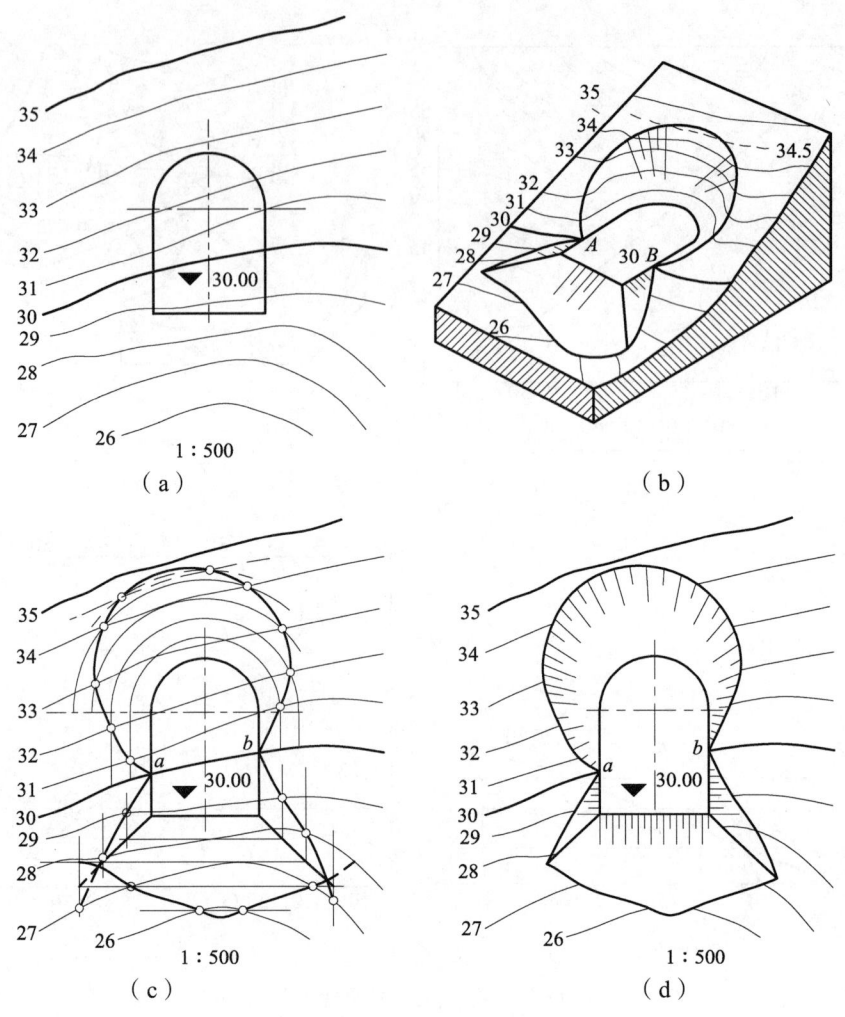

图 3-9-5　求水平广场的标高投影图

如图 3-9-6 所示，在所给地形面上修筑一条弯曲的道路，道路路面标高为 20 m，道路两侧边坡坡度，填方为 1：1.5，挖方为 1：1，求填挖边界线。

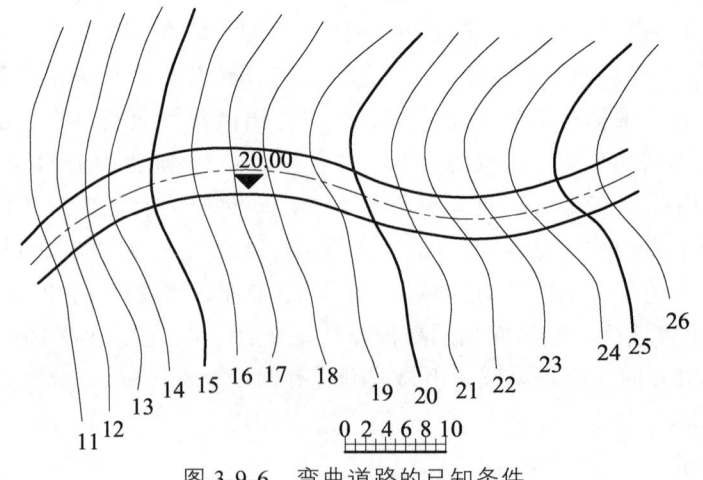

图 3-9-6　弯曲道路的已知条件

弯曲道路两侧的坡面均为同坡曲面，求填挖边界线就是求该曲面与地形面的交线。地形面上与路面上高程相同的点 a、b 即为填、挖分界点。a、b 两点右边部分地形面的高程比路面高，故为挖方；左边部分的地形面高程比路面低，故为填方。各坡面均为同坡曲面，同坡曲面上的等高线为曲线。在填方地段，愈往外地势愈低；在挖方地段，愈往外地势愈高。路缘曲线，就是同坡曲面上高程为 20 m 的等高线。根据填、挖方的坡度算出同坡面的平距，作出等高线。因为路面是平坡，故边坡等高线与路缘曲线平行。连接坡面上各等高线与相同高程地形等高线的交点，即得填、挖边界线，如图 3-9-7 所示。

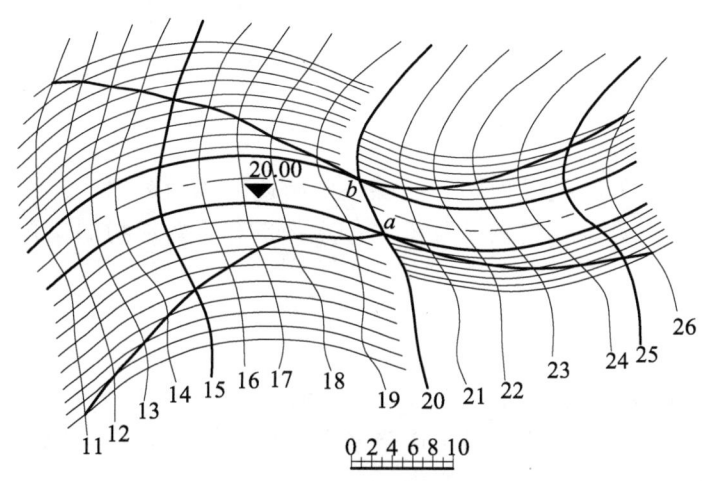

图 3-9-7　求弯曲道路的填挖边界线

五、任务分析

任务 1：由断面图可以看出，坝顶标高为 62 m，高于原地面，所以是填方。坝顶、马道和上下坡面均与地面有交线，即坡脚线，它们都是不规则的曲线。

任务 2：先确定填挖分界点，路面上标高为 14 的地方，地面标高大，故为挖方；路面上标高为 15 的地方，地面标高小，故为填方。因此，填挖分界点在路面上的 14 和 15 之间，可用内插法确定。另外，路面两侧均为同坡曲面。

六、任务实施

根据图 3-9-1 和图 3-9-2 完成任务 1 和任务 2。

七、思考与练习

1. 怎样求平面、曲面与地面的交线？
2. 如何确定填完分界点？

模块四 专业工程图识读

项目一 识读路线平面图

 能力目标

通过识读给定的路线平面图,能够正确阐述路线的名称、起终点里程、基本走向、平面状况、路线两侧的地形地物、水准点和主要地物的位置、平曲线设置情况等。

 知识目标

1. 了解公路路线平面图的作用及绘制方法;
2. 掌握公路路线平面图和城市道路路线平面图的图示内容与图示特点;
3. 掌握绘制路线平面图的注意事项。

一、项目任务

识读某公路路线平面图(《道路工程制图与识图习题册》第51页、52页)。

二、能力训练任务

任务1:识读图4-1-1所示的公路路线平面图。
任务2:识读图4-1-4所示城市道路路线平面图。

三、任务目的

1. 学习道路路线工程的图示方法、内容及《道路工程制图标准》(GB 50162—1992)对道路路线平面图的有关规定;
2. 了解道路路线平面图的画法。

四、任务知识与任务实施

道路是一种供车辆行驶和行人步行的带状结构物,其基本组成包括路基、路面、桥梁、涵洞、通道、隧道、防护工程、排水工程和沿线设施等。道路按其所处的位置和组成特点不同,分为公路和城市道路两种,位于城市郊区和城市以外的道路称为公路,位于城市范围以内的道路称为城市道路。

由于道路工程具有组成复杂、长宽高三个方向尺寸相差悬殊、形状受地形影响大等特点，所以道路工程图的图示方法与一般工程图样不完全相同，它是由表达道路整体状况的路线工程图和表达各组成部分的单项工程图组成。其中，路线工程图是由路线平面图、路线纵断面图和路基横断面图三种图样组成，单项工程图主要由桥梁、隧道、涵洞、通道、防护及排水等工程图组成。

道路路线是指道路沿长度方向的行车道中心线。道路路线除满足相应等级的使用功能所必需的线型特征外，其位置和形状还与道路所经过地区的地形、地物和地质等自然条件有密切的关系，这就使得道路路线在平面上蜿蜒曲折，在竖向高低起伏，所以从整体来看道路路线是一条空间曲线。

根据以上特点，道路路线工程图以绘有道路中心线的地形图作为平面图、以纵向展开断面图（纵断面图）作为立面图、以横断面图作为侧面图，而且这三种图样大都各自画在单独的图纸上，利用这三种图样，就可以完整地表达道路的空间位置、线型和尺寸。

绘制道路工程图时，应遵守《道路工程制图标准》（GB 50162—1992）中的有关规定。

1. 公路路线平面图

（1）路线平面图的作用

路线平面图的作用是表达路线的走向、平面线型（直线和左、右弯道）以及沿线两侧一定范围内的地形、地物等情况。

（2）路线平面图的图示方法

路线平面图是从上向下投影所得到的水平投影图，也就是用标高投影法所绘制的道路沿线周围区域的地形图。

（3）路线平面图的图示内容

如图4-1-1所示，为某公路从K0+000至K1+700段的路线平面图，其内容主要包括地形和路线两部分。

① 地形部分

地形部分的作用除为我们提供道路沿线的地形地物外，还可以作为纸上定线和移线之用，具体内容如下：

a. 比例。道路路线平面图所用比例，应根据路线所经过地区的具体情况和路线等级综合确定，通常在城镇区为1:500或1:1 000，山岭区为1:2 000，丘陵区和平原区为1:5 000或1:10 000。

b. 指北针或坐标网。在路线平面图上应画出指北针或测量坐标网，以指明道路在该地区的方位与走向。为了说明问题，本图既绘制了指北针又绘制了坐标网，指北针箭头所指为正北方向，指北针宜采用细实线绘制；坐标网的X轴为南北方向，坐标值增加的方向为正北方向；Y轴为东西方向，坐标值增加的方向为正东方向。坐标值的标注应靠近被标注点，书写方向应平行于对应的网格或在网格线的延长线上，数值前应标注坐标轴线代号。如图4-1-1中的"$X3\ 000$，$Y2\ 000$"表示两垂直线的交点坐标为距坐标网原点北3 000、东2 000单位（m）。

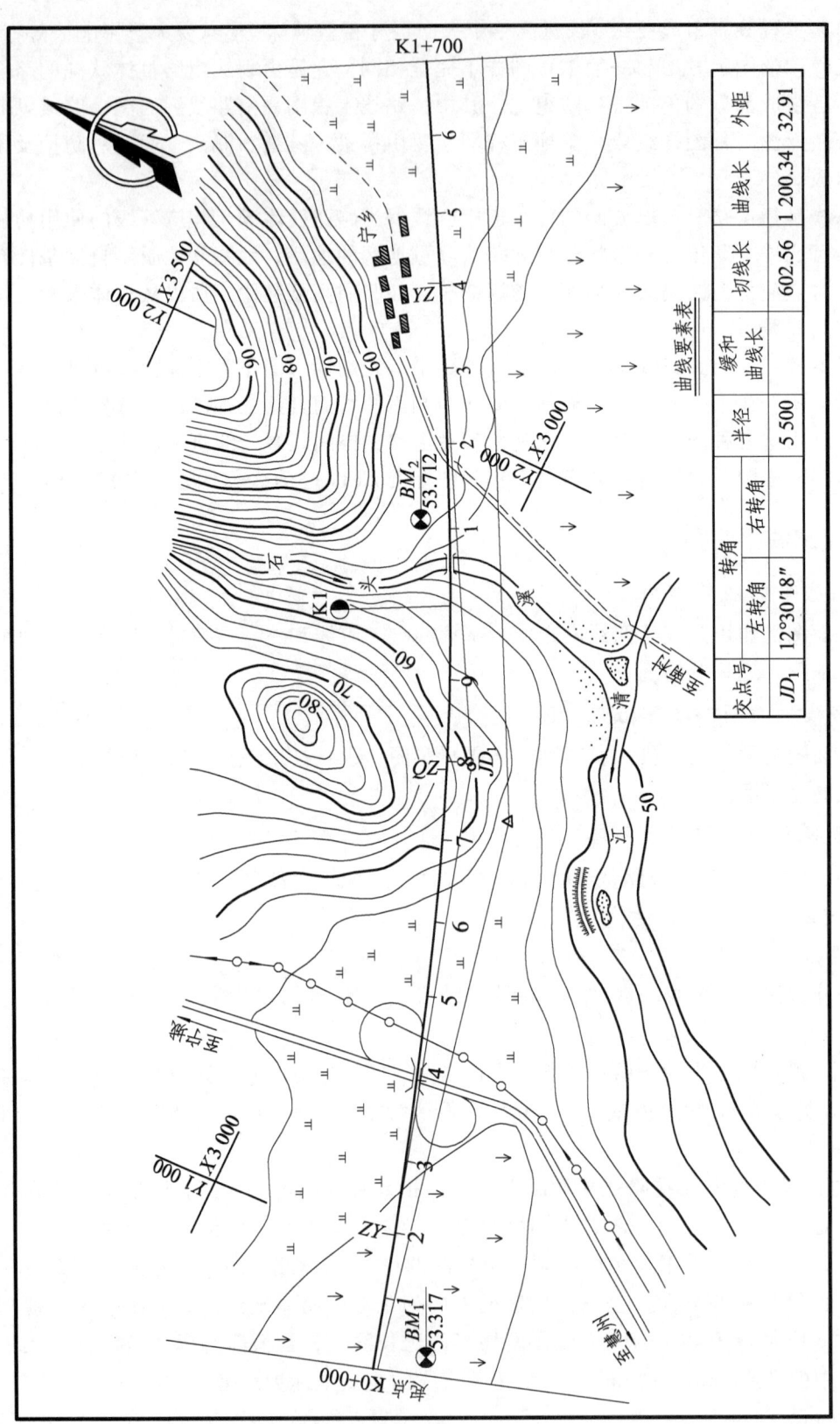

图 4-1-1 路线平面图

c. 地形。路线平面图中地形起伏情况主要用等高线表示，图 4-1-1 中每两根等高线之间的高差为 2 m，每隔四条等高线画出一条粗的计曲线，并标有相应的高程数字。由图中等高线的疏密可以看出，该地区北部有两座山峰，西部、南部和东南部地势比较平坦，并有耕田和农作物。

d. 地物。在平面图中地形面上的地物如河流、房屋、道路、桥梁、电力线、植被等，都是按规定图例绘制的，常见的道路工程地形图图例和常用结构物图例如表 4-1-1 和表 4-1-2 所示。对照图例可知，在两山峰之间有一条石头溪，流入清江，清江自东向西流过，路线两侧是水稻田和旱地。在 K1+400 处有一居民点，名为宁乡，一条大车道连接宁乡和竹坪乡，图上绘有宁城至慧州的一条原有公路，并与本公路交叉通过，低压电线在原公路的东侧。另外，图中还表示出桥梁、沙滩和堤坝的位置等。

表 4-1-1 道路工程常用图例

名称	图例	名称	图例	名称	图例
机场		港口		井	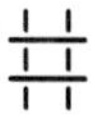
学校		变电室		房屋	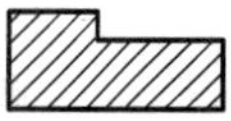
土堤	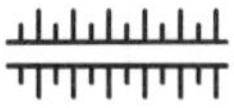	水渠	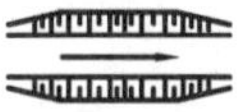	烟囱	
河流		冲沟		人工开挖	
铁路		公路		大车道	
小路		低压电力线 高压电力线	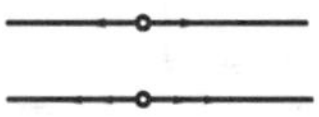	电讯线	
果园		旱地		草地	
林地		水田		菜地	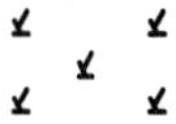
导线点		三角点		图根点	
水准点		切线交点		指北针	

表 4-1-2　道路工程常用结构物图例

名称		图例	名称	图例
平面	涵洞	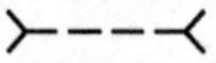	通道	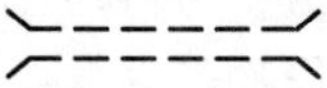
	桥梁（大、中桥按实际长度绘制）	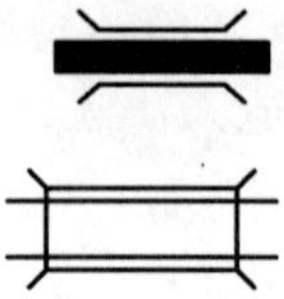	分离式立交 （a）主线上跨 （b）主线下穿	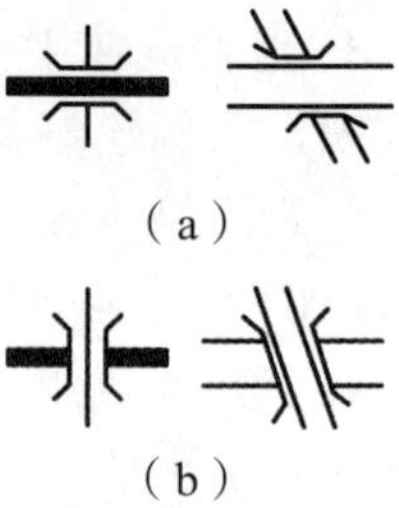 （a） （b）
	隧道		互通式立交 （采用形式绘）	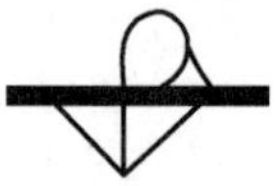
	养护机构	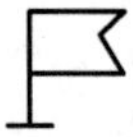	管理机构	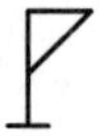
	隔离墩	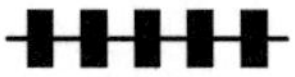	防护栏	
纵面	箱涵		桥梁	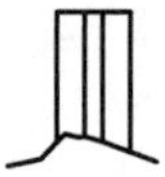
	盖板涵	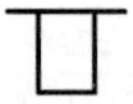	箱形通道	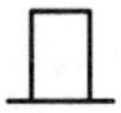
	拱涵	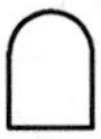	管涵	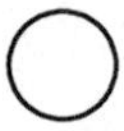
	分离式立交 （a）主线上跨 （b）主线下穿	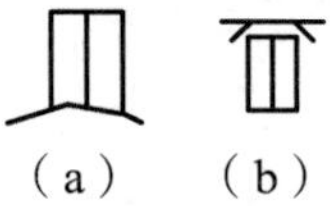 （a）　（b）	互通式立交 （a）主线上跨 （b）主线下穿	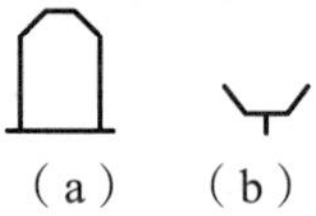 （a）　（b）
	只有屋盖的简易房	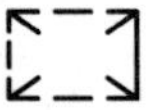	非明确路边线	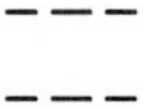
	砖石或混凝土结构房屋	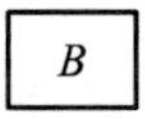 B	贮水池	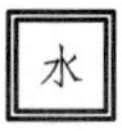 水
	砖瓦房	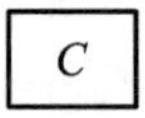 C	下水道检查井	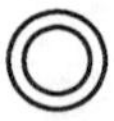
	石棉瓦	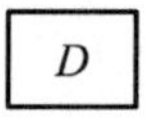 D	通信杆	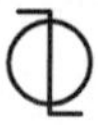
	围墙			

② 路线部分

a. 设计路线（道路中心线）。由于道路的宽度相对于长度来说尺寸小得多，公路的宽度只有在较大比例的平面图中才能画清楚。因此，通常是沿道路中心线画出一条加粗的粗实线来表示新设计的路线，比较线应采用加粗的粗虚线来表示。

b. 里程桩号。道路路线的总长度和各段之间的长度用里程桩号表示。里程桩号应从路线的起点至终点，按从小到大，从左到右的顺序排列，即在平面图中路线的前进方向总是从左向右的。里程桩分公里桩和百米桩两种，公里桩宜注在路线前进方向的左侧，用符号"⌽"表示桩位，公里数注写在符号的上方，如"K1"表示离起点 1 km；百米桩宜标注在路线前进方向的右侧，用垂直于路线的细短线表示桩位，用注写在短线端部、字头向上的阿拉伯数字表示百米数，例如在 K1 公里桩的前方注写的"4"，表示桩号为 K1+400，说明该点距路线起点为 1 400 m；也可在路线的同一侧，均采用垂直于路线的短线表示公里桩和百米桩。

c. 平曲线。道路路线在平面上是由直线段和曲线段组成的，在路线的转折处应设置平曲线。最常见的较简单的平曲线为圆曲线，其基本的几何要素如图 4-1-2 所示。JD 为交角点，是路线的两直线段的理论交点；α 为转折角（偏角），是路线前进方向向左或向右偏转的角度，α_z 表示左偏角，α_y 表示右偏角；R 为圆曲线半径，是连接圆弧的半径长度；T 为切线长，是切点与交角点之间的长度；E 为外矢距，是曲线中点到交角点的距离；L 为曲线长，是圆曲线两切点之间的弧长。

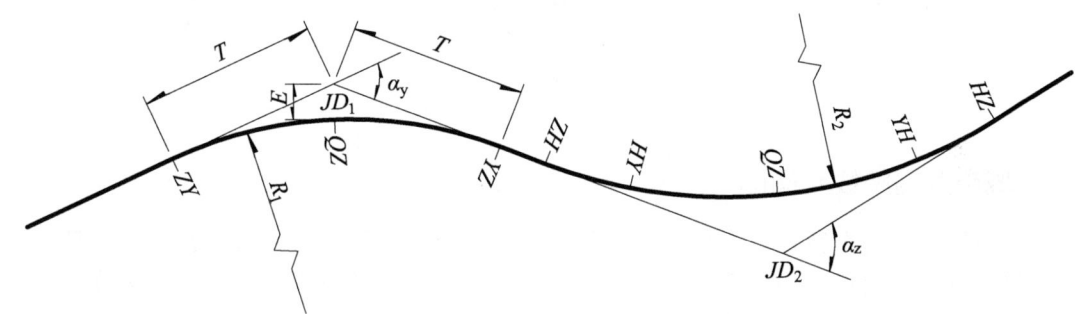

图 4-1-2 平曲线几何要素

在路线平面图中，转折处应注写交角点代号并依次编号，如 JD_1 表示第 1 个交角点；还要注出曲线段的起点 ZY（直圆）、中点 QZ（曲中）、终点 YZ（圆直）的位置；为了将路线上各段平曲线的几何要素值表示清楚，一般还应在图中的适当位置列出平曲线要素表。如果设置缓和曲线，则将缓和曲线与前、后段直线的切点，分别标记为 ZH（直缓点）和 HZ（缓直点）；将圆曲线与前、后段缓和曲线的切点，分别标记为 HY（缓圆点）和 YH（圆缓点）。

通过读图 4-1-1 可以知道，新设计的这段公路是从 K0+000 处开始，在交角点 JD_1 处向左转折，$\alpha_z = 12°30′16″$，圆曲线半径 R = 5 500 m，终点里程为 K1+700，总长度为 1 700 m，路线总体走向为由西向东。在 JD_1 处由于圆曲线半径较大，根据路线设计规范规定，可不设置缓和曲线。

d. 水准点。沿线附近每隔一定的距离应设置水准点，用于路线的高程测量。这些水准点的位置应绘制在路线平面图上，并加注水准点的编号与高程。水准点用"⊗"符号标记，如 $\otimes \frac{BM_2}{53.712}$，表示该水准点是路线的第 2 个水准点，高程为 53.712。

（4）绘制路线平面图应注意的几个问题

① 先依据路线走向展绘控制导线，再画地形图，地形等高线应按先粗后细的步骤徒手画出，要求线条顺滑，同类型等高线粗细均匀。

② 路线中心线用绘图仪器按先曲线后直线的顺序画出，要求连接光滑，粗细均匀。

③ 路线平面图应从左向右绘制，桩号为左小右大。

④ 平面图中的植物图例，应朝上或向北绘制；每张图纸的右上角应有角标，注明本张图纸的序号及总张数。

⑤ 由于公路路线具有狭长曲折的特点，不可能将整条路线的平面图画在同一张图纸内，通常需分段绘制在若干张图纸上，使用时再将各张图纸拼接起来，如图 4-1-3 所示。平面图中路线的分段宜在直线部分整桩号处，断开的两端均应画出垂直于路线的细点划线作为接图线。相邻图纸拼接时，路线中心线应对齐，接图线重合，并以正北方向为准来检查绘制和拼接的正确性。

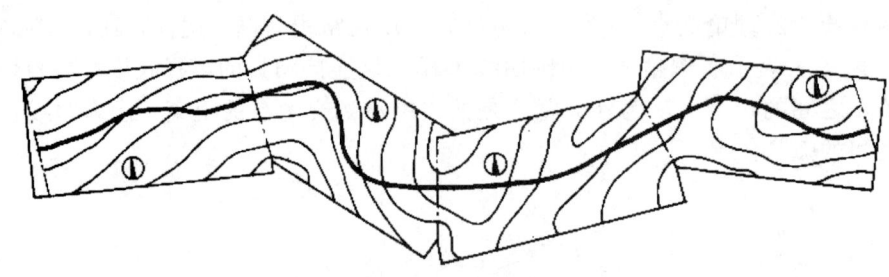

图 4-1-3　路线平面图的拼接

2. 城市道路路线平面图

城市道路主要由车行道、人行道、绿化带、分隔带、交叉口和交通广场以及高架桥、地下道路等各种设施组成。城市道路的线型设计结果也是通过平面图、纵断面图和横断面图来表达的，它们的图示方法与公路路线工程图相似。但由于城市道路所处的地形一般都比较平坦，并且城市道路的设计是在城市规划与交通规划的基础上实施的，交通性质和组成相比公路复杂得多，其复杂性主要体现在横断面图上。

城市道路路线平面图与公路路线平面图相似，主要用来表示城市道路的方向、平面线型和车行道布置以及沿路两侧一定范围内的地形和地物情况。

图 4-1-4 为某城市道路的平面图。它主要表示了环形交叉口和市区道路的平面设计情况。城市道路平面图的内容可分为道路和地形地物两部分。

（1）道路情况

① 道路中心线用点划线表示。为了表示道路的长度，在道路中心线上标有里程。如图 4-1-4 所示的平面图表示从 K6 + 520 ~ K6 + 730 一段道路的平面图。

② 道路的走向是用指北针确定的（也可用坐标网来确定）。JD_5 的坐标 $X = 2\,892\,727.505$，$Y = 431\,963.005$，JD_6 的坐标 $X = 2\,892\,903.000$，$Y = 431\,223.000$，读图时可几张图拼接起来阅读。从指北针方向可知，道路的走向为北偏东方向。

③ 城市道路平面图所采用的绘图比例较公路路线平面图大，因此车行道、人行道的分布和宽度可按比例画出。由图可看出：两侧机动车道宽度为 8.25 m，非机动车道宽度为 5 m，人行道为 4.75 m，中间分隔带宽度为 6 m，机动车道与非机动车道之间的分隔带宽度为 0.5 m，所以该路段为"四块板"断面的布置形式。

④ 图中与南平路平面交叉的东山东路，约为西偏南走向。

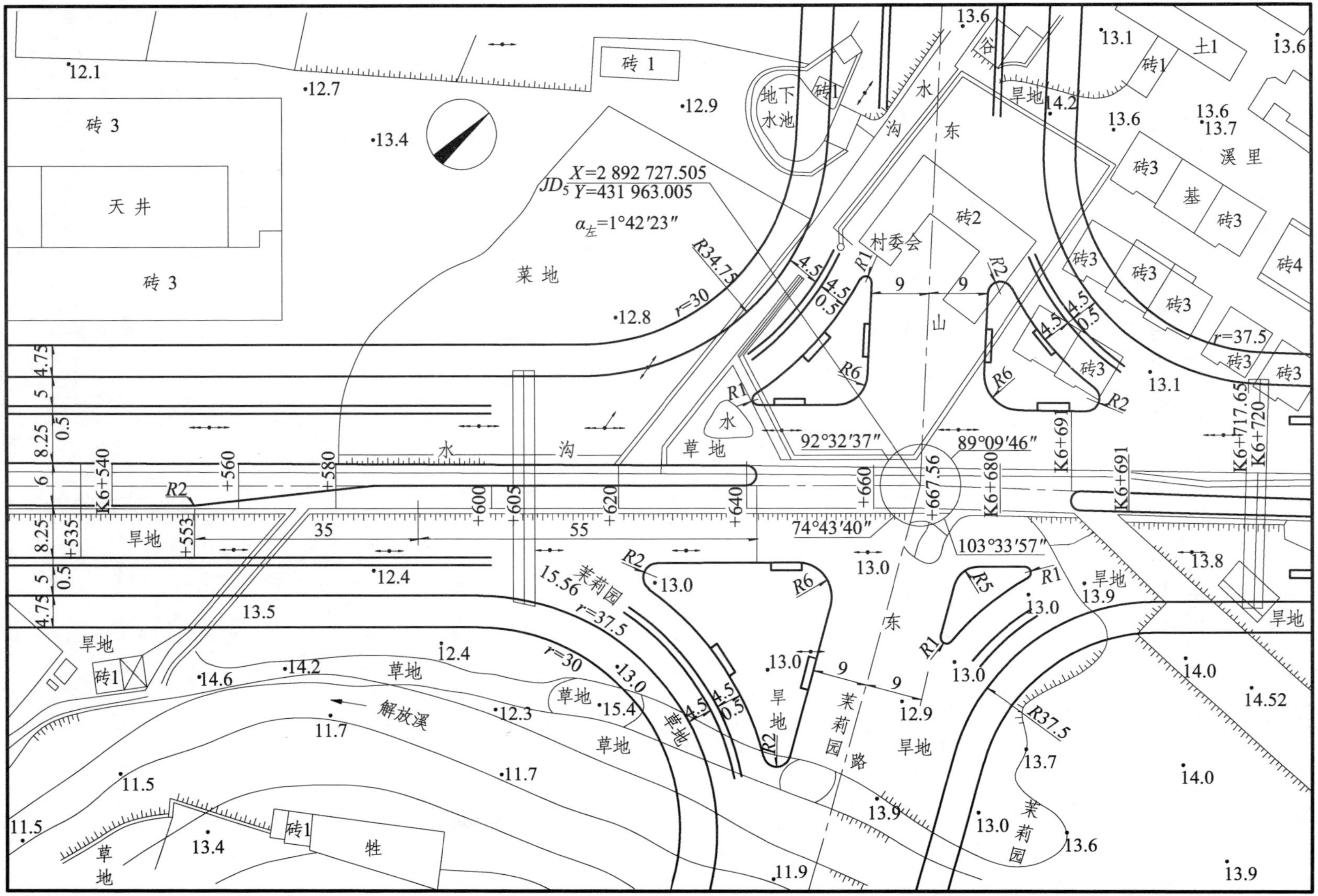

图 4-1-4 某城市道路路线平面图

（2）地形地物情况

① 城市道路所在地区的地势一般比较平坦，地形除用等高线表示外，还用大量的地形点表示高程。

② 本段道路是郊区扩建的城市道路，原有道路为宽约 5 m 的水泥路。新建道路因此占用了沿路两侧一些工厂、民房、学校用地。该地区的地物和地貌情况可在表 4-1-1 和表 4-1-2 平面图图例中查知。

五、思考与练习

1. 道路路线工程图由哪些图样组成？其作用是什么？
2. 试述公路路线平面图的图示内容。
3. 绘制公路路线平面图时应注意哪些问题？
4. 公路路线平面图与城市道路路线平面图在图示内容和图示方法上有什么不同？

项目二 识读路线纵断面图

 能力目标

1. 通过识读公路路线纵断面图和城市道路路线纵断面图,能够正确阐述路线的名称、起终点里程、变坡点位置、纵坡大小和坡长、路线沿线设置的水准点和主要构造物的位置、结构形式、竖曲线设置的形式和填挖情况等;
2. 能够应用直线坡度的概念,计算路线纵断面图设计线上任意点的设计标高。

 知识目标

1. 了解公路路线纵断面图和城市道路路线纵断面图的作用及绘制方法;
2. 掌握公路路线纵断面图和城市道路路线纵断面图的图示内容与图示特点;
3. 掌握绘制公路路线纵断面图的注意事项。

一、项目任务

识读某公路路线纵断面图(《道路工程制图与识图习题册》第 53 页、54 页)。

二、能力训练任务

任务 1:识读图 4-2-2 所示的公路路线纵断面图。
任务 2:识读图 4-2-4 所示的城市道路路线纵断面图。

三、任务目的

了解和掌握公路路线纵断面图、城市道路路线纵断面图的相关知识和图示特点,熟练识读路线纵断面图。

四、任务知识与任务实施

1. 公路路线纵断面图

(1)路线纵断面图的作用

路线纵断面图的作用是表达路线沿中心线的纵向坡度、地面沿纵向高低起伏的变化情况以及沿线的地质土壤情况和构造物设置情况等。

(2)路线纵断面图的形成

路线纵断面图是用一个假想的由平面和曲面组成的铅垂面,沿路线中心线纵向剖切并展开到同一平面上而形成的,如图 4-2-1 所示。它是利用展开剖面图的原理来绘制的,用它来代替三面投影图中的立面图。

图 4-2-1 路线纵断面图的形成

（3）路线纵断面图的内容

路线纵断面图的内容包括高程标尺、图样和测设数据表三个部分。《道路工程制图标准》（GB 50162—1992）规定，图样应画在图纸的上部，测设数据应采用表格形式布置在图样下面，高程标尺应布置在测设数据表的上方图样左侧。图 4-2-2 为某公路从 K6+000 至 K7+600 段的公路路线纵断面图。

① 图样部分

a. 比例。路线纵断面图的水平方向表示路线的长度，竖直方向表示设计线和地面的高程。由于地形和设计线的高程变化比起路线的长度要小得多，如果竖向高度与水平长度采用同一种比例绘制，就很难把高差和纵坡明显地表示出来。所以，为了在路线纵断面图上能够清晰地显示出高程及纵坡变化，绘制时一般竖向比例要比水平比例放大 10 倍，例如本图的水平比例为 1∶2 000，而竖向比例为 1∶200。这样画出的路线坡度虽然比实际大，但看上去较为明显。

b. 地面线。图中不规则的细折线就是地面线，它表示设计中心线处地面在纵向高低起伏变化的情况，是剖切平面与原地面的交线，依据原地面上一系列中心桩处的实测地面高程而绘制。

c. 设计线。图中由直线和曲线构成的粗实线就是道路的设计线，设计线是根据地形起伏和公路等级，按相应的工程技术标准而确定的。设计线上各点的标高通常是指路基边缘的设计高程。由设计线与地面线相应的高程之差，就可确定各中心桩处的填挖高度。

d. 竖曲线。在设计线的纵坡变化处（变坡点），为了便于车辆行驶，均应设置圆弧竖曲线。根据纵坡变化情况，竖曲线分为凸形和凹形两种，在图中分别用"⌐⊤⌐"和"⌐⊥⌐"符号表示。符号中部的竖线应与变坡点位置对齐，长度为 20 mm，竖线左侧标注变坡点的里程桩号，竖线右侧标注变坡点的高程，符号的水平线两端应与竖曲线的起点和终点对齐，竖线长度为 3 mm，并将竖曲线的半径 R、切线长 T、外矢距 E 等要素的数值标注在水平线上方。如图 4-2-2 所示，在变坡点 K6+600 处设有 R = 2 000 m 的凸形竖曲线，T = 40 m、E = 0.4 m；在变坡点 K6+980 处设有 R = 3 000 m 凹形竖曲线，T = 50 m、E = 0.42 m，变坡点的高程为 76.70 m。

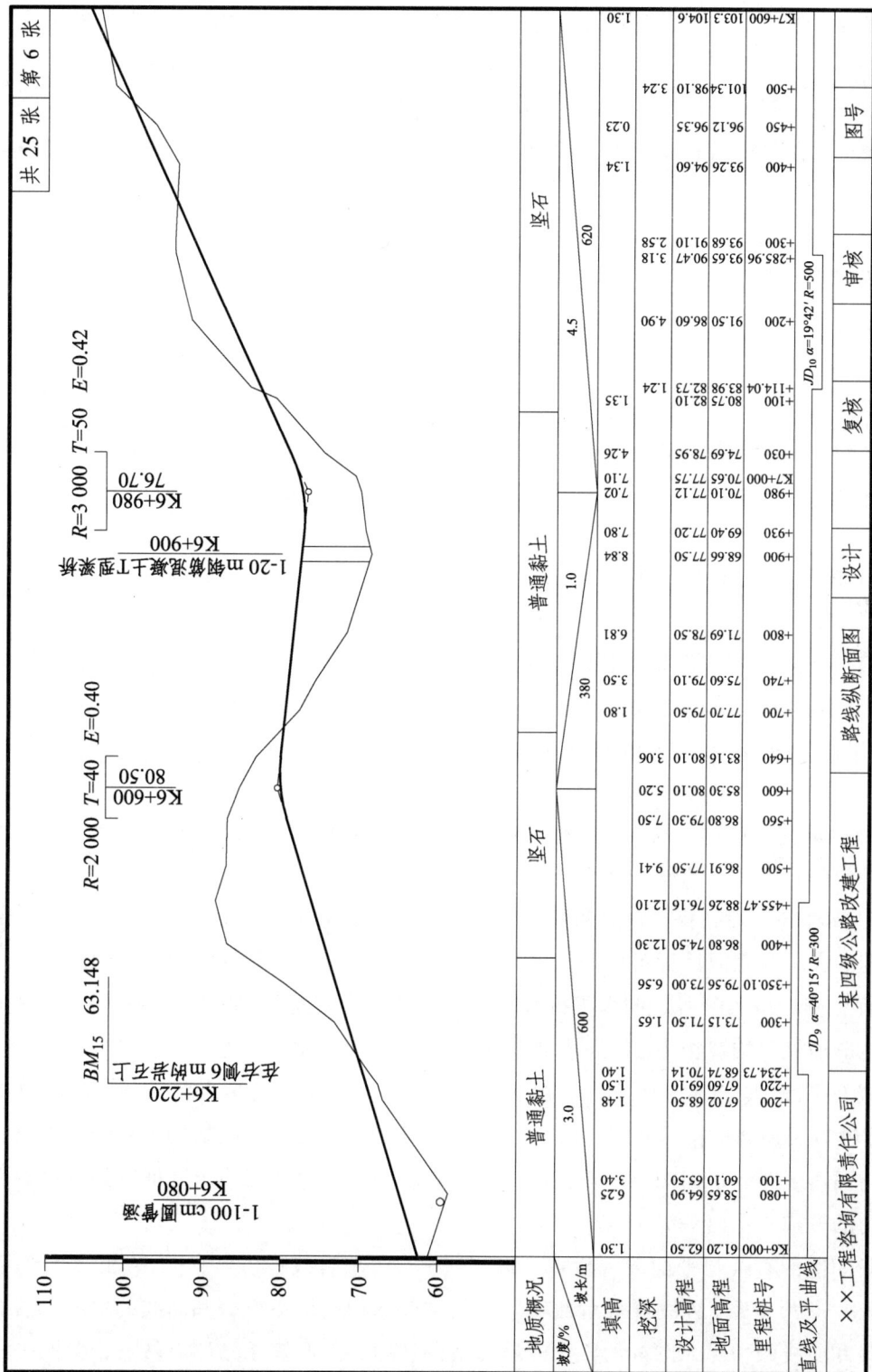

图 4-2-2 路线纵断面图

e. 工程构造物。当路线上设有桥涵、通道、立交等人工构造物时，应在设计线的上方或下方用竖直引出线标注，竖直引出线应与构造物的中心位置对齐，并注出构造物的名称、种类、大小和中心里程桩号。如图 4-2-2 中，在 K6+080 处设有一道直径为 100 cm 的单孔圆管涵；在 K6+900 处设有一座单孔跨径为 20 m 的钢筋混凝土 T 形梁桥。

f. 水准点。在路线纵断面图中，对沿线设置的水准点也应进行标注，竖直引出线与水准点位置对齐，左侧注写里程桩号，右侧写明其位置，水平线上方注写水准点编号和高程。如水准点 BM_{15} 设置在 K6+220 中心桩右侧约 6 m 的岩石上，高程为 63.148 m。

② 测设数据表部分

测设数据表一般包括"地质概况""坡度与坡长""填高""挖深""设计高程""地面高程""里程桩号"和"直线及平曲线"等栏目，表中栏目也可根据不同设计阶段和不同道路等级的要求进行增减。

路线纵断面图的测设数据表与图样上下对齐布置，以便阅读。这种表示方法，能较好地反映出纵向设计在各桩号处的高程、填挖值、地质条件、坡度以及平曲线与竖曲线的配合关系。

a. 地质概况。概括描述道路在某一区段内的土壤地质情况，可根据野外实地调查资料进行标注。

b. 坡度与坡长。标注设计线各段的纵向坡度和水平距离（坡长）。表格中的对角线表示坡度方向，左下至右上表示上坡，左上至右下表示下坡，坡度和坡长分别标注在对角线的上下两侧。如图 4-2-2 中第一栏标注"3.0/600"，表示此段路线是上坡，坡度为 3.0%，坡长为 600 m。

c. 填高（填挖高度）。设计线在地面线下方为挖，设计线在地面线上方为填，挖或填的高度值应是各中心桩对应的设计高程与地面高程之差的绝对值。

d. 设计高程和地面高程。它们和图样部分相对应，分别表示设计线和地面线上各点的高程。由坡度的大小和距离计算各中心桩的设计高程，地面高程由野外实测而得到。

e. 里程桩号。按实测所定的里程桩号数字填写，桩号从左向右排列。一般填写公里桩、百米桩、地形加桩、构造物中心桩和平曲线的起点、中点、终点桩等。

f. 直线及平曲线。在路线设计中，竖曲线与平曲线的配合关系直接影响着车辆行驶的安全性、舒适性以及道路的排水状况。因此，《公路路线设计规范》对路线的平纵配合提出了严格的要求。但由于路线平面图与纵断面图是分别表示的，所以在路线纵断面图的测设资料表中，以简约的方式表示出平纵配合的关系。

在纵断面图的直线与平曲线一栏中，以"——"表示直线；以"⌐⌐"和"⌐⌐"或"⌐⌐"和"⌐⌐"四种图样表示曲线段，其中前两种表示不设缓和曲线的情况，后两种表示设置缓和曲线的情况，图样的凹凸表示曲线的转向，上凸表示道路右转弯，下凹表示表示道路左转弯，并注出平曲线的主要要素。

（4）绘制路线纵断面图应注意的几个问题

① 比例。纵断面图的比例，竖向比例比横向比例扩大 10 倍，如竖向比例 1∶200，则横向比例为 1∶2 000，纵横比例一般在第一张图的注释中说明。

② 地面线是剖切面与原地面的交线，用细实线表示，绘图时将各里程桩处的地面高程点绘到图样坐标中，用细折线连接各点即为地面线。

③ 设计线是剖切面与设计道路的交线，用粗实线表示，绘制时先确定各变坡点的位置并连接，再根据竖曲线的切线长、外矢距绘制竖曲线。

④ 里程桩号从左向右按桩号大小排列，即左小右大。

⑤ 当路线坡度发生变化时，变坡点应用直径为 2 mm 的中粗线圆圈表示；切线应用细虚线表示，竖曲线应用粗实线表示，如图 4-2-3 所示。

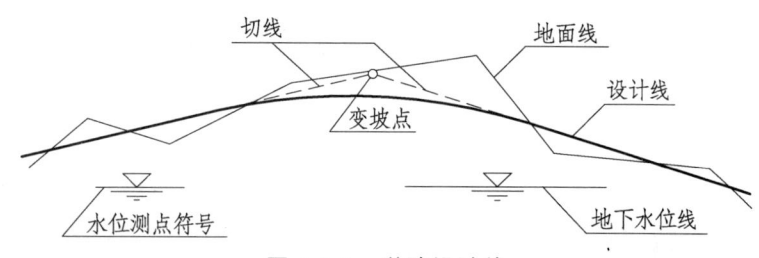

图 4-2-3　道路设计线

2. 城市道路路线纵断面图

城市道路路线纵断面图也是沿道路中心线剖切并展开的断面图。其作用与公路路线纵断面图相同，其内容也是由图样和资料表两部分组成，如图 4-2-4 所示。

（1）图样部分

城市道路纵断面图的图样部分与公路路线纵断面图的图示方法完全相同。如绘图比例竖直方向较水平方向放大 10 倍表示（本图水平方向采用 1∶500，则竖直方向采用 1∶50）等。

（2）资料部分

城市道路纵断面图的资料部分与公路路线纵断面图基本相同，不仅与图样部分上下对应，而且还标注有关的设计内容。

城市道路除绘制道路中心线的纵断面图之外，当纵向排水有困难时，还需作出街沟纵断面图。对于排水系统的设计，可在纵断面图中表示，也可单独设计绘图。

五、思考与练习

1. 路线纵断面图是怎样形成的？其作用是什么？
2. 国标对公路路线纵断面图的比例是如何规定的，为什么？
3. 试述公路路线纵断面图的图示内容。

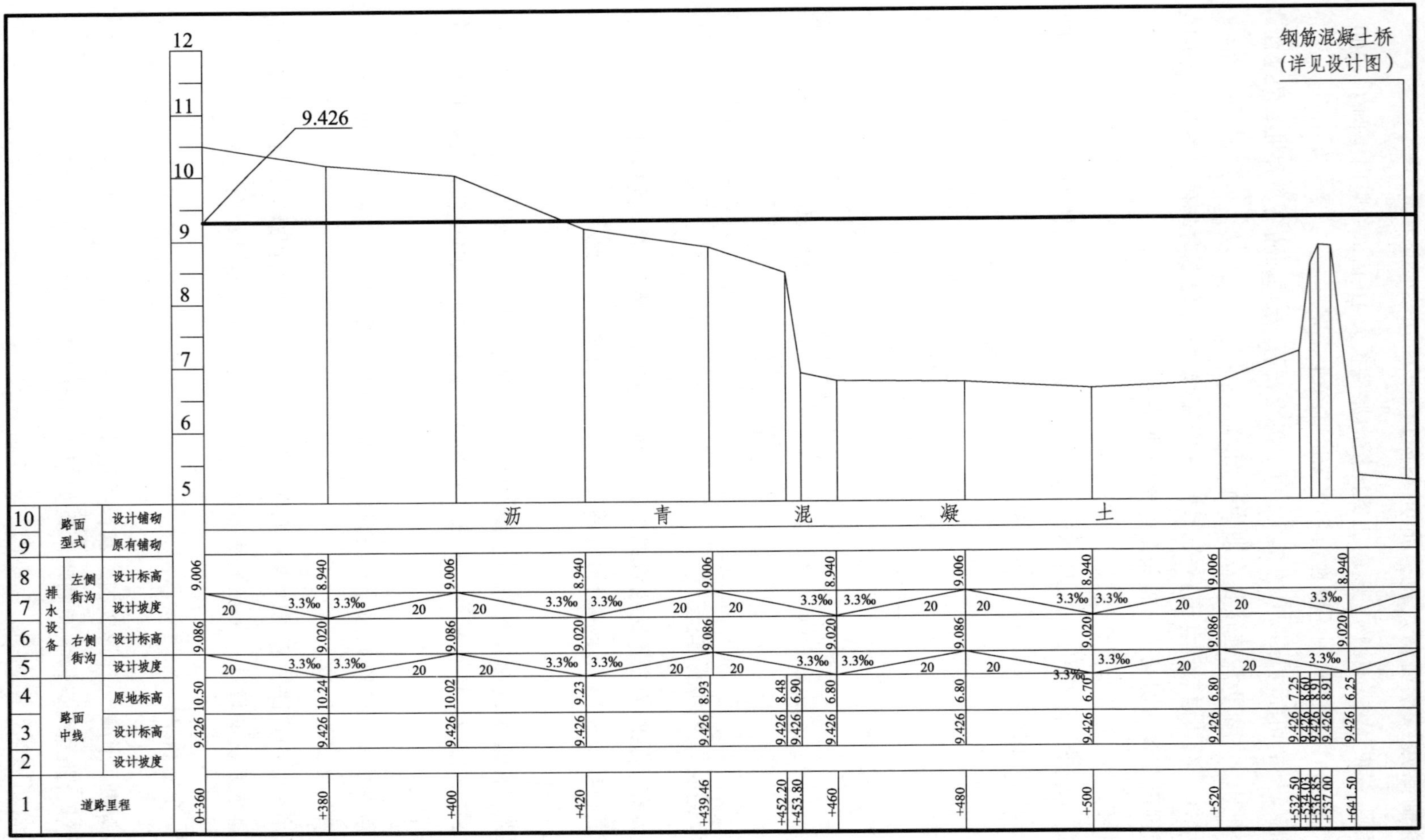

		道路桩号	0+360	+380	+400	+420	+439.46	+452.20 +453.80	+460	+480	+500	+520	+532.50 +533.03 +536.85 +537.00	+641.50
1		道路里程												
2		设计坡度	20	20	20	20	20		20	20	20	20		
3	路面中线	设计标高	9.426	9.426	9.426	9.426	9.426	9.426 9.426	9.426	9.426	9.426	9.426	9.426 9.426 9.426 9.426	
4		原地标高	10.50	10.24	10.02	8.23	8.93	8.48 6.90	6.80	6.80	6.70	6.80	7.25 8.60 8.91 6.25	
5	右侧排水设备	设计坡度	3.3‰	3.3‰	3.3‰	3.3‰	3.3‰		3.3‰	3.3‰	3.3‰	3.3‰		
6		设计标高	9.086	9.020	9.086	9.020	9.086		9.020	9.086	9.020	9.086		9.020
7	左侧边沟	设计坡度	3.3‰	3.3‰	3.3‰	3.3‰	3.3‰		3.3‰	3.3‰	3.3‰	3.3‰		
8		设计标高	9.006	8.940	9.006	8.940	9.006		8.940	9.006	8.940	9.006		8.940
9	路面型式	原有铺砌												
10		设计铺砌	沥			青		混		凝		土		

钢筋混凝土桥
（详见设计图）

图 4-2-4　某城市道路路线纵断面设计图

项目三　识读路基横断面图

 能力目标

1. 通过识读公路路基横断面图和城市道路路基横断面图，能够正确阐述路基横断面图的位置、形式、边坡大小、填完高度、面积和各主要控制点的标高等；
2. 能够应用坡度的概念，正确绘制路基边坡。

 知识目标

1. 了解公路路基横断面图和城市道路路基横断面图的作用及绘制方法；
2. 掌握公路路基横断面图和城市道路路基横断面图的形式、图示内容与图示特点；
3. 掌握绘制路基横断面图的注意事项。

一、项目任务

识读某公路路基横断面图（《道路工程制图与识图习题册》第 55 页、56 页）。

二、能力训练任务

任务 1：识读图 4-3-3 所示的公路路基横断面图。
任务 2：识读图 4-3-5 所示的城市道路路基横断面图。

三、任务目的

掌握公路路基横断面图、城市道路路基横断面图的相关知识和图示特点，熟练识读路基横断面图。

四、任务知识与任务实施

1. 公路路基横断面图

（1）路基横断面图的作用

路基横断面图主要表达路线各中心桩处地面在横向高低起伏变化的情况、路基的形式、路基宽度、边坡大小、路基顶面标高、排水设施和防护工程的布置情况；主要用来计算土石方工程数量，为施工提供参考依据。

（2）路基横断面图的形成

在路线每一中心桩处，用一个假想的垂直于道路中心线的剖切平面进行剖切，画出剖切平面与地面的交线，再根据填挖高度及规定的路基宽度、边坡大小画出路基横断面设计线，即形成路基横断面图。

在路基横断面图中,设计线均采用粗实线表示,原有地面线用细实线表示,路中心线用细点划线表示。为了便于计算土石方数量,横断面图的水平方向和高度方向宜采用相同比例,一般为1:200或1:100。每个横断面图上均应标注出桩号、填挖高度、填挖面积和顶面设计标高等。路基横断面图一般不画出路面层和路拱,以路基边缘的标高作为路中心的设计标高。

(3)路线横断面图的基本形式

① 填方路基(路堤)。如图4-3-1(a)所示,路基断面全部为填方,填土高度等于设计标高减去地面标高,填方边坡一般为1:1.5。在图的下面注有该断面的里程桩号、中心线处的填方高度 h_T(m),以及该断面的填方面积 A_T(m²)。

② 挖方路基(路堑)。如图4-3-1(b)所示,路基断面全部为挖方,挖方深度等于地面标高减去设计标高,挖方边坡根据土质情况确定,图下注有该断面的里程桩号、中心线处挖方高度 h_W(m)以及该断面的挖方面积 A_W(m²)。

③ 半填半挖路基。如图4-3-1(c)所示,路基断面一部分为填方,一部分为挖方,是前两种路基形式的综合,在图下仍注有该断面的里程桩号、中心线处的填(或挖)高度 h_T(h_W)以及该断面的填方面积 A_T 和挖方面积 A_W。

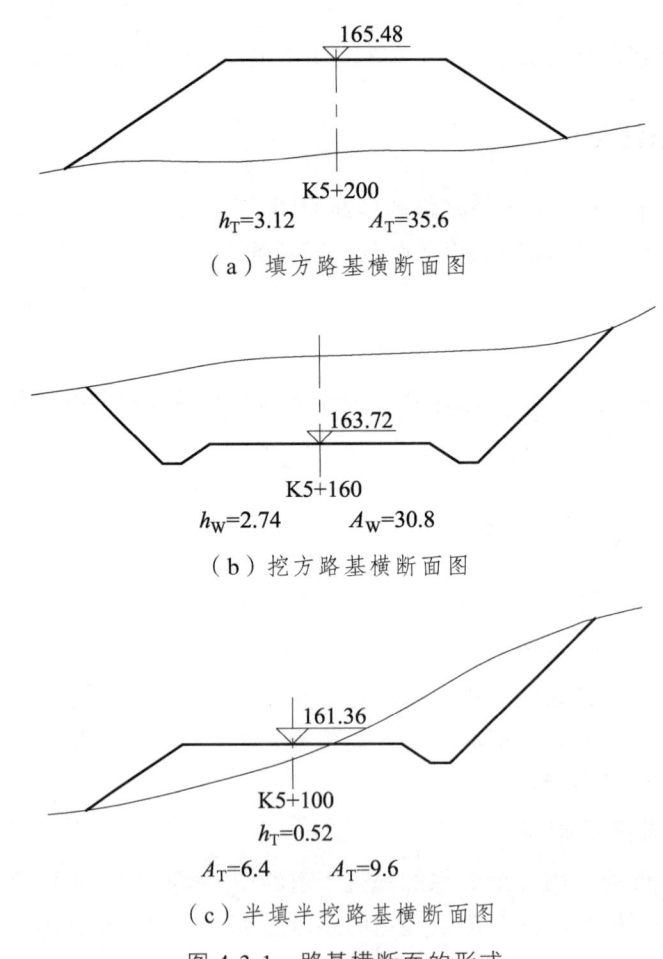

(a)填方路基横断面图

(b)挖方路基横断面图

(c)半填半挖路基横断面图

图4-3-1 路基横断面的形式

（4）高速公路路基横断面图

高速公路是高标准的现代化公路，它的特点是车速高，通行能力大，有四条以上车道并设中央分隔带，采用全封闭立体交叉，全部控制出入，有完备的交通管理设施等。高速公路路基横断面主要由中央分隔带、行车道、硬路肩、土路肩等组成，常见的横断面形式如图 4-3-2 所示。

路肩
行车道
中央分隔带
行车道
路肩
75
250
750
75
300
75
750
250
75

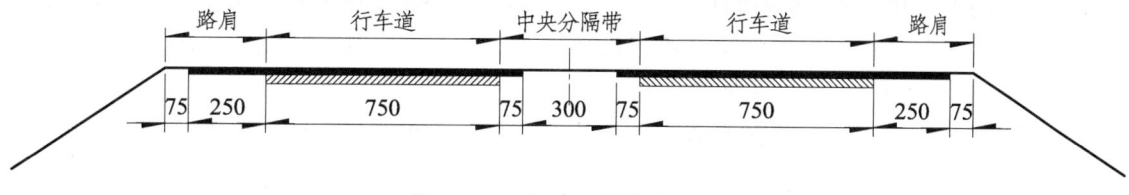

图 4-3-2　高速公路横断面图

（5）绘制路基横断面图应注意的几个问题

① 横断面图的地面线用细实线，设计线用粗实线，图中应表示出道路的超高、加宽等。

② 在同一张图纸上绘制的路基横断面图，应按里程桩号的大小顺序，从图纸的左下方开始，自下而上，从左向右排列，如图 4-3-3 所示。

③ 在每张路基横断面图的右上角应写明图纸序号及总张数。

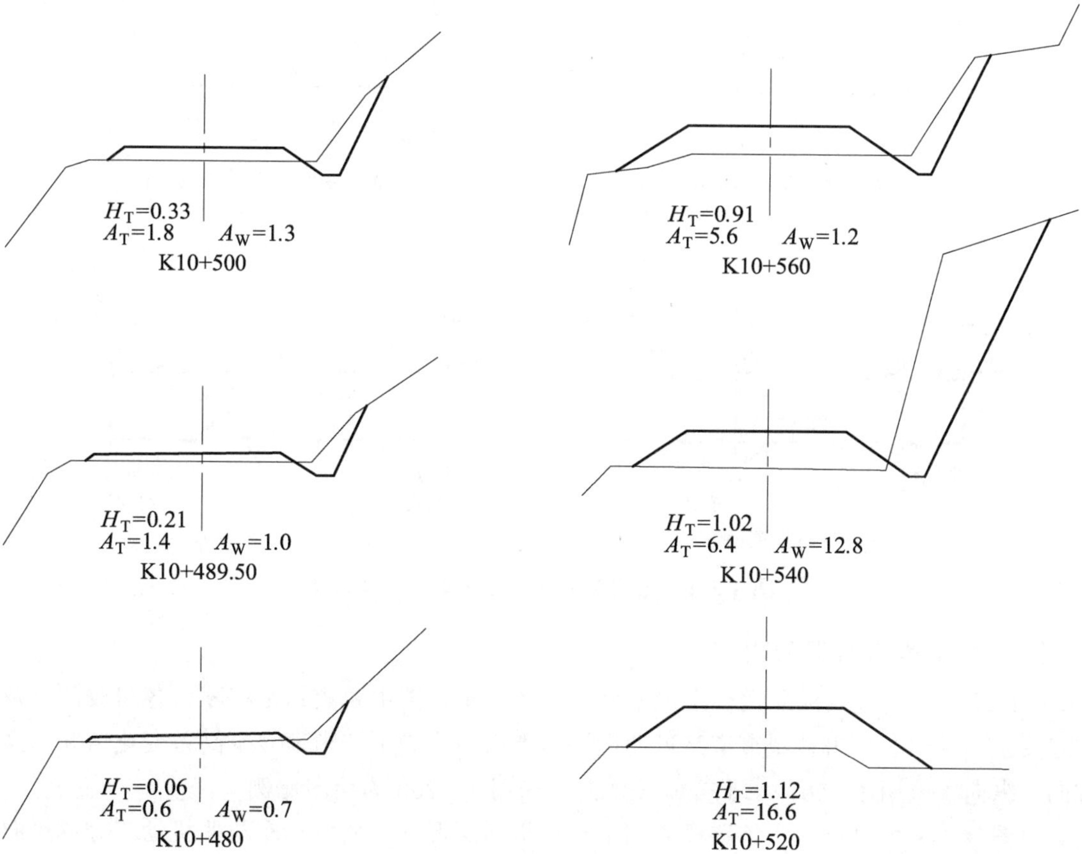

H_T=0.33
A_T=1.8　A_W=1.3
K10+500
H_T=0.91
A_T=5.6　A_W=1.2
K10+560
H_T=0.21
A_T=1.4　A_W=1.0
K10+489.50
H_T=1.02
A_T=6.4　A_W=12.8
K10+540
H_T=0.06
A_T=0.6　A_W=0.7
K10+480
H_T=1.12
A_T=16.6
K10+520

图 4-3-3　路基横断面的绘制

2. 城市道路路基横断面图

城市道路路基横断面图是道路中心线法线方向的断面图。城市道路路基横断面图由车行道、人行道、绿化带和分隔带等部分组成。

（1）路基横断面图的基本形式

根据机动车道和非机动车道的布置形式不同，城市道路路基横断面有以下四种基本形式：

① "一块板"断面。把所有车辆都组织在同一车行道上行驶，但规定机动车在中间，非机动车在两侧，如图4-3-4（a）所示。

② "两块板"断面。用一条分隔带或分隔墩从道路中央分开，使往返交通分离，但同向交通仍在一起混合行驶，如图4-3-4（b）所示。

③ "三块板"断面。用两条分隔带或分隔墩把机动车和非机动车交通分离，把车行道分隔为三块，中间为双向行驶的机动车道，两侧为方向彼此相反的单向行驶的非机动车车道，如图4-3-4（c）所示。

④ "四块板"断面。在"三块板"断面的基础上增设一条中央分离带，使机动车分向行驶，如图4-3-4（d）所示。

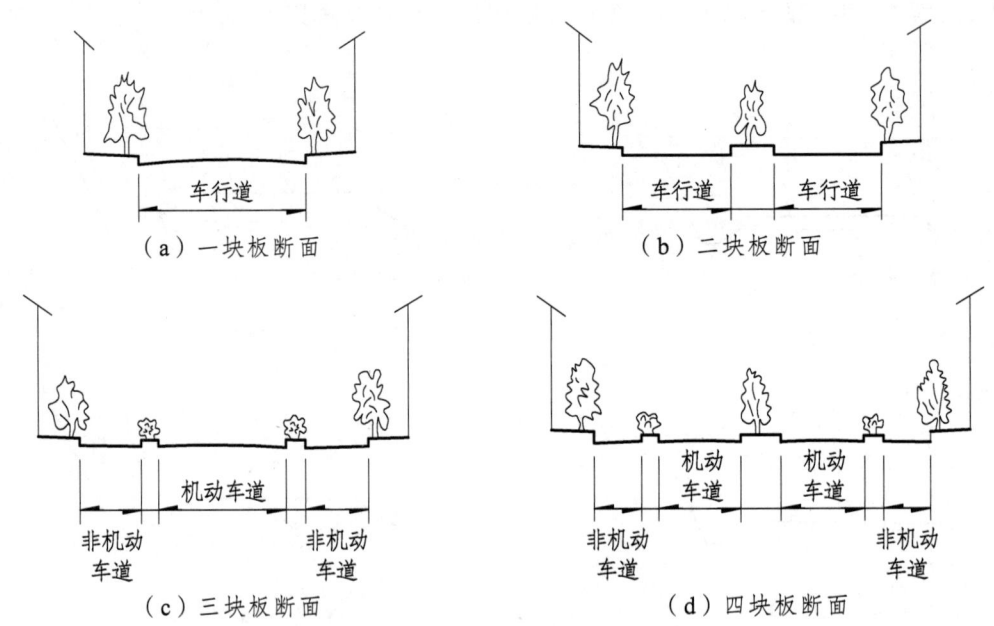

图4-3-4 城市道路横断面布置的基本形式

（2）路基横断面图的内容

横断面设计的最后成果用标准横断面设计图表示。图中要表示出横断面各组成部分及其相互关系。图4-3-5为某城市道路近期设计横断面图。为了清晰地表示高差变化情况，高度方向（纵向）采用1∶50，水平方向（横向）采用1∶200的绘图比例。

由图4-3-5可以看出，该路段采用了四块板断面形式，使机动车与非机动车分道单向行驶；两侧为人行道，中间有隔离带。图中还给出了各组成部分的宽度以及结构设计要求。

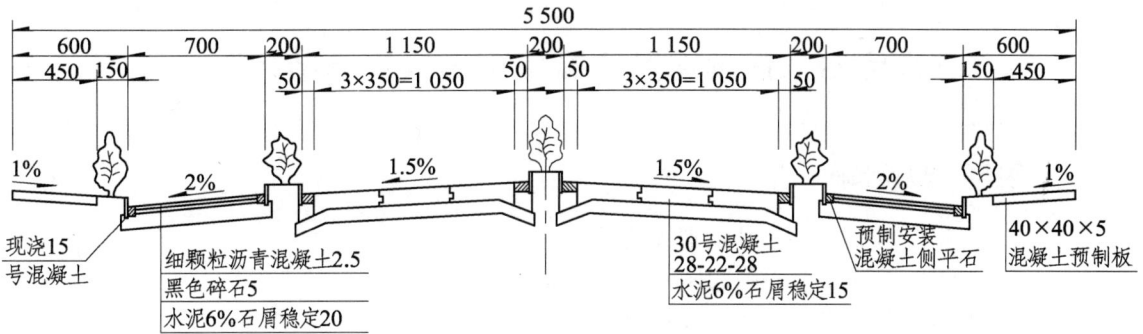

图 4-3-5　标准横断面设计图

除了需绘制近期设计横断面图之外，对分期修建的道路还要画出远期规划设计横断面图。为了设计土石方工程量和施工放样，与公路横断面图相同，需绘出各个中线桩的现状横断面，并加绘设计横断面图，标出中线桩的里程和设计标高，称为施工横断面图。

五、思考与练习

1. 路基横断面图是怎样形成的？其作用是什么？
2. 公路和城市道路路基横断面图的形式各有哪几种？
3. 绘制公路路基横断面图应注意的问题有哪些？
4. 路基横断面图的图示内容主要有哪些？

项目四　识读钢筋混凝土矩形梁钢筋结构图

 能力目标

1. 能够根据钢筋的符号识别钢筋的种类；
2. 能够根据钢筋结构图的图示特点，正确识读钢筋结构图；
3. 能够根据钢筋成型图，计算钢筋的下料长度。

 知识目标

1. 了解钢筋的分类及其在结构中的作用；
2. 掌握钢筋弯钩和弯起的计算方法；
3. 掌握钢筋结构图图示特点、图示内容和钢筋编号方法；
4. 掌握钢筋在立面图、断面图和成型图中的标注方法。

一、项目任务

识读钢筋混凝土矩形梁钢筋布置图，绘制 2—2、3—3 断面图，计算 2 号、3 号钢筋的下料长度，填写表格中的各项内容（《道路工程制图与识图习题册》第 59 页）。

二、能力训练任务

任务 1：识读图 4-4-10 所示的钢筋混凝土矩形梁钢筋结构图。
任务 2：识读图 4-4-11 所示的钢筋混凝土 T 形梁钢筋结构图。

三、任务目的

1. 通过学习钢筋的基本知识和钢筋结构图的图示特点、钢筋的编号与标注，达到正确识读钢筋结构图的目的；
2. 能够计算钢筋的下料长度。

四、任务知识

1. 钢筋混凝土结构的基本知识

混凝土是由水泥、砂、石子和水按一定的比例拌和硬化而成的一种人造石料，按其抗压强度不同分为 C15、C20、C25、C30、C35、C40、C45、C50、C55、C60、C65、C70、C75、C80 十四个等级，数字越大，混凝土的抗压强度越高。如果拌和后把它灌入定形模板中，经振捣密实和养护凝固后就形成混凝土构件。混凝土的抗压强度较高，但抗拉强度较低，容易因受拉而断裂，为了提高混凝土构件的抗拉能力，常在混凝土构件的受拉区内加入一定数量的钢筋，使两种材料黏结成一个整体，共同承受外力，这种配有钢筋的混凝土称为钢筋混凝土，钢筋混凝土是最常用的建筑材料，桥梁工程中的许多构件都是用它来制作的，如梁、板、柱、桩、桥墩等。

2. 钢筋的基本知识

（1）钢筋的作用和分类

钢筋按其在整个构件中所起的作用不同，可分为下列几种：

① 受力钢筋（主筋）。用来承受拉力或压力的钢筋，用于梁、板、柱等各种钢筋混凝土构件，如图 4-4-1 所示。

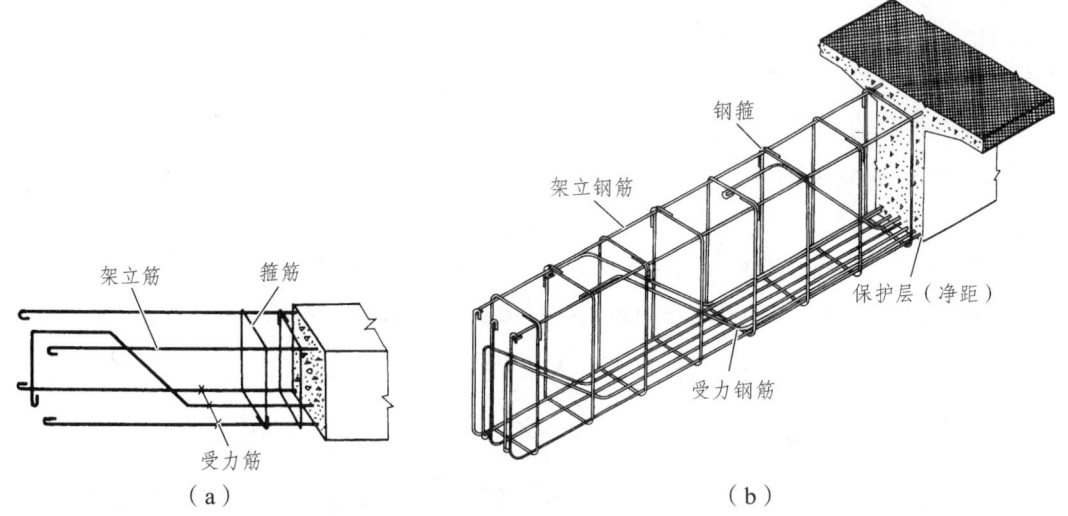

图 4-4-1 钢筋混凝土梁钢筋配置立体图

② 箍筋也称钢箍。用于固定受力钢筋位置，并承受一部分剪力或扭力。

③ 架立钢筋。用于钢筋混凝土梁中，用来固定箍筋的位置，并与梁内的受力筋、箍筋一起构成钢筋骨架。

④ 分布钢筋。用于钢筋混凝土板或高梁结构中，用以固定受力钢筋位置，使荷载均匀地分布给受力钢筋，并防止混凝土收缩和温度变化出现的裂缝。

⑤ 构造钢筋。因构造要求和施工安装需要配置的钢筋，如腰筋、预埋锚固筋、吊环等。

（2）钢筋的种类和符号

钢筋的外观有光圆和带肋两种形式，如图 4-4-2 所示。钢筋分为普通钢筋和预应力钢筋两类，普通钢筋是指用于钢筋混凝土结构和预应力混凝土结构中的非预应力钢筋，按照强度和品种不同可分为四个等级，其种类、符号、材料、直径范围见表 4-4-1。

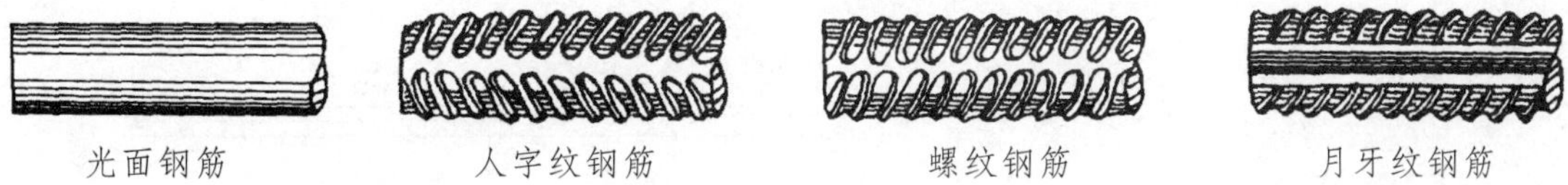

图 4-4-2 钢筋的形式

表 4-4-1　钢筋混凝土用普通钢筋的种类、符号、材料和直径范围

钢筋品种	符号	材料	直径范围 d/mm	说明
HPB235	Φ	Q235	8～20	热轧光圆钢筋
HRB335	Φ	20MnSi	6～50	热轧带肋钢筋
HRB400	Φ	20MnSiV、20MnSiNb、20MnSiTi	6～50	热轧带肋钢筋
KL400	Φ^R	K20MnSi	8～40	余热处理带肋钢筋

（3）钢筋的保护层

为了防止钢筋锈蚀和保证钢筋与混凝土的紧密黏结，梁、板、柱等构件都应具有足够的混凝土保护层。受力钢筋的外边缘到混凝土外边缘的最小距离，称为保护层厚度或净距。梁、板受力钢筋混凝土保护层最小厚度不应小于受力钢筋直径，后张法构件预应力直线形钢筋不应小于其管道直径的 1/2，并应符合有关规定。

（4）钢筋的弯钩和弯起

对于光圆受力钢筋，为了增加它与混凝土的黏结力，在钢筋的端部做成弯钩，弯钩的形式有半圆弯钩、斜弯钩和直弯钩三种，如图 4-4-3 所示。根据需要，钢筋实际长度要比端点长出 $6.25d$、$4.9d$ 或 $3.5d$。这时钢筋的下料长度要计算其弯钩的增长数值。

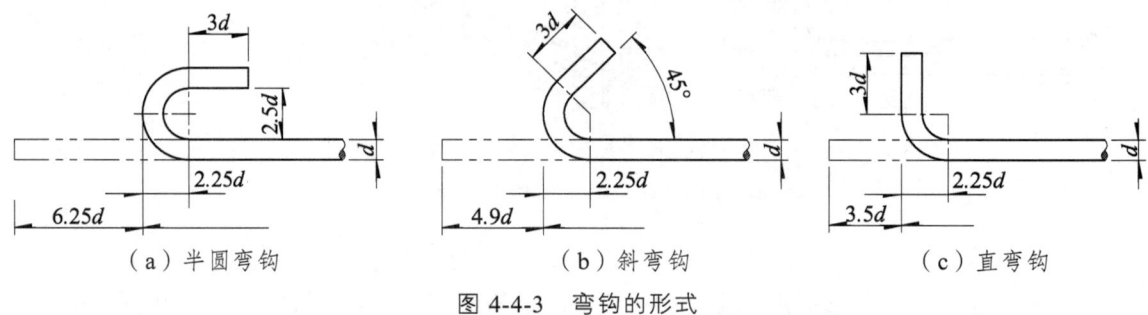

（a）半圆弯钩　　（b）斜弯钩　　（c）直弯钩

图 4-4-3　弯钩的形式

图 4-4-4 为受力钢筋中有一部分需要在跨端部位向上弯起，其形式有 45°弯起和 90°弯起两种，这时弧长比两切线之和短，其计算长度应减去折减数值。

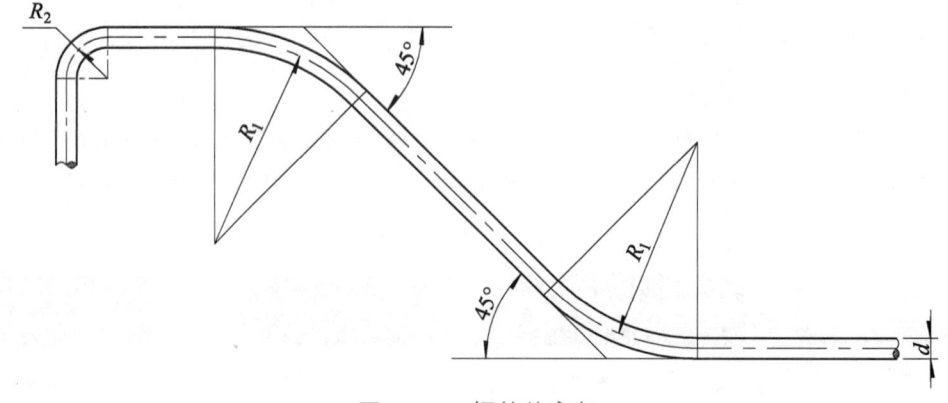

图 4-4-4　钢筋的弯起

为了简化计算，钢筋弯钩的增长数值和弯起的折减数值均编有表格备查。表 4-4-2 为钢筋弯钩增长修正值，表 4-4-3 为钢筋弯起修正值。

表 4-4-2　钢筋弯钩的增长修正值

钢筋直径 d /mm	弯钩增长值/cm				理论质量/(kg/m)	螺纹钢筋外径/mm
	光圆钢筋			螺纹钢筋		
	90°	135°	180°	90°		
10	3.5	4.9	6.3	4.2	0.617	11.3
12	4.2	5.8	7.5	5.1	0.888	13.0
14	4.9	6.8	8.8	5.9	1.210	15.5
16	5.6	7.8	10.0	6.7	1.580	17.5
18	6.3	8.8	11.3	7.6	2.000	20.0
20	7.0	9.7	12.5	8.4	2.470	22.0
22	7.7	10.7	13.8	9.3	2.980	24.0
25	8.8	12.2	15.6	10.5	3.850	27.0
28	9.8	13.6	17.5	11.8	4.830	30.0
32	11.2	15.6	20.0	13.5	6.310	34.5
36	12.6	17.5	22.5	15.2	7.990	39.5
40	14.0	19.5	25.0	16.8	9.870	43.5

表 4-4-3　钢筋的标准弯起修正值　　　　　　　　　　　　　　　　　　单位：cm

类别			钢筋直径/mm									
			10	12	14	16	18	20	22	25	28	32	36	40
弯折修正值	光圆钢筋	45°		-0.5	-0.6	-0.7	-0.8	-0.9	-0.9	-1.1	-1.2	-1.4	-1.5	-1.7
		90°	-0.8	-0.9	-1.1	-1.2	-1.4	-1.5	-1.7	-1.9	-2.1	-2.4	-2.7	-3.0
	螺纹钢筋	45°		-0.5	-0.6	-0.7	-0.8	-0.9	-0.9	-1.1	-1.2	-1.4	-1.5	-1.7
		90°	-1.3	-1.5	-1.8	-2.1	-2.3	-2.6	-2.8	-3.2	-3.6	-4.1	-4.6	-5.2

如图 4-4-5 所示，4 号 ϕ22 钢筋长度为 728 + 65 × 2，查表 4-4-2、表 4-4-3 得一个 180°弯钩增长修正值为 13.8 cm，一个 90°弯起折减修正值为 1.7 cm，则其下料长度为：

$$728 + 65 \times 2 + 2 \times 13.8 - 2 \times 1.7 = 882.2 \approx 882$$

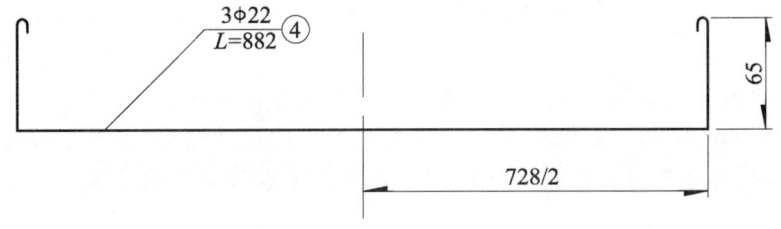

图 4-4-5　钢筋下料长度计算

（5）钢筋骨架

为制作钢筋混凝土构件，需先将不同直径的钢筋，按需要的长度截断，再根据设计要求进行弯曲，最后将成型的钢筋进行组装，构成钢筋骨架。

将钢筋组装成型一般有两种方式：一种是用细铁丝绑扎钢筋骨架；另一种是焊接钢筋骨架，先将钢筋焊接成平面骨架，然后用箍筋将平面骨架连接成空间骨架。对于焊接骨架，结点处固定主钢筋的焊缝长度应在图中予以表达，如图4-4-6所示。图4-4-7是焊接钢筋骨架的标注图式。

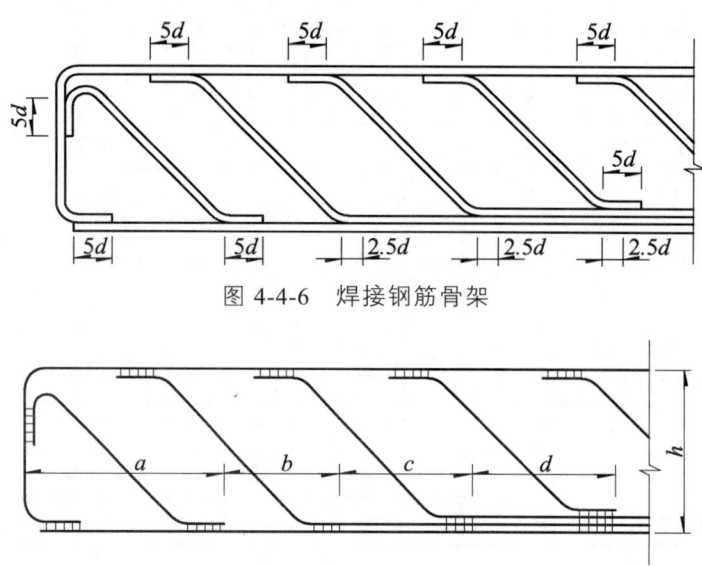

图 4-4-6　焊接钢筋骨架

图 4-4-7　焊接钢筋骨架的标注

3. 钢筋混凝土结构图

钢筋混凝土结构图包括两类图样：一类称为构件结构图（构造图、模板图），即对于钢筋混凝土构件，只画出构件的形状和大小，不表示内部钢筋的布置情况；另一类称为钢筋结构图（钢筋构造图、钢筋布置图），主要表示构件内部钢筋的布置情况。

（1）钢筋结构图的图示特点

① 为突出钢筋混凝土构件中钢筋的布置情况，在绘制钢筋结构图时，可假设混凝土是透明的，能够看清楚构件内部的钢筋。

② 构件的外形轮廓用细线表示，钢筋用粗实线表示，若箍筋和分布筋数量较多也可用中实线表示，且箍筋和分布钢筋可有选择地只绘制其中一部分。

③ 在构件的断面图中，不画出混凝土的材料符号，钢筋形象地用实心小圆点或空心小圆圈表示。

④ 对钢筋的级别、根数、直径、长度及间距等要加以标注。

⑤ 由于钢筋的弯钩和钢筋保护层的尺寸相对构件的尺寸较小，若严格按比例绘制则线条会重叠不清，这时可适当夸大绘制。同理，在立面图中遇到钢筋重叠时，也可在中间留有空隙，使图面清晰。

⑥ 钢筋结构图不一定绘制三面投影图，而是根据需要来决定。例如，在绘制钢筋混凝土梁的钢筋结构图时，一般不画平面图，只用立面图和断面图来表示。

（2）钢筋的编号和尺寸标注方式

在钢筋结构图中，为了区分不同级别、不同直径、不同长度、不同形状的钢筋，通常需要按钢筋直径大小或钢筋主次对钢筋进行编号，并注明数量、直径、长度和间距等。钢筋编号的标注按其所在位置不同一般有以下三种标注方法，如图4-4-8所示。

① 在钢筋成型图中，编号标注在引出线右侧的细实线圆圈内，圆圈的直径为 4~8 mm。

② 在钢筋立面图中，编号用冠以 N 字的方式标注在钢筋的侧面，根数注在 N 字之前，编号注在 N 字之后。

③ 在钢筋断面图中，编号标注在对应的方格内。

在道路工程图中，钢筋直径的尺寸单位采用 mm，其余尺寸单位均采用 cm，图中无须注出单位。在建筑制图中，钢筋图中所有尺寸单位为 mm。

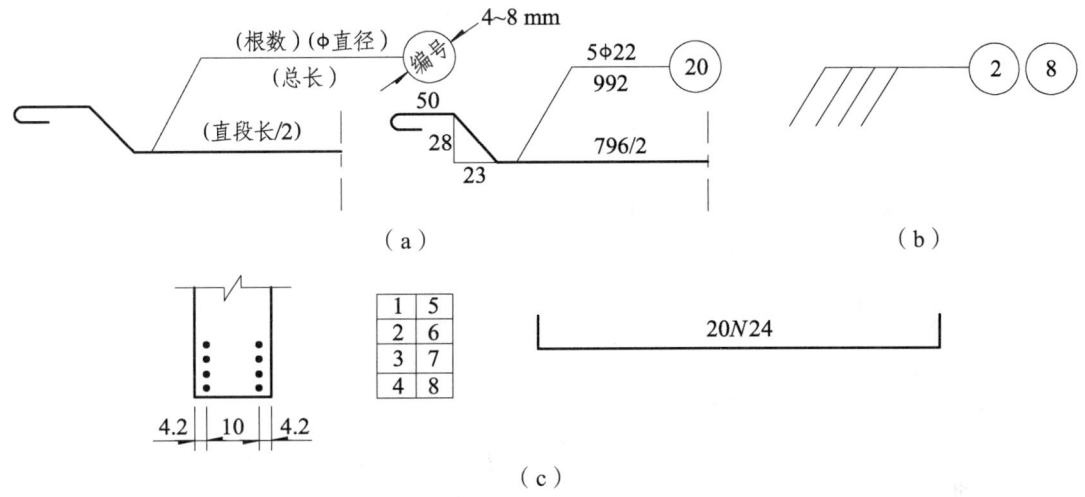

图 4-4-8 钢筋标注的方法

钢筋的数量、直径、长度和间距，通常采用如下格式标注：

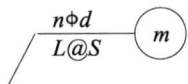

其中：n 代表钢筋的根数；

ϕ 代表钢筋直径符号，也表示钢筋的类型；

d 代表钢筋直径的数值（mm）；

L 代表钢筋的下料长度数值（cm）；

@ 代表钢筋中心间距符号；

S 代表钢筋间距的数值（cm）。

如 $\dfrac{3\phi 22}{L=625@30}$ ②，"②"表示 2 号钢筋，"3φ22"表示直径为 22 mm 的 HPB235 钢筋有 3 根，"$L=625$"表示每根钢筋的下料长度为 625 cm，"@30"表示钢筋轴线之间的距离为 30 cm。

（3）钢筋结构图的图示内容

① 配筋图。主要表明各种钢筋的配置、数量和形状，是绑扎或焊接钢筋骨架的依据。为此，应根据结构特点选用基本投影。如对于梁、柱等长条形构件，常选用一个立面图和几个断面图；对于钢筋混凝土板，则常采用一个平面图和一个立面图，如图4-4-9所示。

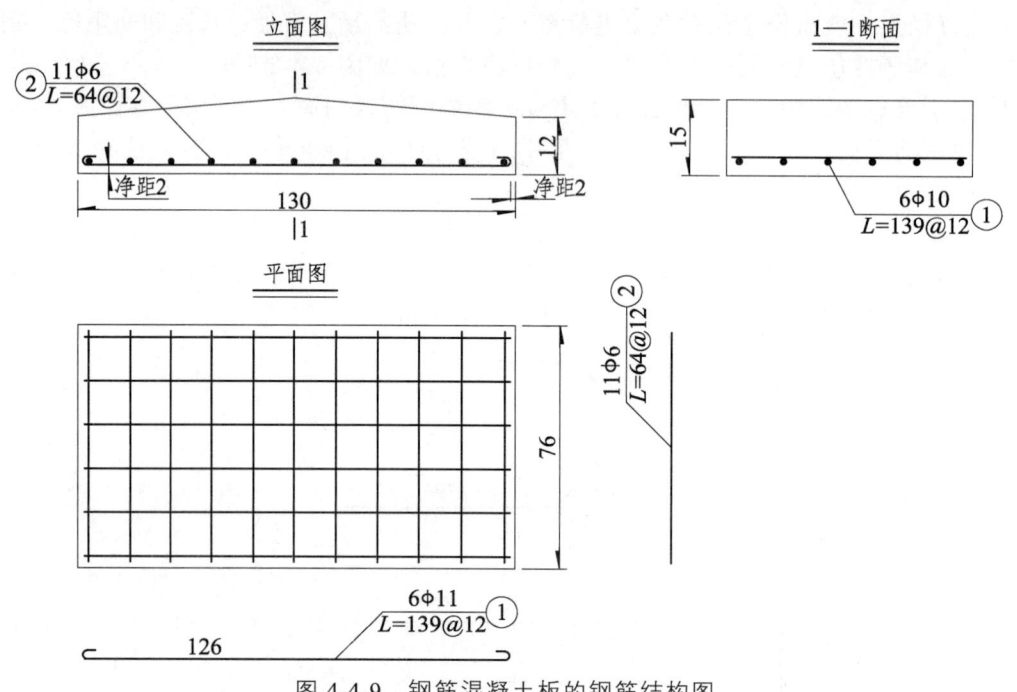

图 4-4-9　钢筋混凝土板的钢筋结构图

② 钢筋成型图。钢筋成型图是表示每根钢筋的级别、形状和尺寸的图样，是钢筋成型加工的依据。因此，在钢筋结构图中，为了能充分表明钢筋的形状以便于配料和施工，还必须画出每种钢筋的加工成型图（钢筋详图），而且主要钢筋应尽可能与配筋图中的同一钢筋保持对齐关系，长度尺寸可直接注写在各段钢筋旁，图上应注明钢筋的符号、直径、根数、弯曲尺寸和断料长度等，如图4-4-10所示。

有时为了节省图幅，也可把钢筋成型图画成示意略图放在钢筋数量表内。

③ 钢筋数量表。在钢筋结构图中，为了便于施工备料和计算工程数量，一般还附有钢筋数量表，内容包括钢筋的编号、直径、每根长度、根数、总长及质量等，必要时可加画略图，如表4-4-4所示。

五、任务实施

任务1：梁的钢筋布置情况是用立面图和断面图以及钢筋成型图表示的。由图4-4-10可看出该梁断面为矩形，宽38 cm，高45 cm，长度420 cm。梁内共有五种钢筋，其中①、②、③号是受力筋，均为HPB235钢筋，直径为16 mm。①号是直筋，有两根，布置在梁的底部两侧。②号是弯起钢筋，也是两根，在跨中位于梁的底部，两端弯起后位于梁的上部。③号也是弯起钢筋，只有一根，弯起部位与②号钢筋稍有不同。④号是架立筋，为直径10 mm的

HPB235 钢筋，共有两根，位于梁的上部两侧。⑤号是箍筋，为直径 6 mm 的 HPB235 钢筋，沿梁的长度方向每隔 30 cm 布置一根，共有 15 根。在立面图中箍筋可不全画出，只示意性画出几根即可。立面图中各钢筋的编号和数量可用简略形式标注，如"1N3"表示 1 根③号钢筋，"2N1"表示 2 根①号钢筋，Ⅱ—Ⅱ断面图是梁的端部断面图，在断面图中钢筋的编号标注在对应的小方格内，这样就清楚地表示出②和③号钢筋在跨中是位于梁的底部，在两端是位于梁的顶部。该梁上下及侧面的保护层厚度（净距）均为 3 cm。

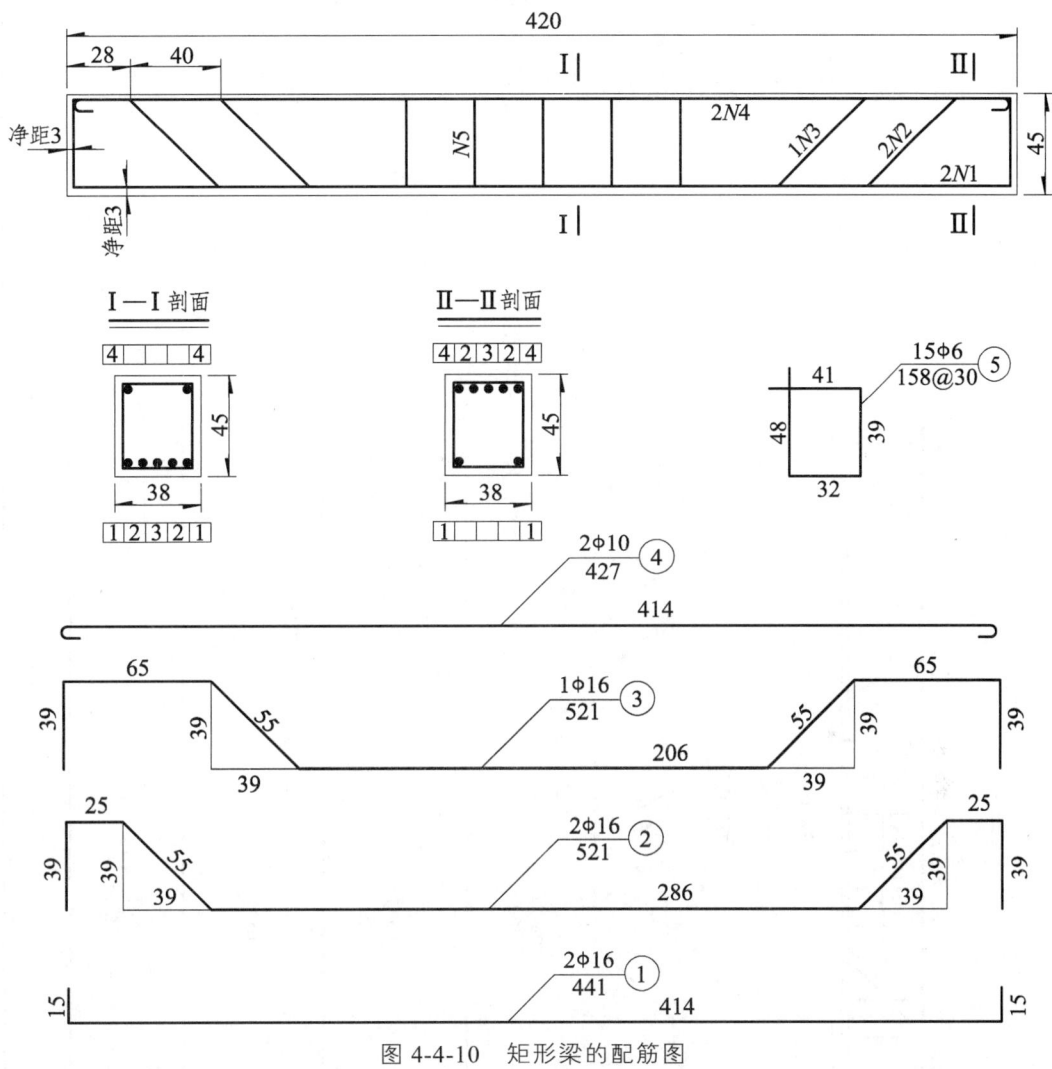

图 4-4-10 矩形梁的配筋图

任务 2：如图 4-4-11 所示，从Ⅰ—Ⅰ断面图可以看出梁的断面为 T 形，称为 T 形梁，梁内有六种钢筋，它的形状和尺寸在钢筋成型图上均已表达清楚。从立面图及Ⅰ—Ⅰ断面图中可以看出钢筋排列的位置及数量。Ⅰ—Ⅰ断面图的上方和下方有小方格，格内注有数字，用以表明钢筋在梁内的位置及编号。立面图中的 2N5 是表示有两根 5 号钢筋，安置在梁内的上部，对应在Ⅰ—Ⅰ断面图中则可以看出两根 5 号钢筋在梁的上部对称排列。立面图中还设有Ⅱ—Ⅱ断面剖切位置线，请自行思考Ⅱ—Ⅱ断面图的钢筋排列位置和Ⅰ—Ⅰ断面图有什么不同。

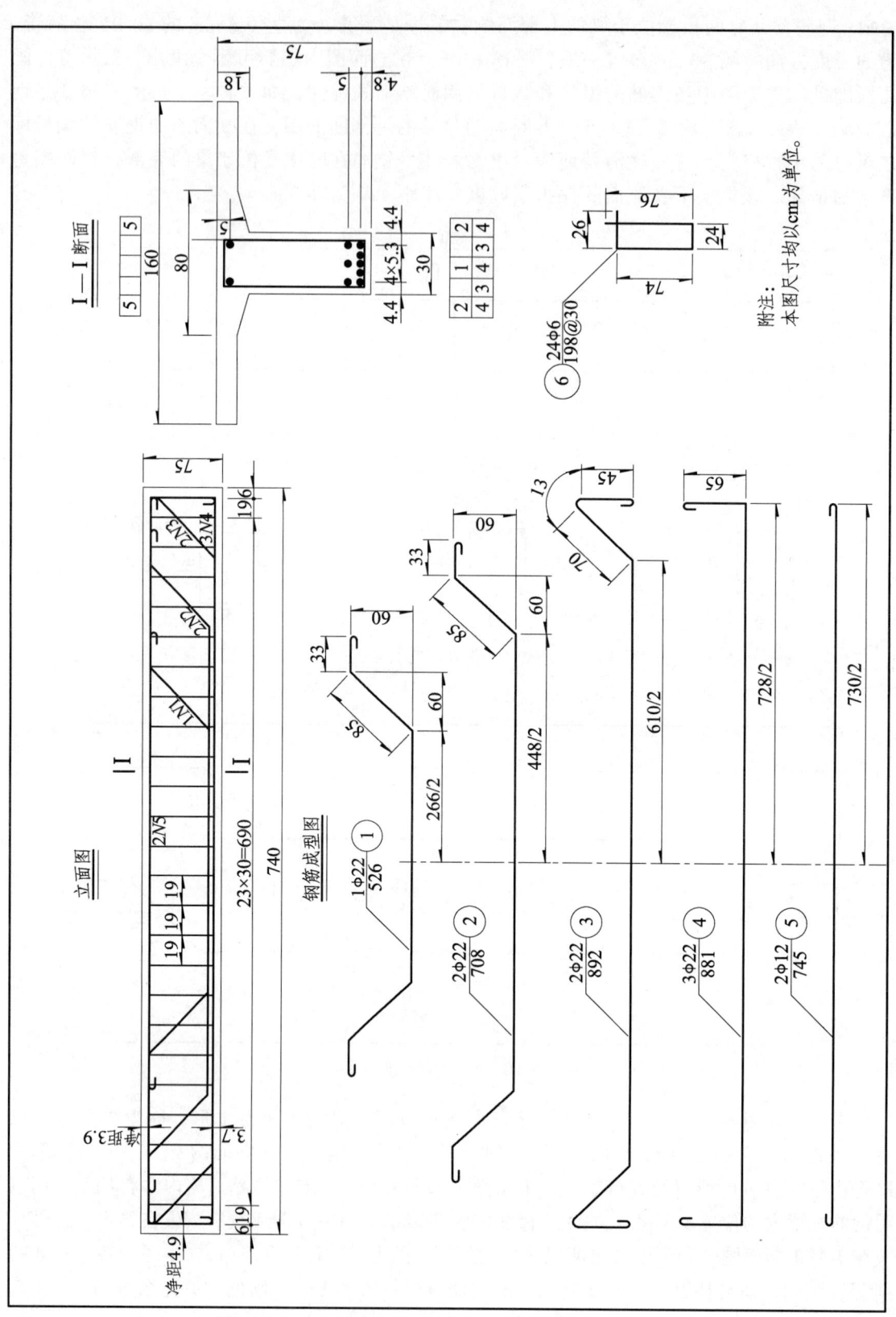

图 4-4-11 T形梁钢筋结构图

表 4-4-4 为钢筋表，其中"每米质量/（kg/m）"一栏数字，可以从有关工程手册中查得。表中所列钢丝是用来绑扎钢筋的，钢丝数量按规定为钢筋总质量的 0.5%。如不用钢丝绑扎而采用焊接时，则应注出焊接长度和厚度。

表 4-4-4　钢筋混凝土梁钢筋数量表

编号	钢号和直径/mm	长度/m	根数	总长/m	每米质量/（kg/m）	总质量/kg
1	φ22	528	1	5.28	2.984	15.76
2	φ22	708	2	14.16	2.984	42.25
3	φ22	892	2	17.84	2.984	53.23
4	φ22	881	3	26.43	2.984	78.87
5	φ12	745	2	14.90	0.888	13.23
6	φ6	198	24	47.52	0.222	10.55
共　计						213.89
绑扎用铅丝 0.5%						1.07

六、思考与练习

1. 按照钢筋在构件中所起的作用不同，钢筋分为哪几种？
2. 钢筋的弯钩和弯起有什么不同？
3. 钢筋结构图的图示特点有哪些？
4. 钢筋结构图的图示内容有哪些？
5. 钢筋在立面图、断面图和成型图中如何标注？

项目五　识读钢筋混凝土T形梁桥总体布置图

 能力目标

通过识读桥位平面图、桥位地质断面图和总体布置图，能够阐明桥梁所在位置、结构形式、跨径、孔数、各主要部位标高、各主要构件的相对位置以及桥位处的地形地物和地质水文情况。

 知识目标

1. 掌握桥位平面图的图示特点、图示内容，了解绘制方法；
2. 掌握桥位地址断面图的图示特点、图示内容和绘制依据；
3. 掌握桥梁总体布置图的作用、图示特点和识读方法。

一、项目任务

识读钢筋混凝土T形梁桥总体布置图（《道路工程制图与识图习题册》第60页）。

二、能力训练任务

任务1：识读桥位平面图和桥位地质断面图。
任务2：识读钢筋混凝土空心板梁桥总体布置图。

三、任务目的

了解桥梁工程图的组成与绘制方法，能够正确识读桥位平面图、桥位地质断面图和桥梁总体布置图。

四、相关知识

道路在跨越河流、湖泊、山川以及道路互相交叉或与其他路线（如铁路）交叉时，为了保持道路的畅通，就需要修建桥梁。既可以保证桥上的正常交通，又可以保证桥下流水的宣泄、船只的通航或公路、铁路的运行。

1. 桥梁的基本组成

桥梁由上部结构、下部结构、支座及附属设施四部分组成，如图4-5-1所示。

上部结构又称桥跨结构，主要包括承重结构（主梁或主拱圈）、桥面系，是路线遇到障碍中断时跨越障碍的结构物，它的作用是承受车辆荷载，并通过支座将其自重和活载等传递给墩台和桥墩。

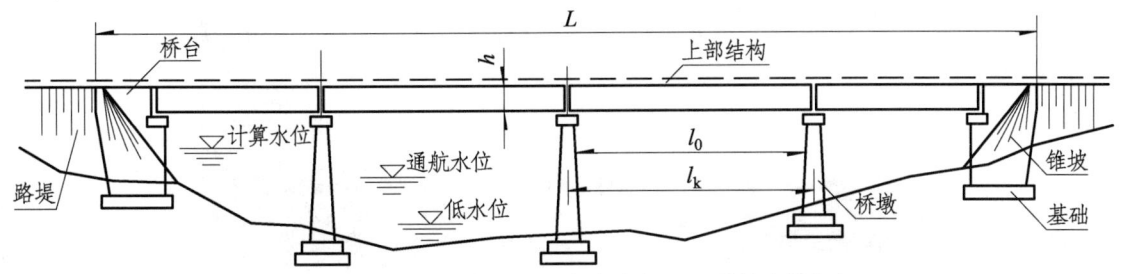

L—桥梁全长；l_0—净跨径；l_k—标准跨径；h—桥梁建筑高度。

图 4-5-1　桥梁的基本组成

下部结构是支承桥跨结构并将永久荷载和车辆等荷载传至地基的结构物，主要包括桥台、桥墩和基础。桥台设在桥梁两端，除支承桥跨结构外还承受路基填土的水平推力；桥墩则在两桥台之间，主要支承桥跨结构；桥墩和桥台底部的部分称为基础，承担从桥墩和桥台传来的全部荷载，并将其传递给地基。

支座设置在桥墩和桥台顶面，是用来支承上部结构的传力装置。

附属设施主要包括栏杆、灯柱、伸缩缝、护岸、导流结构物等。

河流中的水位是变动的，在枯水季节的最低水位称为低水位，在洪峰季节的最高水位称为高水位。桥梁设计中按规定的设计洪水频率计算所得的高水位称为设计洪水位。

净跨径（l_0）是设计洪水位上相邻两个桥墩（或桥台）之间的净距。

标准跨径（l_k）为梁式桥、板桥两桥墩中心线之间桥中心线的长度或桥墩中心线与桥台台背前缘之间桥中心线的长度；拱桥和涵洞以净跨径为准。

总跨径是多孔桥梁中各孔净跨径的总和，它反映了桥下宣泄洪水的能力。

桥梁全长（桥长 L）简称桥长，是桥梁两端两个桥台的侧墙或八字墙后端点的距离，对于无桥台的桥梁为桥面行车道的全长。

2. 桥梁的分类

桥梁的形式有很多，常见的分类方法有：

（1）按结构形式分为梁式桥、拱式桥、刚架桥、桁架桥、悬索桥、斜拉桥等。

（2）按上部结构所用建筑材料分为钢桥、钢筋混凝土桥、预应力混凝土桥、石桥、木桥等，其中以钢筋混凝土桥和预应力混凝土桥应用最为广泛。

（3）按用途分为公路桥、铁路桥、公路铁路两用桥、人行桥、运水桥（渡槽）等。

（4）按跨越障碍的性质可分为跨河桥、跨线桥（立体交叉）高架桥和栈桥。

（5）按桥梁全长和跨径的不同分为特大桥、大桥、中桥和小桥，见表 4-5-1。

表 4-5-1　桥梁按全长和跨径分类　　　　　　　　　　　　单位：m

桥梁分类	多孔桥全长 L	单孔跨径	桥梁分类	多孔桥全长 L	单孔跨径
特大桥	$L>1\,000$	$L_k>150$	中桥	$30<L<100$	$20 \leqslant L_k<40$
大桥	$100 \leqslant L \leqslant 1\,000$	$40 \leqslant L_k \leqslant 150$	小桥	$8 \leqslant L \leqslant 30$	$5 \leqslant L_k<20$

（6）按上部结构的行车道位置分为上承式桥、下承式桥和中承式桥。桥面布置在主要承重结构之上者称为上承式桥，布置在主要承重结构之下者称为下承式桥，布置在主要承重结构中间的称为中承式桥，如图 4-5-2 所示。

（a）上承式桥

（b）下承式桥

（c）中承式桥

图 4-5-2　按上部结构行车道位置分类的桥梁

五、任务知识与任务实施

桥梁的建造不但要满足使用上的要求，还要满足经济、美观、施工等方面的要求。修建前首先要进行桥位附近的地形、地质、水文、建材来源等方面的调查，绘制出桥位平面图和地质断面图，供设计和施工使用。

虽然桥梁的结构形式和建筑材料不同，但图示方法基本相同。表示桥梁工程的图样一般可分为桥位平面图、桥位地质断面图、桥梁总体布置图、构件图、详图等。

1. 桥位平面图

桥位平面图主要用于表示桥梁所在的位置、与路线的连接关系以及周围的地形、地物。其绘制方法与路线平面图相同，只是所用的比例较大。通过地形测量的方法绘制出桥位处的道路、河流、水准点、钻孔及附近的地形和地物，作为设计桥梁、施工定位的根据。如图 4-5-3 所示，为某桥梁的桥位平面图。除表示了桥梁所在的位置、路线平面线形、地形和地物外，还表明了钻孔、里程桩、水准点的位置和数据。

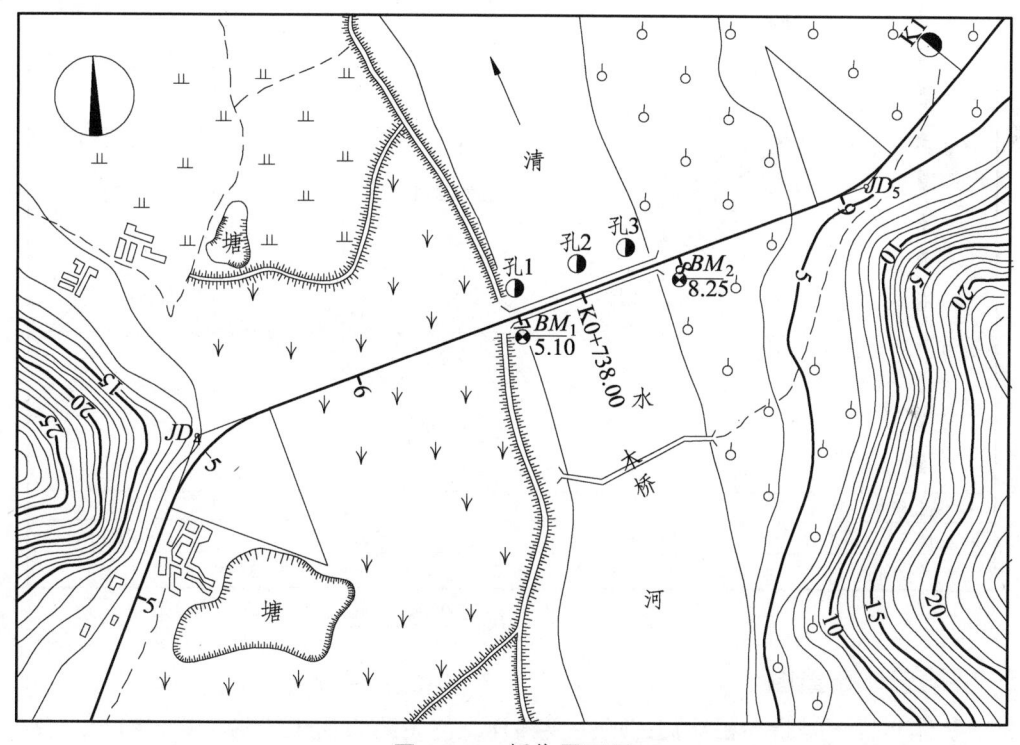

图 4-5-3 桥位平面图

桥位平面图中的植被、水准点符号等均应以正北方向为准，而图中文字方向则可按路线要求及总图标方向来决定。

2. 桥位地质断面图

桥位地质断面图是根据水文调查和地质钻探所得资料绘制的河床地质断面图，表示桥梁所在位置的地质水文情况，包括河床断面线、最高水位线、常水位线和最低水位线，作为桥梁设计的依据，小桥可不绘制桥位地质断面图，但应写出地质情况说明。桥位地质断面图为了显示地质和河床深度变化情况，特意把地形高度（标高）的比例较水平方向比例放大数倍画出。如图 4-5-4 所示，地形高度的比例采用 1∶200，水平方向比例采用 1∶500。

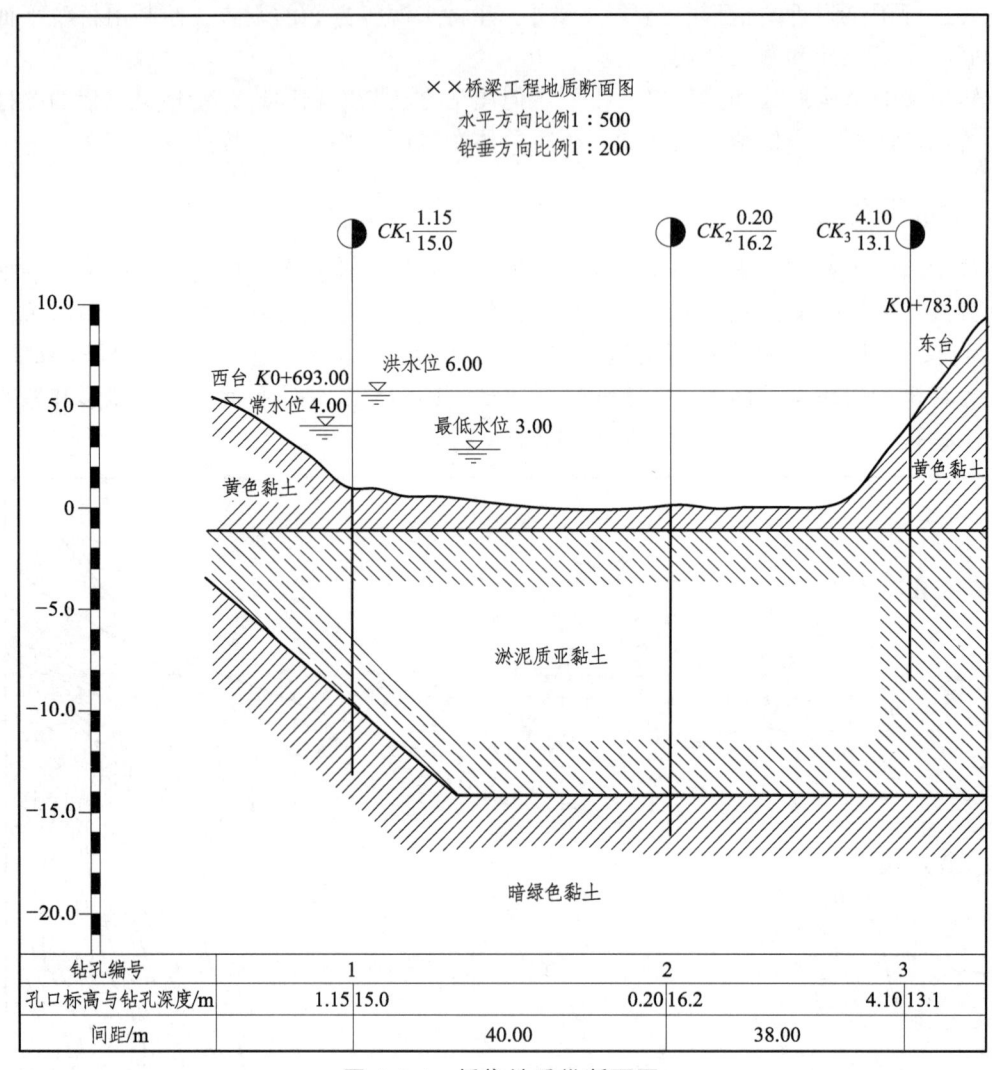

图 4-5-4　桥位地质纵断面图

3. 桥梁总体布置图

桥梁总体布置图是指导桥梁施工的主要图样，它主要表明桥梁的型式、跨径、孔数、总体尺寸、各主要构件的相互位置关系，桥梁各部分的标高、材料数量以及总的技术说明等，作为施工时确定墩台位置、安装构件和控制标高的依据。一般由立面图、平面图和剖面图组成。

图 4-5-5 为白沙河桥的总体布置图，绘图比例采用 1∶200，该桥为三孔钢筋混凝土空心板简支梁桥，总长度 34.90 m，总宽度 14 m，中孔跨径 13 m，两边孔跨径 10 m。桥中设有两个柱式桥墩，两端为重力式混凝土桥台，桥台和桥墩的基础均采用钢筋混凝土预制打入桩，桥上部承重构件为钢筋混凝土空心板梁。

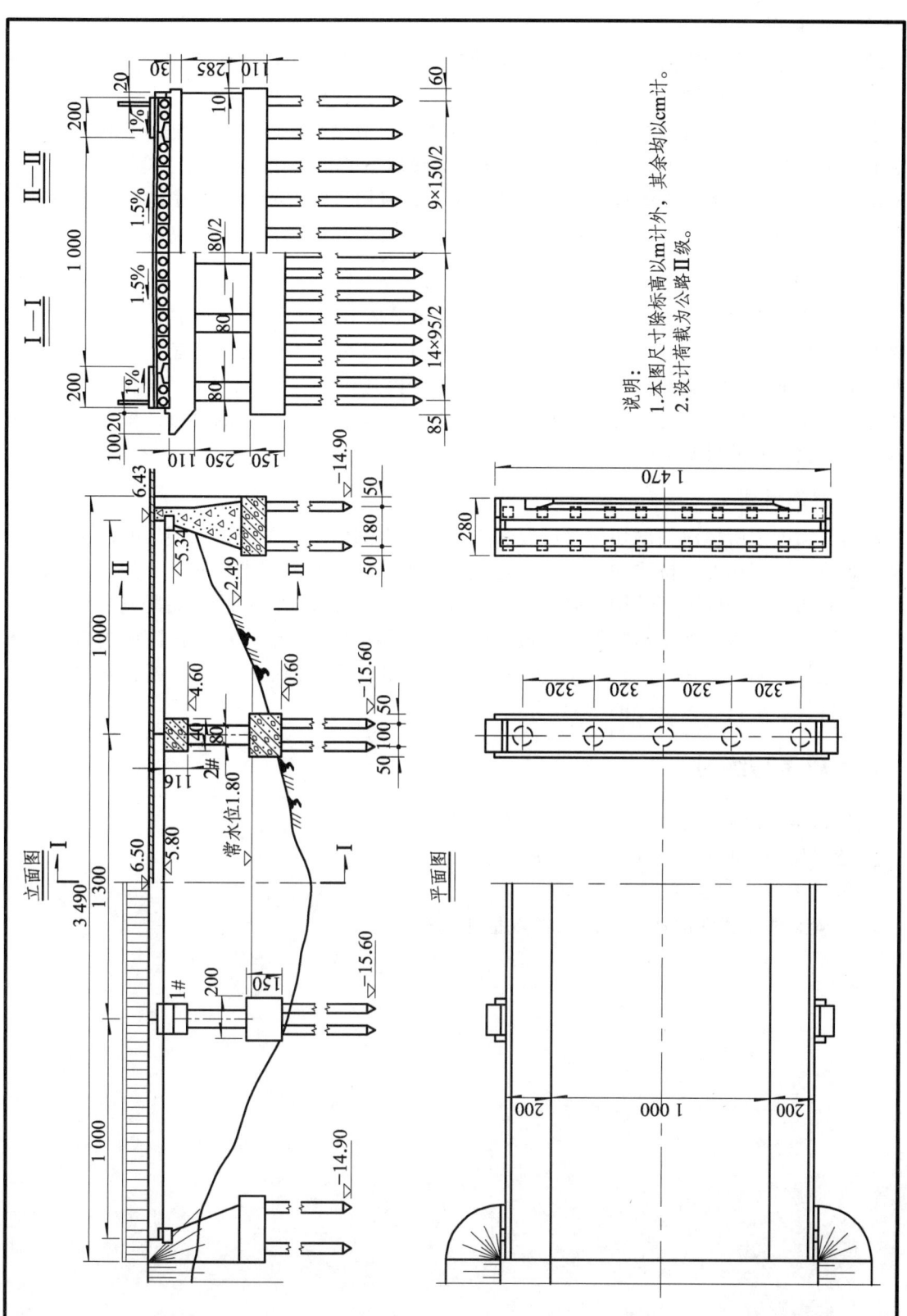

图 4-5-5 总体布置图

（1）立面图

桥梁一般是左右对称的，所以立面图通常是由半立面图和半纵剖面图合成的。左半立面图为左侧桥台、1号桥墙、板梁、人行道栏杆等主要部分的外形投影图。右半纵剖面图是沿桥梁中心线纵向剖开而得到的，2号桥墩、右侧桥台、板梁和桥面均应按剖开绘制。图中还画出了河床的断面形状，在半立面图中，河床断面线以下的结构如桥台、基桩等用实线表示。由于预制桩打入到地下较深的位置，为了节省图幅，采用了断开画法。图中还注出了桥梁各重要部位（如桥面、梁底、桥墩、桥台、桩尖等处）的高程以及常水位标高等。

（2）平面图

桥梁的平面图也常采用半剖的形式。左半平面图是从上向下投影得到的桥面水平投影图，主要画出了车行道、人行道、栏杆等的位置。由所注尺寸可知，桥面车行道净宽为10 m，两边人行道各2 m。右半部采用的是剖切画法（或分层揭开画法），假想把上部结构移去后，画出了2号桥墩和右侧桥台的平面形状和位置。桥墩中的虚线圆是立柱的投影，桥台中的虚线正方形是下面方桩的投影。

（3）横剖面图

根据立面图中所标注的剖切位置可以看出，Ⅰ—Ⅰ剖面是在中跨位置剖切的，Ⅱ—Ⅱ剖面是在边跨位置剖切的，桥梁的横剖面图是左半部Ⅰ—Ⅰ剖面和右半部Ⅱ—Ⅱ剖面拼成的。桥梁中跨和边跨部分的上部结构相同，桥面总宽度为14 m，是由10块钢筋混凝土空心板拼接而成，图中由于板的断面形状较小，没有画出其材料符号。在Ⅰ—Ⅰ剖面图中画出了桥墩各部分，包括墩帽、立柱、承台、基桩等的投影，在Ⅱ—Ⅱ剖面图中画出了桥台各部分，包括台帽、台身、承台、基桩等的投影。

六、思考与练习

1. 桥梁主要由哪些部分组成？
2. 桥梁按全长和跨径不同是怎样分类的？
3. 桥梁工程图主要包括哪些图样？
4. 桥梁总体布置图的作用和图示特点是什么？

项目六　识读钢筋混凝土 T 形梁桥主梁骨架结构图

 能力目标

1. 能够运用投影的基本知识，识读钢筋混凝土空心板构造图，阐明其具体位置、构造形状和大小；
2. 根据板所处的位置，能够阐明板的名称和铰缝的构造；
3. 根据板和梁的钢筋布置图，阐明各类钢筋的根数、位置、形状和详细尺寸，能够作出指定位置的断面图。

 知识目标

1. 熟悉和掌握构件结构图的作用与图示特点；
2. 进一步巩固和理解钢筋结构图中钢筋的编号和尺寸标注的方法；
3. 了解钢筋混凝土空心板梁桥和 T 形梁桥的构造特点。

一、项目任务

识读钢筋混凝土 T 形梁桥主梁钢筋骨架结构图（《道路工程制图与识图习题册》第 61 页）。

二、能力训练任务

任务 1：识读图 4-6-2 所示边跨跨径为 10 m 的空心板构造图。
任务 2：识读图 4-6-3 所示跨径为 10 m 的边板配筋图。

三、任务目的

了解钢筋混凝土空心板和 T 形梁的构造，掌握钢筋布置图的特点与识读方法。

四、任务知识与任务实施

在桥梁总体布置图中，由于绘图采用的比例较小，无法将桥梁的各个构件都详细地表示清楚。为了实际施工和制作的需要，还必须用较大的比例图示出各构件的形状、大小和钢筋构造，这种图样就称为构件结构图，简称构件图。构件图常用的比例为 1∶10～1∶50，某些局部详图可采用更大的比例，如 1∶2～1∶5。图 4-6-1 为该桥梁各主要构件的立体示意图。

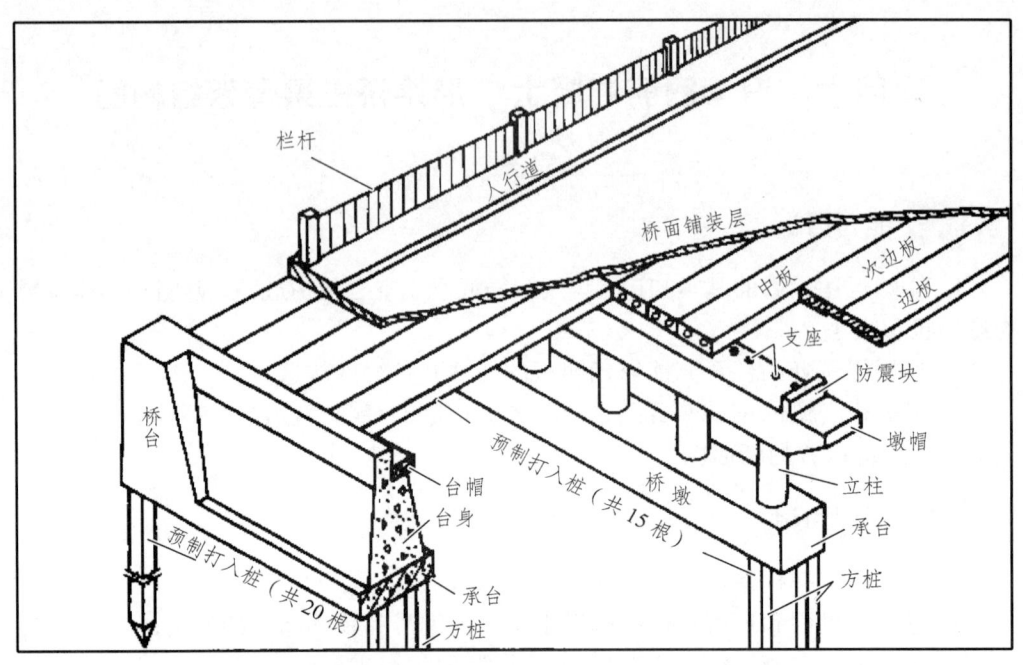

图 4-6-1 桥梁各部分组成示意图

1. 钢筋混凝土空心板构造图

钢筋混凝土空心板是该桥梁上部结构中最主要的受力构件,它两端搁置在桥墩和桥台上,中跨为 13 m,边跨为 10 m。图 4-6-2 为边跨 10 m 空心板构造图,由立面图、平面图和断面图组成,主要表达空心板的形状、构造和尺寸。整个桥宽由 10 块板拼成,按不同位置分为三种,即中板(中间共 6 块)、次边板(两侧各 1 块)、边板(两边各 1 块)。三种板的厚度相同,均为 55 cm,故只画出了中板立面图。由于三种板的宽度和构造不同,故分别绘制了中板、次边板和边板的平面图,中板宽 124 cm,次边板宽 162 cm,由于纵向是对称的,所以立面图和平面图均只画出了一半,边跨板长名义尺寸为 10 m,但减去板接头缝后实际上板长为 996 cm。三种板均分别绘制了跨中断面图,可以看出它们不同的断面形状和详细尺寸。另外还画出了板与板之间拼接的铰缝大样图,具体施工做法详见说明。

2. 钢筋混凝土空心板钢筋布置图

每种钢筋混凝土板都必须绘制钢筋布置图,现以边板为例予以介绍,图 4-6-3 为 10 m 板边板的配筋图。立面图是用Ⅰ—Ⅰ纵剖面表示的(既然假定混凝土是透明的,立面图和剖面图已无多少区别,这里主要是为了避免钢筋过多的重叠,才这样处理)。由于板中有弯起钢筋,所以绘制了跨中横断面Ⅱ—Ⅱ和跨端横断面Ⅲ—Ⅲ,可以看出②号钢筋在中部时位于板的底部,在端部时则位于板的顶部。为了更清楚地表示钢筋的布置情况,还画出了板的顶层钢筋平面图。整块板共有十种钢筋,每种钢筋都绘出了钢筋详图。几种图互相配合,对照阅读,再结合列出的钢筋明细表,就可以清楚地了解该板中所有钢筋的位置、形状、尺寸、规格、直径、数量等内容,以及几种弯筋、斜筋与整个钢筋骨架的焊接位置和长度。

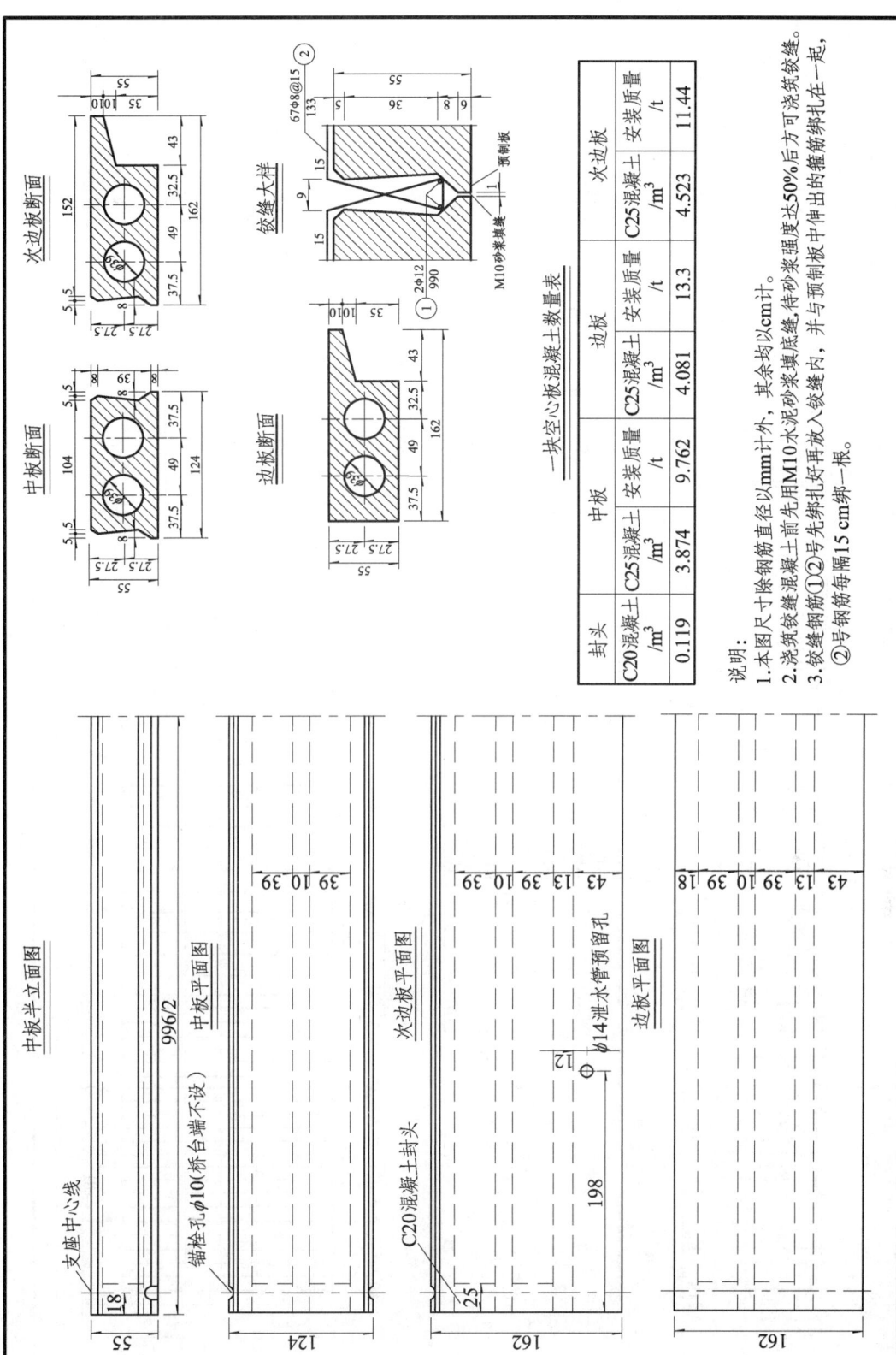

图 4-6-2 边跨 10 m 空心板构造图

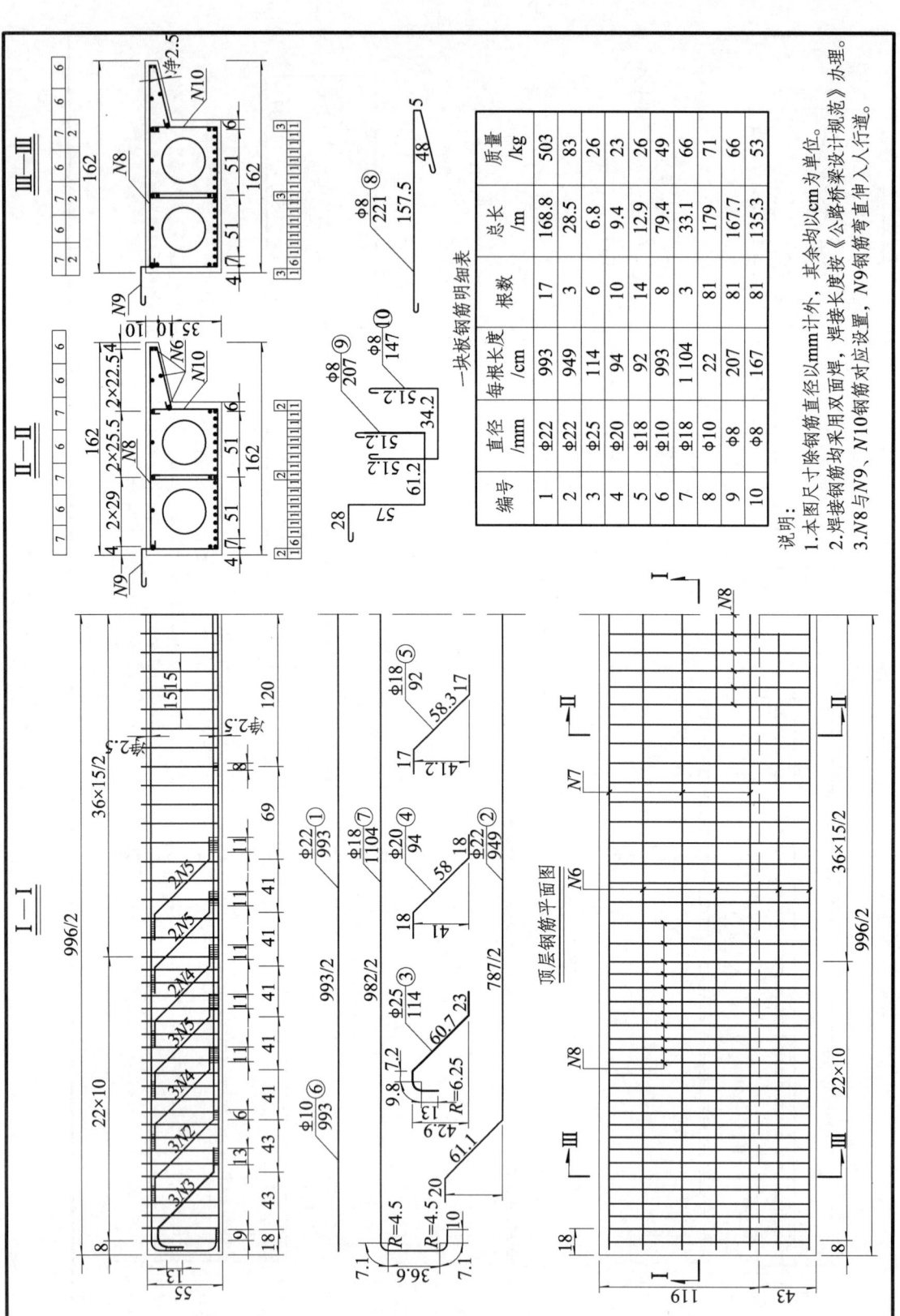

图 4-6-3 跨径 10 m 边板配筋图

五、思考与练习

1. 为什么要绘制构件结构图，其特点是什么？
2. 该桥梁每跨横向有几块板，其中边板、中板和次边板各有几块？
3. 边板、中板和次边板在构造上有什么不同？
4. 在项目任务中，一片主梁的焊缝总长度 21.8 m 是怎样计算出来的？

项目七 识读钢筋混凝土桥墩构造图

 能力目标

1. 能够运用投影的基本知识，识读钢筋混凝土桥墩和桥台构造图，阐明桥墩、桥台的位置、基本组成及各部分的形状、大小；
2. 根据钢筋布置图，阐明桥墩各部分钢筋的编号、直径、根数、位置、形状和详细尺寸，能够作出指定位置的断面图。

 知识目标

1. 掌握桥台和桥墩的位置、组成、构造特点及图示方法；
2. 进一步巩固和理解钢筋结构图的图示特点与钢筋的编号、尺寸标注等。

一、项目任务

识读钢筋混凝土桥墩构造图（《道路工程制图与识图习题册》第 62 页）。

二、能力训练任务

任务 1：识读图 4-7-1 所示的轻型桥墩构造图。
任务 2：识读图 4-7-2 所示的重力式混凝土桥台构造图。
任务 3：识读图 4-7-3 所示的钢筋混凝土预制桩配筋图。

三、任务目的

了解钢筋混凝土轻型桥墩的构造，进一步提高识读钢筋布置图的能力和空间想象能力。

四、任务知识与任务实施

1. 桥墩图

图 4-7-1 为桥墩构造图，主要表达桥墩各组成部分的形状和尺寸。这里绘制了桥墩的立面图、侧面图和Ⅰ—Ⅰ剖面图，由于桥墩是左右对称的，故立面图和剖面图均只画出一半。该桥墩由墩帽、立柱、承台和基桩四部分组成。根据所标注的剖切位置可以看出，Ⅰ—Ⅰ剖面图实质上为承台平面图，承台为长方体，长 1 500 cm，宽 200 cm，高 150 cm。承台下的基桩分两排交错（呈梅花形）布置，施工时先将预制桩打入地基，下端到达设计深度（标高）后再浇筑承台，桩的上端深入承台内部 80 cm，在立面图中这一段用虚线绘制，承台上有五根圆形立柱，直径为 80 cm，高为 250 cm。立柱上面是墩帽，墩帽的全长为 1 650 cm，宽为 140 cm，高度在中部为 116 cm，在两端为 110 cm，有一定的坡度，目的是使桥面形成 1.5%

的横坡。墩帽两端各有一个 20 cm×30 cm 的抗震挡块，是防止空心板移动而设置的。墩帽上的支座，详见支座布置图。

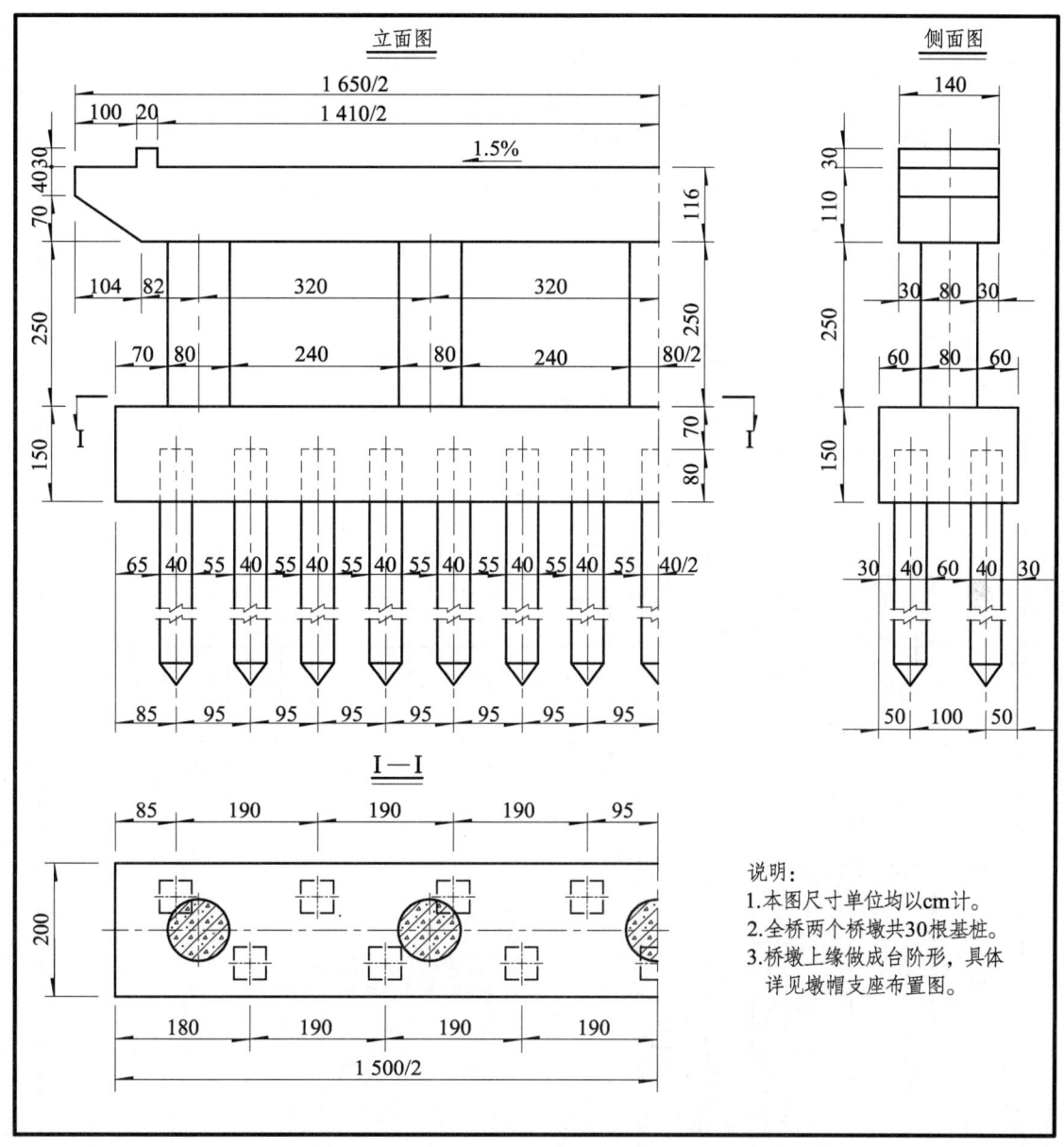

图 4-7-1　桥墩构造图

2. 桥台图

桥台属于桥梁的下部结构，主要是支承上部的板梁，并承受路堤填土的水平推力。我国公路桥梁桥台的形式主要有实体式桥台（又称重力式桥台）、埋置式桥台、轻型桥台、组合式桥台等。

图 4-7-2 为重力式混凝土桥台的构造图，用剖面图、平面图和侧面图表示。该桥台由台帽、台身、侧墙、承台和基桩组成。桥台的立面图用Ⅰ—Ⅰ剖面图代替，既可表示出桥台的

内部构造，又可画出材料符号。该桥台的台身和侧墙均用C30混凝土浇筑而成，台帽和承台的材料为钢筋混凝土。桥台的长为280 cm，高为493 cm，宽为1 470 cm。由于宽度尺寸较大且对称，所以平面图只画出了一半。侧面图由台前和台后两个方向视图各取一半拼成，所谓台前是指桥台面对河流的一侧，台后则是桥台面对路堤填土的一侧。为了节省图幅，平面图和侧面图都采用了断开画法。桥台下的基桩分两排对齐布置，排距为180 cm，桩距为150 cm，每个桥台有20根桩，桥台承台等处的配筋图略。

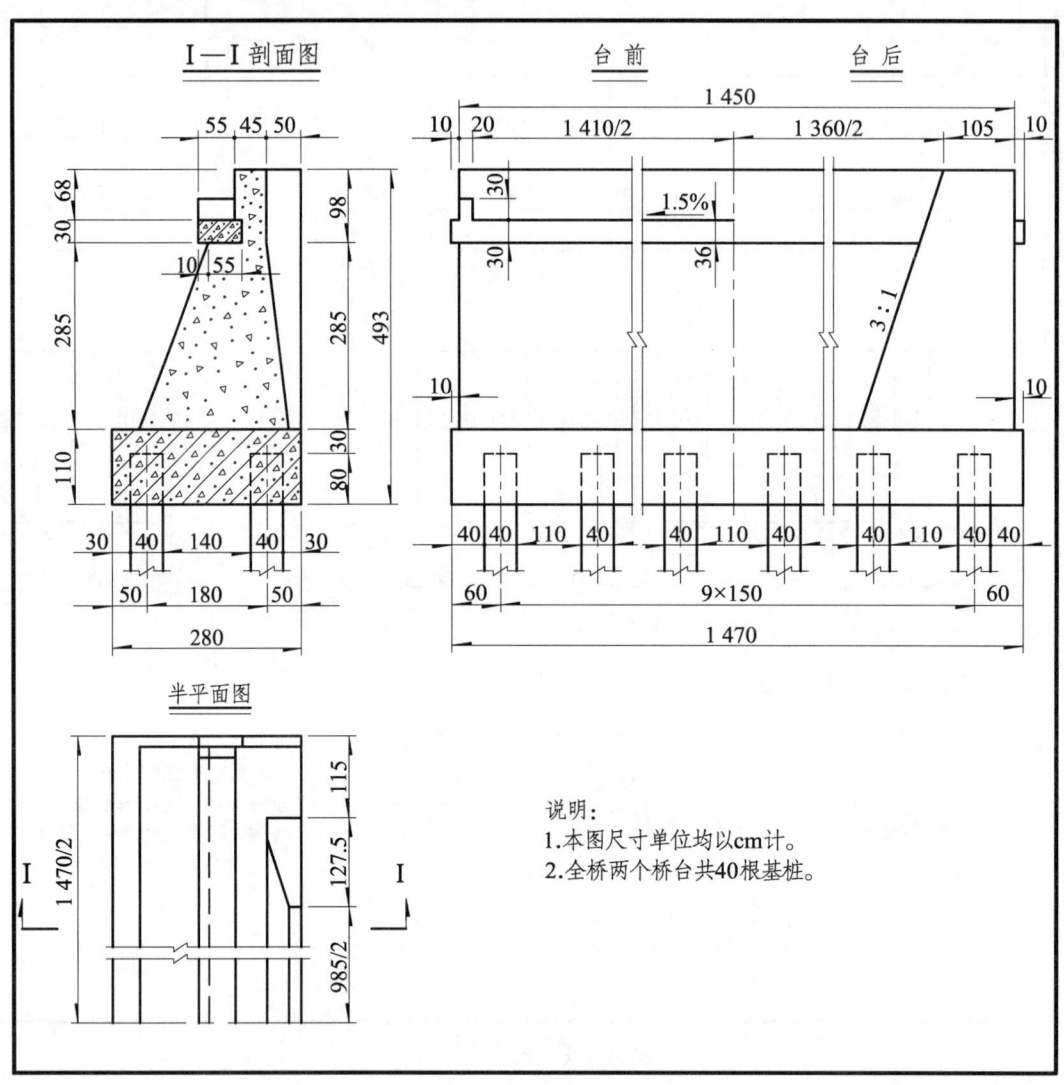

图 4-7-2　桥台构造图

3. 钢筋混凝土桩配筋图

该桥梁桥墩和桥台的基础均为钢筋混凝土预制桩，桩的布置形式及数量已在上述图样中表达清楚。图 4-7-3 为预制桩的配筋图，主要用立面图、断面图以及钢筋详图来表达。由于桩的长度尺寸较大，为了布图的方便常将桩水平放置，断面图可画成中断断面或移出断面。

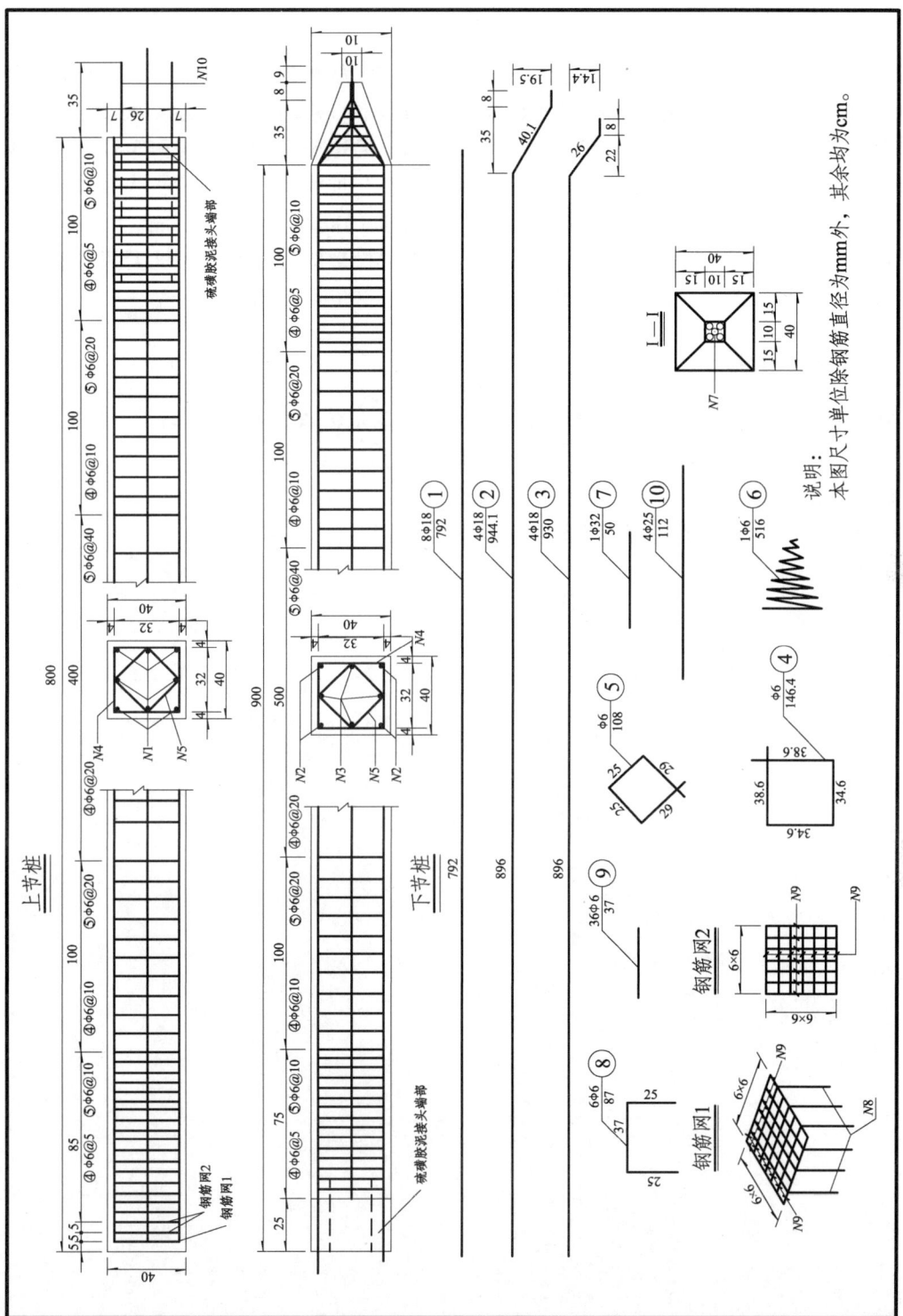

图 4-7-3 桥墩基桩钢筋构造图

由图可以看出该桩的截面为正方形（40 cm×40 cm），桩的总长为 17 m，分上下两节，上节桩长为 8 m，下节桩长为 9 m。上节桩内布置的主筋为 8 根①号钢筋，桩顶端有一层钢筋网 1 和两层钢筋网 2，在接头端预埋 4 根⑩号钢筋。下节桩内的主筋为 4 根②号钢筋和 4 根③号钢筋，一直通过桩尖部位，⑥号钢筋为桩尖部位的螺旋形钢筋。④和⑤号为大小两种方形箍筋，套叠在一起放置，每种箍筋沿桩长度方向有三种间距，④号箍筋从两端到中央的间距依次为 5 cm、10 cm、20 cm，⑤号箍筋从两端到中央的间距分别为 10 cm、20 cm、40 cm，具体位置详见标注。画出的Ⅰ—Ⅰ剖面图实际上是桩尖投影图，主要表示桩尖部的形状及⑦号钢筋与②号钢筋的位置。桩接头处的构造另有详图，这里未示出。

五、思考与练习

1. 钢筋混凝土轻型桥墩主要由哪几部分组成？其图示特点是什么？
2. 桥台主要由哪几部分组成？其图示特点是什么？
3. 钢筋混凝土基桩配筋图的图示特点是什么？
4. 该桥梁桥台和桥墩上各有多少根基桩，尺寸如何？

项目八 识读钢筋混凝土 T 梁翼板钢筋布置图

 能力目标

1. 能够运用投影的基本知识，识读桥墩支座布置图，阐明支座的数量。
2. 能够运用投影的基本知识和钢筋结构图的图示特点，识读人行道及桥面铺装构造图。
3. 能够运用投影的基本知识和钢筋结构图的图示特点，识读钢筋混凝土 T 形梁翼板钢筋布置图，阐明各类编号钢筋的根数、位置、形状和详细尺寸。

 知识目标

1. 知道桥梁支座的作用及其布置位置，掌握支座布置图的图示特点。
2. 了解人行道及桥面铺装的基本构造，掌握人行道及桥面铺装构造图的图示特点。
3. 了解 T 形梁的基本组成。
4. 掌握桥梁图读图和画图的步骤。

一、项目任务

识读钢筋混凝土 T 形梁翼板钢筋布置图（《道路工程制图与识图习题册》第 63 页）。

二、能力训练任务

任务 1：识读图 4-8-1 所示桥墩支座布置图。
任务 2：识读图 4-8-2 所示人行道及桥面铺装构造图。

三、任务目的

1. 了解桥梁支座的布置位置、人行道及桥面铺装的基本构造和钢筋混凝土 T 形梁的构造。
2. 进一步提高识读构件构造图和钢筋布置图的能力。

四、任务知识与任务实施

1. 支座布置图

支座位于桥梁上部结构与下部结构的连接处，桥墩的墩帽和桥台的台帽上均设有支座，板梁搁置在支座上。上部荷载由板梁传给支座，再由支座传给桥墩或桥台，可见支座虽小但很重要。图 4-8-1 为桥墩支座布置图，用立面图、平面图及详图表示。在立面图上详细绘制了空心板的组合情况，为使桥面形成 1.5%的横坡，墩帽上缘做成台阶形以安放支座。立面图上表达不是很清楚，故用更大比例画出了局部放大详图，即 A 大样图，图中注出台阶高 1.88 cm。

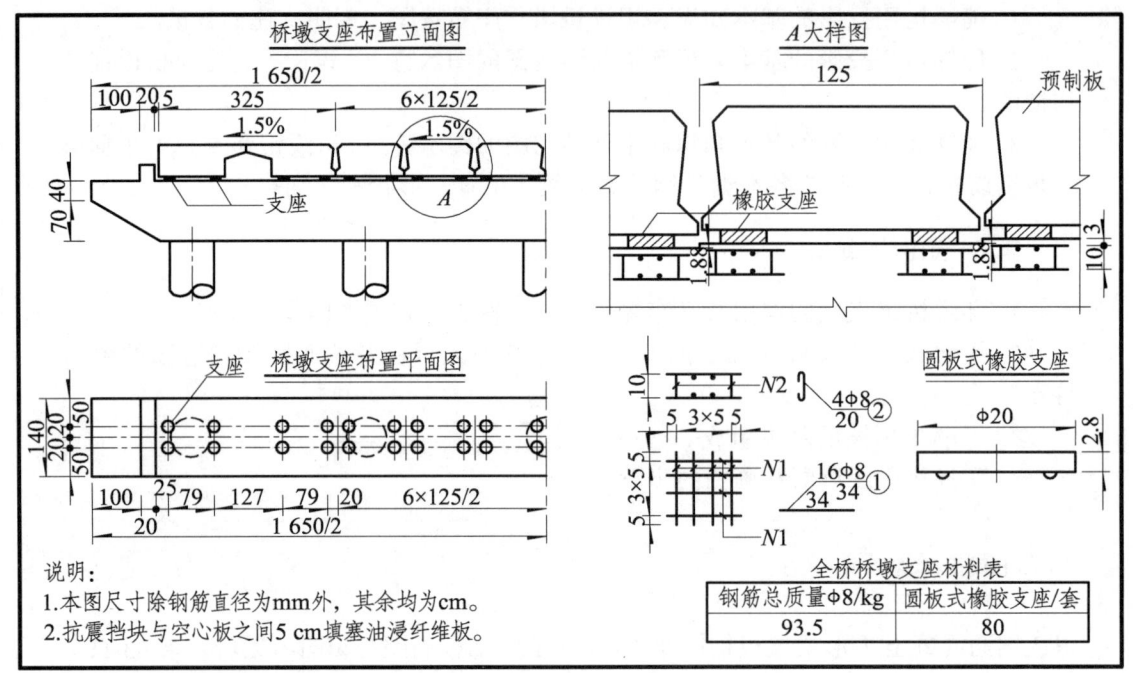

图 4-8-1　桥墩支座布置图

由于墩帽的支座处受压较大，故在支座下增设有钢筋垫，由①号和②号钢筋焊接而成，以增强混凝土的局部承压能力。平面图是将上部空心板移去后画出的，可以看出支座在墩帽上是对称布置的，并注有详细的定位尺寸。安装时空心板端部的支座中心线应与桥墩的支座中心线对准。支座是工业制成品，本桥采用的是圆板式橡胶支座，直径为 20 cm，厚度为 2.8 cm。

2. 人行道及桥面铺装构造图

图 4-8-2 为人行道及桥面铺装构造图，这里绘出的人行道立面图是沿桥的横向剖切而得到的，实质上是人行道的横剖面图。桥面铺装层主要是由纵向①号钢筋和横向②号钢筋组成的钢筋网现浇 C25 混凝土而成，厚度为 10 cm。车行道部分的面层为 5 cm 厚沥青混凝土。人行道部分是在路缘石、撑梁、栏杆垫梁上铺设人行道板后构成架空层，面层为地砖贴面，人行道板长 74 cm，宽为 49 cm，厚为 8 cm，用 C25 混凝土预制而成，另画有人行道板的钢筋布置图。

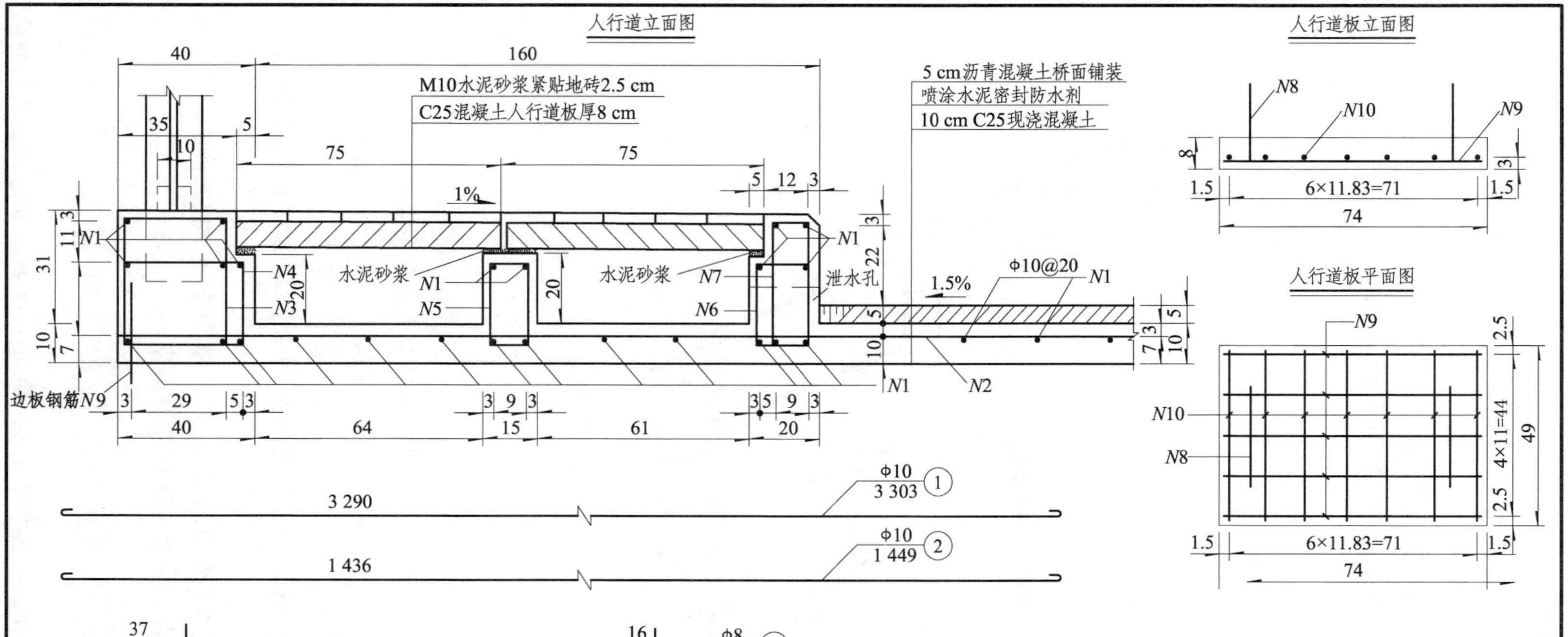

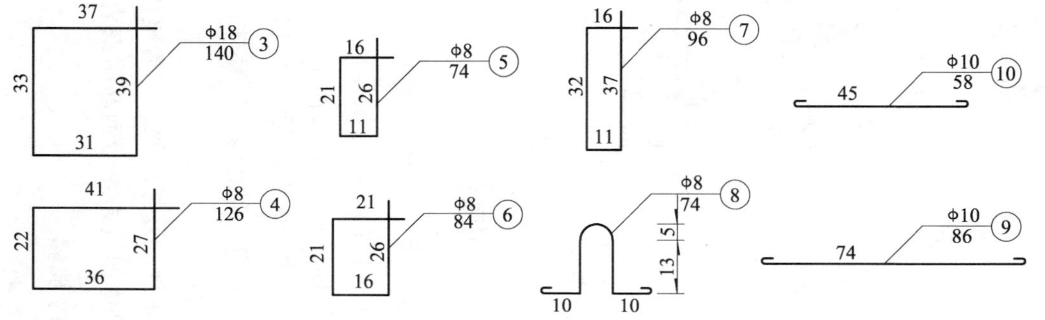

说明：

1. 本图尺寸除钢筋直径以mm计外，其余均以cm计。
2. 人行道板全桥共264块。
3. 人行道撑梁、路缘石采用现浇C25混凝土，在桥台处处断开，并注意将人行道和地砖的拼接缝与其对齐，桥面泄水管在路缘石现浇时埋入。
4. 箍筋N3、N4、N5、N6、N7沿桥跨方向布置，间距为20 cm，在栏杆柱处可适当调整间距。
5. 边板伸出钢筋N9，应与栏杆垫梁钢筋牢固绑扎。
6. N8钢筋在人行道板安装完毕后切除。

图 4-8-2　人行道及桥面铺装构造图

3. 钢筋混凝土 T 形梁桥的基本构造

T 形梁是由梁肋、横隔板（横隔梁）和翼板组成，在桥面宽度范围内往往有几根梁并在一起，在两侧的主梁称为边主梁，中间的主梁称为中主梁，主梁之间用横隔板联系，沿着主梁长度方向有若干个横隔板，在两端的横隔板称为端隔板，中间的横隔板称为中隔板。其中边主梁只有一侧有横隔板，中主梁两侧都有横隔板，如图 4-8-3 所示。

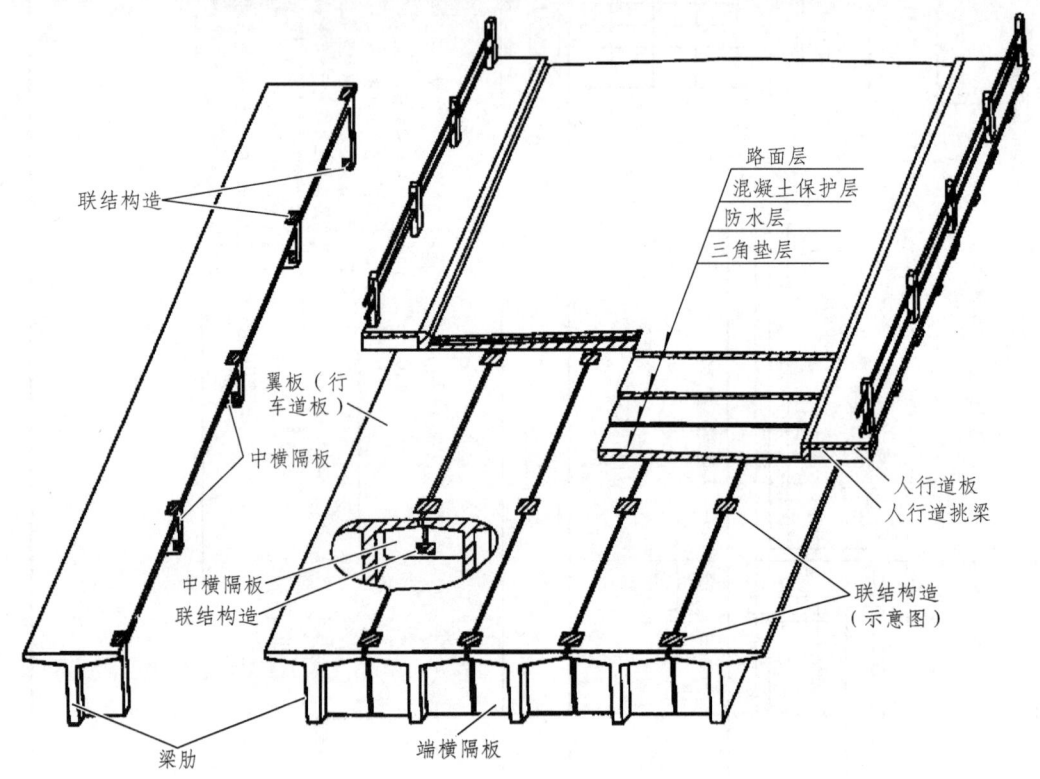

图 4-8-3 装配式 T 形简支梁桥示意图

4. 桥梁图读图和画图

（1）读图的方法

① 读桥梁工程图的基本方法是形体分析方法，桥梁虽然是庞大而又复杂的建筑物，但它是由许多构件所组成的，只要我们了解了每一个构件的形状和大小，再通过总体布置图把它们联系起来，弄清彼此之间的关系，就不难了解整个桥梁的形状和大小了。

② 由整体到局部，再由局部到整体的反复读图过程，把整个桥梁图由大化小、由繁化简，各个击破、解决整体。

③ 运用投影规律互相对照，弄清整体。看图的时候，决不能单看一个投影图，而是同其他投影图包括总体图或详图、钢筋明细表、说明等联系起来识读。

（2）读图的步骤

① 总体布置图

a. 看图纸的设计说明、标题栏和附注，了解桥梁名称、种类、主要技术指标，例如荷载等级、施工措施、注意事项、比例、尺寸单位等。识读桥位平面图、桥位地质图了解所建桥梁的位置、水文、地质状况等。

b. 弄清楚各投影图之间的关系，如有剖面、断面则要找到剖切位置和观察方向。看图时应先看立面图（包括纵剖面图），了解桥形、孔数、跨径大小、墩台数目、总长、河床断面等情况；再对照平面图、侧面图和横剖面图等，了解桥的宽度、人行道的尺寸和主梁的断面形式等，同时要阅读图中的技术说明，这样才能对桥梁的全貌有了一个初步的了解。

② 构件结构图

在看懂总体布置图的基础上，再分别读懂每个构件的构造图和钢筋结构图，构造图的读图方法与"组合体"相同，不再重复。钢筋结构图可按下列步骤进行读图：

a. 先看图名，了解是什么构件，再对照图中画出的主要轮廓线，了解构件的外形。

b. 看基本视图（立面图、断面图等），了解钢筋的布置情况，各种钢筋的相互位置等，找出每种钢筋的编号。

c. 看钢筋成型图，了解每种钢筋的种类、直径、各部分的尺寸和形状，这些内容在基本投影图中是不能完全表达清楚的，要与钢筋成型图一起对照来读。

d. 再将钢筋结构图与钢筋数量表等联系起来看，搞清钢筋的数量、直径、长度、位置等。

（3）画图的方法与步骤

绘制桥梁工程图的方法与绘制组合体投影图的方法基本类似。首先布置和画出各个投影图的基线；其次画出各构件主要轮廓线；再画构件的细部；最后加深或上墨，注写字符并检查全图。在绘制桥梁工程图时，要确定视图数目（包括剖面、断面图）、比例和图幅大小。由于各类桥梁工程图样的要求不同，采用的比例也不同，表 4-8-1 为桥梁工程图常用的参考比例。

表 4-8-1 桥梁常用比例参考表

序号	图名	说明	比例	
			常用比例	分类
1	桥位图	表示桥位路线的位置及附近地形地物情况，对于桥梁、房屋、农作物等只画出示意性符号	1:500～1:2 000	小比例
2	桥位地质断面图	表示桥位处的河床、地质断面及水文情况，为了突出河床的起伏情况，高度比例较水平方向的比例放大数倍画出	高度方向比例 1:100～1:500 水平方向比例 1:500～1:2 000	普通比例
3	桥梁总体布置图	表示桥梁的全貌，长度、高度尺寸，通航及桥梁各构件的相互位置，横剖面图可较立面图放大 1～2 倍画出	1:50～1:500	
4	构件构造图	表示梁、桥墩、桥台、人行道、防撞护栏、栏杆等构造	1:10～1:50	大比例
5	大样图（详图）	钢筋的弯曲和焊接、预应力锚具、支座等细部。	1:3～1:10	

现以桥梁总体布置图为例说明绘制的方法和步骤，如图 4-8-4 所示。

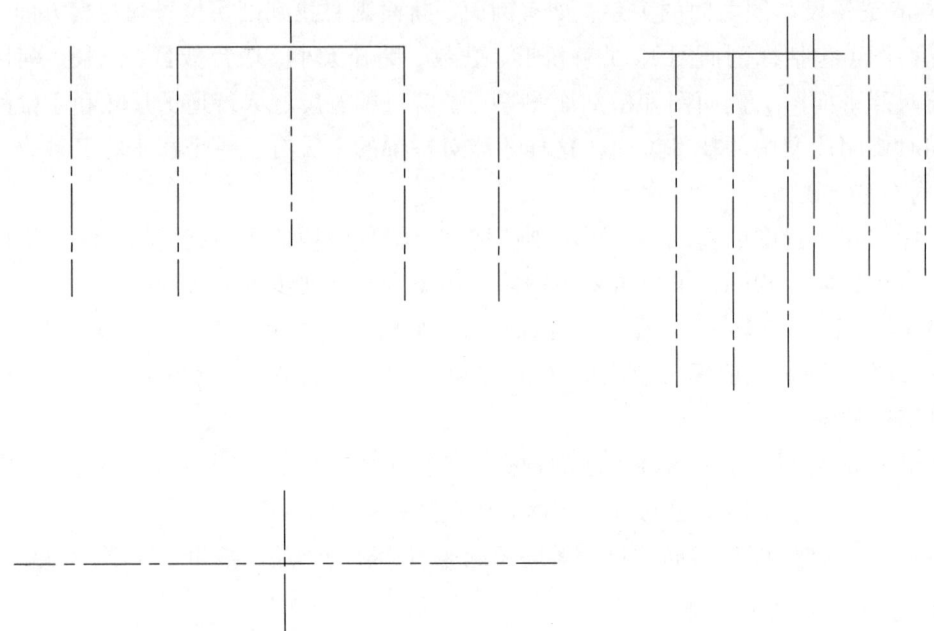

（a）布置和画出各投影图基线

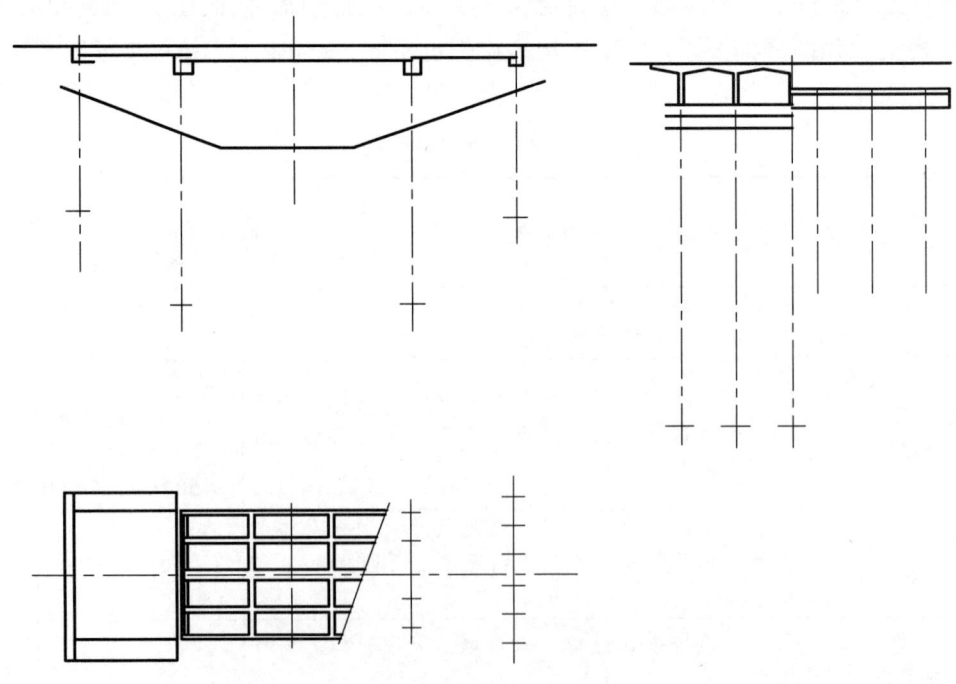

（b）画出各构件的主要轮廓

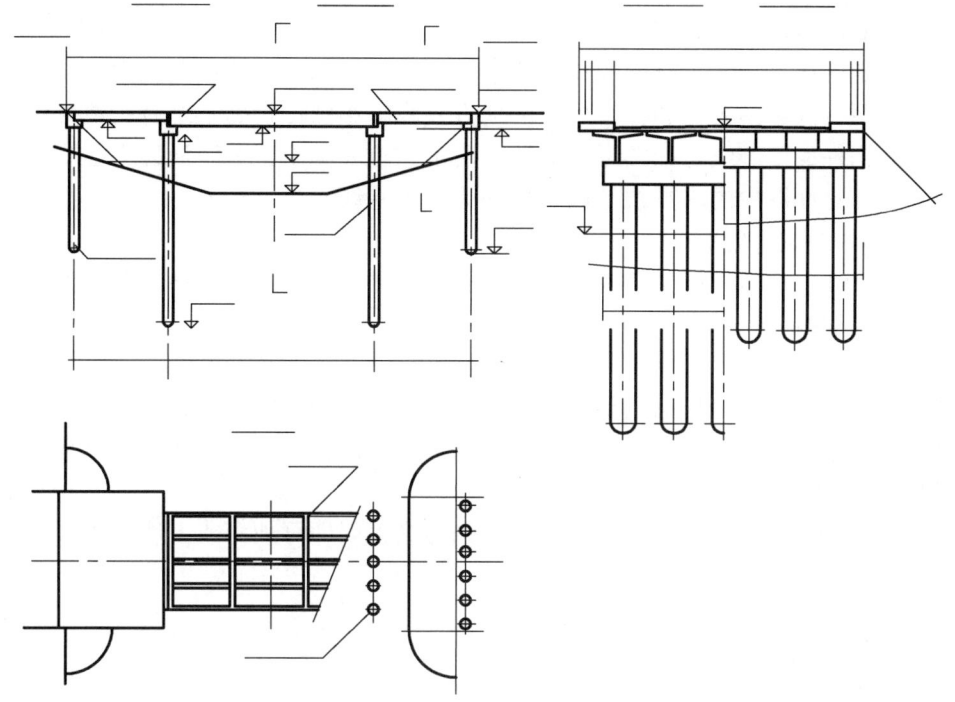

（c）画出各构件的细部

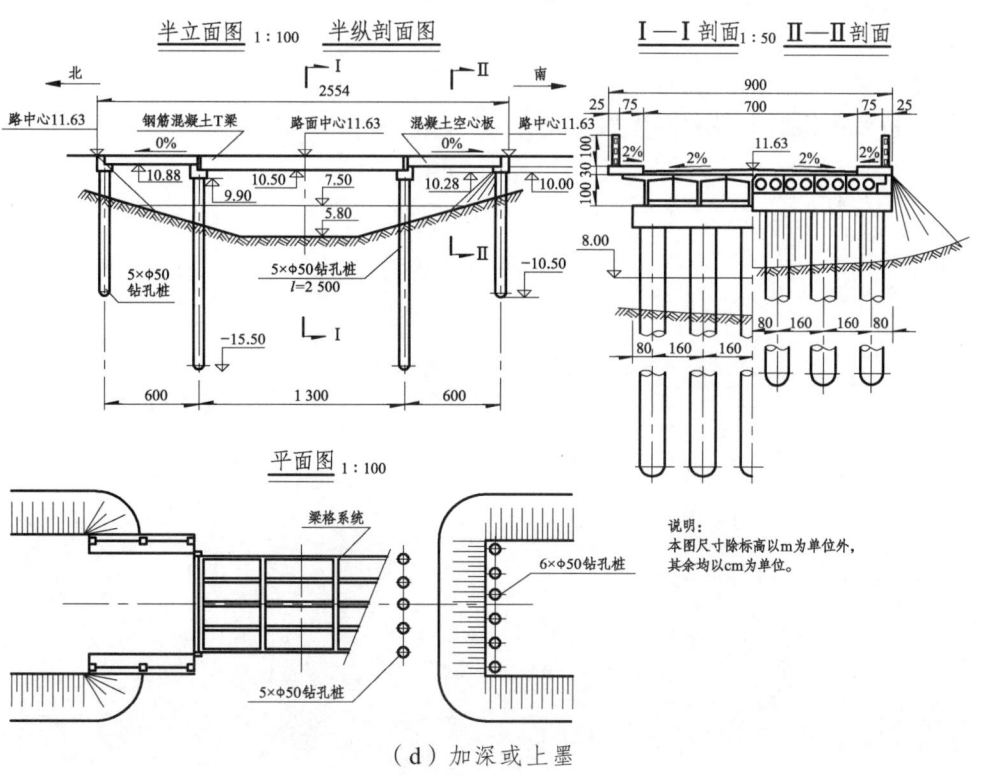

（d）加深或上墨

图 4-8-4　桥梁总体布置图的画图步骤

画图的步骤：

① 布置和画出各投影图的基线

根据所选定的比例及各投影图的相对位置，把它们匀称地分布在图框内，布置时要注意留出图标、说明、投影图名称和标注尺寸的地方。当投影图位置确定之后，便可以画出各投影图的基线或构件的中心线。如图4-8-4（a）所示，首先画出三个图形的中心线，其次画出墩台的中心线，立面图中的水平线是以梁顶作为水平基线。

② 画出构件的主要轮廓线

如图4-8-4（b）所示，以基线或中心线作为量度的起点，根据标高及各构件的尺寸，画出构件的主要轮廓线。

③ 画各构件的细部

如图4-8-4（c）所示，根据主要轮廓从大到小画全各构件的投影，注意各投影图的对应线条要对齐，并把剖面、栏杆、坡度符号线的位置、标高符号及尺寸线等画出来。

④ 加深或上墨

如图4-8-4（d）所示，各细部线条画完，经检查无误即可加深或上墨，最后画出断面符号、标注尺寸和书写文字等。

五、思考与练习

1. 桥梁支座的作用是什么、布置在什么位置、图示特点如何？
2. 钢筋混凝土T形梁由哪些部分组成？
3. 怎样识读桥梁图？
4. 绘制桥梁工程图的步骤是什么？
5. 每个桥台和桥墩上各有多少块支座？

项目九　识读隧道洞门图

> **能力目标**
>
> 能够应用正投影、标高投影的相关知识和隧道工程图的图示特点，识读隧道平面图、隧道纵断面图、隧道横断面图、隧道洞门图，阐明隧道进出口位置、标高、纵坡形式、竖曲线及其大小、洞口形式，隧道位置的地形、地质状况等。
>
> **知识目标**
>
> 1. 掌握隧道工程图的组成与图示特点。
> 2. 了解隧道洞门的结构形式。
> 3. 掌握隧道平面图、隧道纵断面图、隧道横断面图、隧道洞门图及避车洞图的图示方法与识读方法。

一、项目任务

识读隧道洞门图（《道路工程制图与识图习题册》第 64 页）。

二、能力训练任务

任务 1：识读图 4-9-1 所示隧道平面图。
任务 2：识读图 4-9-2 所示隧道纵断面图。
任务 3：识读图 4-9-3 所示隧道横断面图。
任务 4：识读图 4-9-6 所示隧道避车洞构造图。

三、任务目的

了解隧道工程图的组成，学习隧道工程图的图示特点，识读隧道平面图、纵断面图、横断面图及洞门图等。

四、任务知识与任务实施

在山岭区修建道路时，为了减少土石方数量，保证车辆安全行驶，缩短里程和降低运营成本，可考虑修建公路隧道。隧道是道路穿越山岭或水底的工程建筑物，它虽然形体很长，但中间断面形状很少变化，因此它所需要的结构图比起桥梁工程图来要少一些。一般来说，隧道工程图包括四大部分，即工程地质图、线形设计图、隧道工程结构构造图及有关附属工程图。

隧道工程地质图包括隧道地区工程地质图、隧道地区区域地质图、工程地质剖面图、垂直隧道轴线的横向地质剖面图和洞口工程地质图。

隧道的线形设计图包括平面设计图、纵断面设计图及接线设计图，它是隧道总体布置的设计图样。

隧道工程结构构造图包括隧道洞门图、横断面图（表示洞身形状、衬砌、路面构造）和避车洞图等。

隧道附属工程图包括通风、照明与供电设施和通信、信号及消防救援设施工程图样等。

1. 隧道平面图

隧道平面图包含的内容有：隧道轴线、洞口及各组成部分的平面位置、隧道位置的地形、地物状况及地质状况。图 4-9-1 为某隧道平面图，从图中可以看出，地形平面图以等高线给出，结合图例可知隧道地区工程地质平面分布情况及地质年代和节理产状。隧道在山体里面，平面投影为不可见，画成虚线。隧道进口里程桩号 K20+935，出口桩号 K21+062，全长 127 m。该隧道位于直线段，其导线点坐标见坐标表。本隧道进口导线控制点为 1 号，出口导线控制点为 6 号，其余控制点分布于隧道地区周围山头上。高程控制点位于隧道出口原小路附近。从地形图可见隧道出口端山体地形略高于进口端，故在进口端其洞门平面处表达了排水沟道布置。隧道平面图可根据隧道长短及地质、地形情况绘制，比例可选 1∶500 或 1∶1 000，本图选用 1∶500。

2. 隧道纵断面图

隧道纵断面图主要反映洞口设计标高、纵坡大小和竖曲线形式等。在纵断面图上还反映山体地面的起伏及地质围岩类别的分布情况、断层走向和洞身衬砌形式的段落划分情况。

图 4-9-2 为某隧道的纵断面图，其岩体地质为轻亚黏土覆盖花岗岩，隧道采用 +3.0% 的单坡，洞身拱顶衬砌厚 60 cm，左侧设有标高比例尺，以便与纵断面图对照校核。图样下半部分是一个综合表，反映了围岩类别、衬砌形式、设计标高、地面标高及对应的里程桩号，最下边是地质图例及附注说明。

一般纵断面图的纵向比例采用 1∶100，横向采用 1∶1 000，如果高差过大，隧道较长时，比例尺纵向可采用 1∶200、横向采用 1∶2 000。本图因隧道短，地形高差较大，纵横向比例采用 1∶500。应当指出的是，隧道的引线设计图主要反映隧道两端与路线的连接情况，包括洞口附近的平曲线、引线纵坡及路肩的宽度过渡和为适应光线及视觉过渡所设置的其他构造物，它的图示特点和读图规律与前述的构造物图类似，这里不再赘述。

3. 隧道横断面图

隧道横断面图主要包括限界标准、横断面形式、人行道布置和路面结构等内容。为保证隧道内各类交通的正常运行与安全，在规定的一定宽度和高度的空间限界内不得有任何部件或障碍物（包括隧道本身的通风、照明、安全、监控及内装修等附属设施），这一空间限界称为隧道的建筑限界。图 4-9-3（a）为某隧道的横断面的净空标准图。

隧道的横断面形式即衬砌内轮廓线，在满足建筑限界标准的前提下，一般有以下几种情况：边墙多为直墙式，若围岩的地质条件较差，用曲墙式；拱部可有单心圆拱、尖顶三心圆拱及坦顶三心圆拱等形式。图 4-9-3（b）为某隧道的洞身断面图，衬砌形式为直墙式单心圆拱。

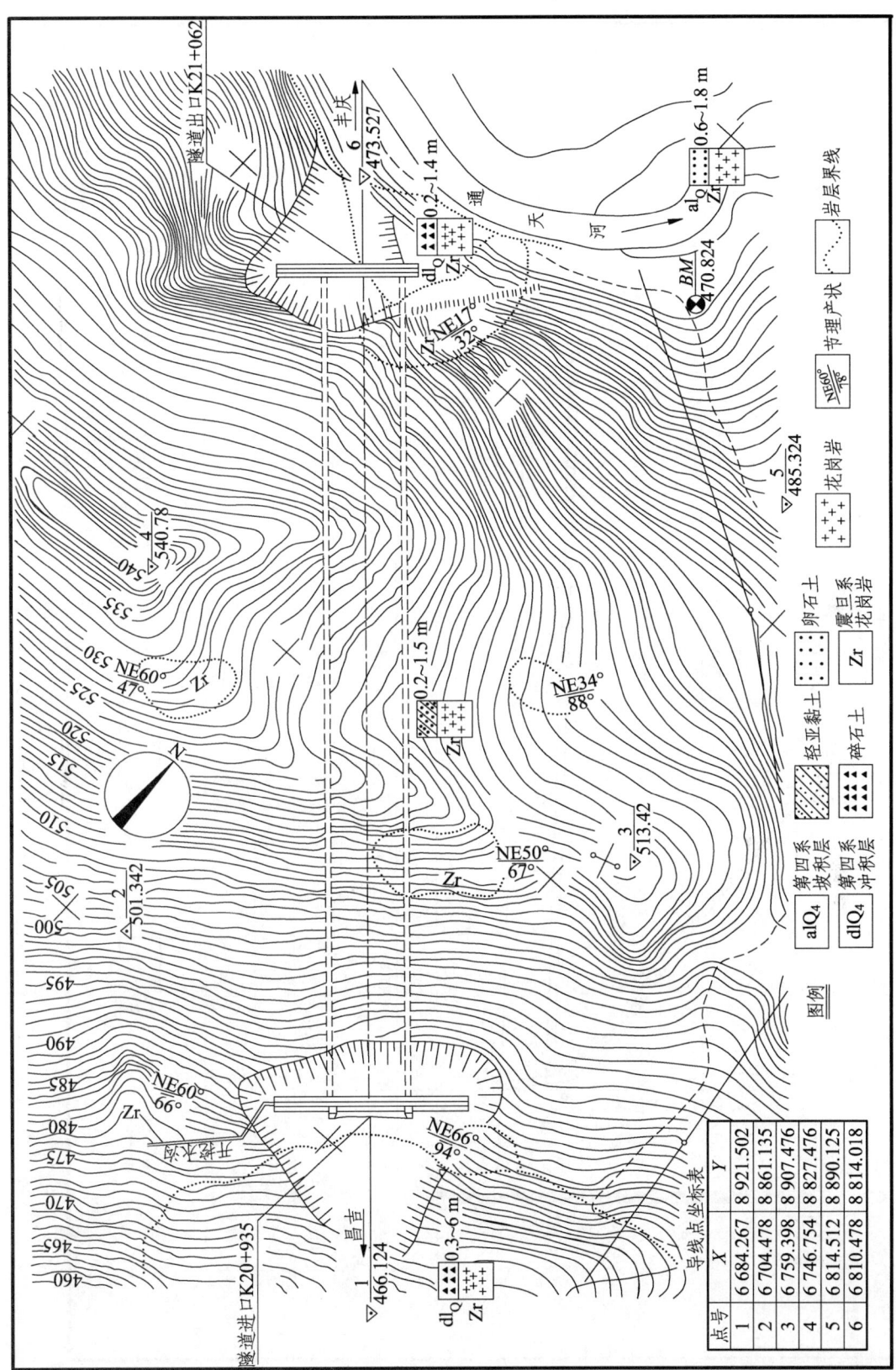

图 4-9-1　隧道平面图

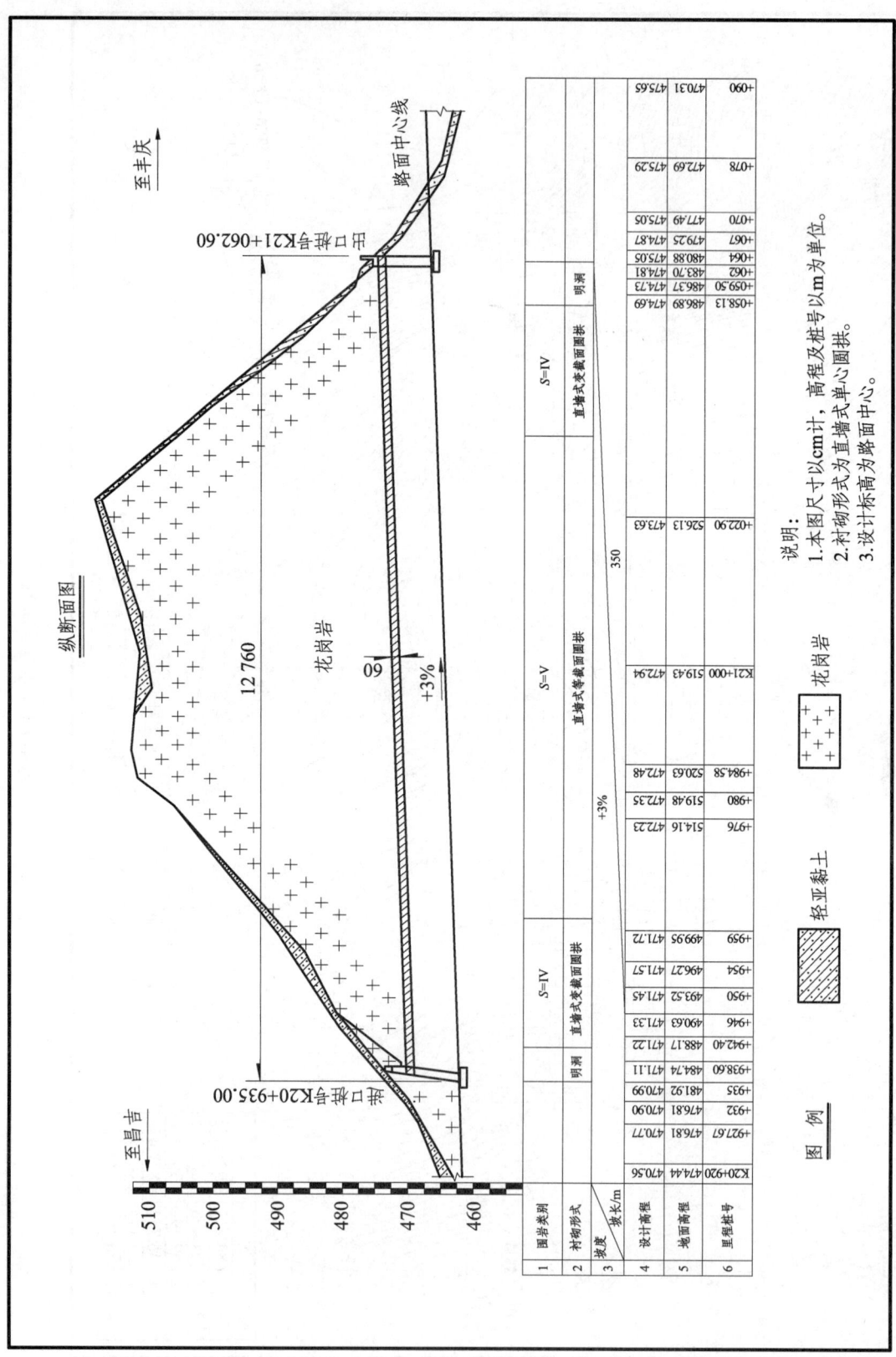

图 4-9-2 隧道纵断面图

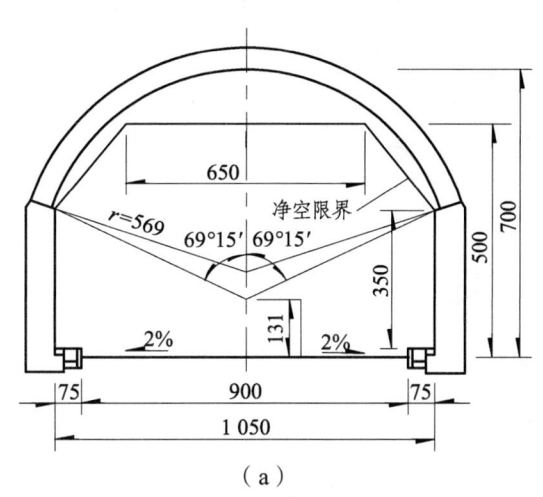
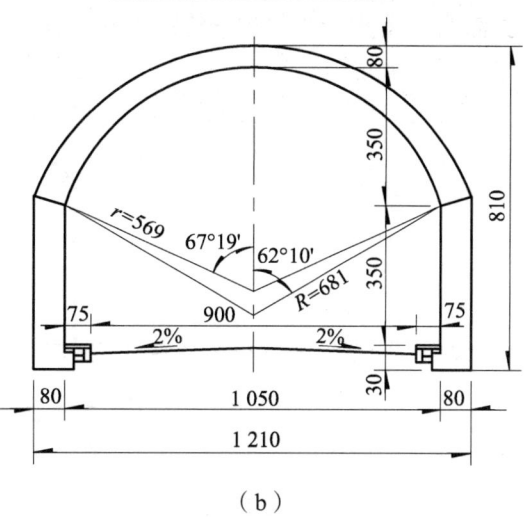

图 4-9-3　洞身断面及净空标准图

4. 避车洞图

当隧道内不设人行道时，应设置避车洞。避车洞有大、小两种，是供行人和隧道维修人员及维修小车避让来往车辆而设置的，它们沿路线方向交错设置在隧道两侧的边墙上。小避车洞通常每隔 30 m 设置一个，大避车洞则每隔 150 m 设置一个，为表示大、小避车洞的相互位置，通常采用位置布置图来表示，如图 4-9-4 所示。由于位置布置图比较简单，为了节省图幅，纵横方向可采用不同比例，纵方向常采用 1∶2 000 的比例，横方向常采用 1∶200 的比例。平面图表示了避车洞在隧道左右两侧的布置情况，立面图则用纵剖面图表示了一侧避车洞的排列情况。

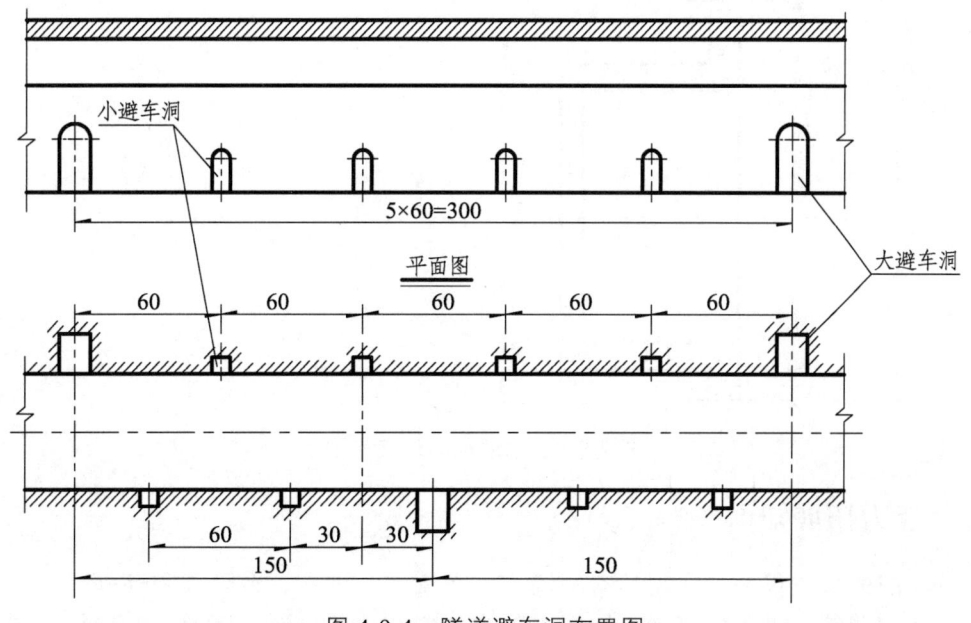

图 4-9-4　隧道避车洞布置图

图 4-9-5 为大避车洞示意图，图 4-9-6 为大避车洞构造详图。投影图处理上采用剖面图或断面图来表达，并用折断线截去其他部分，突出表达避车洞细部构造，洞内底面做成 1%斜坡以供排水之用。

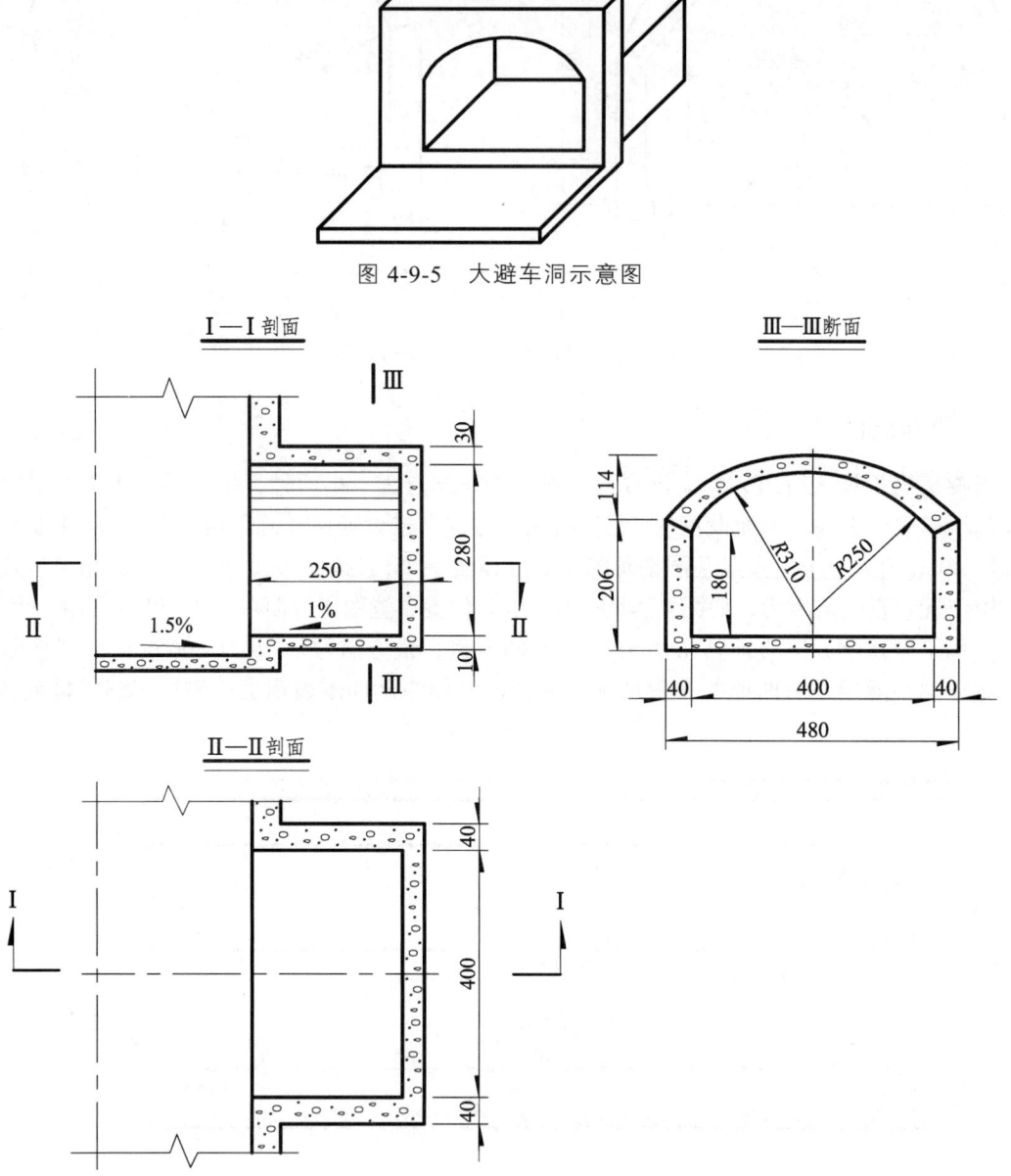

图 4-9-5 大避车洞示意图

图 4-9-6 大避车洞沟造详图

五、能力拓展知识

隧道洞门的形式很多，常用的有端墙式、翼墙式、柱式、台阶式和环框式等。洞门美观、醒目、协调给人以美的享受，同时对隧道的安全也很重要。因此，洞口构造图是隧道工程图最主要的图样之一。图 4-9-7（a）是端墙式洞门立体图，图 4-9-7（b）是翼墙式洞门立体图。

隧道洞门图一般采用三面投影图来表达，在投影图配置上，以洞门正面作为立面图，洞门在正常工作位置的水平投影图作为平面图，侧面图通常用剖面图来代替。

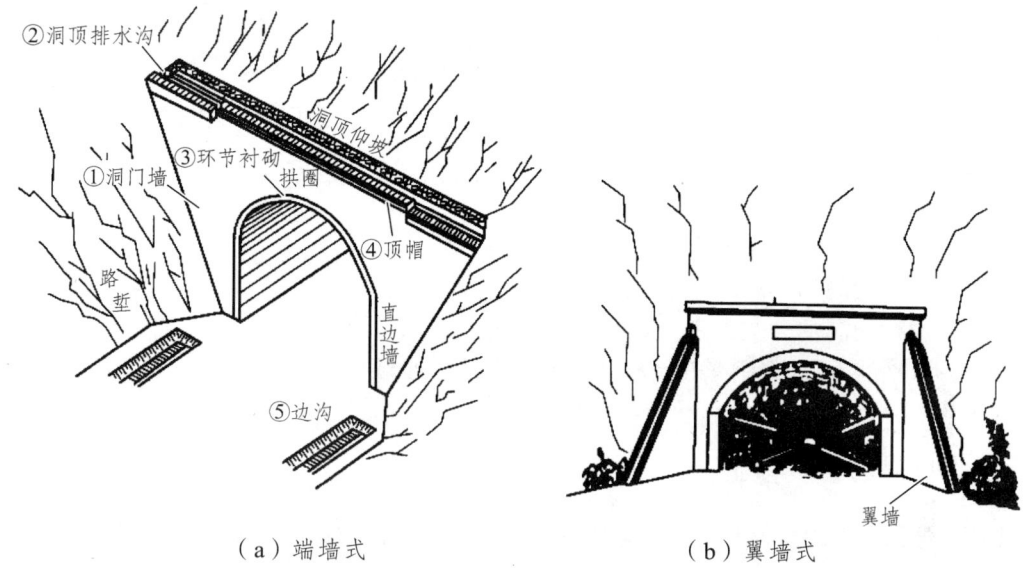

（a）端墙式　　　　　　　　　（b）翼墙式

图 4-9-7　隧道洞门立体图

六、思考与练习

1. 隧道工程图包括哪些图样？
2. 隧道洞门常见的形式有哪些？
3. 隧道洞门图的图示特点是什么？

项目十 识读钢筋混凝土圆管涵构造图

 能力目标

1. 能够应用涵洞的分类知识，正确识别涵洞的类型。
2. 能够应用投影的基本知识、涵洞工程图的图示特点，识读钢筋混凝土圆管涵构造图。

 知识目标

1. 了解涵洞的作用、设置位置等。
2. 掌握涵洞的分类方法与涵洞的基本组成。
3. 掌握涵洞工程图的图示特点与识读方法、步骤。

一、项目任务

识读钢筋混凝土圆管涵构造图（《道路工程制图与识图习题册》第 65 页）。

二、能力训练任务

识读图 4-10-4 所示的钢筋混凝土圆管涵构造图。

三、任务目的

学习涵洞的分类与组成，掌握涵洞工程图的图示特点，识读钢筋混凝土圆管涵构造图。

四、任务知识

涵洞是路堤下宣泄水流的工程构造物，其设置是否合理，能否满足排水要求，对保证道路畅通、节省投资有着很大的影响，它与桥梁的主要区别在于跨径的大小。根据《公路工程技术标准》规定，凡是单孔跨径小于 5 m，多孔跨径总长小于 8 m 以及圆管涵、箱涵，不论其管径或跨径大小、孔数多少，均称为涵洞。

1. 涵洞的分类

涵洞的种类很多，按构造形式可分为圆管涵、盖板涵、拱涵和箱涵等；按建筑材料可分为砖涵、石涵、混凝土涵、钢筋混凝土涵、木涵、陶瓷管涵和金属管涵等；按洞身的断面形状可分为圆形、卵形、拱形、梯形和矩形等；按孔数多少可分为单孔、双孔和多孔；按洞顶有无覆土可分为明涵和暗涵（洞顶填土大于 50 cm）；按涵身轴线与路线中心线的夹角可分为正交涵和斜交涵。

2. 涵洞的组成

涵洞是由洞口、洞身和基础三部分组成的排水构造物。图 4-10-1 为圆管涵立体示意图，从中可以了解涵洞各组成部分的名称、位置和构造等。

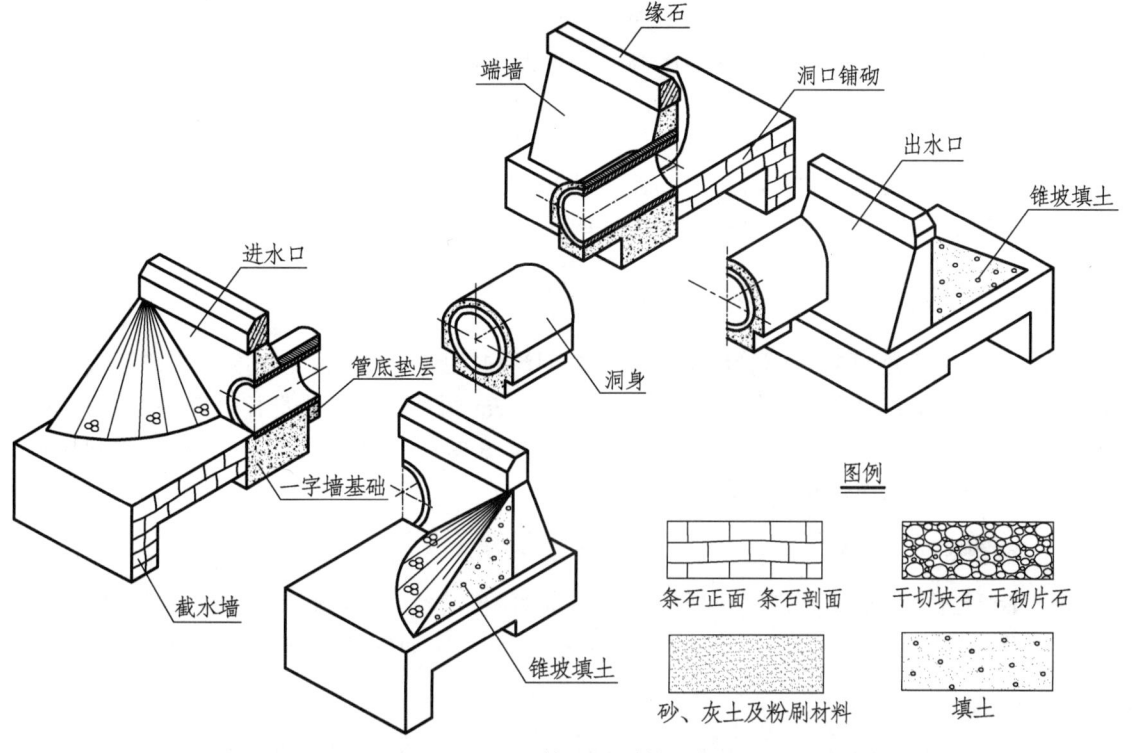

图 4-10-1 圆管涵洞立体分解图

洞身是涵洞的主要部分，它的主要作用是承受活载压力和土压力等并将其传递给地基，保证水流通过，常见的洞身形式有圆管涵、盖板涵和拱涵，如图 4-10-2 所示。

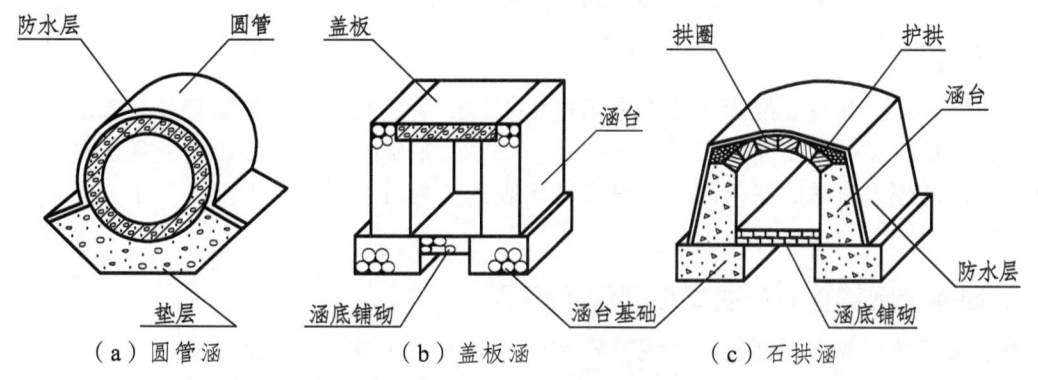

图 4-10-2 涵洞的断面形式

3. 涵洞工程图图示特点

涵洞是窄而长的工程结构物，故以水流方向为纵向，即与路线前进方向垂直布置。通常以纵剖面图代替立面图，剖切平面通过平行水流方向的洞身轴线沿纵向剖切，投影方向与路线走向平行。

平面图通常以水平投影图或半剖面图形式表达，并与立面图对应布置。为使平面图表达清楚，画图时一般不考虑涵洞上方的覆土，或假想土层是透明的，但应划出路基边缘线位置及相应的示坡线；画剖面图时，剖切平面位置设在涵台基础顶面。

侧面图往往画成半剖面图或仅画出洞口外形的正面投影，当进出水口形状不一样时，须分别画出进出水口布置图。半剖面图的剖切位置设在洞身处，并垂直于洞身轴线。

对于涵洞中构造比较复杂的部位和构件，用以上三面投影图无法表达清楚时，应画出必要的构造详图，如翼墙、洞身断面图、盖板配筋图等。

由于涵洞体积较桥梁小，故画图所选用的比例较桥梁图稍大，常采用 1∶50～1∶100。

五、任务实施

图 4-10-3 为钢筋混凝土圆管涵构造图，左侧洞口为跌水井，右侧为端墙式，涵管内径为 100 cm，壁厚 10 cm。涵管管节可用 200 cm 或 150 cm 两种规格。涵身长以路中心线为基点，左侧长 L_T，右侧长 R_T，路基宽度 B。根据路基宽度 B 即可定出 L_T 及 R_T，这样涵洞洞身长加上进出水口的铺砌长度即得涵洞的总长度。

1. 立面图

由于涵洞进出口形式不同，所以采用全纵剖面图，表示出涵洞各部分的相对位置和构造形状，如管壁厚度、管节长度、覆土厚度、路基边坡、路面横坡及进出水口涵底的标高等。

2. 平面图

平面图与纵剖面图对应，画出路基边缘线及示坡线，图中虚线为涵管内外壁及涵管基础的投影，左边进水口表示了跌水井与排水边沟的连接关系，右侧出水口为直墙式洞口的水平投影及相关的尺寸。由于只突出表示涵洞部分，故采用折断线截去涵洞两侧适当位置以外的路基部分。另外，在平面图上还应标出涵洞中心位置的桩号。

3. 侧面图

采用Ⅰ—Ⅰ、Ⅱ—Ⅱ剖面图分别表示进出水口的形式及尺寸，对涵管及基础的变化段另外画出Ⅲ—Ⅲ、Ⅳ—Ⅳ断面图表示管涵孔径、壁厚及基础断面。在投影图处理上，把土壤作为透明体，使埋入土体的洞口部分墙身及基础表达更为清晰，习惯上把Ⅰ—Ⅰ、Ⅱ—Ⅱ剖面也叫洞口正面图。

4. 混凝土圆管管节及混凝土圆管钢筋图

由于圆管涵一般为预制管节，现场安装应按设计要求施工，故图中应表示管节接头方式及要求。混凝土圆管的配筋一般为双层螺旋筋，图中也应表示清晰。

5. 工程数量表

工程数量表表明涵洞工程数量的多少。图中按一个管节计算工程量，对基础及洞口工程量均未计入。

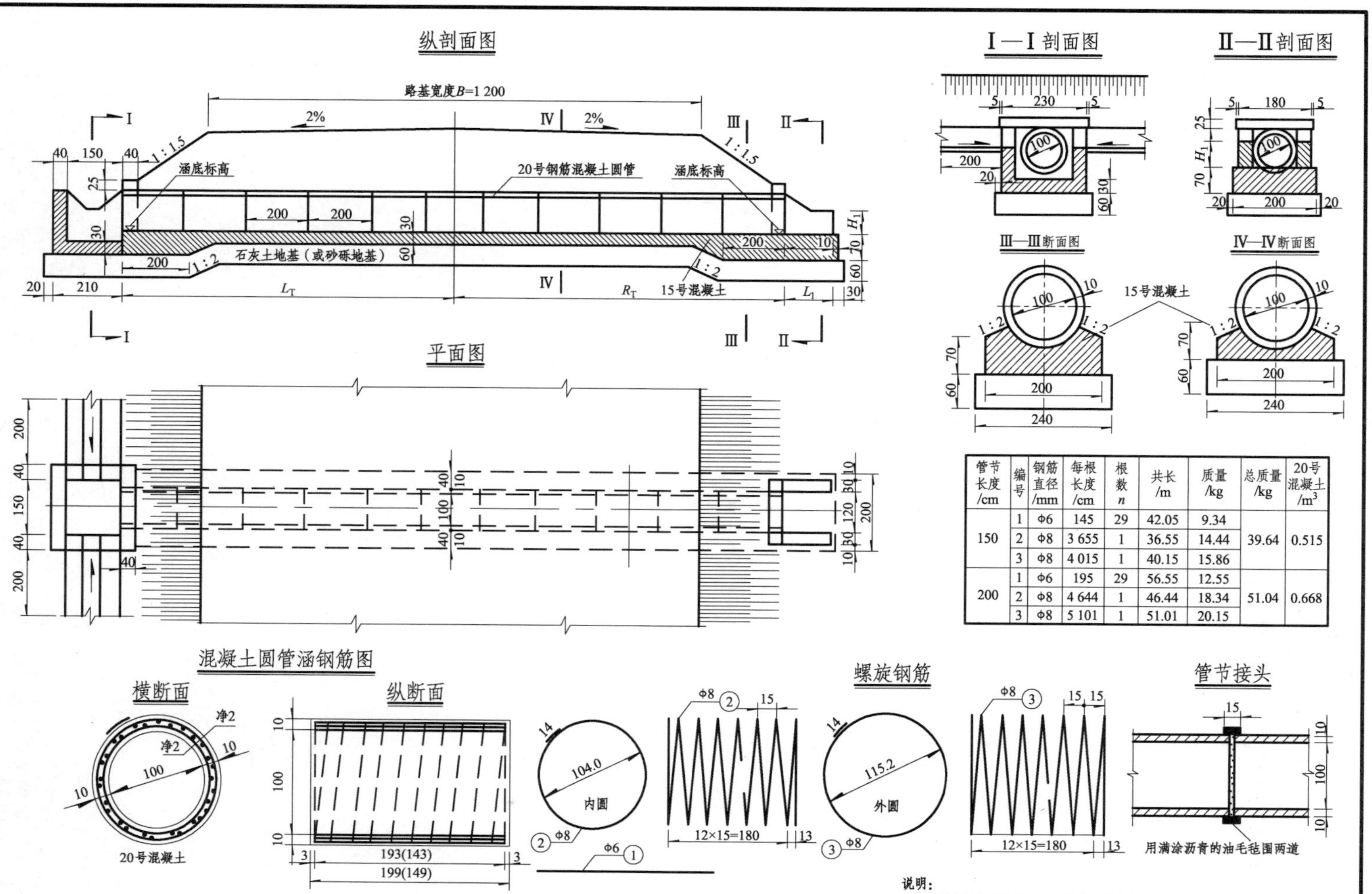

管节长度 /cm	编号	钢筋直径 /mm	每根长度 /cm	根数 n	共长 /m	质量 /kg	总质量 /kg	20号混凝土 /m³
150	1	Φ6	145	29	42.05	9.34	39.64	0.515
	2	Φ8	3 655	1	36.55	14.44		
	3	Φ8	4 015	1	40.15	15.86		
200	1	Φ6	195	29	56.55	12.55	51.04	0.668
	2	Φ8	4 644	1	46.44	18.34		
	3	Φ8	5 101	1	51.01	20.15		

说明：

1. 本图尺寸除钢筋直径以mm计外，其余均以cm为单位。
2. 图中括号内的数字为管节长度1.5 m时的尺寸。
3. 石灰土地基：石灰：土=3 : 7。

图 4-10-3　钢筋混凝土圆管涵构造图

六、思考与练习

1. 涵洞设置在什么位置，其作用是什么？
2. 涵洞的分类方法有哪些，主要由哪几部分组成？
3. 涵洞工程图的图示特点有哪些？

项目十一　识读钢筋混凝土盖板涵构造图

 能力目标

能够应用投影的基本知识、涵洞工程图的图示特点与识读方法，正确识读钢筋混凝土盖板涵构造图。

 知识目标

1. 掌握涵洞的分类方法与钢筋混凝土盖板涵的基本组成。
2. 掌握钢筋混凝土盖板涵构造图的识读方法与步骤。

一、项目任务

识读钢筋混凝土盖板涵构造图（《道路工程制图与识图习题册》第 66 页）。

二、能力训练任务

识读图 4-11-2 所示的钢筋混凝土盖板涵构造图。

三、任务目的

进一步熟悉涵洞工程图的图示特点，了解钢筋混凝土盖板涵的组成，学会识读钢筋混凝土盖板涵构造图。

四、任务知识与任务实施

图 4-11-1 为单孔钢筋混凝土盖板涵立体图，图 4-11-2 为其构造图，比例为 1∶100，洞口两侧为八字翼墙，洞高 220 cm，净跨 200 cm，总长 1 760 cm。由于其构造对称故仍采用半纵剖面图、半剖平面图和侧面图来表示。

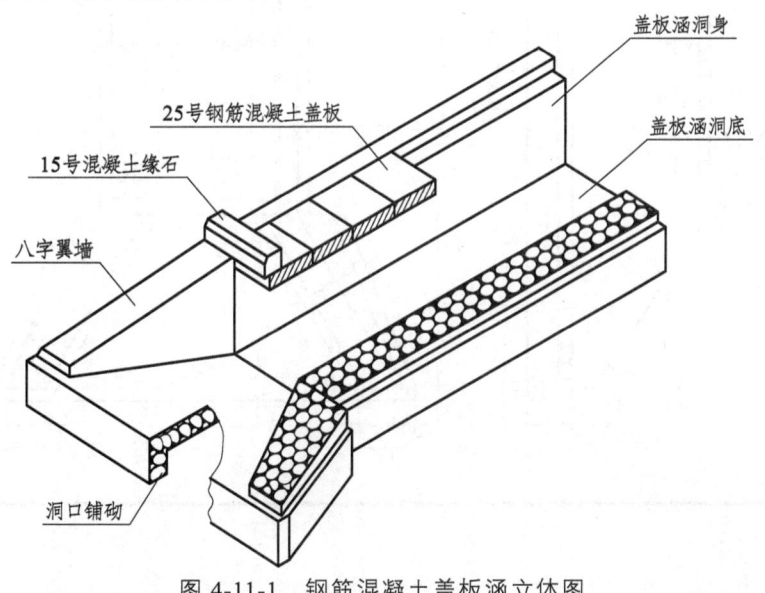

图 4-11-1　钢筋混凝土盖板涵立体图

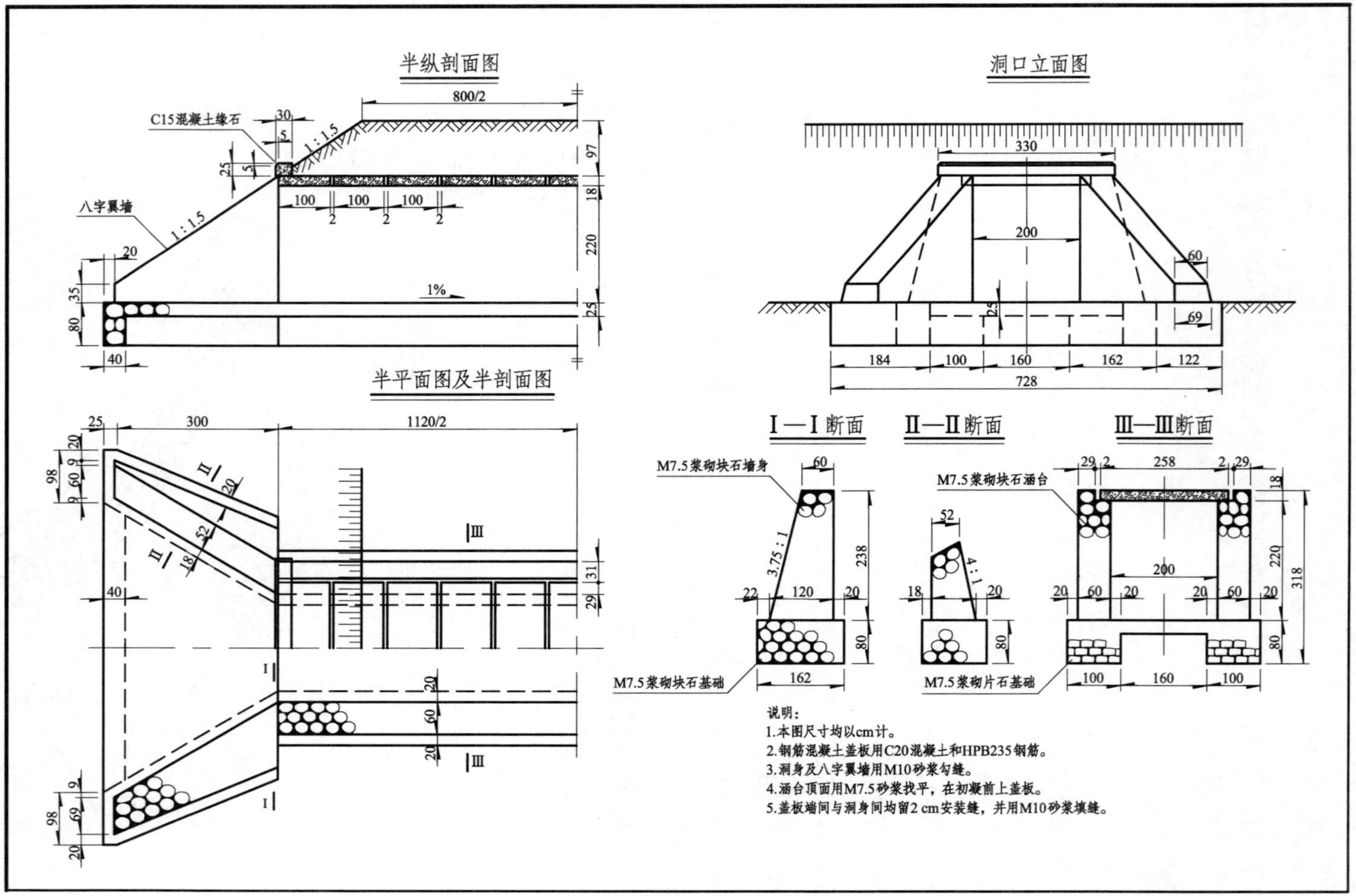

说明：
1.本图尺寸均以cm计。
2.钢筋混凝土盖板用C20混凝土和HPB235钢筋。
3.洞身及八字翼墙用M10砂浆勾缝。
4.涵台顶面用M7.5砂浆找平，在初凝前上盖板。
5.盖板端间与洞身间均留2 cm安装缝，并用M10砂浆填缝。

图 4-11-2　钢筋混凝土盖板涵构造图

1. 半纵剖面图

图 4-11-2 表示了带有 1∶1.5 坡度的八字翼墙和洞身的连接关系以及洞高 220 cm、洞底铺砌 25 cm、基础纵断面形状、设计流水坡度 1%等。盖板及基础所用材料亦可由图中看出，但未画出沉降缝位置。

2. 半平面图及半剖面图

用半平面图和半剖面图能把涵洞的墙身宽度、八字翼墙的位置表示得更加清楚，涵身长度、洞口的平面形状和尺寸以及墙身和翼墙的材料均在图上可以看出。为了便于施工，在八字翼墙的Ⅰ—Ⅰ和Ⅱ—Ⅱ位置进行剖切，并另作Ⅰ—Ⅰ和Ⅱ—Ⅱ断面图来表示该位置处翼墙墙身和基础的详细尺寸、墙背坡度以及材料情况。

3. 侧面图

图 4-11-2 反映出洞高 220 cm 和净跨 200 cm，同时反映出缘石、盖板、八字翼墙、基础等的相对位置和它们的侧面形状。

五、能力拓展知识

1. 石拱涵

图 4-11-3 为石拱涵示意图，从图中可以了解到石拱涵各部分的名称。图 4-11-4 为以八字式单孔石拱涵构造图，采用半纵剖面图、半剖平面图、侧面图进行表达。

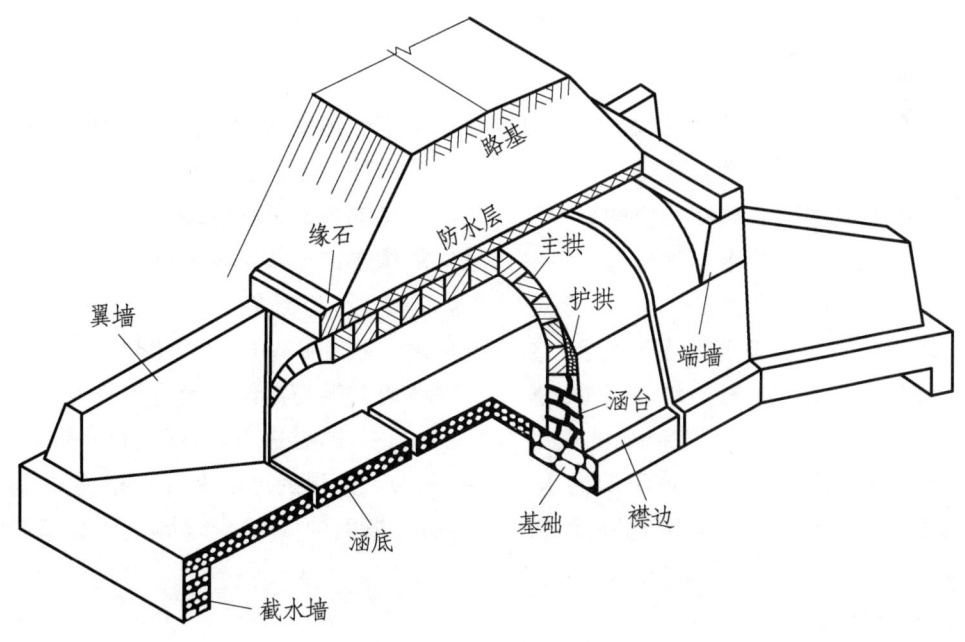

图 4-11-3　石拱涵示意图

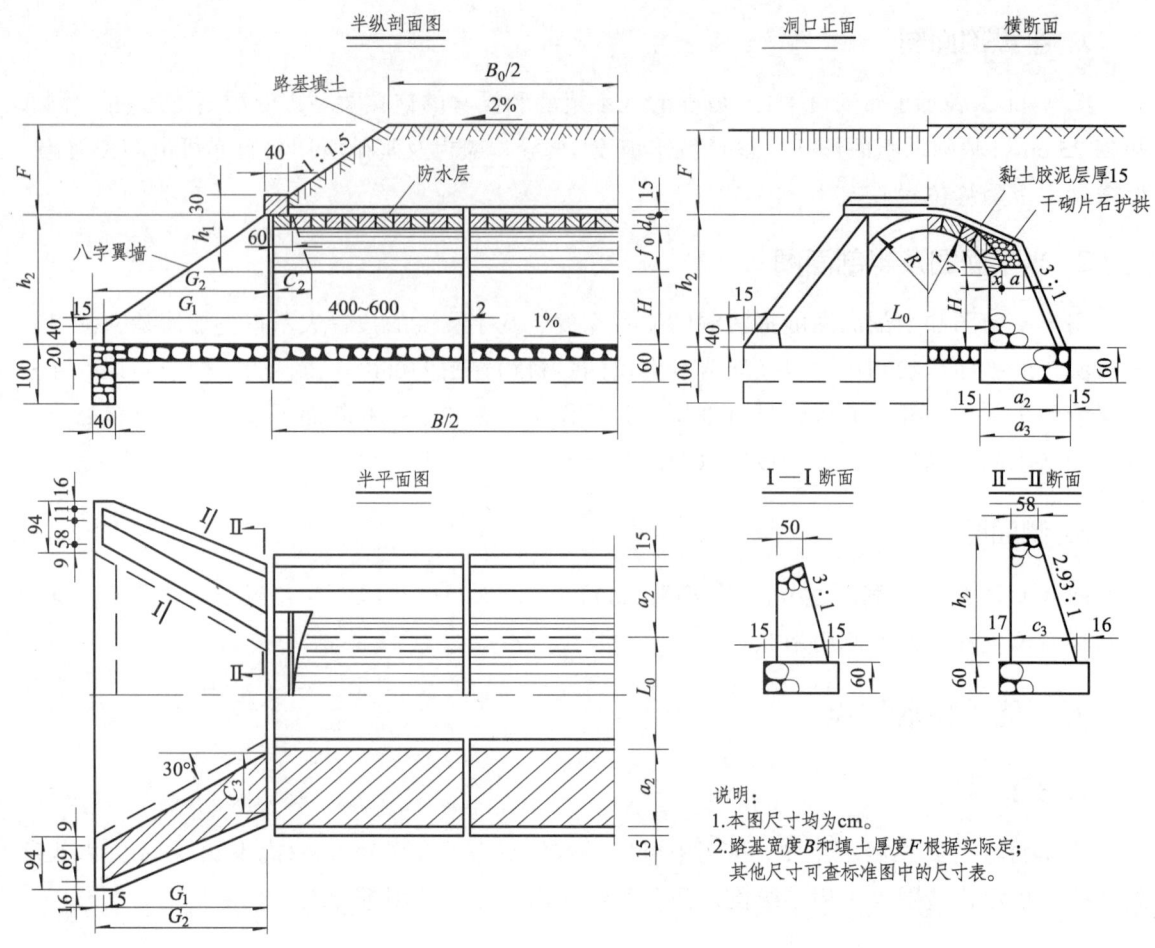

图 4-11-4　八字式单孔石拱涵构造图

（1）纵剖面图

由于主要是表达涵洞的内部构造，所以通常用纵剖面图来代替立面图。纵剖面图是沿涵洞的中心线位置纵向剖切的，凡是剖到的各部分如截水墙、涵底、拱顶、防水层、端墙帽、路基等都应按剖切绘制，画出相应的材料图例，能看见的各部分如翼墙、端墙、涵台、基础等应按投影画出它们的位置。如果进水口和出水口的构造和形式基本相同，整个涵洞是左右对称的，则纵剖面图可只画出一半。由于这里是通用图，路基宽度 B_0 和填土厚度 F 在图中没有注出具体数值，可根据实际情况确定。翼墙的坡度一般和路基的边坡相同，均为 1:1.5。整个涵洞较长，考虑到地基不均匀沉降的影响，在翼墙和洞身之间应设有沉降缝，洞身部分每隔 4~6 m 也应设沉降缝，沉降缝的宽度均为 2 cm。主拱圈是用条石砌筑而成的，内表面为圆柱面，在纵剖面图中用上密下疏的水平细线表示。拱顶的上面有 15 cm 厚的黏土胶泥防水层。端墙的断面为梯形，背面是用虚线画出的，坡度为 3:1。端墙上面有端墙帽，又称缘石。

（2）平面图

由于该涵洞是左右对称的，所以平面图也只画出左边一半，而且采用了半剖画法。后边一半为涵洞的外形投影图,是移去了顶面上的填土和防水层以及护拱等画出的,拱顶的圆柱面部分也是用一系列疏密有致的细线表示的,拱顶与端墙背面的交线为椭圆曲线。前边一半是沿涵台基础的上画(襟边)作水平剖切后画出的剖面图,为了画出翼墙和涵台的基础宽度,涵底板没有画出,这样可以更清楚地表示翼墙和涵台的位置,八字翼墙是斜置的,与涵洞纵向成 30°夹角。为了把翼墙的形状表达清楚,在两个位置进行了剖切,并画出Ⅰ—Ⅰ和Ⅱ—Ⅱ断面图,从这两个断面图可以看出翼墙及其基础的构造、材料、尺寸和斜面坡度等内容。

（3）侧面图

涵洞的侧面图也常用半剖画法。左半部为洞口部分的外形投影,主要反映洞口的正面形状和翼墙、端墙、缘石、基础等的相对位置,所以习惯上称为洞口正面图。右半部为洞身横断面图,主要表达洞身的断面形状,主拱、护拱和涵台的连接关系,以及防水层的设置情况等。

以上分别介绍了表达涵洞工程的各个图样,实际上它们是紧密相关的,应该互相对照联系起来读图,才能将涵洞工程各部分的位置、构造、形状、尺寸搞清楚。

由于此图是石拱涵洞的通用构造图,适用于矢跨比 $f_0/L_0 = 1/3$ 的各种跨径（$L_0 = 1.0 \sim 5.0$ m）的涵洞,故图中一些尺寸是可变的,用字母代替,设计绘图时,可根据需要选择跨径、涵高等主要参数,然后从标准图册的尺寸表中查得相应尺寸。

2. 通道工程图

通道是指专供行人和车辆通行,跨径不大的结构物。由于通道工程的跨径一般比较小,故图示特点和图样表达与涵洞工程图类似,是以通道洞身轴线作为纵轴,立面图以纵剖面图表示,水平投影则以平面图的形式表达,投影过程中连同通道支线道路一起投影,从而比较完整地描述了通道的结构布置情况。图 4-11-5 为某通道一般布置图。

（1）立面图

从图中可以看出,立面图用纵剖面取而代之,高速公路路面宽 26 m,边坡采用 1∶2,通道净高 3 m,长度 26 m 与高速公路同宽。洞口为八字墙,顺接支线原路,既起到挡土防护作用,又保证了美观。洞口两侧各 20 m 支线路面为混凝土路面、厚 20 cm,以外为 15 cm 厚砂石路面,支线纵向用 2.5%的单坡,汇集路面水于主线边沟处集中排出,由于通道较长,在通道中部,即高速公路中央分隔带设有采光井,以保证通道内的采光。

（2）平面图及断面图

平面图与立面图对应,反映了通道宽度与支线路面宽度的变化情况,还反映了高速公路的路面宽度与支线道路和通道的位置关系。

从平面图可以看出,通道宽 4 m,即与高速公路正交的两虚线同宽,依投影原理画出通道内壁轮廓线。通道帽石宽 50 cm,长度依倒八字翼墙长确定。通道与高速公路夹角 α,支线两洞口设渐变段与原路顺接,沿高速公路边坡角两边各留出 2 m 宽的护坡道,其外侧设有底宽 100 cm 的梯形断面排水边沟,边沟内坡面投影宽各 100 cm,最外侧设 100 cm 宽的挡堤,支线路面排水也流向主线纵向排水边沟。

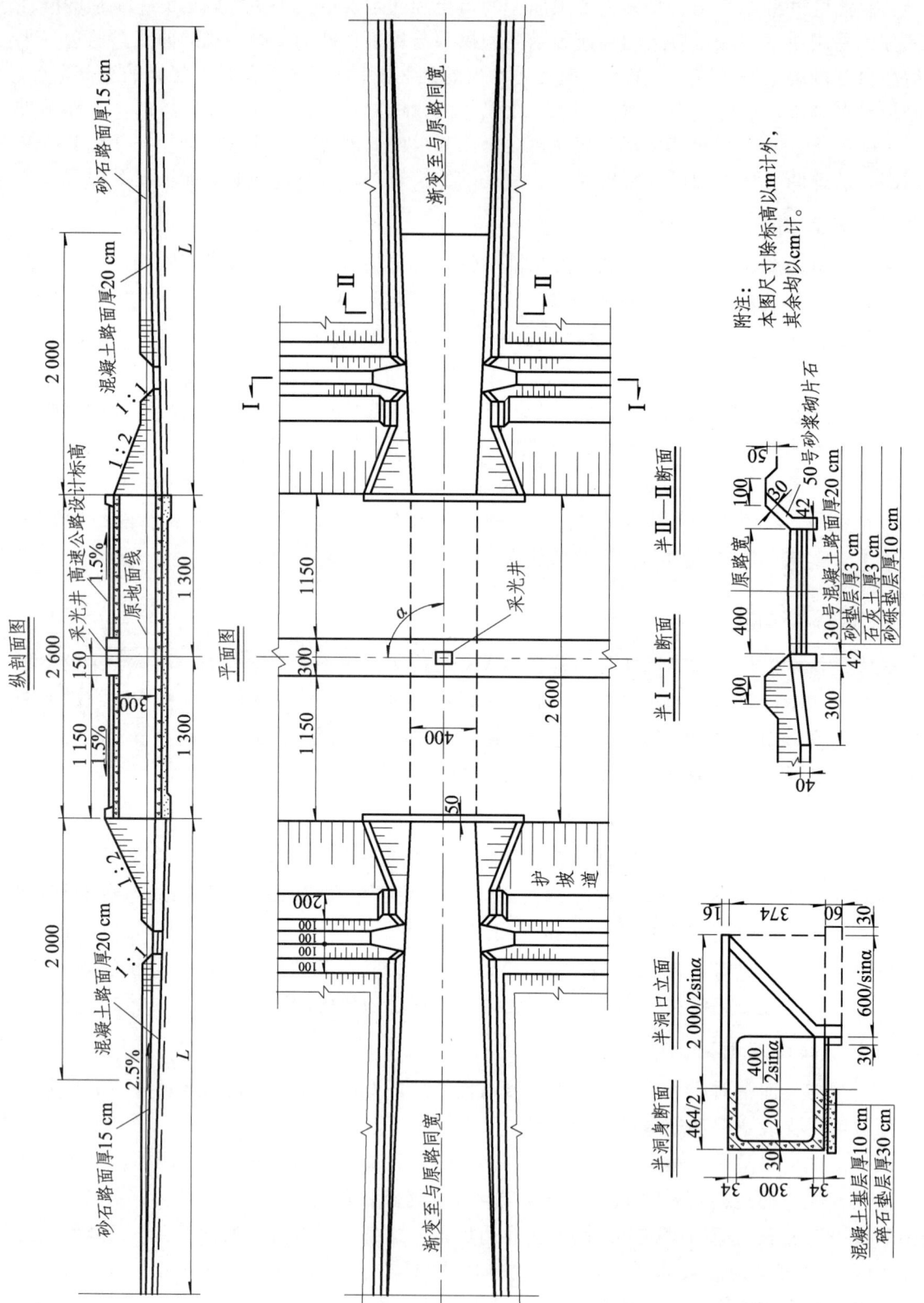

图 4-11-5 通道工程图

在图纸最下边还给出了半Ⅰ—Ⅰ、半Ⅱ—Ⅱ的合成剖面图，表示了右侧洞口附近剖切支线路面及附属构造物断面的情况。混凝土路面厚 20 cm、砂垫层厚 3 cm、石灰土厚 15 cm、砂砾垫层厚 10 cm。为读图方便，还画出了半洞身断面与半洞口断面的合成图，可以知道该通道为钢筋混凝土箱涵洞身、倒八字翼墙。

通道洞身及各构件的一般构造图及钢筋结构图与前面介绍的桥涵图类似，此处不再赘述。

六、思考与练习

涵洞、桥梁、通道的区别是什么？

参考文献

[1] 中华人民共和国交通部.道路工程制图标准：GB 50162—1992[S]. 北京：中国计划出版社，1993.

[2] 刘雪松. 道路工程制图[M]. 2版. 北京：人民交通出版社，2006.

[3] 及秀琴. 工程制图[M]. 北京：清华大学出版社，2007.

[4] 赵云华. 道路工程制图[M]. 北京：机械工业出版社，2006.